工业和信息化普通高等教育"十三五"规划教材立项项目

21世纪高等学校**会计学**系列教材

VALUATION: THEORY, METHOD AND PRACTICE

资产评估学

——理论、方法与实务

◆ 李继志 涂清梅 主编

◆ 卿玲丽 徐静 副主编

人 民 邮 电 出 版 社

北 京

图书在版编目（CIP）数据

资产评估学：理论、方法与实务 / 李继志，涂清梅
主编. -- 北京 ：人民邮电出版社，2017.8（2023.1重印）
21世纪高等学校会计学系列教材
ISBN 978-7-115-45699-1

Ⅰ．①资… Ⅱ．①李… ②涂… Ⅲ．①资产评估－高
等学校－教材 Ⅳ．①F20

中国版本图书馆CIP数据核字(2017)第189012号

内 容 提 要

全书共分为11章，包括总论、资产评估的方法、机器设备评估、房地产评估、无形资产评估、流动资产评估、长期投资资产和其他资产评估、企业价值评估、期权定价模型在资产价值评估中的应用、资产评估报告、资产评估行业管理。

本书适合高等学校经济管理类，尤其是资产评估专业学生使用，也适合资产评估中介机构、行业管理部门以及企事业单位的注册资产评估师、管理人员阅读。

◆ 主　　编　李继志　涂清梅
　　副 主 编　卿玲丽　徐　静
　　责任编辑　刘向荣
　　责任印制　周昇亮

◆ 人民邮电出版社出版发行　北京市丰台区成寿寺路 11 号
　　邮编　100164　电子邮件　315@ptpress.com.cn
　　网址　http://www.ptpress.com.cn
　　北京九州迅驰传媒文化有限公司印刷

◆ 开本：787×1092　1/16
　　印张：16.25　　　　2017 年 8 月第 1 版
　　字数：470 千字　　2023 年 1 月北京第 8 次印刷

定价：45.00 元

读者服务热线：(010)81055256　印装质量热线：(010)81055316
反盗版热线：(010)81055315
广告经营许可证：京东市监广登字 20170147 号

前 言 Preface

资产评估是通过资产的价值优化资源配置的重要工具，是维护社会秩序、促进市场公平竞争所不可或缺的。随着经济的发展，资产评估越来越重要，资产评估准则体系也不断建立和完善。2016 年《资产评估法》的出台不仅弥补了资产评估行业的法律空白，也为整个行业的规范与发展起到重要的指导作用。

本书在吸收国内外相关教材精华的基础上，结合我国《资产评估法》和《资产评估准则》编写而成，具有以下 4 个方面的特点。

（1）内容系统而完整。本书系统地阐述了资产评估的各个方面，内容涉及资产评估的基本理论、基本程序和方法、机器设备评估、房地产评估、无形资产评估、金融资产评估、流动资产评估、企业价值评估、资产评估报告及期权模型在资产评估中的应用等。

（2）结构完整而实用。每一章都结合当前资产评估的新发展引入了案例作为课前导入，让学生对每章的内容有感性的认知或产生学习的动力。每一章都配备了大量的习题，既有帮助学生识记知识点的选择、判断题型，也有促使学生灵活运用所学知识的案例分析题型，体现了对不同层次的学生的能力培养要求。

（3）与新《资产评估法》和《企业会计准则》紧密结合。《资产评估法》的颁布和《企业会计准则》的修订，对资产评估工作提出了更高的要求，本书在编写的过程中体现了这些要求，并结合具体的内容和例题进行了说明。

（4）理论和实践紧密结合。在案例的选择、内容的编排和习题的筛选上，充分体现了理论和实践结合的特点，使本书具有广泛的实用性。

本书由李继志、涂清梅主编，各章的编写分工为：第一章、第二章、第九章、第十章、第十一章由李继志执笔；第三章、第七章由涂清梅执笔；第四章、第六章由卿玲丽执笔；第五章、第八章由徐静执笔。初稿经初审后，进行了交换审阅，最后全体作者共同对全书进行讨论、定稿。

图书的修订及质量提升是一个持续的过程，由于编者水平有限，书中可能还存在不尽人意的地方。恳请广大师生及读者对本书批评指正，以便进一步修改和完善，更好地服务于教学需要。

编者

2017 年 7 月

目 录 Contents

【学习目标】

伴随着社会主义市场经济的发展和完善，资产评估的理论研究取得了较大的发展，资产评估的实务范围不断扩大，相应地，资产评估的法律、法规、准则体系的建设也取得了巨大的成效。通过本章的学习，掌握资产评估的概念和特点，掌握资产评估基本理论的构成。

通过本章的学习主要掌握以下内容。

- 掌握资产评估的概念和特点，了解它与会计计价之间的关系；
- 了解资产评估的对象；
- 了解资产评估的原则；
- 了解和掌握资产评估的价值类型；
- 了解资产评估价值类型选择的原则。

【能力目标】

- 让学生初步了解资产评估的应用前景；
- 注重学生资产评估及相关概念的认识能力。

【引导案例】

资产评估法出台释放六大改革红利

十年磨一剑，2016年7月2日下午三时，十二届全国人大常委会第二十一次会议表决通过了《资产评估法》。自2016年12月1日起施行。《资产评估法》共八章，分别为：总则、评估专业人员、评估机构、评估程序、行业协会、监督管理、法律责任、附则。

《资产评估法》的出台具有重要的意义：它是中国资产评估行业首部行业根本大法，使综合资产评估、房地产估价、土地估价、矿业权评估、旧机动车鉴定估价和保险公估等专业人员和机构有了共同遵循的行业大法；把评估各当事方——委托方、评估机构和专业人员、监管部门、行业协会作为相互关联的整体进行规范，深度构建法治化的评估生态体系；评估专业人员法定为评估师和其他专业人员，使从业、专业门槛各就各位、相得益彰，使"大众创业，万众创新"和严谨的专业执业有机结合；评估师入门考试条件优化，开启评估人才的活水源头，让人才活水奔涌而来。《资产评估法》建立起包括考试、继续教育、从业、权利义务、责任等内容在内的完整的评估师制度体系，以此来打造评估专业队伍，提升评估行业社会公信力；评估机构门槛设置强调专业特性，对名称、法定代表人、评估师股东专业类别及股比不再设限，为特大型、综合型、集团型评估机构发展提供了制度保障，也给评估机构根据科技、产业和评估专业人士之间的贡献与相互关系，以及战略发展的内在需求为治理结构留下了必要空间，为评估机构吸纳掌握现代科技和互联网技术的专业人员，并与评估专业人员有机结合，成为与新经济、新产业的升级以及供给侧结构性改革形成的新结构相适应的服务主体，提供了根本性制度安排，这是革命性的。这也为与"互联网+""工业4.0"和资本市场对接提供了法律基础，并将迎来评估产业升级和供给侧结构性深入改革的伟大时期；自律处罚、行政处罚、民责、刑责全覆盖，各环节各主体违法责任设计缜密，非专莫为，非诚莫入，以诚实守信、专业勤勉来提升评估的社会公信力。

（摘自：中国资产评估协会"资产评估法出台释放六大改革红利"2016-7-13）

第一节 | 资产评估的概念及其特点

早在 16 世纪尼德兰的安特卫普（现比利时）就出现了世界上最早的商品交易所和证券交易所，它们可以看作是资本主义初始时期商品与资本融合市场的开始。对于商品价值的评估是非常不完善的，只有资本加入，才赋予了资产评估最本质的活力和灵魂，使资产评估成为市场上不可缺少的、独立的、特殊的中介行业。

随着经济的发展，市场主体的产权交易行为，如兼并收购、股权置换、资产重组等日益频发，其中，资产价值有多少、交易如何定价、企业价值确定等问题备受关注，这些交易中价值是否公允、如何取得公允价值成为焦点。要弄清这些问题，就必须对企业的资产选择合适的方法进行评估，因此资产评估工作也得到了长足的发展。

一、资产评估的概念

资产评估是一项动态化、市场化的社会经济活动，它是市场经济条件下客观存在的经济范畴。在我国，随着社会主义市场经济体制的确立和发展，资产评估作为社会性和公正性活动，在产权转让、企业重组、资产流动等方面发挥了重要作用，成为社会经济生活中新兴的不可缺少的行业。

一般地说，资产评估是指通过对资产某一时点价值的估算，从而确定其价值的经济活动。具体地说，资产评估是专业机构和人员按照国家法律、法规以及资产评估准则，根据特定目的，遵循评估原则，依照相关程序，选择适当的价值类型，运用科学方法，按照规定的程序和标准，对资产价值进行分析评定和估算。

通过对概念的解释，可以看出，资产评估主要由六大要素组成，即资产评估的主体、客体、特定目的、程序、价值类型和方法。评估的主体是指资产评估由谁来承担，它是资产评估工作得以进行的重要保证；评估的客体是指资产评估的对象，它是对资产评估内容上的界定；评估的特定目的是指资产业务发生的经济行为，直接决定和制约资产评估价值类型和方法的选择；评估的价值类型是对评估价值的质的规定，对资产评估方法的选择具有约束性；评估的方法是确定资产评估价值的手段和途径。同时，整个资产评估工作是按一定程序系统进行的。资产评估的要素是一个有机组成的整体，它们之间相互依托，相辅相成，缺一不可。它们也是保证资产评估价值的合理性和科学性的重要条件。

二、资产评估的特点

充分理解和把握资产评估的特点，有利于进一步弄清资产评估的实质，对于做好资产评估工作、提高资产评估质量具有重要意义。一般来说，资产评估具有以下特点。

（一）现实性

现实性是指以评估基准期为时间参照，按这一时点的资产实际状况对资产进行的评定估算。

资产评估基准期是指确定的资产评估价值的基准时间。由于各种资产都是处在不断运动和变化中的，资产的数量、结构、状态和价值也就不可能长期保持不变。因此，资产评估只能是评估某一时点的资产，它不能完全反映各个时期的资产状况。为了科学实施资产评估，使评估结果具有可解释性，便于客户和公众对其合理利用，必须确定评估基准期。评估基准期一般以"日"为基准时点，选择与资产业务或评估作业时间较接近的时期。

资产评估的现实性表现在以下三个方面。

（1）资产评估直接以现实存在为资产确认、估价和报告的依据，没有与过去业务及其记录进行衔接、均衡、达成一致等约束，只需要说明当前资产状况，而不需要说明为什么形成这个状况，以及如何由过去的那种状况变成当前状况。

（2）以现实状况为基础反映未来。

（3）现实性强调客观存在。形式上存在而实际上已消失者，形式上不存在而事实上存在者，都要以实际的客观存在为依据。

（二）市场性

资产评估是来源于市场、服务于市场的活动，其市场性特点表现在市场活动中的资产交易活动发生条件下，资产评估通过模拟市场条件对资产做出评定、估算和报告，并且这一估算和报告结果必须接受市场检验。

（三）预测性

资产评估的预测性是指用资产的未来时空的潜能来说明现实。现实的评估价值必须反映资产的未来潜能，未来没有潜能和效益的资产，现实评估价值是不存在的。因此，通常用未来预期收益折算来反映整体资产的现实价值，用预期使用年限和功能来评估某类资产的价值等，这是预测性特点的现实表现。

（四）公正性

公正性是指资产评估行为对于评估当事人具有独立性，它服务于资产业务的需要，而不是服务于相互矛盾的资产业务当事人的任何一方的需要。公正性的表现有两点：一是资产评估是按公允、法定的准则和规程进行的，具有公允的行为规范和业务规范，这是公正性的技术基础；二是评估人员通常是与资产业务没有利害关系的第三者，这是公正性的组织基础。

（五）咨询性

咨询性是指资产评估结论是为资产业务提供的专业化估价意见，这个意见本身并无强制执行的效力，评估者只对结论本身合乎职业规范要求负责，而不对资产业务定价决策负责。事实上，资产评估为资产交易提供的估价往往由当事人作为要价和出价的参考，最终的成交价格取决于讨价还价的本领。咨询性除具有上述有限法律责任这一含义以外，还有另一含义，即资产评估是职业化专家活动，其表现是一定数量结构的专家组成专业评估机构，形成专业化的社会分工，使评估活动专业化、市场化。这种专门化、市场化的评估业拥有大量的资产市场信息，能够更好地为资产业务的优化和实现服务。

三、资产评估与会计计价的区别

资产评估有广义和狭义之分，广义的资产评估包括所有涉及资产价值的行为。但是，理论的界定和实践的运用中，我们所称的资产评估是狭义的，反映的是在产权变动、资产流动等资产特定行为下的估价过程。因此，资产评估与会计计价具有明显的区别，表现在以下几个方面。

（一）发生的前提条件不同

会计学中的资产计价主要使用历史成本原则，同时是以企业会计主体不变和持续经营为假设前提的。而资产评估则是用于发生产权变动、会计主体变动或者作为会计主体的企业生产经营活动中断、以持续经营为前提的资产计价无法反映企业资产价值时的估价行为。明确这一区别，一方面说明资产评估并不是、也不能够否定会计计价的历史成本原则，因为其发生的前提条件不同；另一方面也说明，在企业持续经营的条件下，随意对企业资产进行评估，以资产评估价值替代资产历史成本计价的做法是缺乏理论依据的。如果随意进行评估，不仅会破坏会计计价的严肃性，还会对企业的成本和收益计算产生不利影响。当然，资产计价有时也需要根据公允价值变动情况进行评估，但这种评估要严格遵循会计政策的统一规定，并且只是账面价值的调整而已，并不是我们所称的资产评估。

（二）目的不同

简单来说，会计学中的资产计价是就资产论资产，使货币量能够客观地反映资产的实际价值量。资产评估则是就资产论权益，资产评估价值反映资产的效用，并以此作为取得收入和确定它在新的组织、实体中的权益的依据。同时，会计学中资产计价的目的是为投资者、债权人和经营管理者提供有效的会计信息，资产评估价值则是为资产的交易和投资提供公平的价值尺度。

（三）执行操作者不同

资产计价是由本企业的财会人员来完成的，只要涉及与资产有关的经济业务均需要计价，是一项经常性的、大量的工作。资产评估则是由独立于企业以外的具有资产评估资格的社会中介机构完成的。而且，资产评估工作除需要有资产评估学、财务会计知识以外，还需要具有工程技术、经济法律等多方面的知识才能完成，其工作难度和复杂程度远远超过会计计价。

当然，资产评估与会计计价也是有联系的，会计计价有时需要以资产评估价值为依据。但资产评估与会计计价毕竟是两个不同的经济范畴，无论在理论上还是在实际工作中都必须明确区分。

第二节　资产评估的对象

一、资产的含义

资产评估的对象，是指被评估的资产，即资产评估的客体。什么是资产，却不是轻易可以回答的问题。作为资产评估对象的资产，有的是单项资产，有的则是若干项资产的组合体；有的是某一资产的所有权，有的则是资产的使用权等。我国的资产评估对象的确定，最初是以企业为主体进行研究的，当然也不排斥各项独立形态的资产，如房地产等。就企业主体而言，会计学中的资产是指过去的交易或事项形成并由企业拥有或者控制的资源，该资源预期会给企业带来经济利益。在《国际评估准则》和美国的《专业评估实务统一准则》（USPAP）中，并没有直接给出资产评估中资产的定义，但却明确地指出了作为资产评估对象的资产与会计学中的资产存在差异性。

对于作为资产评估对象的资产，可以从以下几个方面理解。

（一）资产是一种权利

面对众多不同类型和形态的资产，要科学估算其价值，首先应判断其价值的内容。资产是一种权利，同样的资产载体，其权利是不同的。正如《国际评估准则》中指出：从技术上说，被评估的对象是资产的所有权或"所有者的权利"，而不是有形资产或无形资产本身。诸如商标权的评估，其所有权价值和许可使用权价值是不同的；再如有关资源资产评估，涉及地质、矿藏、森林、旅游资源等。实际上，若要准确地评估这些资源的价值是不容易的，甚至是做不到的。评估者要评估的不是这些资源的本身，而应是这些资源某一方面的权利。

（二）资产是一种获利能力

判断和评估一项财产是否是资产、其价值如何，首要问题是判断其是否具有获利能力。如果不具备获利能力，也就不具备资产的特征，也就无所谓价值的存在。资产的价值是由资产所具有的获利能力决定的，不是评估人员评估出来的，评估人员只是采用适当的方法将其价值反映出来。

（三）资产必须为某一主体所拥有和支配

资产作为具有获利能力的权利，必须有其拥有和支配的主体，权属问题也是资产的本质内容，例如有关定理、公式等是社会共有财富，无从判断其价值。而且，权属模糊不清，就无法界定资产范围，也就无从估算其价值。

二、资产的分类

为了科学地进行资产评估，应对资产评估对象按不同的标准进行合理分类。

（一）按资产存在形态分类

按资产存在的形态可以分为有形资产和无形资产。

有形资产是指那些具有实体形态的资产，包括机器设备、房屋建筑物、流动资产等。会计学中的固定资产，一般是以使用年限在一年以上，单位价值在规定限额以上为标准。在资产评估中，固定资产具体是指机器设备、房屋建筑物等，评估时应分别进行，因为它们具有不同的功能和特性。

无形资产是指那些没有物质实体而以某种特殊权利和技术知识等经济资源存在并发挥作用的资产，包括专利权、商标权、专有技术（非专利技术）、土地使用权、商誉等。

（二）按资产是否具有综合获利能力分类

按资产是否具有综合获利能力可以分为单项资产和整体资产。

单项资产是指单台、单件的资产。整体资产是指由一组单项资产组成的具有获利能力的资产综合体。

作为资产评估对象的资产，大多具有可确指的存在形态，可以单件、单台地进行评估。例如，我们可以确切地评估厂房、机器设备的单项价值，可以评估确定某项技术专利等无形资产的开发或购置成本。以单项资产为对象的评估，称为单项资产评估。将单项资产评估价值汇总起来，可以求得作为资产综合体的企业的总资产的价值。但是，如果不是变卖单项资产，而是把企业作为商品进行买卖时，一般不能够简单地按单项资产的评估价值总和来交易，因而，就存在着有别于单项资产评估的整体资产评估。典型的整体资产一般是一个企业，也可以是某一车间，或者是一组无形资产的综合体。企业整体资产不是企业各单项可确指资产的汇集，其价值也不等于各单项可确指资产价值的总额，因为企业整体资产评估所考虑的是它作为一个整体资产的生产能力或获利能力，所以，其评估价值除了包括各单项可确指的资产价值以外，还包括不可确指的资产，即商誉的价值。

（三）按资产能否独立存在分类

按资产能否独立存在可以分为可确指的资产和不可确指的资产。

可确指的资产是指能独立存在的资产，前面所列示的有形资产和无形资产，除商誉以外都是可确指的资产。不可确指的资产是指不能独立于有形资产而单独存在的资产，如商誉。商誉是由于企业地理位置优越、信誉卓越、生产经营出色、劳动效率高、历史悠久、经验丰富、技术先进等原因，能获得的投资收益率高于一般正常投资收益率所形成的超额收益，它不能脱离企业的有形资产单独存在，所以称为不可确指的资产。

（四）按资产的流动性分类

按资产的流动性可以分为短期资产和长期资产。资产的流动性决定其变现性，流动性越强，变现性就好，偿债能力就强；流动性弱，变现性差，偿债能力弱。短期资产（如存贷）的变现性较强，而长期资产（如固定资产、无形资产）的变现性较弱。

从西方发达国家资产评估历史分析，最初的资产评估对象主要是不动产，即非货币性长期资产。但随着市场经济的发展和资产评估业务的不断开展，资产评估的对象范围在不断扩大。例如以美国为代表的资产评估领域，不仅包括不动产评估，评估对象还包括动产、珠宝、机器设备、企业价值等；以英国为代表的欧洲资产评估体系，几乎完全偏重于不动产评估，《国际评估准则》即是以不动产为对象予以规范的。但值得注意的是，最近几年《国际评估准则》内容在发生变化，1997 年的《国际评估准则》中指南 3 为厂房和设备的评估；2000 年的《国际评估准则》中增加了指南 4——无形资产评估；2001 年版《国际评估准则》中共有 10 项评估指南，其中指南 6 为企业价值评估。这说明资产评估对象的范围也在不断地丰富和发展。

第三节　资产评估的假设

假设对任何学科都是重要的，相应的理论观念和方法都是建立在一定假设的基础之上的。这是由于认识的无限性和阶段性，人们不得不依据已掌握的事实对某一事物做出合乎逻辑的推断。这种推断以事实为依据，有其合理性，但这毕竟不是全部事实。因此，假设就是指依据有限事实而做出合理推断的状态。资产评估与其他学科一样，其理论和方法体系的形成也是建立在一定假设条件之上的。适用资产评估的假设有以下几种：

一、继续使用假设

从资产评估角度看，继续使用假设是指资产将按现行用途继续使用，或转换用途继续使用。对这类资产的评估，就要从继续使用的假设出发，不能按资产拆零出售零部件所得收入之和进行估价。比如一台机床用作制造产品时，其估价可能是 5 万元；而将其拆成发动机、床身等零部件分别出售时，也可能仅值 2 万元，同一资产按不同的假设用作不同的目的，其价格是不一样的。再如，就一个企业而言，它是由众多的机器设备、流动资产、房屋及其建筑物和无形资产组成的整体，在继续经营条件下评估，其价值（估价）是 800 万元，如果因破产而强制清算拍卖时，其价值就会远远低于 800 万元。

在确认继续使用的资产时，必须充分考虑以下条件：
（1）资产能以其提供的服务或用途，满足所有者经营上期望的收益；
（2）资产尚有显著的剩余使用寿命；
（3）资产所有权明确，并保持完好；
（4）资产从经济上、法律上是否允许转作他用；
（5）充分地考虑了资产的使用功能。

二、公开市场假设

公开市场是指发达与完善的市场条件。公开市场假设是假定在市场上交易或拟在市场上交易的资产，资产交易双方彼此地位平等，彼此双方都有获得足够市场信息的机会和时间，以便对资产的功能、用途及其交易价格等做出理智的判断。

公开市场假设是基于市场客观存在的现实，即资产在市场上可以公开买卖。不同类型的资产，其性能、用途不同，市场化程度也不一样，用途广泛的资产一般比用途狭窄的资产市场活跃，而无论资产的买者或卖者都希望得到资产最优效用。

所谓最优效用是指资产在可能的范围内，用于最有利又可行和法律上允许的用途。这种资产的最优效用可以是现时的，也可以是潜在的。在评估资产时，按照公开市场假设处理或作适当地调整，才有可能使资产收益最大。资产的最优效用，由资产所在地区、具体特定条件以及市场供求规律所决定。

三、清算（清偿）假设

清算（清偿）假设是指资产所有者在某种压力下被强制进行整体或拆零，经协商或以拍卖方式在公开市场上出售。这种情况下的资产评估具有一定的特殊性，适应强制出售中市场均衡被打破的实际情况，资产评估价值大大低于继续使用或公开市场条件下的评估值。

在资产评估中，由于资产未来效用不同而形成了"三种假设"。在不同假设条件下，评估结果各不相同。在继续使用假设前提下要求评估资产的继续使用价值；在公开市场假设前提下要求评估资产的公平市场价值；在清算假设前提下要求评估资产的清算价格。因此，资产评估人员在评估业务活动中要充分了解、分析、判断、认定被评估资产最可能的效用，以便得出有效结论。

第四节 | 资产评估的原则

资产评估的原则是调节资产评估委托者、评估业务承担者以及资产业务有关权益各方在资产评估中的相互关系，规范评估行为和业务的准则。包括两个层次的内容，即资产评估的工作原则和资产评估的经济原则。

一、资产评估的工作原则

（一）独立性原则

独立性原则要求在资产评估过程中摆脱资产业务当事人利益的影响，评估工作应始终坚持独立的第三者立场。评估机构应是独立的社会公正性机构，不能为资产业务各方的任何一方所拥有，评估工作不应受外界干扰和委托者意图的影响。评估机构和评估人员不应与资产业务有任何利益上的联系。

（二）客观性原则

客观性原则是指评估结果应以充分的事实为依据。评估人员要从实际出发，认真进行调查研究，在评估过程中排除人为因素的干扰，具有客观、公正的态度并采用科学的方法。评估的指标具有客观性，评估过程中的预测、推理和逻辑判断等只有建立在市场和现实的基础资料上，才具有意义。

（三）科学性原则

科学性原则是指在资产评估过程中，必须根据评估的特定目的，选择适当的价值类型和方法，制定科学的评估实施方案，使资产评估结果科学合理。资产评估方法的科学性，不仅在于方法本身，更重要的是必须严格与价值类型相匹配。价值类型的选择是以评估的特定目的为依据，它对评估方法具有约束性，不能以方法取代价值类型，以技术方法的多样性和可替代性模糊评估价值类型的唯一性，影响评估结果的合理性。

另外，科学性原则还要求资产评估程序科学合理。资产评估业务不同，其评估程序也有繁简的差异。因此，应根据评估本身的规律性和国家有关规定，结合资产评估的实际情况，确定科学的评估程序。这样才能既有利于节约人力、物力和财力，降低评估成本；又有利于提高评估效率，保证评估工作顺利进行。

（四）专业性原则

专业性原则要求资产评估机构必须是提供资产评估服务的专业技术机构。资产评估机构必须拥有一支由工程、技术、营销、财务会计、法律和经济管理等多学科的专家组成的资产评估专业队伍，这支专业队伍的成员必须具有良好的教育背景、专业知识和丰富的经验，这是确保资产评估方法正确、评估结果公正的技术基础。此外，专业性原则还要求资产评估行业内部存在专业技术竞争，以便为委托方提供广阔的选择余地，这是确保资产评估公平的市场条件。

二、资产评估的经济原则

（一）贡献原则

贡献原则是指某一资产或资产的某一构成部分的价值，取决于它对其他相关的资产或资产整体价值的贡献，或者根据当缺少它时对整体价值下降的影响程度来衡量确定。贡献原则要求在评估一项由多个资产构成的整体资产的价值时，必须综合考虑该项资产在整体资产构成中的重要性，而不是孤立地确定该项资产的价值。

（二）替代原则

替代原则是指当同时存在几种效能相同的资产时，最低价格的资产需求最大。这是因为，有经验的买方对某一资产不会支付高于能在市场上找到相同效用替代物的费用。评估时，某一资产的可选择性和有无替代性是需要考虑的一个重要因素。

（三）预期原则

预期原则是指在资产评估过程中，资产的价值可以不按照过去的生产成本或销售价格决定，而是基于对未来收益的期望值决定的。资产评估价值的高低取决于实现资产的未来效用或获利能力。一项资产取得时的成本很高，但对购买者来说，其效用不高，评估值就不会很大。预期原则要求在进行资产评估时，必须合理预期其未来的获利能力以及拥有获利能力的有效期限。

资产评估的各经济原则是相互联系的，在评估过程中应综合运用这些原则，以保证资产评估工作效率的提高和评估结果的合理性。

应当说明的是，被评估资产的价值，客观存在的是一个量，而人们对它的评估又是一个量。资产评估就是通过对资产的全面认识和判断，来反映其客观价值。但是，一般来说，要使评估值与资产客观价值完全一致，那是很难的，资产评估者的目标或任务应是努力缩小这个差距。

第五节 资产评估的价值类型

一、资产评估的特定目的

资产评估的特定目的是指被评估资产即将发生的经济行为。同样的资产，因为评估的特定目的不同其评估值也不相同。资产评估的特定目的对资产评估的影响表现在两个方面：一是在什么样的条件下，即资产发生怎样的经济行为时应该评估和可以评估；二是不同的经济行为决定了评估价值类型的差异，引致资产评估结果的差异。

我国资产评估实践表明，资产评估的特定目的主要有：资产转让，企业兼并，企业出售，企业联营，股份经营，中外合资、合作，企业清算，抵押担保，企业租赁，债务重组等。

（1）资产转让是指资产拥有单位有偿转让其拥有的资产，通常是指转让非整体性资产的经济行为。

（2）企业兼并是指一个企业以承担债务、购买、股份化和控股等形式有偿接收其他企业的产权，使被兼并方丧失法人资格或改变法人实体的经济行为。

（3）企业出售是指独立核算的企业或企业内部的分厂、车间及其他整体资产产权出售行为。

（4）企业联营是指国内企业、单位之间以固定资产、流动资产、无形资产及其他资产投入组成各种形式的联合经营实体的行为。

（5）股份经营是指资产占有单位实施股份制经营方式的行为，包括法人持股、内部职工持股、向社会发行不上市股票和上市股票。

（6）中外合资、合作是指我国的企业和其他经济组织与外国企业和其他经济组织或个人在我国境内举办合资或合作经营企业的行为。

（7）企业清算包括破产清算、终止清算和结业清算。

（8）抵押是指资产占有单位，以本单位的资产作为物质保证进行抵押而获得贷款的经济行为。

（9）担保是指资产占有单位，以本单位的资产为其他单位的经济行为担保，并承担连带责任的行为。

（10）企业租赁是指资产占有单位在一定期限内，以收取租金的形式，将企业全部或部分资产的经营使用权转让给其他经营使用者的行为。

（11）债务重组是指债权人按照其与债务人达成的协议或法院的裁决同意债务人修改债务条件的事项。

二、资产评估的价值类型

国际评估界对资产评估价值类型问题十分重视，影响较大的国际资产评估准则，如《美国专业评估执业统一准则》和英国皇家特许测量师学会的《评估和估价标准》，或者单独设立价值类型准则，或者在准则中强调价值定义的重要性。《国际评估准则》十分注重对评估结论价值类型和价值定义的要求和规范，在《国际评估准则》的三部分核心内容中，《国际评估准则 1—市场价值基础评估》（IVS 1—Market Value Basis Of Valuation）和《国际评估准则 2—非市场价值基础评估》（IVS 2—Valuation Bases Other Than Market Value ）两部分都是关于资产评估价值基础、价值定义等方面的规范。其他国家和地区的评估准则也都把定义评估结论的价值基础，避免评估报告误导公众和使用者的条款作为非常重要的内容写在基本要求和披露要求当中。在资产评估中恰当选择价值类型已经成为世界各国评估准则和评估实践的最基本的执业要求和执业理念。

我国评估理论界对价值类型的研究是从十多年前开始的，经历了讨论、争论，认识不统一到认识趋同的过程。经过近十年的努力，目前评估理论界和实务界对价值类型中的重要概念、定义和应用条件等方面已经取得了许多研究成果，在引进价值类型的必要性、价值类型基本分类、价值类型的基本称谓、市场价值的基本定义、价值类型的基本作用等一些基本问题上取得了一定的共识。

（一）价值类型的作用

价值类型是指评估价值的含义，是评估价值质的规定。价值类型在资产评估业务中具有重要的作用，表现在以下几个方面。

1. 价值类型是影响和决定资产评估价值的重要因素

资产评估价值是某项资产在特定条件下的价值表现，其价值含义不同，结果也不一样。《国际评估准则》中指出："专业评估师应避免使用未经限定的'价值'概念，而应对所涉及的特定价值类型进行详细描述。""在运用和理解评估时明确披露价值类型和定义尤为重要，价值类型和定义需要与特定的资产评估业务相适应，价值定义的改变会对各种资产所具有的价值产生实质性的影响。"因此，每一个资产评估价值都是有条件的特定价值，而非资产本身的客观价值和内在价值。价值类型指的是评估价值的类别，是每一项评估价值的具体价值尺度。目前有一种观点认为，一项资产的价值含义不同而产生评估价值差异，会使得评估值具有随意性和偏好性，缺乏客观性。这种担心可以理解，但是没有必要。因为强调评估价值含义不同产生评估价值的差异，正是为了更有效真实地反映资产的评估值。通常情况下，资产发生的经济行为不同，其使用价值实现的市场环境和条件也不一样。一台机器设备，用于投资行为的评估和用于销售变现行为的评估，其价值含义不同，评估值也不一样。用于销售变现行为，该资产的使用价值取决于市场的交换条件和需求者对其使用价值的判断；用于投资行为的评估，则只是考虑该机器设备在新投资企业中是否有用及其有用程度。显然，这时需求者及其市场条件就会产生差异。

2. 价值类型制约资产评估方法的选择

价值类型实际上是评估价值的一个具体标准，为了获得某种标准的评估价值，需要通过评估方法获得。国际上通行的评估方法主要有三种：市场法、成本法和收益法。在现实工作中，我国更多地采用的是成本法，市场法和收益法的应用相对较少。应该说，评估方法无所谓先进和落后之分，只要能够获得满足价值类型结果的方法都是可行和有效的，我国之所以采用成本法较多，主要是受制于市场条件。因此，在价值类型确定的情况下，评估方法的选择具有随机性和多样性，《国际评估准则》中指出："评估市场价值最常见的方法包括市场（比较）法、收益法（收益资本化或现金流折现法）和成本法"。事实上，评估方法本身只是估算评估价值的一种思路，价值类型确定后直接制约着方法应用中各种指标、参数的判断和选择。

3. 明确评估价值类型

明确评估价值类型，可以更清楚地表达评估结果，可以避免误报结果，避免任何使用者误用评估结果。任何评估结果都是有条件的，不同的评估目的、市场条件导致其价值含义是不同的，因此评估价值也不相同。评估师在评估报告中明确其提出的评估价值的类型，可以使委托方更清楚地使用评估价值，这样也可以规避评估师的责任。

（二）价值类型的类别

价值类型的种类或表述，有代表性的观点有两种：一种是将价值类型分为现行市价、重置成本、收益现值和清算价格，这是我国理论界比较早的具有代表性的观点；另一种则是根据《国际评估准则》，将价值类型区分为市场价值以及市场价值以外的价值类型。目前，第二种观点在现实中得到广泛应用。

1. 市场价值

关于市场价值的定义，无论是《国际评估准则》，还是《专业评估统一标准》，以及英国、澳大利亚的评估手册等，尽管在一些词汇表达方面有差异，但基本含义是一致的。因此，我们可以直接采用《国际评估准则》中市场价值定义，即自愿买方和自愿卖方在评估基准日进行正常的市场营销之后所达成的公平交易中某项资产应当进行交易的价值估计数额，当事人双方应各自精明、谨慎行事，不受任何强迫压制。

对于市场价值的理解，应着重从以下三个方面把握。

（1）公开和公平的市场条件。即所指市场价值是在公开和公平的市场条件下形成的，市场条件不局限于某事件发生或某人发生，同时，当事人是在信息充分掌握的基础上做出的。公开市场是指一个竞争性的市场，交易各方进行交易的唯一目的在于最大限度地追求经济利益，交易各方掌握必要的市场信息，具备较为充裕的时间，对被评估资产具有必要的专业知识，交易条件公开并且不具有排他性。

（2）当事人是理性的。当事人在充分掌握信息，不受任何压力，理性条件下做出的选择。

（3）市场价值是价值估计数额。

除了市场价值以外，其他的价值类型种类繁多，各个国家也不一样。根据现实的必要性和可行性，主要还有在用价值、投资价值、持续经营价值、清算价格、保险价值、课税价值等。

2. 在用价值

在用价值是指特定资产在特定用途下对特定使用者的价值，该价值类型重点反映了作为企业组成部分的特定资产对其所属企业能够带来的价值，而并不考虑该资产的最优用途或资产变现所能实现的价值量。

3. 投资价值

投资价值是指资产对于具有明确投资目的的特定投资者或某一类投资者所具有的价值。这一概念将特定的资产与具有明确投资目标、标准的特定投资者或某一类投资者结合起来。

在资产评估中，投资价值是依据其投资需求条件，针对特定投资者评估某项投资的投资价值。与市场价值相比，投资价值是个人的价值，它未必是市场价值。投资价值反映特定投资者与一项投资两者之间的主观关系。虽然投资价值和市场价值参数可能相似，但它和市场价值在概念上不同。如果投资者需求条件为市场典型条件，投资价值可能和市场价值相同。

4. 持续经营价值

持续经营价值是指在持续经营条件下公司的价值。持续经营价值假设现有资产将被用于产生未来现金流并且不会被出卖。投资者考虑持续经营价值，并将它与生产终止时的资产价值对比。如果持续经营价值超过生产终止时的生产价值，那么进行经营就是有意义的。

5. 清算价格

清算价格是指在非公开市场上限制拍卖的价格。清算价格一般低于现行市场价格，这是由市场供求状况决定的。其一，因经营失利而导致破产的企业，必然会急于将资产转让或拍卖；其二，这种交易活动只要取决于买方，占有主动权的买方必定极力压低成交价格，以从中获取利益。

一般来说，在市场机制比较健全的情况下，资产价值会因竞争而趋于合理，以市场售价评定其清算价格仍有一定意义。尽管如此，资产的清算价格也往往会低于其现行市场价格。有些市场上不需要的资产，其清算价格甚至会低于账面价值。因此，清算价格一般取决于下列两个因素。

（1）资产的通用性。专用设备的清算价格一般会大幅度低于其市场价格。一个具有某一特殊属性（使用价值）的财产对于所有者来讲并不具有特殊价值。

（2）清算时间的限制。一般地，清算时间越长，在市场上讨价还价的余地越大，清算价格也会越高。

6. 保险价值

保险价值是指可能因危险造成损失的实体项目的重置和（或）重建成本。保险价值是保险单条款中记载或认同的某项资产损失或资产组价值的一部分损失。

7. 课税价值

课税价值是指根据税法中规定的与征纳税收相关的价值定义所确定的价值。

（三）价值类型的决定因素

价值类型问题一直是评估业界的焦点和难点。但至少已在下列方面达成共识：一是价值类型是必需的；二是资产评估过程开始就应确定价值类型，价值类型指导整个资产评估过程；三是每一种价值类型必须定义。

决定和影响价值类型的因素是多方面的，但主要因素包括：

（1）评估的特定目的（经济行为）；

（2）市场条件；

（3）资产功能及其状态。

上述三个因素是一个有机整体，核心问题是评估的特定目的，因为特定目的确定以后直接影响市场条件，进而也影响资产功能和状态。比如，资产在发生售卖的经济行为下，直接决定了市场中需求者的范围。通常情况下，资产评估特定目的不同，评估价值也不一样，这种差异本身就是由于特定目的引致的价值类型不同造成的。但需要进一步说明的是，许多情况下我们可以根据特定目的，加上对市场条件的假设和判断选择价值类型，但例外的情况是，评估师也可以根据委托者的要求选择价值类型。一般地，企业破产、资产拍卖，我们可以选择清算价格，但也可以根据委托者要求选择采用市场价值类型。根据对市场价值概念的分析，国际评估界似乎对市场价值具有更大的偏好性，它是一种理想化的评估价值。当然，价值类型选择不同，直接影响评估价值数额。而且，不同价值类型下的评估价值与实际资产交易值的差异度是不同的。如果企业破产评估选用清算价格这种价值类型，实际处置时，处置值和评估值差异就会很小；而如果选用市场价值类型时，处置值和评估值差异就会较大。可见，同样评估目的，不同价值类型的评估值所表现的实际交易值与评估值的差异程度不同。强调说明的是，评估价值与资产交易值之间存在差异是正常的现象，因为交易过程中的许多因素并非评估师所应考虑的内容，委托方使用评估价值时，应注意分析两者差异的原因。当然，这样并不表明评估者对评估值就没有责任了，其仍然应对形成评估值的因素及参数选择方面负责。

习题

一、单项选择题

1. 从资产评估资产划分的角度看，不可确指资产是指（　　）。

    A. 没有物质实体的某种特权

    B. 具有获利能力的资产的综合体

    C. 不能脱离企业有形资产而单独存在的资产

    D. 能独立存在的有形或无形资产

2. （　　）是资产评估得以进行的一个最基本的前提假设。

    A. 公开市场假设　　B. 交易假设　　　　C. 清算假设　　　　D. 在用续用假设

3. 从性质上讲，资产的评估价值是注册资产评估师对被评估资产在评估基准日的（　　）估计值。

    A. 成交价格　　　　B. 重建成本　　　　C. 交换价值　　　　D. 劳动价值

4. 资产评估值的高低主要取决于（　　）。

    A. 资产的历史收益　　　　　　　　　　B. 资产的社会必要劳动时间

    C. 资产的效用　　　　　　　　　　　　D. 资产的购置成本

5. 资产评估结论为资产评估提供专业化估价意见，这体现了资产评估的（　　）作用。

    A. 咨询作用　　　　B. 管理作用　　　　C. 监督作用　　　　D. 鉴证作用

6. 特定主体以投资获利为目的而持有的资产，在公开市场上按其最优用途实现的市场价值，这阐述的是资产评估的（　　）。

    A. 在用价值　　　　B. 投资价值　　　　C. 残余价值　　　　D. 投资性资产价值

7. （　　）是资产评估中使用频率较高的一种假设，其他的假设都是以其为基本参照的。

    A. 公开市场假设　　B. 持续经营假设　　C. 交易假设　　　　D. 清算假设

8. 以下表述中不符合资产评估科学性原则的是（   ）。

    A. 必须根据评估的特定目的选择适当的价值类型和方法

    B. 对于特定的资产业务价值类型的选择具有唯一性

    C. 对于特定的资产业务评估方法的选择具有唯一性

    D. 对于特定的资产业务评估方法的选择具有多样性

9. 在资产评估中确实存在着评估数据、评估方法等的合理替代问题，正确运用（   ）是公正进行资产评估的重要保证。

    A. 替代原则   B. 评估时点原则   C. 贡献原则   D. 预期收益原则

10. 在同一市场上具有相同使用价值和质量的商品，应该有大致相同的交换价值，以此确立的评估原则是（   ）。

    A. 贡献原则   B. 资产评估时点原则

    C. 预期收益原则   D. 替代原则

二、多项选择题

1. 下列说法正确的有（   ）。

    A. 资产评估的要素是一个有机组成的整体，它们之间相互依托，相辅相成，缺一不可

    B. 企业单项资产价值之和等于企业整体价值之和，这里的单项资产不包含商誉

    C. 资产评估的最基本的功能是评价和评величин以及咨询和管理的功能

    D. 同一资产在公开市场假设、持续使用假设和清算假设下评估得到的价值类型分别是公开市场价值、持续使用价值和清算价值，清算价值一般较低

    E. 从资产评估对象的构成和获利能力的角度，资产评估分为完全资产评估和限制性资产评估

2. 资产评估的资产具有以下基本特征（   ）。

    A. 是由过去的交易或者事项形成的资源

    B. 必须是经济主体拥有或者控制的

    C. 能够给经济主体带来经济利益的资源，即可望给经济主体带来现金流入的资源

    D. 资产必须能以货币计量

    E. 融资租入的固定资产不能进行评估

3. 资产评估中市场价值以外的价值主要包括（   ）。

    A. 市场价值   B. 继续使用价值   C. 在用价值   D. 投资价值

    E. 残余价值

4. 以下属于资产评估的经济技术的原则有（   ）。

    A. 科学性原则   B. 客观公正性原则   C. 贡献原则   D. 替代原则

    E. 评估时点原则

5. 从资产评估服务的对象、评估的内容和评估者承担的责任等方面看，在世界范围内，资产评估主要分为（   ）。

    A. 完全资产评估   B. 评估   C. 限制性资产评估

    D. 评估复核   E. 评估咨询

6. 资产评估中的市场价值与市场价值以外的价值划分的标准有（   ）。

    A. 资产评估时的市场条件：公开市场条件还是非公开市场条件

    B. 资产评估时的资产的使用状态：正常使用（最优使用）还是非正常使用

    C. 资产评估时的所用的信息和参数来源：公开市场信息还是非公开市场信息

    D. 资产评估中的市场价值是指资产在评估基准日公开市场上最优使用状态下最有可能实现的交换价值的估计值

    E. 资产业务的性质

7. 下列说法正确的有（　　　　）。

A. 资产评估的要素是一个有机组成的整体，它们之间相互依托，相辅相成，缺一不可

B. 企业单项资产价值之和等于企业整体价值之和，这里的单项资产不包含商誉

C. 资产评估的最基本的功能有评价和评值，以及咨询和管理的功能

D. 同一资产在公开市场假设、持续使用假设和清算假设下评估得到的价值类型分别是公开市场价值、持续使用价值和清算价值，其中清算价值一般最低

E. 商誉不属于资产

8. 下列关于资产评估的目的表述正确的有（　　　　）。

A. 资产评估的目的分为一般目的和特定目的。一般目的包含特定目的，而特定目的则是一般目的的具体化

B. 资产评估一般目的或者资产评估的基本目标是由资产评估的性质及其基本功能决定

C. 资产评估所要实现的一般目的只能是资产在评估时点的公开市场价值

D. 资产评估特定目的决定资产评估的价值类型，是界定评估对象的基础

E. 资产评估特定目的是由引起资产评估的特定经济行为所决定的，它对评估结果的性质、价值类型都有重要的影响

9. 资产评估中的市场价值之所以可以作为公允价值的坐标，是因为市场价值是资产在（　　　　）条件下的公允价值。

A. 正常折旧　　　　B. 正常更新　　　　C. 正常市场

D. 正常使用　　　　E. 正常纳税

10. 资产评估的工作原则有（　　　　）。

A. 独立性原则　　　B. 客观公正性原则　　C. 科学性原则

D. 预期收益原则　　E. 供求原则

11. 市场价值和公允价值表述正确的有（　　　　）。

A. 市场价值是资产公允价值的坐标

B. 市场价值在其评估所依据的市场范围内，对任何交易当事人都是相对合理和公允的，而市场价值以外的价值的相对合理公平性是受到某些条件严格限制的

C. 资产评估中的公允价值是一个一般层次的概念，它包括了正常市场条件和非正常市场条件两种情况下的合理评估结果

D. 资产评估中市场价值只是正常市场条件下资产处在最优使用状态下的合理评估结果。相对于公允价值而言，市场价值更为具体，条件更为明确，在实践中评估人员更易把握，它是资产评估中最为典型的公允价值

E. 公允价值指的就是市场价值

三、思考题

1. 市场经济中，资产评估的功能有哪些？

2. 资产评估与会计和审计是什么关系？

【学习目标】

资产评估方法是指根据评估的特定目的和计价标准，具体评定估算对象资产评估价值的方略、方法和专门操作技术，实质性内容是计算公式及计算规程。通过本章的学习，掌握资产评估的成本法、收益法和市场法，掌握不同方法的应用条件。

通过本章的学习掌握以下内容。

- 成本法；
- 收益法；
- 市场法；
- 了解不同资产评估方法的应用条件。

【能力目标】

- 让学生初步了解资产评估的方法；
- 让学生掌握不同方法的应用区别。

【引导案例】

我怎么成了"钉子户"

湖北武汉的李女士在江汉区香港路繁华处有家287平方米的商铺，该商铺是李女士2001年以110万元人民币价格购入的，租给了一家银行做营业网点，每年租金63万元。武汉地铁6号线开工，政府要对李女士商铺所在地的建筑物进行拆迁。拆迁补偿款成为李女士和江汉区政府争论的焦点。江汉区政府认为，由于同路段没有房屋出售，难以获得准确的市场价格，应该按照商铺的剩余使用年限及租金采用收益法来确定补偿金额，补偿款应为1 508万元。而李女士认为，正是因为同路段的商铺都不肯出售，说明该路段投资价值高，相似路段的铺面价格已经达到10万元/平方米，所以，按市价法计算，加上租金的损失，补偿款保守估计应该在3 000万元左右。

为什么不同的评估方法评估出的价格有如此大的差异呢，这些方法的适用条件是什么？

（摘自：今日说法"我怎么成了'钉子户'"2016-4-19）

第一节 | 市场法

一、市场法及其适用的前提条件

（一）市场法的含义

市场法也称市场价格比较法，是指通过比较被评估资产与最近售出类似资产的异同，并将类似资产的市场价格进行调整，从而确定被评估资产价值的一种资产评估方法。市场法是一种最简单、有效的方法，因为评估过程中的资料直接来源于市场，同时又为即将发生的资产行为估价。但是，市场法的应用与市场经济的建立和发展、资产的市场化程度密切相关。在我国，随着社会主义市场经济的建立和完善，为市场法提供了有效的应用空间，市场法日益成为一种重要的资产评估方法。

（二）市场法应用的前提条件

应用市场法需要有一个充分发育、活跃的资产市场。市场经济条件下，市场交易的商品种类很多，资产作为商品，是市场发育的重要方面。资产市场上，资产交易越频繁，与被评估资产相类似资产的价格就越容易获得。

参照物及其与被评估资产可比较的指标、技术参数等资料是可搜集到的。运用市场法，重要的是能够找到与被评估资产相同或相类似的参照物。但与被评估资产完全相同的资产是很难找到的，这就要求对类似资产参照物进行调整，有关调整的指标、技术参数能否获取是决定市场法运用与否的关键。

二、市场法的应用

运用市场法进行资产评估，因市场条件差异和参照物不同，应采取不同的方式。一般地说，在市场上如能找到与被评估资产完全相同的参照物，就可以把参照物价格直接作为被评估资产的评估价值，这是市场法运用最简单、直观的方式。但是，资产评估过程中，完全相同的参照物是很少见的，更多的情况下获得的是相类似参照物价格，需要进行价格调整。因此市场法也称作市场成交价格比较法，是指一项被评估资产需要评估时，在公开市场上找不到与之完全相同的资产，但在公开市场上能找到与之相类似的资产，以此为参照物，并依其价格再做相应的差异调整，确定被评估资产价值。资产评估过程中，在公开市场上完全相同的参照物几乎是不存在的，即使是一个工厂出产的相同规格、型号的设备，在不同企业中使用，由于维护保养条件、操作使用水平以及利用率高低等多种因素的作用，其实体损耗也不可能是同步的。即使新旧程度相同，但交易条件方面是否相同，只能经过详细的调查研究，通过仔细地对比分析，才能得出正确的结论。因此，采用市场法时，一方面是选择确定参照物价格，选择的参照物应具有相关性和代表性，而且应足够多；另一方面则是分析确定参照物的差异调整因素。

参照物差异调整因素主要包括时间因素、地域因素和功能因素三个方面。

（1）时间因素是指参照物交易时间与被评估资产评估基准日相差时间所影响的被评估资产价格的差异。不同的时间条件下，资产价格不同，应注意时间因素导致的价格变化。

（2）地域因素是指资产所在地区或地段条件对资产价格的影响差异。地域因素对房地产价格的影响尤为突出。

（3）功能因素是指资产实体功能过剩或不足对价格的影响。如一座房屋或一台机器设备，就特定资产实体而言，效能较高，用途广泛，但购买者未来使用并不需要如此高的效能；反之，购买者也可能有超出特定资产现有条件的要求，因而产生实体功能对价格的影响。一般情况下，功能越高，售价越高，但买主未来若对资产特定效能没有需求，就不愿意多花钱去购买这项资产，特殊功能的资产对所有者来讲并没有特殊价值。

【例2-1】待估地块为城市规划上属于住宅区的一块空地，面积为600平方米，地形为长方形。要求评估该地块2015年10月30日的公平市场交易价格。

评估过程：

（1）选择评估方法。该种类型的土地有较多的交易实例，故采用市场法进行评估。

（2）搜集有关的评估资料。

搜集交易实例资料。选择4个交易实例作为参照物，具体情况如表2-1所示。

表2-1　　　　　　　　　　　　　评估对象及参照物情况表

	交易实例A	交易实例B	交易实例C	交易实例D	估价对象
坐落	略	略	略	略	略
所处地区	临近	类似	类似	类似	一般市区

续表

		交易实例 A	交易实例 B	交易实例 C	交易实例 D	估价对象
用地性质		住宅	住宅	住宅	住宅	住宅
土地类型		空地	空地	空地	空地	空地
交易日期		2015.4.2	2015.3.3	2014.10.4	2014.12.5	2015.10.3
价格	总价	19.6 万元	31.2 万元	27.4 万元	37.8 万元	
	单价	870 元/平方米	820 元/平方米	855 元/平方米	840 元/平方米	
面积		225 平方米	380 平方米	320 平方米	450 平方米	600 平方米
形状		长方形	长方形	长方形	正方形	长方形
地势		平坦	平坦	平坦	平坦	平坦
地质		普通	普通	普通	普通	普通
基础设施		较好	完备	较好	很好	很好
交通状况		很好	较好	较好	较好	很好
正面路宽		8 米	6 米	8 米	8 米	8 米
容积率		6	5	6	6	6
剩余使用年限		35 年	30 年	35 年	30 年	30 年

（3）进行交易情况修正。经分析交易实例A、D为正常买卖，无需进行交易情况修正；交易实例B较正常买卖价格偏低2%；交易实例C较正常买卖价格偏低3%。

各交易实例的交易情况修正率为：交易实例A：0%；交易实例B：2%；交易实例C：3%；交易实例D：0%。

（4）进行交易日期修正。根据调查，2006年10月以来土地价格平均每月上涨1%，则各参照物交易实例的交易日期修正率为：

交易实例A：6%；交易实例B：7%；交易实例C：12%；交易实例D：10%。

（5）进行区域因素修正。交易实例A与待估土地处于同一地区，无需作区域因素修正。

交易实例B、C、D的区域因素修正情况可参照表2-2判断。本次评估设定待估地块的区域因素值为100，则根据表2-2各种区域因素的对比分析，经综合判定打分，交易实例B所属地区为88，交易实例C所属地区为108，交易实例D所属地区为100。

表 2-2 区域因素修正情况表

类似地区区域因素	B	C	D
自然条件	（相同）10	（相同）10	（相同）10
社会环境	（较差）7	（相同）10	（相同）10
街道条件	（相同）10	（相同）10	（相同）10
交通便捷度	（稍差）8	（稍好）12	（相同）10
距离交通车站点距离	（较远）7	（较近）12	（相同）10
离市中心距离	（相同）10	（较近）12	（相同）10
基础设施状况	（稍差）8	（相同）10	（稍好）12
公共设施完备状况	（相同）10	（较好）12	（相同）10
水、大气、噪声污染状况	（相同）10	（相同）10	（相同）10
周围环境及景观	（稍差）8	（相同）10	（稍差）8
综合打分	88	108	100

（6）进行个别因素修正。

① 经比较分析，待估土地的面积较大，有利于充分利用；另外，环境条件也比较好，故判定比

其他交易实例土地价格高2%。

② 土地使用年限因素的修正。交易实例B、实例D与待估土地的剩余使用年限相同，无需修正。交易实例A、实例C均需作使用年限因素的调整，其调整系数测算如下（假定折现率为8%）：

$$年限修正系数=\left[1-\frac{1}{(1+8\%)^{30}}\right]\div\left[1-\frac{1}{(1+8\%)^{35}}\right]=(1-0.099\,4)\div(1-0.067\,6)=0.900\,6\div0.932\,4=0.965\,9$$

（7）计算待估土地的初步价格。

交易实例A修正后的单价为：

$$870\times100/100\times106/100\times100/100\times102/100\times0.965\,9=909（元/平方米）$$

交易实例B修正后的单价为：

$$820\times100/98\times107/100\times100/88\times102/100=1\,038（元/平方米）$$

交易实例C修正后的单价为：

$$855\times100/97\times112/100\times100/108\times102/10\times0.965\,90=901（元/平方米）$$

交易实例D修正后的单价为：

$$840\times100/100\times110/100\times100/100\times102/100=942（元/平方米）$$

（8）采用简单算术平均法求取评估结果。

土地评估单价为：

$$（909+1\,038+901+942）\div4=948（元/平方米）$$

土地评估总价为：

$$600\times948=568\,800（元）$$

三、市场法的应用程序及其优缺点

（一）运用市场法评估资产的程序

运用市场法评估资产时，一般按下列程序（或步骤）进行：

（1）明确评估对象；

（2）进行公开市场调查，收集相同或相类似资产的市场基本信息资料，寻找参照物；

（3）分析整理资料并验证其准确性，判断选择参照物。评估人员对收集到的资料，应认真分析验证其真实可信程度，分析其交易条件和背景，选择三个或三个以上的可比参照物；

（4）将被评估资产与参照物进行比较；

（5）分析调整差异，得出结论。

一般来说，市场越活跃，市场法运用的空间越大，评估结论就越准确。

（二）市场法的优缺点

市场法是资产评估中最简单、最有效的方法，其优点表现在：

（1）能够客观反映资产目前的市场情况，其评估的参数、指标直接从市场获得，评估值更能反映市场现实价格；

（2）评估结果易于被各方面理解和接受。

市场法的缺点表现在：

（1）需要有公开及活跃的市场作为基础，有时因缺少可对比数据和判断对比数据而难以应用；

（2）不适用于专用机器、设备、大部分的无形资产，以及受地区、环境等严格限制的一些资产的评估。

 第二节 | 成本法

一、成本法及其适用的前提条件

（一）成本法的含义

成本法是指在评估资产时按被评估资产的现时重置成本扣减其各项损耗价值来确定被评估资产价值的方法。

采用成本法对资产进行评估的理论依据有以下几个。

1. 资产的价值取决于资产的成本

资产的原始成本越高，其原始价值就越大；反之则小，两者在质和量的内涵上是一致的。根据这一原理，采用成本法对资产进行评估，必须首先确定资产的重置成本。重置成本是按在现行市场条件下重新购建一项全新资产所支付的全部货币总额，重置成本与原始成本的内容构成是相同的，而两者反映的物价水平是不相同的，前者反映的是资产评估日的市场物价水平，后者反映的是当初购建资产时的物价水平。资产的重置成本越高，其重置价值就越大。

2. 资产的价值是一个变量，随资产本身的运动和其他因素的变化而相应变化

影响资产价值量变化的因素，除了市场价格以外，资产投入使用后，由于使用磨损和自然力的作用，其物理性能会不断下降，价值会逐渐减少。这种损耗一般称为资产的物理损耗或有形损耗，也称实体性贬值。

新技术的推广和运用，使企业原有资产与社会上普遍推广和运用的资产相比较，技术明显落后、性能降低，其价值也就相应减少。这种损耗称为资产的功能性损耗，也称功能性贬值。

由于资产以外的外部环境因素变化引致资产价值降低。这些因素包括政治因素、宏观政策因素等。例如，政府实施新的经济政策或发布新的法规限制了某些资产的使用，使得资产价值下降，这种损耗一般称为资产的经济性损耗，也称经济性贬值。

（二）成本法应用的前提条件

1. 应当具备可利用的历史资料

成本法的应用是建立在历史资料基础之上的，许多信息资料、指标需要通过历史资料获得。同时，现时资产与历史资产具有相同性或可比性。

2. 形成资产价值的耗费是必需的

耗费是形成资产价值的基础，但耗费包括有效耗费和无效耗费，采用成本法评估资产，首先的问题是这些耗费是必需的，而且这些耗费应体现社会或行业平均水平。

二、成本法运用的思路及其各项指标的估算

根据成本法的含义，成本法的基本计算公式可以表述为：

被评估资产评估值=重置成本-实体性贬值-功能性贬值-经济性贬值

被评估资产评估值=重置成本×成新率

成本法的计算公式为正确运用成本法评估资产提供了思路，评估操作中，重要的是依此思路确定各项技术经济指标。

（一）重置成本及其估算

重置成本是指在现行市场条件下重新购建一项全新资产所耗费的全部货币支出。

重置成本一般分为复原重置成本和更新重置成本。复原重置成本是指运用原来相同的材料、建筑或制造标准、设计、技术等，以现时价格复原购建这项全新资产所发生的支出。更新重置成本是指利用新型材料，并根据现代标准、设计及格式，以现时价格生产或建造具有同等功能的全新资产所需的成本。

选择重置成本时，在同时可获得复原重置成本和更新重置成本的情况下，应选择更新重置成本；在无更新重置成本时可采用复原重置成本。一般来说，复原重置成本大于更新重置成本，但由此导致的功能性损耗也大。之所以要选择更新重置成本，一方面随着科学技术的进步、劳动生产率的提高，新工艺、新设计被社会普遍接受和采用；另一方面，新型设计、工艺制造的资产无论从其使用性能，还是成本耗用方面，都会优于旧的资产。

更新重置成本和复原重置成本采用的都是资产的现实价格，它们的不同之处在于资产在技术、设计、标准方面的差异，而对于设计、耗费、格式几十年一贯的某些资产，其更新重置成本与复原重置成本是一样的。应当注意的是，无论是更新重置成本还是复原重置成本，资产本身的功能不变。例如，评估一台 386 型电子计算机，就不能以 486 型电子计算机作为更新重置成本。

重置成本的估算一般可以采用下列方法。

1. 重置核算法

重置核算法是指按资产成本的构成，把以现行市价计算的全部购建支出按其计入成本的形式，将总成本分为直接成本和间接成本来估算重置成本的一种方法。

直接成本是指直接可以构成资产成本支出部分，如房屋建筑物的基础、墙体、屋面、内装修等项目；机器设备类资产的设备购价、安装调试费、运杂费、人工费等项目。直接成本应按现时价格逐项加总。

间接成本是指为建造、购买资产而发生的管理费、总体设计制图等项支出。实际工作中，间接成本可以通过下列方法计算。

（1）按人工成本比例法计算。计算公式为：

间接成本＝人工成本总额×成本分配率

其中：

$$成本分配率 = \frac{间接成本额}{人工成本额} \times 100\%$$

（2）单位价格法。计算公式为：

$$间接成本 = 工作量（按工日或工时）\times \frac{单位价格}{工日或工时}$$

（3）接成本百分率法。计算公式为：

$$成本 = 直接成本 \times 间接成本占直接成本百分率 \qquad (2\text{-}1)$$

【例2-2】重置购建设备一台，现行市场价格每台80 000元，运杂费5 000元，直接安装成本1 000元，其中原材料400元，人工成本600元。根据统计分析计算求得安装成本中的间接成本为每元人工成本0.6元，该机器设备重置成本为：

直接成本	86 000元
其中：买价	80 000元
运杂费	5 000元
安装成本	1 000元
其中：原材料	400元

人工	600元
间接成本（安装成本）	360元（600×0.6）
重置成本合计	86 360元

2. 物价指数法

这种方法是在资产历史成本基础上，通过现时物价指数确定其重置成本，计算公式为：

$$资产重置成本 = 资产历史成本 \times \frac{资产评估时物价指数}{资产购建时物价指数} \qquad (2\text{-}2)$$

$$资产重置成本 = 资产历史成本 \times （1+物价变动指数） \qquad (2\text{-}3)$$

公式中，资产历史成本要求真实、准确并符合社会平均的合理成本的要求；资产评估时物价指数指的是评估基准日（或能够代表评估基准日）的物价指数，而且应是资产的类别或个别物价指数。

【例2-3】某项被评估资产2006年购建，账面原值为100 000元，2015年进行评估，已知2006年和2015年该类资产定基物价指数分别为100%和140%。则被评估资产重置成本为：

$$被评估资产重置成本 = 100\ 000 \times （1+40\%） = 140\ 000（元）$$

物价指数法与重置核算法是重置成本估算较常用的方法。但两者具有明显的区别，表现如下。

（1）物价指数法估算的重置成本仅考虑了价格变动因素，因而确定的是复原重置成本；而重置核算法既考虑了价格因素，也考虑了生产技术进步和劳动生产率的变化因素，因而可以估算复原重置成本和更新重置成本。

（2）物价指数法建立在不同时期的某一种或某类甚至全部资产的物价变动水平上；而重置核算法建立在现行价格水平与购建成本费用核算的基础上。

明确物价指数法和重置核算法的区别，有助于重置成本估算中方法的判断和选择。一项技术进步较快的资产，采用物价指数法估算的重置成本往往会偏高。当然，物价指数法和重置核算法也有其相同点，即都是建立在利用历史资料基础上。因此，资产评估时重置成本与委托方提供历史资料（如财务资料）的口径差异，是上述两种方法应用时需共同注意的问题。

3. 功能价值法

又称生产能力比例法，这种方法是寻找一个与被评估资产相同或相似的资产为参照物，计算其每一单位生产能力价格或参照物与被评估资产生产能力的比例，据以估算被评估资产的重置成本。计算公式为：

$$被评估资产重置成本 = \frac{被评估资产年产量}{参照物年产量} \times 参照物资产重置成本 \qquad (2\text{-}4)$$

【例2-4】重置一台全新机器设备的价格为10 000元，年产量为4 000件。现知被评估资产年产量为3 000件，由此可以确定其重置成本：

$$被评估资产重置成本 = \frac{3\ 000}{4\ 000} \times 10\ 000 = 7\ 500（元）$$

这种方法运用的前提条件和假设是资产的成本与其生产能力成线性关系，即生产能力越大，成本越高，而且是成正比例关系。应用这种方法估算重置成本时，首先应分析资产成本与生产能力之间是否存在这种线性关系，如果不存在这种关系，就不可以采用这种方法。

4. 规模经济效益指数法

通过不同资产的生产能力与其成本之间关系的分析可以发现，许多资产的成本与其生产能力之间不存在线性关系，当资产 A 的生产能力比资产 B 的生产能力大 1 倍时，其成本却不一定大 1 倍，也就是说，资产生产能力和成本之间只成同方向变化，而不是等比例变化，这是由于规模经济效益作用的结果。两项资产的重置成本和生产能力相比较，其关系可用下列公式表示：

$$\frac{被评估资产的重置成本}{参照物资产的重置成本} = \left(\frac{被评估资产的产量}{参照物资产的产量}\right)^X \tag{2-5}$$

推导可得，

$$被评估资产的重置成本 = 参照物资产的重置成本 \times \left(\frac{被评估资产的产量}{参照物资产的产量}\right)^X \tag{2-6}$$

公式中的 X 是一个经验数据，称为规模经济效益指数。在美国，这个经验数据一般在 0.4～1 间，如加工工业一般为 0.7，房地产行业一般为 0.9。我国到目前为止尚未有统一的经验数据，评估过程中要谨慎使用这种方法。公式中参照物，一般可选择同类资产中的标准资产。

上述 4 种方法均可用于确定在成本法运用中的重置成本。至于选用哪种方法，应根据具体的评估对象和可以搜集到的资料确定。这些方法中，对某项资产可能同时都能用，有的则不然，应用时必须注意分析方法运用的前提条件，否则将得出错误的结论。

另外，在用成本法对企业整体资产及某一相同类型资产进行评估时，为了简化评估业务、节省评估时间，还可以采用统计分析法确定某类资产重置成本，这种方法运用的步骤如下。

（1）在核实资产数量的基础上，把全部资产按照适当标准划分为若干类型，如房屋建筑物按结构划分为钢结构、钢筋混凝土结构等；机器设备按有关规定划分为专用设备、通用设备、运输设备、仪器、仪表等。

（2）在各类资产中抽样选择适量具有代表性的资产，应用功能价值法、物价指数法、重置核算法或规模经济效益指数法等方法估算其重置成本。

（3）依据分类抽样估算资产的重置成本额与账面历史成本计算出分类资产的调整系数，其计算公式为：

$$K = R'/R \tag{2-7}$$

式中：K——资产重置成本与历史成本的调整系数；

　　　　R'——某类抽样资产的重置成本；

　　　　R——某类抽样资产的历史成本。

根据调整系数 K 估算被评估资产的重置成本，计算公式为：

$$被评估资产重置成本 = \sum 某类资产账面历史成本 \times K \tag{2-8}$$

某类资产账面历史成本可从会计记录中取得。

【例2-5】评估某企业某类通用设备。经抽样选择具有代表性的通用设备6台，估算其重置成本之和为60万元，而该6台具有代表性的通用设备历史成本之和为50万元，该类通用设备账面历史成本之和为100万元。则：

$$K = 60/50 = 1.2$$
$$该类通用设备重置成本 = 100 \times 1.2 = 120（万元）$$

（二）实体性贬值及其估算

资产的实体性贬值是资产由于使用和自然力作用形成的贬值。实体性贬值的估算，一般可以采用以下几种方法。

1. 观察法

观察法，也称成新率法。它是指对被评估资产，由具有专业知识和丰富经验的工程技术人员对资产的实体各主要部位进行技术鉴定，并综合分析资产的设计、制造、使用、磨损、维护、修理、大修理、改造情况和物理寿命等因素，将评估对象与其全新状态相比较，考察由于使用磨损和自然损耗对资产的功能、使用效率带来的影响，判断被评估资产的实体性成新率，从而估算实体性贬值。计算公式为：

$$资产的实体性贬值 = 重置成本（1-实体性成新率）\tag{2-9}$$

2. 公式计算法

公式计算法下，实体性贬值的计算公式为：

$$资产的实体性贬值 = \frac{重置成本 - 预计残值}{总使用年限} \times 实际已使用年限 \qquad (2-10)$$

（1）预计残值是指被评估资产在清理报废时净收回的金额。在资产评估中，通常只考虑数额较大的残值，如残值数额较小可以忽略不计。

（2）总使用年限指的是实际已使用年限与尚可使用年限之和。计算公式为：

$$总使用年限 = 实际已使用年限 + 尚可使用年限 \qquad (2-11)$$

$$实际已使用年限 = 名义已使用年限 \times 资产利用率 \qquad (2-12)$$

由于资产在使用中负荷程度的影响，必须将资产的名义已使用年限调整为实际已使用年限。名义已使用年限是指资产从购进使用到评估时的年限。名义已使用年限可以通过会计记录、资产登记簿、登记卡片查询确定。实际已使用年限是指资产在使用中实际损耗的年限。

实际已使用年限与名义已使用年限的差异可以通过资产利用率来调整。资产利用率计算公式为：

$$资产利用率 = \frac{截至评估日资产累计实际利用时间}{截至评估日资产累计法定利用时间} \times 100\% \qquad (2-13)$$

当资产利用率>1时，表示资产超负荷运转，资产实际已使用年限比名义已使用年限要长；当资产利用率=1时，表示资产满负荷运转，资产实际已使用年限等于名义已使用年限；当资产利用率<1时，表示开工不足，资产实际已使用年限小于名义已使用年限。

【例2-6】某资产于2005年2月购进，2015年2月评估时名义已使用年限是10年。根据该资产技术指标，正常使用情况下，每天应工作8小时，该资产实际每天工作7.5小时（1年按360天计算）。由此可以计算资产利用率：

$$资产利用率 = \frac{10 \times 360 \times 7.5}{10 \times 360 \times 8} \times 100\% = 93.75\%$$

由此可确定其实际已使用年限为9.4（10×93.75%）年。

实际评估过程中，由于企业基础管理工作较差，再加上资产运转中的复杂性，计算资产利用率的指标往往很难确定。评估人员应综合分析资产的运转状态，诸如资产开工情况、大修间隔期、原材料供应情况、电力供应情况、是否季节性生产等各方面因素分析确定。

尚可使用年限是根据资产的有形损耗因素预计资产的继续使用年限。

（三）功能性贬值及其估算

功能性贬值是指由于技术相对落后造成的贬值。估算功能性贬值时，主要根据资产的效用，生产加工能力，工耗、物耗、能耗水平等功能方面的差异造成的成本增加和效益降低，相应确定功能性贬值额。同时，还要重视技术进步因素，注意替代设备、替代技术、替代产品的影响，以及行业技术装备水平现状和资产更新换代速度。

通常，功能性贬值的估算可以按下列步骤进行。

（1）将被评估资产的年运营成本与功能相同但性能更好的新资产的年运营成本进行比较。

（2）计算两者的差异，确定净超额运营成本。由于企业支付的运营成本是在税前扣除的，企业支付的超额运营成本会导致税前利润下降，所得税额降低，使得企业负担的运营成本远远低于其实际支付额。因此，净超额运营成本是超额运营成本扣除所得税以后的余额。

（3）估计被评估资产的剩余寿命。

（4）以适当的折现率将被评估资产剩余寿命内每年的超额运营成本折现，这些折现值之和就是被评估资产的功能性损耗（贬值），计算公式为：

$$被评估资产功能性贬值额 = \sum（被评估资产年净超额运营成本 \times 折现系数） \qquad (2-14)$$

【例2-7】某种机器设备，技术先进的设备比原有的陈旧设备生产效率高，节约工资费用，有关资料及计算结果如表2-3所示。

表2-3 功能性贬值计算表

项目	技术先进设备	技术陈旧设备
月产量	10 000 件	10 000 件
单件工资	1.00 元	1.20 元
月工资成本	10 000 元	12 000 元
月差异额		12 000-10 000=2 000（元）
年工资成本超支额		2 000×12=24 000（元）
减：所得税（25%）		6 000 元
扣除所得税后年净超额工资		18 000 元
资产剩余使用年限		5 年
假定折现率10%，5年年金折现系数		3.790 8
功能性贬值额		68 234.4（元）

应当指出，新老技术设备的对比，除生产效率影响工资成本超额支出外，还可对原材料消耗、能源消耗以及产品质量等指标进行对比计算其功能性贬值。

此外，功能性贬值的估算还可以通过超额投资成本的估算进行，即超额投资成本可视同为功能性贬值，计算公式为：

$$功能性贬值=复原重置成本-更新重置成本$$

（四）经济性贬值及其估算

经济性贬值是由于外部环境变化造成资产的贬值。计算经济性贬值时，主要是根据由于产品销售困难而开工不足或停止生产形成资产的闲置，价值得不到实现等因素，确定其贬值额。评估人员应根据资产的具体情况加以分析确定。当资产使用基本正常时，不计算经济性贬值。

（五）成新率及其估算

成新率反映评估对象的现行价值与其全新状态重置价值的比率。该成新率指的是重置成本法运用的第二个公式（即被评估资产评估值=重置成本×成新率）中的成新率，它是综合考虑资产使用中各类损耗以后确定的。在成新率分析计算过程中，应充分注意资产的设计、制造、实际使用、修理、大修理、改造情况，以及设计使用年限、物理寿命、现有性能、运行状态和技术进步等因素的影响。通常，成新率的估算方法有以下几种。

（1）观察法。由具有专业知识和丰富经验的工程技术人员对资产实体各主要部位进行技术鉴定，以判断确定被评估资产的成新率。与上文中所述实体性贬值确定中所称实体性成新率不同，这一成新率是在综合考虑资产实体性贬值、功能性贬值和经济性贬值等基础上确定的，而不只是考虑使用磨损和自然损耗的影响。

（2）使用年限法。根据资产预计尚可使用年限与其总使用年限的比率确定成新率，计算公式为：

$$成新率=\frac{预计尚可使用年限}{实际已使用年限+预计尚可使用年限}\times100\% \tag{2-15}$$

（3）修复费用法。通过估算资产恢复原有全新功能所需要的修复费用占该资产的重置成本（再生产价值）的百分比确定的，计算公式为：

$$成新率=1-\frac{修复费用}{重置成本}\times100\% \tag{2-16}$$

估算成新率的方法很多，在后面各类型具体资产的评估中会具体研究确定，这里不再详述。需要说明的是，评估工作中，有些评估人员直接按照会计学中的折旧年限估算成新率，这种做法是不正确的，必须摒弃，原因如下。

第一，折旧是由损耗决定的，但折旧并不就是损耗，折旧是高度政策化了的损耗。资产使用过程中，价值的运动依次经过价值损耗、价值转移和价值补偿，折旧作为转移价值，是在损耗基础上确定的。但会计学上的折旧率或折旧年限，是对某一类资产作出的会计处理的统一标准，是一种高度统一的理论系数或常数，对于该类资产中的每一项资产虽然具有普遍性、同一性和法定性，但不具有实际磨损意义上的个别性或特殊性。实际上，它表现在以下几个方面特征：其一，折旧年限是一个平均年限，对于同一类型中的任何一项资产均适用；其二，它是在考虑损耗的同时，又考虑社会技术经济政策和生产力发展水平，有时甚至把它作为经济杠杆，体现对某类资产的鼓励或限制生产政策；其三，它是以同类资产中各项资产运转条件均相同的假定条件为前提的。这种情况下，同一类型的资产，无论其所在地如何，保养维护情况、运行状况如何，均适用同一折旧年限。而评估中的成新率则是根据资产的具体运行状态、使用频率、工作环境等确定的，具有特殊性和个别性特征。

第二，折旧年限的确定。资产的维修是以为了保证资产正常运转为前提的，也就是说，修理是作为追加劳动支出，不增加资产效用和价值。但实际上，每一项资产在使用过程中，由于运转条件、保养、维修条件不同，其损耗以及实际运作功能也不相同。评估中通常所讲的完全相同的资产是很少见的，就是这个道理。实际工作中，许多资产提前报废或超龄服役，无不与其保养、修理和运转状况有关。可见，资产的维修在保证资产正常运转的同时，具有更新的性质，可以增加资产的效用和功能，资产评估更注重资产运转的实际效能。需要说明的是，尽管维修费用的发生会增大资产价值，延长资产使用寿命，从而影响其成新率，但成新率确定不是资产运转中费用增减的反映，并非发生修理费用越多，成新率就越高，而是运转过程中更新、修理费用发生结果在资产性能、使用期限等方面结果的体现。

当然，并不是所有的维护修理都是有效的，从评估角度，应注意区分可修复性损耗和不可修复性损耗。可修复性损耗是指为了改进（改造）效用而花费的成本，低于所能由此得到的收益回报。不可修复性损耗则是指由于一项资产的改进成本超过了这种改进带来的收益，而不能弥补改进的资产贬值和价值损失。因此，只有为可修复性损耗而发生的费用支出从而影响成新率变化才是应予考虑的。

第三，折旧年限的确定基础与评估中成新率的确定基础——损耗本身，具有差异性。确定折旧年限的损耗包括有形损耗（实体性贬值）和无形损耗；而评估中确定成新率的损耗，包括实体性贬值、功能性贬值和经济性贬值。其中，功能性贬值只是无形损耗的一种形式，而不是无形损耗的全部；经济性贬值则是资产外部原因引起的。

第四，资产评估过程中，一些评估机构和评估人员根据实地勘察鉴定的结果，确定的使用年限与折旧年限完全相同，这时当然可以采用折旧年限。但这仅仅是偶然性结果，并不具有必然性，而且，这是经过分析、比较、判断后的结果，恰恰说明成新率的确定应根据实地勘察确定，而不是将折旧年限拿来就用。

三、成本法的应用程序及其优缺点

（一）运用成本法评估资产的程序

第一步，确定被评估资产，并估算重置成本；

第二步，确定被评估资产的使用年限；

第三步，估算被评估资产的损耗或贬值；

第四步，计算确定被评估资产的价值。

（二）成本法的优缺点

采用成本法评估资产的优点有：

（1）比较充分地考虑了资产的损耗，评估结果更趋于公平合理；

（2）有利于单项资产和特定用途资产的评估；

（3）在不易计算资产未来收益或难以取得市场参照物条件下可广泛地应用；

（4）有利于企业资产保值。

但是，采用成本法的缺点是工作量较大。而且，它是以历史资料为依据确定目前价值，必须充分分析这种假设的可行性。另外，经济性贬值也不易全面准确计算。

第三节　收益法

一、收益法及其适用的前提条件

（一）收益法的含义

收益法是指通过估算被评估资产未来预期收益并折算成现值，借以确定被评估资产价值的一种资产评估方法。

采用收益法对资产进行评估所确定的资产价值，是指为获得该项资产以取得预期收益的权利所支付的货币总额。这里不难看出，资产的评估价值与资产的效用或有用程度密切相关，资产的效用越大，获利能力越强，它的价值也就越大。从收益法的概念本身也可以分析确定收益法应用的前提条件。

（二）收益法应用的前提条件

众所周知，资产成交后能为新的所有者带来一定的收益，所有者支付的货币量不会超过该项资产（或与其具有同样风险因素的相似资产）的期望收益的折现值。换一个角度分析，投资者投资购买资产时一般要进行可行性分析，其预计的内部回报率只有在超过评估的折现率时才肯支付货币额以取得该项资产。应用收益法评估资产必须具备的前提条件是：

（1）被评估资产必须是能用货币衡量其未来期望收益的单项或整体资产；

（2）资产所有者所承担的风险也必须是能用货币衡量的。

应该注意的是，运用收益法对资产评估时，是以资产投入使用后能够连续获利为基础的。资产作为特殊商品，在资产买卖中，人们购买的目的往往并不在于资产本身，而是资产的获利能力。如果在资产上进行投资不是为了获利，进行投资后没有预期收益或预期收益很少而且又很不稳定，则不能采用收益法。

二、收益法的应用形式

收益法的应用，实际上就是对被评估资产未来预期收益进行折现或资本化过程。一般来说，有以下几种情况。

（一）资产未来收益期有限的情况

资产未来预期收益具有特定时期的情况下，通过预测有限期限内各期的收益额，以适当的折现率进行折现后求和获得，各年预期收益折现值之和即为评估值，基本公式是：

$$评估值 = \sum_{i=1}^{n} \frac{R_i}{(1+r)^i}$$ (2-17)

式中：R_i——未来第 i 个收益期的预期收益额，收益期有限时，R_i 中还包括期末资产剩余净额；

n——收益年期；

r——折现率。

【例2-8】 某企业尚能继续经营3年，营业终止后资产全部用于抵债，现拟转让。经预测得出3年内各年预期收益的数据如表2-4所示。

表2-4 某企业 3 年预期收益数据表

	收益额（万元）	折现率（%）	折现系数	收益折现值（万元）
第1年	300	6	0.943 4	283
第2年	400	6	0.890 0	356
第3年	200	6	0.839 6	167.9

如此可以确定其评估值为：

评估值=283+356+167.9=806.9（万元）

（二）资产未来收益无限期的情况

无限收益期的情况下，有以下两种情形。

（1）未来收益年金化的情形。这种情形下，首先预测其年收益额，然后对年收益额进行资本化处理，即可确定其评估值。基本公式为：

资产评估值（收益现值）=年收益额/资本化率 (2-18)

上述公式实际是预期收益折现值求和的特殊形式，推导过程如下：假设未来预期收益分别为 R_1、R_2、$\cdots$、R_n，折现率为 r，折现值之和为 PV，则有：

$$PV = R_1/(1+r) + R_2/(1+r)^2 + \cdots + R_n/(1+r)^n$$

当 $R_1 = R_2 = \cdots = A$ 时，

$$PV = A \cdot [1/(1+r) + 1/(1+r)^2 + \cdots + 1/(1+r)^n]$$
$$= A \cdot [(1+r)^n - 1]/[r \cdot (1+r)^n]$$
$$= A \cdot [1 - 1/(1+r)^n]/r$$

当 $n \to \infty$ 时，$1/(1+r)^n \to 0$，则

$$PV = A/r$$

有的资产评估，其未来预期收益尽管不完全相等，但生产经营活动相对稳定，各期收益相差不大，这种情况下也可以采用上述方法进行评估，其步骤如下。

第一步，预测该项资产未来若干年（一般为 5 年左右）的收益额，并折现求和。

第二步，通过折现值之和求取年等值收益额。根据上述计算公式可知：

$$\sum_{i=1}^{n} \frac{R_i}{(1+r)^i} = A \sum_{i=1}^{n} \frac{1}{(1+r)^i}$$

因此，

$$A = \frac{\sum_{i=1}^{n} \dfrac{R_i}{(1+r)^i}}{\sum_{i=1}^{n} \dfrac{1}{(1+r)^i}}$$

其中，$A \sum_{i=1}^{n} \dfrac{1}{(1+r)^i}$ 为年金现值系数，可查表求得。

第三步，将求得的年等值收益额进行资本化计算，确定该项资产评估值。

（2）未来收益不等额的情形。这种情形下，首先预测若干年内（一般为5年）的各年预期收益额；再假设若干年的最后一年开始，以后各年预测收益额均相同；最后，将企业未来预期收益进行折现和资本化处理。基本公式为：

$$\begin{array}{c}资产评估值\\（预期收益现值）\end{array} = \sum\begin{array}{c}前若干年\\各年收益额\end{array} \times \begin{array}{c}各年\\折现系数\end{array} + \begin{array}{c}以后各年的年金化\\收益/资本化率\end{array} \times \begin{array}{c}前若干年最后一年\\的折现系数\end{array}$$

上述计算公式图示如图2-1所示。

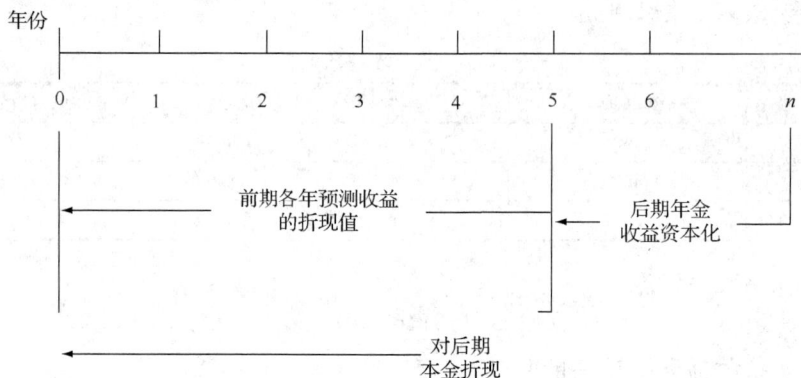

图 2-1　预期收益现值

应当指出，确定后期年金化收益的方法，一般以前期最后一年的收益额作为后期永续年金收益，也可预测后期第一年的收益作为永续年金收益。

【例2-9】某企业预计未来5年收益额分别是15万元、18万元、14万元、10万元和12万元。假定从第6年开始，以后各年收益均为12万元，确定的折现率和资本化率为10%。确定该企业在持续经营下的评估值。

评估过程可按下列步骤进行。

首先，确定未来5年收益额的现值。

$$现值总额 = \frac{15}{1+10\%} + \frac{18}{(1+10\%)^2} + \frac{14}{(1+10\%)^3} + \frac{10}{(1+10\%)^4} + \frac{12}{(1+10\%)^5}$$

$$= 15 \times 0.909\,1 + 18 \times 0.826\,4 + 14 \times 0.751\,3 + 10 \times 0.683\,0 + 12 \times 0.620\,9$$

$$= 53.310\,7（万元）$$

计算中的现值系数可通过复利现值表中查得。

其次，将第6年以后的收益进行资本化处理，即12/10%=120（万元）

最后，确定该企业评估值：

$$企业评估值 = 53.310\,7 + 120 \times 0.620\,9 = 127.818\,7（万元）$$

三、收益法中各项指标的确定

收益法的运用，不仅在于掌握其在各种情况下的各种计算过程，更重要的是科学、合理地确定方法运用中的各项指标。收益法中的主要指标有：收益额、折现率或资本化率和收益期限。

（一）收益额

收益法运用中，收益额的确定是关键。收益额是指由被评估资产在使用过程中产生的超出其自身价值的溢余额。

（1）对于收益额的确定，应把握两点。

一是收益额指的是资产使用带来的未来收益期望值，是通过预测分析获得的。无论对于所有者还是购买者，判断该项资产是否有价值，首先应判断该项资产是否有收益。评估时对其收益的判断，不仅仅是看其现在的收益能力，更重要的是预测未来的收益能力。

二是收益额必须是由被评估资产直接形成的，不是由该项资产形成的收益应当分离出来。

（2）关于收益额的构成，以企业为例，目前有几种观点。

① 税后利润，即净利润。

② 现金流量。

③ 利润总额。

至于选择哪一种作为收益额，评估人员应根据所评估资产的类型、特点以及评估目的决定，重要的是科学反映资产收益，并与折现率或资本化率口径保持一致。

（二）折现率和资本化率

确定折现率，首先应该明确折现的内涵。折现作为一个时间优先的概念，将来的收益或利益低于现在的同样收益或利益，并且随着收益时间向将来推迟的程度而有系统地降低价值。同时，折现作为一个算术过程，是把一个特定比率应用于一个预期的收益，从而得出当前的价值。从折现率本身来说，它是一种特定条件下的收益率，说明资产取得该项收益的收益率水平。收益率越高，资产评估值越低。因为在收益一定的情况下，收益率越高，意味着单位资产增值率高，所有者拥有资产价值就低。折现率的确定是运用收益法评估资产时比较棘手的问题。折现率必须谨慎确定，折现率的微小差异会带来评估值数以万计的差异。确定折现率，不仅应有定性分析，还应寻求定量方法。折现率与利率不完全相同，利率是资金的报酬，折现率是管理的报酬。利率只表示资产（资金）本身的获利能力，而与使用条件、占用者和使用用途没有直接联系，折现率则与资产以及所有者使用的效果有关。一般来说，折现率应包含无风险利率、风险报酬率和通货膨胀率。无风险利率是指资产在一般条件下的获利水平，风险报酬率则是指冒风险取得的报酬与资产的比率。每一种资产投资，由于其使用条件、用途不同，行业不同，风险也不一样，因此，折现率也不相同。通常，它要由评估人员根据社会、行业、企业和评估对象的资产收益水平综合分析确定。而且，折现率选择时还要注意所选收益额的计算口径应与折现率的口径保持一致。至于折现率的具体确定方法，将在各类资产具体评估时阐述。

资本化率与折现率在本质上是没有区别的，只是适用场合不同。折现率是将未来有限期的预期收益折算成现值的比率，用于有限期预期收益还原；资本化率则是将未来永续性预期收益折算成现值的比率。

（三）收益期限

收益期限是指资产收益的期间，通常指收益年限。收益期限由评估人员根据未来获利情况、损耗情况等确定，也可以根据法律、契约和合同规定确定。

四、收益法的应用程序及其优缺点

（一）收益法评估资产的程序

第一步，收集验证有关经营、财务状况的信息资料；

第二步，计算和对比分析有关指标及其变化趋势；

第三步，预测资产未来预期收益，确定折现率或资本化率；

第四步，将预期收益折现或资本化处理，确定被评估资产价值。

（二）收益法的优缺点

1. 收益法的优点

（1）能真实和较准确地反映企业资本化的价值；

（2）与投资决策相结合，应用此法评估的资产价值易为买卖双方所接受。

2. 收益法的缺点

（1）预期收益额预测难度较大，受较强的主观判断和未来不可预见因素的影响；

（2）在评估中适用范围较小，一般适用企业整体资产和可预测未来收益的单项资产评估。

第四节 资产评估方法的比较和选择

一、资产评估方法之间的关系

资产评估方法很多，各种方法都有其各自的特点。同时，这些方法之间又相互关联。研究资产评估方法的特点，分析比较各种方法之间的联系和区别，对于选择资产评估方法具有重要意义。

（一）资产评估方法之间的联系

从整体上来说，评估方法是由互相关联的、内在相关的、不可分割的技巧和程序组成的，其共同目标就是获得令人信服的可靠的评估价值。成本和市场销售数据的分析通常是收益法运用中不可缺少的部分；同样的，折现和资本化的运用也时常运用于市场法和成本法中。例如，市场法中分析和调整参照物价格与被评估资产价格的差异因素，会用到折现和资本化的技巧；在成本法中，对功能性贬值等的确定也要采用折现和资本化的方法。一般来说，成本法、收益法的运用都是建立在现行市价基础之上的，只是它们的运用不像市场法运用表现得那么直接而已。

（二）市场法与成本法的区别

资产评估过程中，市场法和成本法往往容易混淆。区别市场法和成本法具有重要的理论和实践意义。两种方法的区别表现为以下几点。

（1）成本法是按现行市场价格确定重新购买该项资产的价值，而市场法则是按市场上该项资产的交易价格确定的。前者主要从买者角度，即以购建某项资产的耗费来确定；后者则是从卖者角度，即市场上销售价格来确定。

（2）市场法中的现行市价指的是资产的独立价格，是交易过程中采用的。而重置成本不仅包括该项资产的自身价格（购建价格），还包括该项资产的运杂费、安装调试费等。

（3）市场法的运用与原始成本没有直接联系，而成本法中的某些计算，则要用被评估资产的原始成本和原始资料。

（4）成本法是按全新资产的购建成本和扣除被评估资产的各项损耗（或贬值）后确定评估价值；市场法则是按参照物价格，并考虑被评估资产与参照物的各项差异因素并进行调整来确定评估值。两种方法具有不同的操作程序，资料的获得和指标确定有着不同的思路。

二、资产评估方法的选择

资产评估的方法主要有成本法、市场法、收益法等多种方法。资产评估方法的多样性，为评估人员提供了适当选择评估途径、有效完成评估任务的现实可能。选择合适的资产评估方法，有利于简捷、合理地确定资产评估价值。资产评估方法的选择主要应考虑下面几个因素。

（一）资产评估方法的选择必须与资产评估价值类型相适应

资产评估价值类型决定了应该评估的价格类型，资产评估方法作为获得特定价值尺度的技术规程，必须与评估价值类型相适应。资产评估价值类型与资产评估方法是两个不同层次的概念。资产评估价值类型说明"评什么"，是资产评估价值质的规定，具有排他性，对评估方法具有约束性；资产评估方法说明"如何评"，是资产评估价值量的确定，具有多样性和替代性，并服务于评估价值类型。资产评估价值类型确定的准确性与科学的相匹配的资产评估方法，是资产评估价值具有科学性和有效性的重要保证。

（二）资产评估方法必须与评估对象相适应

评估对象是单项资产还是整体资产，是有形资产还是无形资产等，往往要求有不同的评估方法与之相适应。同时，资产评估对象的状态不同，所要求的评估方法也往往不同。例如，一台市场交易很活跃的旧机器设备的评估可以采取市场类比法进行评估，而旧的专用设备的评估，通常只能采用成本法进行评估。

（三）评估方法的选择还要受可搜集数据和信息资料的制约

各种方法的运用都要根据一系列数据和资料来进行分析、处理和转换，没有相应的数据和资料，方法就会失灵。资产评估的过程实际上也就是搜集资料的过程。比如在方法运用过程中，西方评估机构采用更多的是市场法，但在我国，由于受市场发育不完全、不完善的限制，市场法的应用无论从广度还是使用效率方面，远远落后于其他有关国家的水平。因此，评估者应根据可获资料，以及经努力能搜集到的资料满足程度来选择适当的方法。就资产评估来说，方法的科学性依赖于方法运用中指标的确定。

（四）选择评估方法要考虑评估途径

同一评估价值类型可能适用多种方法。在选择评估方法时，一方面要从评估工作的效率出发，选择简便易行的方法；另一方面也要根据评估人员的特长进行选择。

一般来说，评估方法的选择应在评估开始之前予以确定，当然也可以分别采取几种方法进行评估，然后分析、比较结果的科学性。当采用两种或两种以上的方法评估一项资产得出不同的结论时，一般不能把评估结果进行简单平均或加权平均，而应根据评估价值类型及评估结果对市场的适用性，判断选择一种评估结果作为最终评估结论。

习题

一、单项选择题

1. 采用收益法评估资产时，收益法中的各个经济参数之间存在的关系是（　　）。
   A. 资本化率越高，收益现值越低　　　B. 资本化率越高，收益现值越高
   C. 资产预期收益期不影响收益现值　　D. 无风险报酬率不影响收益现值

2. 运用市场法时选择三个或三个以上参照物的目的是（　　）。
   A. 为了符合资产评估的政策　　　　　B. 为了体现可比性的要求
   C. 排除参照物个别交易的特殊性和偶然性 D. 便于计算

3. 复原重置成本与更新重置成本在购建评估对象时的相同点在于（　　）。
   A. 采用的材料相同　　　　　　　　　B. 制造标准相同
   C. 技术相同　　　　　　　　　　　　D. 以现行价格水平购建

4. 被评估资产甲的生产能力为60 000件/年，参照资产乙的重置成本为8 000元，生产能力为40 000件/年，设规模经济效益指数X取值0.6，被评估资产的重置成本最接近于（　　）元。
   A. 10 203　　　　　B. 18 423　　　　　C. 7 869　　　　　D. 22 333

5. 被评估资产年生产能力为100吨，参照资产的年生产能力为160吨，评估基准日参照物资产的市场价格为20万元，由此确定的被评估资产的价值为（　　）万元。

    A. 40   B. 5   C. 8   D. 12.5

6. 评估某企业，经专业评估人员测定，该企业评估基准日后未来5年的预期收益分别为100万元、100万元、100万元、100万元、100万元，并且在第6年之后该企业收益将保持在120万元不变，资本化率和折现率均为10%，该企业的评估价值最接近于（　　）万元。

    A. 1 120   B. 1 160   C. 1 579   D. 1 610

7. 截至评估基准日，资产累计实际利用时间和资产累计法定利用时间的比值大于1时表示（　　）。

    A. 满负荷运转   B. 超负荷运转   C. 开工不足   D. 与资产负荷无关

8. 某项资产购建于2007年，账面原值为50万元，于2010年评估，若以取得时定基物价指数为100%，评估时定基物价指数为140%，该资产最可能评估值为（　　）元。

    A. 820 000   B. 700 000   C. 140 000   D. 100 000

9. 运用使用年限法估测设备的实体性贬值率或成新率，其假设前提是（　　）。

    A. 设备不存在功能性贬值

    B. 设备不存在经济性贬值

    C. 设备的实体性损耗与使用时间呈指数关系

    D. 设备的实体性损耗与使用时间呈线性关系

10. 被评估对象为2007年购入的一台设备，评估基准日该设备与目前相同生产能力的新型设备相比，需多用操作工人4人，每年多耗电40万度。如果每名操作工人每年的工资及其他费用为2万元，每度电的价格为0.6元，设备尚可使用4年，折现率为10%，所得税税率为25%，不考虑其他因素，则该设备的功能性贬值最接近于（　　）万元。

    A. 54   B. 76   C. 87   D. 101

11. 下列不属于收益法的基本参数的是（　　）。

    A. 收益额   B. 折现率   C. 收益期限   D. 重置成本

12. 当纯收益按等比级数递减，收益年期无限的条件下，收益法下评估值的计算公式是（　　）。

    A. $P=A/r$ B. $P=A/(r-s)$ C. $P=A/r+B/r^2$ D. $P=A/(r+s)$

13. 评估某收益性资产，评估基准日后的第1年的预期净收益为800万元，且经专业评估人员测定认为，其后各年该资产的净收益将以3%的比例递增，设定的资本化率为10%，资产效用永续，该资产的评估值最接近于（　　）万元。

    A. 15 000   B. 55 550   C. 11 428   D. 18 356

14. 关于成本法的前提下列表述错误的是（　　）。

    A. 成本法从再取得资产的角度反映资产的价值，即通过资产的重置成本扣除各种贬值来反映资产的价值

    B. 从相对准确合理，减少风险和提高评估效率的角度，把继续使用作为运用成本法的前提是有积极意义的

    C. 采用成本法的前提是要求被评估资产的预期收益能够支持其重置及其投入价值

    D. 对于非继续使用前提下的资产，不可以运用成本法进行评估

15. 某评估机构以2015年1月1日为基准日对A企业进行整体评估，已知该企业2014年实现纯利润100万元，经调查分析，预计该企业自评估基准日起第1、第2、第3年内每年的纯利润将在前一年的基础上增加4%，自第4年起将稳定在第3年的水平上，若折现率为10%，无限期经营，则该企业评估价值最接近于（　　）万元。

    A. 1 103   B. 1 114   C. 1 147   D. 1 310

16. 被评估对象为一台设备，2006年12月31日购置，账面原值为28万元，评估基准日为2016年1月1日。已知2006年末的定基物价指数为106%，2011年末的定基物价指数为118%，从2012年开始，同类物价指数每年比上一年上升7%，若不考虑其他因素，该设备的重置成本最接近于（　　）万元。

    A. 33.35   B. 37.90   C. 40.86   D. 43.72

17. 重新购建设备一台，现行市价为每台400 000元，运杂费2 000元，装卸费1 000元，直接安装成本1 000元，其中材料成本500元，人工成本500元，间接安装成本为700元，则该设备的重置成本为（　　）元。

    A. 350 000   B. 303 000   C. 404 700   D. 475 000

18. 关于评估方法的选择，说法错误的是（　　）。

    A. 资产评估方法具有多样性，评估人员应该选择适当的评估方法，从而有效地完成评估任务

    B. 评估方法的选择过程中，应注意因地制宜和因事制宜，不可照搬、照抄某种固定模式或顺序进行选择

    C. 对某项资产只能采用一种评估方法进行评估

    D. 不论选择什么评估方法都要保证评估目的、评估时所依据的各种假设和条件与评估所使用的数据参数，及其评估结果在性质和逻辑上的一致性

19. 被评估对象为某企业的无形资产，预计该无形资产在评估基准日后未来5年每年的收益维持在120万元的水平，并在第5年末出售该无形资产，经专家分析认为，该无形资产在第5年末的预期出售价格约为900万元，假设折现率为10%，该无形资产的评估价值最接近于（　　）万元。

    A. 875.3   B. 1 013.71   C. 2 418.63   D. 1 324

20. 评估某企业，经评估人员分析预测，该企业评估基准日后未来3年的预期净利润分别为200万元、220万元、230万元，从未来第四年至第十年企业净利润将保持在230万元水平上，企业在未来第10年末的资产预计变现价值为300万元，假定企业适用的折现率与资本化率均为10%，该企业的股东全部权益评估值最接近于（　　）万元。

    A. 1 377   B. 1 493   C. 1 777   D. 1 900

二、计算题

1. 企业进行股份制改组，根据企业过去经营状况和未来市场形势，预测其未来5年的收益额分别为130万元、140万元、110万元、120万元和150万元。第5年以后每年的收益为160万元。根据银行利率及经营风险情况确定其折现率和资本化率分别为10%和11%。

要求：试确定该企业的评估价值。（计算过程中数字保留4位小数，计算结果保留3位小数）

2. 评估设备购建于2010年12月，账面原值100万元，其中，购买价为80万元，基础及安装费15万元，运杂费5万元。2014年12月对该设备进行技术改造，以使用某种专利技术，改造费用为10万元，2015年12月对该设备进行评估，并得到以下数据：

（1）该类设备、基础及安装费、运杂费的物价指数相同，2010—2014年定基价格指数分别为105%、110%、110%、115%、120%。

（2）经了解，该设备在评估前使用期间因技术改造等因素，其实际利用率仅为正常利用率的60%，经评估人员鉴定分析，合理地预计以后设备将有75%的利用率，在此利用率下被评估设备尚可使用8年，评估基准日后，其实际利用率可以达到设计要求的80%。

（3）与同类设备相比，该设备的操作需要5个工作人员，而同类设备需要3个工作人员，操作人员的年工资及福利费用为2万元/人。所得税税率为25%，折现率为12%。

（4）由于环保、节能的要求，国家新出台的政策规定该类设备必须在5年内强制报废。

要求：根据上述条件估测该设备的有关经济技术参数和评估值（评估基准日为2014年12月30日）。（要求写出具体步骤，以万元为单位，小数点后保留两位）

三、案例分析题

A公司是2012年5月经省人民政府批准，由澳门W集团公司投资设立于迪拜J公司100%控股投资的外商独资企业。A公司位于H市经济技术开发区，注册资本5 000万美元，经营范围为艺术品制作、艺术品鉴定、艺术品收藏。2016年12月，A公司董事会决议将公司改制为股份有限公司，于是请资产评估机构对A公司所拥有的整体资产进行评估。评估人员根据A公司所处的具体环境和经济背景，结合特定的评估目的和评估方法的特点，选择采用收益法进行评估，并将评估基准日定位为2016年11月30日。

思考：收益法的适用性。

机器设备评估 | 第三章

【学习目标】

通过本章的学习掌握以下内容。

- 了解机器设备的特点、类型、评估的特点；
- 掌握机器设备的重置成本、实体性贬值、功能性贬值、经济性贬值的估算方法；
- 掌握机器设备市场比较法评估中有关比较指标的修正系数的确定。

【能力目标】

- 让学生初步了解机器设备评估的应用前景；
- 注重学生机器设备评估及相关概念的认识能力。

【引导案例】

创业办厂中的评估

A、B、C三人出资组建以机械加工为主营业务的公司，A和B分别以货币出资，C以自己所有的一台二手机床出资。按照我国《公司法》的规定，设立公司以非货币出资的应当进行评估。为确定该经济行为，所涉及的机床的价值，公司发起人委托资产评估事务所对该二手机床进行评估。假设您是该资产评估事务所的一员，承接了该评估业务后应如何对该机器设备进行评估？

第一节 | 机器设备评估的特点

一、机器设备及其分类

（一）机器设备的含义

机器设备是指由金属或其他材料组成，由若干零部件装配起来，在一种或几种动力驱动下，能够完成生产、加工、运行等功能或效用的装置。

机器设备是企业必要的主要劳动手段，马克思称之为"生产的骨骼系统和肌肉系统"。同时，机器设备技术状态的好坏，对企业生产的正常运转，对产品的质量和成本都有着直接的影响，因此，马克思又将之称为"人类劳动力发展的测量器"。

一台机器设备由数以千计、万计的零部件组成，其构造、功能、性能各不相同。但一般来说，典型的机器设备主要是由原动机部分、传动部分和工作部分三大部分组成。例如，在金属切削机床中的普通车床，电动机为原动机部分，三角皮带、齿轮系统、丝杆为传动部分，卡盘、刀架等为工作部分。另外，随着科学技术的发展，机器设备中的控制部分也是一项重要内容。

（二）机器设备的特点

通过对机器设备一般情况的了解，从其自身特征以及评估需要，可以看出机器设备具有以下特点。

（1）机器设备作为生要劳动手段，属于会计学中所称的固定资产，具有单位价值高、使用期限长的特点。这就要求评估者应充分认识其功能的适用性和可能的风险性。

（2）机器设备属于动产类资产，与房地产比较，评估值高低与其所处地域不具有直接关系。

（3）机器设备属于有形资产，但同时要考虑附着于机器设备中的无形资产。

（4）机器设备更新换代比较快，对于政策规定的高耗能、低效能、污染大的机器设备，尽管实体成新程度高，但仍应按低值甚至按报废处理。

根据机器设备的上述特点，确定机器设备评估范围时应注意区别下列几个问题。

（1）机器设备和土地、房屋及构筑物。在资产评估中机器设备和土地、房屋及构筑物的关系可能出现以下几种情况：其一，有些设备是安装附着在土地、房屋及构筑物上，它们对后者的功能会有很大影响，如油井、旋转屋顶的机构、电梯等，评估时要考虑这些设备具有的不动产特征。其二，许多物业为了方便适用或具有多种功能，除土地、房屋结构外还需配置水、电、气、电讯、智能等附属设备。在评估这些具有独立功能的物业时，可以将诸如配电设备、泵站、锅炉、电话、交换机等列入物业范围，随建筑物一起评估。其三，许多加工设备都有设备基础等构筑物，在续用条件下不能将设备基础漏评。通常情况下，简易基础，如机床设备基础等，可以含在设备评估价值中，大型设备基础要单独作为构筑物评估。

（2）机器设备和无形资产。比较复杂或先进的机器设备，特别是成套设备、机组、检测设备等，其功能的正常发挥还需要有专利、专有技术或计算机软件等无形资产支持。一般来说，对单台设备或通用性较强的无形资产，应将设备和无形资产分开评估；而成套设备、机组和复杂的检测设备中含有的专用无形资产，可含在设备价值中一起评估。

机器设备和流动资产。许多成套设备、机组在其价值构成中包含有试车用原材料、配套易损件及技术培训费等。在续用条件下对这些机器设备评估时，应注意不要漏评。

（三）机器设备的分类

机器设备种类很多，可以按不同标准予以分类。

1. 按国家固定资产分类标准分类

国家技术监督局在 2011 年 1 月 10 日颁发了《固定资产分类标准与代码》（GB/T14885—2010 代替 GB/T14885—1994），根据该标准机器设备分为：（1）通用设备；（2）专用设备。

2. 按现行会计制度规定分类

我国现行会计制度，按固定资产的使用特性将其分为 6 种类型，对机器设备而言，有以下几种类型。

（1）生产经营用机器设备，指直接生产经营服务的机器设备，包括生产工艺设备、辅助生产设备、动力能源设备等；

（2）非生产经营用机器设备，指在企业所属的福利部门、教育部门等非生产部门使用的设备；

（3）租出机器设备，指企业出租给其他单位使用的机器设备；

（4）未使用机器设备，指企业尚未投入使用的新设备、库存的正常周转用的设备、正在维修改造尚未投入使用的机器设备等；

（5）不需用机器设备，指已不适合本单位使用、待处理的机器设备；

（6）融资租入机器设备，指企业以融资租赁方式租入使用的机器设备。

3. 按机器设备的组合程度分类

机器设备在使用中通常将不同功用的设备进行分配组合，以完成某种生产工艺活动。按其组合方式和程度划分，可分为：（1）单台设备（独立设备）；（2）机组，如柴油发电机组等；（3）成套设备（包括生产线），由若干不同设备按生产工艺过程依次排序联结，形成一个完整或主要生产过程的机器体系，如合成氨成套设备、胶合板生产线等。

4. 按机器设备的来源分类

机器设备按来源划分，通常可分为自制设备和外购设备两种，外购设备中又有国内购置和国外引进之分。

机器设备还有许多分类方式，在此不一一列举。但值得注意的是，上述分类并不彼此独立，分类之间有不同程度的关联。如外购设备中可能是通用设备，也可能是专用设备，还可能是进口通用设备或进口专用设备；成套设备中可能部分是外购，部分是自制的。资产评估中可以根据委托单位的生产技术特点、评估目的、采用的评估操作方法、评估操作人员的专业特长等，按不同分类进行操作，最后按评估结果汇总要求进行统计。在评估时既可先按生产车间进行清查评估，也可按通用设备、专用设备等分类清查评估，还可按自制设备、外购设备、国内设备和进口设备分类清查评估，等等。完成这些工作后再进行分类汇总。如 1999 年财政部财评字[1999]91 号文件《资产评估报告基本内容与格式的暂行规定》中，通常将作为固定组成部分的设备类资产在汇总时归集成机器设备、运输车辆及电子设备三类。在企业改制评估中，还需要划分出生产经营用机器设备及非生产经营用机器设备等。

二、机器设备评估的特点

（1）一般不具备独立的获利能力。机器设备类资产一般是企业整体资产的一个组成部分，它通常与企业的其他资产，如房屋建筑物、土地、流动资产、无形资产等，共同完成某项特定的生产目的，一般不具备独立的获利能力。所以在进行机器设备评估时，收益法的使用受到很大限制，通常采用成本法和市场法。

（2）资产之间的有机联系对机器设备的价值影响较大。对于整体性的机器设备，它是为了实现某种功能，由若干机器设备组成的有机整体。评估人员在进行价值分析时应注意资产之间的有机联系对价值的影响，整体的价值不仅仅是单台设备价值的简单相加。

（3）影响机器设备磨损的因素很多，设备的磨损、失效规律不易确定，个体差异较大。确定贬值往往需要逐台对设备的实体状态进行调查、鉴定。

（4）设备的贬值因素比较复杂，存在多种贬值的可能性。除实体性贬值外，往往还存在功能性贬值和经济性贬值。科学技术的发展，国家有关的能源政策、环保政策等，都可能对设备的评估价值产生影响。

三、机器设备评估的程序

（1）明确评估目的。这是确定评估对象、范围和选择评估价值类型的方法的关键。

（2）清查机器设备，明确评估对象，主要包括下列内容：

① 根据账面资料，清查核实机器设备实有量；

② 明确评估的是单台设备还是组合设备；

③ 确定评估对象，主要是要划清机器设备与流动资产中低值易耗品的界限，还要划清机器设备与不动产的界限。

（3）对机器设备进行必要的鉴定，确定其适用性、可用度以及主要技术参数。

（4）研究确定评估方法，搜集和处理有关信息资料。

机器设备评估最常用的方法是市场法和成本法，评估人员应依据市场情况进行选择。由于机器设备收益边界的难确定性，因此，单台机器设备的评估几乎不会采用收益法，收益法可以用于机组设备、生产流水线的评估。

评估人员根据所选用方法和评估对象特点，搜集所需要的市场价格资料。另外，评估人员还要从企业搜集、查阅相关的资料，这些资料包括：

　① 工艺流程图；
　② 工艺管线图；
　③ 车间及设备布置图；
　④ 设备台账；
　⑤ 设备的大修理及技术改造记录；
　⑥ 设备的大修理计划；
　⑦ 设备的设计说明书；
　⑧ 非标设备的设计图纸；
　⑨ 设备基础及安装图纸；
　⑩ 大型设备订货合同及发票；
　⑪ 进口设备的原始订货合同；
　⑫ 进口设备报关单；
　⑬ 工厂及车间的设计生产能力及实际生产能力；
　⑭ 主要能耗设备清单；
　⑮ 工厂及车间能源消耗情况及改造措施；
　⑯ 环保重点检测设备清单；
　⑰ 工厂及车间环保状况及改造措施；
　⑱ 设备的完全状况及改造措施。
（5）评定估算，撰写评估报告。

第二节 机器设备的核查与鉴定

一、机器设备的核查

评估人员在评估机器设备时，要根据评估目的的要求对被评估的机器设备进行必要的核查，以确定机器设备的客观存在。机器设备核查的方式可分为逐项清查和抽样核查两种。

（一）逐项清查

逐项清查是评估人员依据委托评估的资产清单，对所有被评估机器设备进行逐台清点、核实，分别考察每一台设备的实体状态，确定实体性贬值、功能性贬值和经济性贬值，计算评估值。一般来讲，由于机器设备单台价值量较大，在评估时多采用逐项清查的方式。用这种方法核查资产，风险性较小，但核查的工作量较大。

（二）抽样核查

抽样核查是在满足核查任务要求的前提条件下，根据随机抽样的原理，核查被评估机器设备的一种方法。

在某些特定情况下，如一些机器设备，单台价值量较低，而数量多，规格型号及使用环境、使用条件相同或类似，评估人员为了提高评估工作效率，可以采用抽查的方式。另外，有些客户在选择合资伙伴或投资对象时，在项目的初步可行性研究阶段，常需要评估师对某些资产提供初步估价意见。这种类型的评估项目，客户并不要求评估结果十分准确，他们只是希望对资产的规模、构成等有一个概况性的了解，在这种情况下也可以采用抽样核查的方式。

对机器设备的抽样核查，一般采用分层抽样（也称为类型抽样）的方法。这种方法的基本步骤如下：

（1）以规格型号、使用条件及环境、购置年代等作为样本的标志值，把标志值比较接近的归到一组，将被评估的机器设备分为若干组；

（2）根据抽查要求确定抽样比例；

（3）确定抽样调查指标；

（4）随机抽样；

（5）抽样结果分析。

需要指出的是，评估人员使用抽查的方式进行资产核查时，在评估报告中，必须对所采用的抽样方法以及抽样比例、抽样误差等问题做出详细说明，并指出可能存在的抽样风险。

二、机器设备的鉴定

机器设备鉴定的目的是通过确定评估对象的存在状态，为价值判断提供依据。

设备的价值与它的存在状态密切相关，如设备的磨损程度、生产能力、加工精度、安装方式等。对设备的鉴定，就是分析、采集各种影响设备价值因素的过程。然后通过分析和量化这些因素与价值之间的关系，对评估对象做出估价。

评估人员在对设备进行鉴定之前，首先要明确评估对象的范围、评估目的、拟采用的评估方法，制订设备鉴定方案。机器设备的型号繁多，需要采集的内容千差万别，使用的鉴定方法和手段也各不相同。

机器设备的鉴定按其工作阶段可以分为统计性鉴定和判断性鉴定，其中统计性鉴定又分为宏观鉴定和微观鉴定。

统计性鉴定是按照资产类别预先设计一套能够反映资产现时及历史状况的项目或指标，如设备名称、型号、规格、设计生产能力、规定运转里程、实际生产能力等，然后根据账、卡、测试仪表等反映出的有关数据和信息，进行逐项登记。统计性鉴定是资产评估前期工作之一，属于调查摸底，可以采取编制资产清册的方式，结合清查资产进行鉴定。这种鉴定分为宏观鉴定和微观鉴定。

（一）宏观鉴定

宏观鉴定是对机器设备在整个生产过程中的状况进行调查摸底。宏观鉴定主要解决下列问题：企业制造或生产何种产品；产品是如何生产的；企业的生产能力。为实现这一目的，在为宏观鉴定搜集数据资料时，应考虑下列内容：

（1）企业名称和地址；

（2）生产购建日期；

（3）生产产品名称，列出生产工序的名称及简要说明；

（4）设备数量；

（5）生产能力，包括设计能力、额定及实际的均衡生产能力；

（6）设备维修状况、维修方式及维修费用；大修理间隔期及每次维修所需要的时间；

（7）日产能力和工作时间；

（8）原材料供应情况；

（9）产成品或半成品销售渠道及市场需求情况；

（10）每台设备的燃料、动力消耗；

（11）自动化程度；

（12）役龄，即账面年限和有效寿命；

（13）安全、环保及辅助设施情况；

（14）收益或亏损，或亏损原因。

以上数据一般应收集过去 3～5 年的资料。

（二）微观鉴定

微观鉴定是辨识设备个别性特征的过程，主要针对单台设备。由于机器设备类型很多，其鉴定项目和内容也不一致。一般来讲，微观鉴定的内容包括以下几个方面：

（1）设备名称；

（2）设备型号；

（3）设备规格；

（4）生产厂家；

（5）出厂日期、投入使用日期；

（6）设备技术参数；

（7）传动类型及传动系统状况；

（8）动力系统状况；

（9）控制系统状况；

（10）工作装置状况；

（11）安装基础、供水、供电、供气及其他辅助设施及费用；

（12）设备的设计生产能力和实际生产能力；

（13）设备精度；

（14）设备的主要部件情况；

（15）设备的工作负荷，班次；

（16）设备的工作环境；

（17）设备的维修保养情况；

（18）设备的设计制造品质等。

初次进行调查和记录时，注意观察细节是非常重要的。随着评估人员经验的不断积累，采集数据工作的技巧也日渐熟练。评估人员掌握了所有的资料后，还要对信息进行去粗取精的整理工作。

（三）判断性鉴定

判断性鉴定是指由专业工程技术人员在现场勘察的基础上，对机器设备的有关指标进行的分析判断。这些指标包括设备的新旧程度、剩余经济寿命等。判断性鉴定一般是在完成统计性鉴定后才能进行，属于机器设备鉴定的第二阶段工作。

鉴定机器设备新旧程度一般可以分为总体鉴定机器设备新旧程度和分结构鉴定机器设备新旧程度。

总体鉴定机器设备新旧程度，是指用观察法对处于不同状态条件下的机器设备，确定其损耗率或成新率。

一台机器设备往往是由若干结构或部件组成的。在运转过程中，各部分结构的损耗程度不同，各部分结构对机器设备主体的影响也不相同，因此，应采取分结构鉴定机器设备的新旧程度的方法。在分结构鉴定其新旧程度的基础上，再采取加权平均的方法计算其总体新旧程度。

对于整体型机器设备无论采用何种评估方法，宏观鉴定都是非常重要的。

机器设备的评估大部分采用成本法。这种方法是从微观入手来确定每一台设备的价值，而对于整体型资产，是通过单台设备的有机组合来达到某种生产目的。因此，影响评估价值的因素不仅仅是单台设备本身的价值，还包括设备的整体匹配情况。单台设备的状态可能是好的，但整体性能不一定能达到设计要求。因此，评估人员还必须从宏观角度对评估对象进行考察，了解整个车间或生产线的整体生产能力如何，是否存在整体性的经济性贬值和功能性贬值因素等。确定这些因素，要通过宏观鉴定来解决。

第三节 机器设备评估的成本法

机器设备评估的成本法是指通过估算机器设备的重置成本,然后扣减其各种贬值来估测机器设备评估值的方法。成本法可以用公式表示为:

机器设备评估值=重置成本-实体性贬值-功能性贬值-经济性贬值

一、机器设备重置成本的构成

重置成本一般包括重新购置或建造与评估对象功效相同的全新设备所需的一切合理的直接费用和间接费用,如设备购置成本、运杂费、安装费、基础费、其他间接费用、税金、资金成本等。

重置成本的构成要素与评估对象、评估前提、评估目的有关。重置可以是对单台机器设备,也可以是对整个工厂、车间或一条生产线等整体性资产。重置对象不同,重置成本的构成因素也是不同的。

对于不需要安装的单台机器设备,重置成本可能仅包括设备购置成本、运杂费,需要安装的机器设备还包括安装费、基础费,另外可能还包括资金成本、税金等。

对于原地继续使用前提下的整体性机器设备,重置对象是整体企业,机器设备的重置成本除上述内容外,一般还包括一些间接费用,如勘察设计费、管理费、联合试运转费、投资方向调节税,等等。不同类型的工厂,重置成本的构成要素有所差异。

例如,一个典型的机械工业企业,机器设备的重置成本一般由下列要素构成。

(1)设备现行购置成本,指设备的购买价。

(2)设备运杂费,国产设备的运杂费一般是指从生产厂到工地发生的采购、运输、保管、装卸以及其他有关费用;进口设备国内运费指从我国港口、机场、车站运到所在地所发生的港口费(港口建设费、港务费、驳运费、倒垛、堆放保管费、报关、转单、监卸等)、装卸、运输、保管及国内运输保险等费用。

(3)设备基础费,包括构建或构筑设备基础所发生的人工、材料、机械等全部费用。

(4)设备安装费,一般包括机械和电器设备的装配、安装工程;锅炉砌筑工程;与设备相连的工作台、梯子的安装;附属于设备的管线敷设工程,设备及附属设施的绝缘、防腐、油漆、保温等;为测定安装工程质量所进行的单机试运转和联动无负荷试运转。

(5)建设单位管理费,指建设项目从立项到工程竣工,整个建设过程管理所需费用。

(6)建设单位临时设施费,指建设期间建设单位所需临时设施的搭设、维修、摊销或租赁费。

(7)工程监理费,指委托工程监理单位对工程实施监理所需费用。

(8)研究实验费,指为建设项目进行必要的研究实验所必需的费用。

(9)勘察设计费,指建设单位委托勘察设计单位进行勘察设计所需的费用。

(10)工程险费,指建设期间向保险公司投建筑安装工程险的费用。

(11)联合试运转费,指工程竣工验收前,对整个工程进行的无负荷或有负荷联合试运转所需的费用。

(12)施工单位迁移费,指施工机构由原驻地迁移至工程所在地的搬迁费用。

(13)建设期资金成本,指合理建设期的资金占用成本。

(14)其他合理费用。

有些企业设备本身购买价格之外的费用往往占很大比重,则重置成本构成要素是否全面,直接影响评估结果的合理性。因此，对于具体的评估项目，评估人员首先要做的就是根据评估目的对重置成本的价值构成进行分析，我们称之为重置成本分析。这是评估过程中非常重要的环节。

进口设备重置成本还包括设备的进口从属费用，如①海外运费；②海外保险费；③进口关税；④增值税；⑤公司代理手续费；⑥银行手续费；⑦海关监管手续费；⑧商检费等。

二、机器设备重置成本的估算

（一）重置核算法

这种方法是分别估算机器设备各构成项目的成本，然后求和得到重置成本的方法。根据机器设备取得方式（外购或自制）的不同，单台设备或车间和企业成套设备的不同，其估算方法也不相同。

1. 外购设备

外购设备重置成本，主要包括以下几项。

（1）外购单台不需安装的国内设备重置成本

重置成本=全新设备基准日的公开市场交易价格+运杂费

或 重置成本=全新设备基准日公开市场交易价格×（1+运杂费率）

（2）外购单台需安装的国内设备重置成本

重置成本=全新设备基准日的公开市场交易价格+安装调试费

或 重置成本=全新设备基准日公开市场交易价格×（1+运杂费率+安装调试费率）

（3）外购单台不需安装进口设备重置成本

$$\text{重置成本}=\left(\text{FOB 价格}+\text{途中保险费}+\text{国外运杂费}\right)\times\text{基准日外汇汇率}+\text{进口关税}+\text{增值税}+\text{银行及其他手续费}+\text{国内运杂费}$$

或 重置成本=CIF 价格+基准日外汇汇率+进口关税+增值税+银行及其他手续费+国内运杂费

其中 FOB 价格为离岸价，指装运港船上交货价格；CIF 为到岸价，指离岸价加途中保险费和国外运杂费。

（4）外购单台需安装进口设备重置成本

重置成本=单台未安装进口设备重置成本+安装调试费+人员培训费+其他

（5）外购成套需安装设备重置成本

$$\text{重置成本}=\text{单台未安装进口设备重置成本总和}+\text{单台未安装国产设备重置成本总和}+\text{工器具重置成本}+\text{安装工程费}+\text{工程监理费}+\text{软件重置成本}+\text{设计费}+\text{贷款利息}$$

（6）车辆重置成本

国内购置车辆重置成本=车辆价格+购置附加税+证照费及其他费用

进口车辆重置成本=车辆价格（CIF）+进口关税+消费税+增值税+证照费及其他费用

其中：进口关税=车辆价格（CIF）×进口税率

消费税=[车辆价格（CIF）+进口关税]×消费税率÷（1-消费税率）

进口增值税=[车辆价格（CIF）+进口关税+消费税]×增值税率

针对上述情形的重置成本估算时，一方面应注意其构成项目，不要多计或漏计；另一方面，应采取有效方法，计算其数额。根据重置成本的构成项目，分别估算其市场价格和其他费用（如运杂费、安装费、基础费及进口设备从属费用等）。

市场价格资料的取得，可以采取直接向制造商或销售商询价的方式进行，也可以参照商家的价格目录、正式出版的价格资料、广告、计算机网络上公开的价格信息等。

通过各种渠道获得的市场价格信息，要进行分析后方可使用。评估人员一般应考虑下列因素：

（1）市场价格价格的多样性。机器设备的市场价格，制造商与销售商、或者不同的销售商的售价可能是不同的。根据替代性原则，在同等条件下，评估人员应该选择可能获得的最低售价。

（2）报价与成交价差异。设备的报价和成交价往往存在一定的差异。特别对一些特殊的、大型的机器设备，市场资料很难获得，市场透明性较差，生产厂商的报价与实际成交价往往存在较大的差异。评估人员应特别慎重地对待这种报价。

剔除报价水份的一个方法，就是向近期购买该厂同类产品的其他客户了解实际成交价。

（3）折扣因素。设备销售商对购买者在一些特定情况下会给予一定的折扣，如对大批量的购买者。评估人员应注意这种折扣因素对重置成本的影响。

（4）市场价格的时间性与地域性。评估人员使用的价格资料及市场信息一定要反映评估基准日时的价格水平，一些过时的价格资料可能对评估结果的准确性产生重大影响。

另外，同类型的机器设备，不同地区，售价可能是不同的。设备的重置成本应该使用评估对象所在地的市场售价。

（5）替代与评估对象品质、性能的差别。对一些老旧机器设备，制造厂家可能已经停产多年，往往无法查到现行市场价格，对这一类机器设备，我们可以使用其替代产品的现行市场价格作为其更新重置成本。

但使用这种方法，评估人员应注意了解新老产品是否存在性能上、技术上、材料上的差异。如果存在这些差异，应充分考虑他们对价格的影响。

（6）同类型设备的品质差别。有些同类型的机器设备，由于制造厂家不同，设备的制造品质也存在差别，其售价也是不同的。

此外，进口设备因交货地点不同，分别采取离岸价（FOB）和到岸价（CIF）。评估时应采用到岸价，如获取离岸价时，应将离岸价调整为到岸价。

设备的运杂费、安装费、基础费等可以按下列方法估算：设备的运杂费一般可以根据设备的重量、体积、运输距离、运输方式确定。计费标准可以向有关运输部门，如铁路、公路、船运、航空等部门，查询得到。设备的基础费、安装费，评估人员可以通过逐项估算基础和安装工程的人工费、材料费、机械费等来确定。对于一些大型工业企业，由于设备的数量较多，为了提高工作效率，评估人员有时按机器设备购置价的一定比例来计算设备的运杂费、基础费、安装费。

对于整体性机器设备，可能还包括其他费用。建设单位管理费可按建设投资额的一定比例计算；工程监理费按国家物价局、建设部《关于发布工程建设监理费用有关规定的通知》计算；勘察设计费根据国家颁布的工程设计收费标准计算；工程保险费按保险公司对机器设备安装工程险的保费标准计算，保险费率一般为 3‰～6‰；固定资产投资方向调节税按《中华人民共和国固定资产投资方向调节税暂行条例实施细则》的规定计算。上述费用对应的是整个工程项目，无法以单台设备为对象计算，评估时一般按设备购置价的一定比例摊入每台设备。

如果外购设备是进口设备，其从属费用的确定方法如下。

（1）国外运费可按设备的重量、体积及海运公司的收费标准计算，也可按一定比例计取，取费基数为设备的货价，计算公式为：

$$海运费 = 货价 \times 海运费率 \tag{3-1}$$

费率：远洋一般取 5%～8%，近洋一般取 3%～4%。

（2）国外运输保险费的取费基数为：货价+海运费，计算公式为：

$$国外运输保险费 = （货价 + 海运费） \times 保险费率 \tag{3-2}$$

费率可根据保险公司费率表确定，一般在 0.4%左右。

（3）关税的取费基数（关税完税价）为设备到岸价，计算公式为：

$$关税 = 到岸价 \times 关税税率 \tag{3-3}$$

关税税率按国家发布的进口关税税率表计算。

（4）消费税的计税基数为：关税完税价+关税，计算公式为：

$$消费税=（关税完税价+关税）×消费税率÷（1-消费税税率）\qquad(3-4)$$

消费税税率按国家发布的消费税税率表计算。

（5）增值税的取费基数为：关税完税价+关税+消费税，计算公式为：

$$增值税=（关税完税价+关税+消费税）×增值税率\qquad(3-5)$$

注：减免关税，同时减免增值税。

（6）银行财务费的取费基数为货价人民币数，计算公式为：

$$银行财务费用=货价×费率\qquad(3-6)$$

我国现行银行财务费率一般为 4‰~5‰。

（7）外贸手续费也称为公司手续费，取费基数为到岸价人民币数，计算公式为：

$$外贸手续费=到岸价×外贸手续费率\qquad(3-7)$$

目前，我国进出口公司的进口费率一般在 1%~1.5%。

（8）海关监管手续费仅对减税、免税、保税货物征收，取费基数为到岸价人民币数，计算公式如下。

对于免税设备：

$$海关监管手续费=到岸价人民币数×费率\qquad(3-8)$$

对于减税设备：

$$海关监管手续费=到岸价人民币数×费率×减税百分率\qquad(3-9)$$

我国现行免税、保税设备的海关监管手续费费率为 3%。

（9）车辆购置附加费的取费基数为：

到岸价人民币数+关税+消费税+增值税，计算公式为：

$$车辆购置附加费=（到岸价人民币数+关税+消费税+增值税）×费率\qquad(3-10)$$

【例3-1】 2015年底评估某企业的一台进口汽流纺机。该机2012年从德国某公司进口，进口合同中的FOB价格是20万欧元。评估人员通过德国有关纺机厂商在国内的代理机构向德国生产厂家进行了询价，了解到当时德国已不再生产被评估汽流纺机那种型号纺机了，其替代产品是全面采用计算机控制的新型纺机，新型纺机的现行FOB报价为35万欧元。

针对上述情况，评估人员经与有关纺机专家共同分析研究新型纺机与被评估汽流纺机在技术性能上的差别，以及对价格的影响，最后认为，按照通常情况，实际成交价应为报价的70%~90%左右。故按德方FOB报价的80%作为FOB成交价。针对新型纺机在技术性能上优于被评估的汽流纺机，估测被评估汽流纺机的现行FOB价格约为新型纺机FOB价格的70%，30%的折扣主要是功能落后造成的。评估基准日欧元兑美元的汇率为1.7：1，人民币兑美元的汇率为5.8：1。境外运杂费按FOB价格的5%计算，保险费按FOB价格的0.5%计算，关税与增值税因为符合合资企业优惠条件，予以免征。银行手续费按CIF价格的0.8%计算，国内运杂费按（CIF价格+银行手续费）的3%计算，安装调试费用包括在设备价格中，由德方派人安装调试，不必另付费用。由于该设备安装周期较短，故没有考虑利息因素。

根据上述分析及数据资料，被评估汽流纺机的重置成本计算过程如下：

$$FOB价格=35×80\%×70\%=19.6（万欧元）$$
$$FOB价格=19.6÷1.7=11.53（万美元）$$
$$境外运杂费=11.53×5\%=0.58（万美元）$$
$$保险费=11.53×0.5\%=0.058（万美元）$$
$$CIF价格=FOB价格+运费+保险费=12.168（万美元）$$
$$银行手续费=12.168×0.8\%=0.097（万美元）$$

国内运杂费=（12.168+0.097）×3%=0.368（万美元）

汽流纺机重置成本=12.168+0.097+0.368

=12.633（万美元）

=73.271（万元人民币）

2. 自制设备

自制设备重置成本，主要包括以下内容。

自制标准通用设备重置成本。其重置成本应参考专业生产厂家的标准设备价格，在充分考虑自制设备和标准设备质量因素的前提下，运用替代原则合理确定。

通用非标准设备重置成本。通用非标准设备是指通用设备中不定型，不成系列，并需先进行单体设备设计再进行单台或小批量制造的设备。

（1）通用非标准设备的价格构成如下：①直接材料：包括设备制造所消耗的主、辅材料，外购件；②燃料和动力：指直接用于设备制造的外购和自制的燃料和动力费；③直接人工：指设备制造所直接消耗人工的工资及福利费；④制造费用：包括生产单位（如生产车间）管理人员工资和福利费、折旧、办公费、水电费、物料消耗、劳动保护费、专用模具、专用工具费等；⑤期间费用分摊：包括管理费用、财务费用、销售费用等；⑥利润和税金；⑦非标准设备设计费；⑧对制造、安装调试周期较长的，需考虑占用资金的资金成本。

（2）通用非标准设备重置成本估算方法。通用非标准设备的估算方法很多，以下仅介绍其中一种，称为综合估价法。

这种方法是在初步设计阶段有较详细总图而无详细零件图，可得到主要材料消耗量和主要外购件消耗量时，以主要材料费为基础，根据其与成本费用的关系指标估算出相应成本，另外考虑一定的利润、税金和设计费，从而求得该设备重置成本。其计算公式为：

$$P=(C_{m1}\div K_m+C_{m2})\times(1+K_p)\times(1+K_t)\times(1+K_d\div n) \tag{3-11}$$

式中：P——非标准设备重置成本；

C_{m1}——主材费（不含主要外购件费）；

K_m——不含主要外购件费的成本主材费率；

C_{m2}——主要外购件费；

K_p——成本利润率；

K_t——销售税金率；

K_d——非标准设备设计费率；

n——非标准设备产量。

其中主要材料是根据设备的具体构造、物理组成以及在设备重量或价值中的比重所确定的一种或几种主材，而主材费是由工艺设备专业人员提出或按图纸估算出主要材料的净消耗 M（如重量、面积、体积、个数等），根据各种主要材料的利用率求出各种材料的总消耗量，然后按照评估基准日材料市场价格（不含税价）计算主要材料费用。其费用可按下列公式进行计算：

$$C_{m1}=\Sigma[(某主材净消耗量\div该主材利用率)\times含税市场价格\div(1+增值税率)] \tag{3-12}$$

主要外购件依据其构成及在设备价格中的比重确定。价值比重很小者，综合在 K_m 系数中考虑，不再单列为主要外购件。外购件价格按不含税的市场价格计算。主要外购件费可按下列公式进行计算：

$$C_{m2}=\Sigma[(某主要外购件数量\times含税市场价格\div(1+增值税率)] \tag{3-13}$$

销售税金率 K_t 指增值税、营业税及相应的城市维护建设税和教育费附加。

对于一般销售的非标准设备，其 K_t 为增值税、城市维护建设税和教育费附加，而承包建造的炉窑等非标准设备则为营业税、城市维护建设税和教育费附加。

【例3-2】 某非标准三室清洗机，其主材（钢材）净消耗量为3.8吨，估价时该主材不含税的市场价为3 800元/吨，设备所需主要外购件（泵、阀、风机等）不含税的费用为21 470元。现行增值税率为13%，城市维护建设税率为7%，教育费附加费率为3%，则销售税金率K_t为14.3%。查附录1估价为1 402，其主材利用率为90%，成本主材费率K_m取47%，成本利润率K_p取13%，设计费率K_d取15%，产量2台。

则，
$$主材费 C_{m1}=3.8\div90\%\times3\ 800=16\ 044（元）$$
$$重置成本 P=(C_{m1}\div K_m + C_{m2})\times(1+K_p)\times(1+K_t)\times(1+K_d\div n)$$
$$=(16\ 044\div47\%+21\ 470)\times(1+13\%)\times(1+14.3\%)\times(1+15\%\div2)$$
$$=77\ 207.90（元）$$

上述通用非标准机械设备的重置成本并未包括运费和安装费，可根据评估目的判断是否需要计算运杂费和安装调试费。

对大型复杂的自制设备项目，如成套设备、生产线等，可通过收集项目的决算资料，根据行业机械设备工程定额和取费标准，采用概算方法估算重置成本。

（二）物价指数法

这种方法是在被评估机器设备历史成本基础上，通过现时物价指数确定其重置成本。计算公式为：

$$设备重置成本=设备历史成本\times\frac{评估基准日定基物价指数}{设备购建时定基物价指数} \qquad (3\text{-}14)$$

或

$$设备重置成本=设备历史成本\times\prod_{t=t_1+1}^{t_2}环比物价指数$$

其中 t_1 为资产购建年，t_2 为资产评估年。在利用物价指数法时，如使用账面原值要鉴别其真实性、准确性、合理性。另外，还需注意其中是否含增值税。

公式中的物价指数应该选择同类设备，最好是选择同一厂家产品的物价指数，其次是同一大类资产的物价指数，再次是整个工业产品的物价指数。指数概括的范围越宽，其误差可能就越大。

物价指数可分为定基物价指数和环比物价指数。

1. 定基物价指数

定基物价指数是以固定时期为基期的指数，通常用百分比来表示。以100%为基础，物价指数大于100%，表明物价上涨；物价指数在100%以下，表明物价下跌。表3-1为某类设备的定基物价指数。

表3-1　　　　　　　　　　　　2009—2015 年定基物价指数表

年份	物价指数（%）
2009	100
2010	103
2011	106
2012	108
2013	110
2014	112
2015	115

【例3-3】 某设备于2010年购置，原始成本为38 000元，计算2015年该设备的重置成本。2015年的物价指数为115%，2010年的物价指数为103%，则

$$2005年该设备重置成本=38\ 000\times（115\%/103\%）=42\ 427（元）$$

2. 环比物价指数

环比物价指数是以上一期为基期的指数。如果环比期以年为单位，则环比物价指数表示该类产品当年比上年的价格变动幅度。通常也用百分比表示。表 3-1 的定基物价指数用环比物价指数可表示为如表 3-2 所示。

表 3-2   2009—2015 年环比物价指数表

年份	物价指数（%）
2009	—
2010	3
2011	2.9
2012	1.9
2013	1.9
2014	1.8
2015	2.7

【例3-4】某设备2012年历史成本为30 000元，环比物价指数如表3-2所示，计算2015年该设备的重置成本。

$$重置成本 = 30\,000 \times (1+1.9\%) \times (1+1.8\%) \times (1+2.7\%) = 31\,961（元）$$

【例3-5】某设备2008年购进，账面原值10万元，2015年进行评估。2008年和2015年定基物价指数为109.6%和143.2%，2008—2015年环比物价指数分别为19.7%、9.5%、6.3%、1.6%、-1.9%、-3.0%、-3.0%，按两种物价指数计算该设备（只计算购置费）的重置成本。

$$被评设备重置成本 = 100\,000 \times \frac{143.2\%}{109.6\%} = 130\,657（元）$$

物价指数法只是按物价的变化将已知的历史成本转变成基准日的成本，没有考虑技术进步和市场变化的影响。所以结果是**复原重置成本**。

对于购置年代较长、型号陈旧（或已淘汰型号）的设备，不宜采用综合物价指数法估算重置成本，因为影响这些设备成本大小的原因不仅仅是物价变动因素。此外，对于设备原值价值构成比较复杂的，还需分别采用不同类别的物价指数分别调整计算，这样确定的重置成本才趋于合理。

采用物价指数法测算进口设备重置成本，可用下列公式表示：

$$重置成本 = 账面原值中的到岸价格 \times \frac{评估基准日外汇汇率}{进口时的外汇汇率} \times \left(1+ 进口设备生产国同类资产价格变动指数\right) \times$$

$$\left(1+ 现行进口关税税率\right) \times \left(1+ 其他税费率\right) + 账面原值中支付人民币部分价格 \times \left(1+ 国内同类资产价格变动指数\right)$$

【例3-6】某被评估进口设备账面原值为1 000万元人民币，其中80%为支付外汇部分，进口时的美元兑人民币汇率为1：8，评估基准日美元兑人民币汇率为1：8.3，进口设备生产国同类资产价格变动指数为20%，国内同类资产价格变动指数为50%，现行关税税率为20%，其他税费率为10%，国外运杂费为10万美元，境外途中保险费为设备支付外汇部分的0.5%。根据上述资料计算进口设备的重置成本。

$$重置成本 = 1\,000 \times 80\% \div 8 \times (1+20\%) \times 8.3 \times (1+20\%) \times (1+10\%) + 1\,000 \times 20\% \times (1+50\%)$$

$$= 1\,314.72 + 300 = 1\,614.72（万元）$$

$$= 1\,615（万元）（允许有一定误差）$$

（没有考虑国外运杂费和境外途中保险费）

应该注意的是，国外机器设备的技术更新期较短，设备更新换代快，一旦旧型号设备被淘汰，其价格会大幅度下降。同样，对于技术已经更新的进口设备也不宜采用物价指数法。

实际上，不但设备生产国设备出口时的同类资产价格指数不易获取，即使是评估时点的同类资产价格指数也不易取得。所以，实际运用上述公式时，往往可以用进口设备生产国在设备出口时的价格水平为基期价格水平，再根据设备生产国从基期到评估时点的价格变化率，将生产国出口设备价值从原值调整为现值。数学表达式为：

$$\text{进口设备成本} = \frac{\text{账面原值（人民币）中支付外汇部分}}{\text{设备进口时的外汇汇率}} \times \left(1 + \text{设备生产国从设备出口到评估时点的价格变化}\right) \quad (3\text{-}15)$$

【例3-7】某企业2012年从美国引进一条生产线，该生产线在当年安装试车成功正式投入生产。设备进口总金额为90万美元，从被评估机组进口合同中得知，进口设备主机原始价值75万美元，两年用的进口备件15万美元，另外从其他会计凭证中查得国内配套设施原始价值为45万元人民币，国内运费、安装费和其他费用原值18万元人民币。2015年进行评估。经评估人员对该生产线进行现场勘察和技术水平鉴定，以及向有关部门进行调查了解，认为该生产线的技术水平在国内仍居先进行列，在国际上也属普遍使用的设备，故决定采用指数调整法对该生产线重置成本进行估测。按照国内及国外的价格变动对生产线的不同影响，评估人员先将生产线分成进口设备主机、进口备件、国内配套设施、其他费用四大部分，分别考虑国外、国内不同部分价格变化率予以调整。经调查询价了解到，从设备进口到评估基准日，进口设备主机在其生产国的价格变化率上升了50%，进口备件的价格变化率上升了30%，国内配套设施价格上升了60%，国内运费、安装费和其他费用上升了50%。按评估基准日的国家有关政策规定，该进口设备的进口关税等税收总额为30万元人民币。评估基准日美元兑人民币汇率为1：5.8。根据上述数据，估算续用前提下被评估机组的重置成本如下：

重置成本=[75×（1+50%）+15×（1+30%）]×5.8+45×（1+60%）+18×（1+50%）+30
　　　　=894.6（万元人民币）

（三）规模经济效益指数法

规模经济效益指数法是根据设备的生产能力与价格的比例关系来确定重置成本的方法。其计算公式表示为：

$$\frac{\text{被评估设备的重置成本}}{\text{参照物设备的重置成本}} = \left(\frac{\text{被评估设备的产量}}{\text{参照物设备的产量}}\right)^x \quad (3\text{-}16)$$

或

$$\text{被评估设备的重置成本} = \text{参照物设备的重置成本} \times \left(\frac{\text{被评估设备的产量}}{\text{参照物设备的产量}}\right)^x$$

公式中的 x 是统计得到的数据，称为规模经济效益指数。当 $x=1$ 时，被评估机器设备的价格与生产能力呈线性关系；当 $x>1$ 时，机器设备的生产能力与价格呈非线性关系，设备价格的上涨速度大于设备生产能力上涨速度；当 $x<1$ 时，机器设备的生产能力与价格呈非线性关系，设备价格的上涨速度小于设备生产能力上涨速度。

【例3-8】某被评估的化工设备，生产能力为月产20吨某化工产品，现在市场上已没有相同生产能力的设备。生产能力为月产30吨的同类型设备，市场售价150万元。经测算，该类型设备的规模指数为0.65。计算该化工设备的重置成本。

被评估设备重置成本=（被评估设备的能力/参照物的能力）^{x}×参照物重置价
　　　　　　　　　=（20/30）$^{0.65}$×150
　　　　　　　　　=115（万元）

这种方法最早是在 1947 年，由美国的 William 先生提出的。起初，William 先生研究了 6 种设备价格的指数，得出这 6 种设备的指数分布从 0.48～0.87，平均值为 0.6。因此，这种方法在国外，早期也被称为 0.6 分割法。

这种方法并非适用于所有机器设备，对于某些特定的加工设备可能比较合适，如化工设备、石油设备等。但用它来评估如车床、汽车之类的设备则不太合适。

使用这种方法的前提条件是：设备的生产能力与价格存在一定的比例关系。

规模经济效益指数：x 是一个重要参数。目前，我国比较缺乏这方面的统计资料。国外的一些参考资料介绍，x 的取值一般在 0.4～1.2 之间。比如：圆锥压碎机为 0.85，颚式破碎机为 1.2，余热锅炉为 0.75，快装锅炉为 0.65。

评估人员使用该方法时，x 的取值必须有充分的依据，如果没有可以直接利用的规模经济效益指数，评估人员可以通过该类设备价格资料进行分析测算。

三、机器设备的实体性贬值及其估算

机器设备的**实体性贬值**是由于使用和自然力的作用造成的机器设备的贬值。实体性贬值率则是实体性贬值与全新状态机器设备重置成本的比率。一般地，实体性贬值通过估测设备的实体性贬值率进行估算，其计算公式为：

$$实体性贬值=重置成本×实体性贬值率$$
$$=重置成本×（1-实体性成新率）\qquad(3-17)$$

设备的实体性贬值率或成新率的估测可以分别采用使用年限法、观测分析法和修复费用法进行，也可以同时采用上述方法中的几种方法，相互配合使用，综合分析获得较为科学的结论。

（一）使用年限法

每台机器设备都有其寿命期间，在其寿命期间内，实体性贬值随时间的推移而增加，因此，使用年限的长短可以用来反映其实体性贬值的程度。其计算公式表示为：

$$成新率=\frac{设备尚可使用年限}{设备已使用年限+设备尚可使用的年限}×100\%\qquad(3-18)$$

或

$$成新率=\frac{设备总使用年限-设备已使用年限}{设备总使用年限}×100\%$$

根据上式可知，采用使用年限法估算机器设备的成新率（或实体性贬值率）涉及三个基本参数，即机器设备的总使用年限、已使用年限和尚可使用年限（剩余使用年限）。

1. 机器设备的总使用年限

设备的总使用年限也称设备的使用寿命或役龄。通常，设备的使用寿命可以分为物理寿命、技术寿命和经济寿命。

物理寿命是指机器设备从全新状态开始使用，直到不能正常工作而予以报废所经历的时间。物理寿命的长短取决于机器设备制造质量、使用强度、使用环境、保养和维护情况。有些设备可以通过恢复修理来延长其物理寿命。

技术寿命是指机器设备从开始使用到技术过时予以淘汰所经历的时间，技术寿命很大程度上取决于社会技术进步和技术更新的速度和周期。

经济寿命是指机器设备从开始使用到经济上不合算而停止使用所经历的时间。所谓经济上不合算，即使用该设备不能获得收益。机器设备的经济寿命不但受机器本身的物理性能、技术进步速度、机器设备的使用情况的影响，而且还与原始投资成本、维护使用费用以及外部经济环境变化等都有直接联系。

2. 机器设备的已使用年限

它是指机器设备从开始使用到评估基准日所经历的时间。这项指标比较容易确定，因为每个企业机器设备的购入、使用情况都有较为完整的记录。当然，记录的名义已使用年限往往与实际损耗有一定的差异，这就要求将名义已使用年限调整为实际已使用年限，其计算公式为：

实际已使用年限=名义已使用年限×设备利用率

设备利用率指的是设备实际利用时间与额定工作时间之比，它是反映设备使用程度的指标，需要通过综合判断获得。

有的机器设备在使用过程中经过了大修理或更新改造，由此延长了其使用寿命，或减少了其实际已使用年限，这时，可以通过估算加权投资年限替代为实际已使用年限。计算公式为：

$$成新率=\frac{设备尚可使用年限}{加权投资年限+设备尚可使用的年限}\times100\% \tag{3-19}$$

其中：

$$加权投资年限=\sum(加权更新成本)\div\sum(更新成本) \tag{3-20}$$

$$加权更新成本=已使用年限\times更新成本$$

【例3-9】被评估设备购建于2005年，原始价值30 000元，2010年和2013年进行两次更新改造，主要是添置一些自动化控制装置。当年投资分别为3 000元和2 000元。2015年对该资产进行评估，假设从2005年至2015年每年的价值上升率为10%，该设备的尚可使用年限经检测和鉴定为6年，求该设备的成新率。

（1）调整计算现行成本，如表3-3所示。

表3-3　　　　　　　　　　　　　现行成本计算表

投资日期	原始投资额（元）	价格变动系数	现行成本（元）
2005年	30 000	2.60（1+10%）^{10}	78 000
2010年	3 000	1.61（1+10%）^{5}	4 830
2013年	2 000	1.21（1+10%）^{2}	2 420
合计	35 000		85 250

（2）计算加权更新成本，如表3-4所示。

表3-4　　　　　　　　　　　　　加权更新成本计算表

投资日期	现行成本（元）	投资年限	加权更新成本（元）
2005年	78 000	10	780 000
2010年	4 830	5	24 150
2003年	2 420	2	4 840
合计	85 250		808 990

（3）计算加权投资年限。

加权投资年限=808 990÷85 250=9.5（年）

（4）计算成新率。

成新率=6÷（9.5+6）×100%=39%

3. 机器设备的尚可使用年限

即机器设备的剩余使用年限，通常应通过技术鉴定并加以综合分析后判断。对于国家明文规定限期淘汰、禁止超期使用的设备，不论其现时技术状态如何，该设备的尚可将年限不能超过国家规定禁止使用的日期。

此外，运用使用年限法估算机器设备的成新率（实体性贬值率）时应该注意以下几点。

（1）应计折旧年限与设备的总使用年限是不同的，评估人员不可以将会计折旧年限作为设备的使用寿命。

（2）使用上述两个公式要注意设备的总使用年限、尚可使用年限、已使用年限的计算口径必须一致，如果按两班工作制作为标准计算口径则都应换算成该口径下的年限。

（3）判断设备尚可使用年限的依据是设备的实体状态，技术鉴定是年限法的重要步骤。

有些设备的使用寿命是以其工作量来衡量的，则有：

$$贬值率=已使用量/总使用量×100\%$$
$$贬值率=已使用量/（已使用量+尚可使用量）×100\% \quad (3-21)$$

（二）观测分析法

观测分析法是评估人员根据对设备的现场技术检测和观察，结合设备的使用时间、实际技术状况、负荷程度、制造质量等经济技术参数，经综合分析估测设备的成新率。

估测设备成新率时应主要观测分析以下主要指标：

（1）设备的现时技术状态；

（2）设备的实际已使用时间；

（3）设备的正常负荷率；

（4）设备的原始制造质量；

（5）设备的维修保养状况；

（6）设备重大故障（事故）经历；

（7）设备大修、技改情况；

（8）设备工作环境和条件；

（9）设备的外观和完整性。

运用观测分析法估测设备成新率时，评估人员还必须与操作人员、维修人员、设备管理人员沟通，听取介绍和评价，加深对设备的了解。对重要的、精密的、专业性很强的设备应聘请有关专家进行估测。此外，机器设备实体性贬值率评估参考表如表3-5所示。

表3-5　　　　　　　　　　机器设备实体性贬值率评估参考表

分类	状态说明	实体性贬值率（%）	成新率（%）
新设备及使用不久设备	全新或刚使用不久的设备。在用状态良好，能按设计要求正常使用，无异常现象	0～10	100～90
较新设备	已使用1年以上或经过第一次大修恢复原设计性能后使用不久的设备。在用状态良好，能满足设计要求，未出现过较大故障	11～35	89～65
半新设备	已使用2年以上或大修后已使用一段时间的设备。在用状态较好，基本上能达到设备设计要求，能满足工艺需求，需经常维修以保证正常使用	36～60	64～40
旧设备	已使用较长时间或几经大修，目前仍能维持使用的设备。在用状态一般，性能明显下降，使用中故障较多，经维护仍能满足工艺要求，可以安全使用	61～85	39～15
报废待处理设备	已超过规定使用年限或性能严重劣化，目前已不能正常使用或停用，即将报废	86～100	14～0

（三）修复费用法

修复费用法是以修复机器设备的实体性贬值使之达到全新状态所需要支出的金额，作为估测被修复机器设备实体性贬值的一种方法。这种方法的使用前提是设备实体性贬值是可补偿性的，用于修复实体性贬值的费用就是设备的实体性贬值。如一台机床的电机损坏，如要修复该机床，必须更换电机，更换电机的费用即为机床的实体性贬值。

使用这种方法要注意区分可补偿性损耗和不可补偿性损耗。这里所说的可补偿性损耗，是指可以用经济上可行的方法修复的损耗。有些损耗尽管也是可以修复的，但是从经济上来讲是不划算的。对这种损耗不可用修复费用的方法来测定损耗。

对于大多数情况，设备的可修复性损耗和不可修复性损耗是并存的，评估人员应灵活运用各种方法来估算它们的贬值。

【例 3-10】一台数控折边机，重置成本为 150 万元，已使用 2 年，其经济使用寿命约 20 年，现该机器数控系统损坏，估计修复费用约 2 万美元（折合人民币 16.5 万元），其他部分工作正常。

该设备存在可修复性损耗和不可修复性损耗，数控系统损坏是可修复性损耗，我们用修复费用法计算其贬值，贬值额等于机器的修复费用，约 16.5 万元人民币；另外，该机器运行 2 年，我们用年限法来确定由此引起的实体性贬值，此项贬值率为 2/20。

所有实体性贬值及贬值率估算过程如下：

重置成本	150 万元
可修复性损耗引起的贬值	16.5 万元
不可修复性损耗引起的贬值	（150−16.5）×2/20=13.35（万元）
实体性贬值	29.85 万元
贬值率	29.85/150×100%=19.9%

四、机器设备的功能性贬值及其估算

机器设备的功能性贬值是由于科学技术的发展，导致被评估的机器设备与新机器相比功能相对落后而引起的贬值；或者是新技术、新材料、新工艺的运用导致被评估机器设备的贬值。机器设备的功能性贬值可以通过超额投资成本和超额运营成本估算。

（一）超额投资成本形成功能性贬值的估算

超额投资成本主要是由于新技术、新材料、新工艺的运用，使得相同功能的新设备比老设备的重置成本降低。它主要反映为更新重置成本低于复原重置成本，超额投资成本造成的功能性贬值即为复原重置成本与更新重置成本之差。在评估中，如果使用的是复原重置成本，则应该考虑是否存在超额投资成本引起的功能性贬值；如果使用的是更新重置成本，这种贬值因素则已经考虑在内了。计算公式为：

$$功能性贬值=复原重置成本-更新重置成本 \qquad (3\text{-}22)$$

（二）超额运营成本形成的功能性贬值的估算

超额运营成本是由于新技术的发展，使得新设备在运营费用上低于老设备。超额运营成本引起的功能性贬值也就是设备未来超额运营成本的折现值。

分析研究设备的超额运营成本，新设备与老设备相比，应考虑下列因素：生产效率是否提高，维修保养费用是否降低，材料消耗是否降低，能源消耗是否降低，新设备与老设备相比，操作工作数量是否降低，等等。

计算超额运营成本引起的功能性贬值的步骤如下：

步骤一，分析比较被评估机器设备的超额运营成本因素；

步骤二，确定被评估设备的尚可使用寿命，计算每年的超额运营成本；

步骤三，计算净超额运营成本；

步骤四，确定折现率，计算超额运营成本的折现值。

【例3-11】计算某电焊机超额运营成本引起的功能性贬值。

（1）分析比较被评估机器设备的超额运营成本因素。

经分析比较，被评估的电焊机与新型电焊机相比，引起超额运营成本的因素主要为老产品的能耗比新产品高。通过统计分析，按每天8小时工作，每年300个工作日，每台老电焊机比新电焊机多耗电6 000度。

（2）确定被评估设备的尚可使用寿命，计算每年的超额运营成本。

根据设备的现状，评估人员预计该电焊机尚可使用10年，如每度电按0.5元计算，则：

每年的超额运营成本=6 000×0.5=3 000（元）

（3）计算净超额运营成本。

如所得税按25%计算，则：

$$税后每年净超额运营成本=税前超额运营成本×（1-所得税）$$
$$=3 000×（1-25\%）=2 250（元）$$

（4）确定折现率，计算超额运营成本的折现率。

折现率为10%，10年的现值系数为6.145，则：

$$净超额运营成本的折现值=\sum_{i=1}^{10}净超额运营成本×折现系数$$
$$=2 250×6.145=13 826.25（元）$$

该电焊机由于超额运营成本引起的功能性贬值为13 826.25元。

五、机器设备的经济性贬值及其估算

机器设备的经济性贬值是由于外部因素引起的贬值。如由于市场竞争的加剧，产品需求减少，导致设备开工不足，生产能力相对过剩；原材料、能源等提价，造成成本提高，而生产的产品售价没有相应提高；国家有关能源、环境保护等限制或有关产权的法律、法规等规定使产品生产成本的提高或者使设备强制报废，缩短了设备的正常使用寿命；等等。机器设备的经济性贬值可以通过以下方式进行估算。

（一）生产能力降低造成的经济性贬值的估算

当个别或一组机器设备因外部因素影响出现开工不足，使设备的实际生产能力显著低于其额定或设计能力时，它的价值也就低于能充分利用时的价值。这种差别可以用经济性贬值率来表示，该比率可以表示为：

$$经济性贬值率=\left[1-\left(\frac{实际使用生产能力}{额定生产能力}\right)^{x}\right]×100\% \tag{3-23}$$

式（3-23）其实就是前面已讨论的规模经济效益指数法公式演变形成的，其中指数 x 因设备种类不同而不同，这种指数函数关系表明：设备的成本和规模不是线性关系，所以经济性贬值存在时，设备的价值也不是按线性关系下降，而是按指数关系下降。

【例3-12】某发动机专用生产线，原设计生产能力为25 000台/年。该生产线至今已使用10年，根据其实体状态判断尚可使用5年。目前，由于新发动机产品的出现，市场对老产品的需求减少，造成开工不足，现在生产线的实际产量为15 000台。使用规模经济效益指数法求其经济性贬值率。

根据统计数据，该类型发动机生产线的规模经济效益指数为 0.68，则：

$$经济性贬值率=[1-(15\ 000/25\ 000)^{0.68}]\times100\%=29\%$$

（二）收益减少造成的经济性贬值的估算

由于企业外部的原因，虽然设备生产负荷并未降低，但出现原材料涨价带来的生产成本提高得不到补偿，或是竞争必须使产品降价销售等情况时，可能使设备创造的收益减少，使用价值降低，进而引起经济性贬值。

如果设备由于外界因素变化造成的收益减少额能够直接测算出来的话，可直接按设备持续使用期间每年的收益损失额折现累加得到设备的经济性贬值额。其计算公式为：

$$经济性贬值=设备年收益损失额\times(1-所得税税率)\times(p/A,r,n) \tag{3-24}$$

其中，$(P/A,\ r,\ n)$ 为年金现值系数。

（三）受环境保护限制而造成的经济性贬值的估算

随着环境保护法规越来越严格，有些机器设备在运行中会产生污染环境的有害气体、液体、固体等，于是会受到环境保护法规的约束和管制，使机器设备的使用价值受到了影响。因此在被评估设备产生受到环境保护法规管制时，必须考虑法规对被评估设备价值的影响，否则评估结果不能全面反映被评估资产的价值。

各地在环境保护和管理上存在一定的差异，评估时首先要根据被评估设备所在的具体环境判断它是否受环境法规的限制和惩罚。其次是从专业的角度确定造成污染的种类、程度或数量，以便估算处理污染物所需费用，不处理时所受惩罚，或根除污染所需成本等，最后把这些影响计入评估结果。

环境保护法规管制和惩罚的方式主要有下列 3 种。

（1）限制产生污染的设备使用期限。例如规定只能使用到某年某月，这种强制性规定缩短了设备的尚可使用年限，从而造成了经济性贬值。

（2）产生污染的设备可以继续使用，但要交罚金。这种处罚增加了运营资本，从而造成了经济性贬值。

（3）必须立刻纠正和治理污染，否则不准使用。这种情况下必须花费一笔设备改造成本，于是该设备的续用市场价值变成必须付出改造成本条件下的续用市场价值。

在实际评估工作中，机器设备的经济性贬值和功能性贬值有时是可以单独估测的，有时不能单独估测，这主要取决于在设备的重置成本和成新率的测算中考虑了哪些因素。所以，在具体运用重置成本法评估机器设备时，应时刻注意这一点，避免重复扣减贬值因素或漏评贬值因素。

对于那些今后肯定要继续使用、但近期内仍将闲置的设备，可按其闲置时间和资金成本估算其经济性贬值。

第四节 | 机器设备评估的市场法

一、运用市场法评估机器设备的基本步骤

机器设备评估的市场法也称市场比较法，是根据市场上类似机器设备交易的价格资料，通过对评估对象和市场参照物各项因素的分析比较，从而确定机器设备评估值的方法。运用市场法评估机器设备有以下几个基本步骤。

（一）对评估对象进行鉴定，获取评估对象的基本资料

评估人员通过鉴定被评估设备，了解设备的基本资料。如设备的规格型号、制造厂家、出厂日期、服役年龄、安装情况、随机附件以及设备的实体状态等，为选择类似的市场参照物做好准备。

（二）进行市场调查，选取市场参照物

评估人员了解了评估对象的基本情况以后，要进行市场调查，选取市场参照物。

在选择市场参照物时，应注意参照物的时间性、地域性、可比性。从时间上来讲，参照物的交易时间应尽可能接近评估基准日；在地域上，尽可能与评估对象在同一地区。另外，评估对象要与参照物具有较强的可比性，实体状态方面比较接近。

评估人员在进行市场调查时，还要注意了解交易条件、交易背景等因素。

（三）因素比较，调整差异

尽管评估人员在选择市场参照物时会尽量做到被评估对象与市场参照物比较接近，但是，被评估对象与参照物在实体状态、交易时间、交易地点、交易背景上总会存在一定差异。评估人员还必须对上述影响价值的因素进行分析、比较，确定差异调整量。

（四）计算评估值

在分析比较的基础上，对参照物的市场交易价格进行修正，确定评估值。

二、运用市场法评估机器设备中比较因素分析

运用市场法评估机器设备时，应对被评估机器设备与参照物进行比较。这些比较因素包括：个别因素、交易因素、时间因素、地域因素 4 个方面。

（一）个别因素

（1）设备规格型号。评估人员应选择相同规格型号的市场参照物。

（2）设备制造厂家。不同制造厂家所生产设备的制造品质是不同的，市场售价也存在较大差异，评估人员应选择同一厂家生产的设备作为市场参照物。

（3）设备的役龄。机器设备的制造年代对售价影响较大，参照物应尽量选择与评估对象同年代制造的。

（4）设备的安装方式。设备的安装方式会对设备的出售价格产生影响。两台相同的机器设备，均拟出售并移地使用，其中一台已拆卸完毕并运至买方使用的目的地；另一台机器设备未拆卸，设备的拆卸、运输费用由买方支付，两台设备的出售价格是不同的。

（5）设备的附件。相同设备的附件可能各不相同，有些设备的附件占整体价值量比例很大。评估人员应对参照物和评估对象的附件情况进行比较。

（6）设备的实体状态。设备的实体状态对售价影响很大，相同制造厂家、相同出厂日期的设备，由于使用环境、负荷、操作人员的水平等因素不同，设备的实体状态差异较大。评估人员应对被评估对象和参照物的实体状态进行比较。

（二）交易因素

（1）市场状况。主要指市场的供求关系。评估人员在使用市场比较法时，首先应了解被评估的设备目前是买方市场还是卖方市场，并确定市场状况可能对设备价值的影响。

（2）交易动机及背景。不同的交易动机和交易背景都会对设备的出售价格产生影响。如以清偿、快速变现形式或带有一定优惠条件出售，其售价往往低于正常的交易价格。

（3）交易数量。购买设备的交易数量也是影响设备售价的一个重要因素。

（三）时间因素

不同交易时间的市场供求关系、物价水平等都会不同，评估人员应选择与评估基准日最接近的交易案例，并对参照物的时间影响因素做出调整。

（四）地域因素

由于不同地区市场供求条件等因素的不同，设备的交易价格也受到影响，评估参照物应尽可能与评估对象在同一地区。如评估对象与参照物存在地区差异，则需要进行调整。

三、运用市场法评估机器设备举例

运用市场法评估机器设备的具体方法有直接比较法、因素调整法和成本比率调整法。下面运用因素调整法对某车床进行评估。

【例3-13】（1）评估人员首先对被评估对象进行鉴定，基本情况如下。

设备名称：普通车床；

规格型号：CA6140×1500；

制造厂家：A机床厂；

出厂日期：2011年2月；

投入使用时间：2011年2月；

安装方式：未安装；

附件：齐全（包括：仿形车削装置、后刀架、快速换刀架、快速移动机构）；

实体状态：评估人员通过对车床的传动系统、导轨、进给箱、溜板箱、刀架、尾座等部位进行检查、打分，确定其综合分值为61分。

（2）评估人员对二手设备市场进行调研，确定与被评估对象较接近的三个市场参照物。

（3）对评估对象和参照物进行因素比较。

① 个别因素比较（见表3-6）

表3-6　　　　　　　　　　　　　　　　个别因素比较

	评估对象	参照物A	参照物B	参照物C
规格型号	CA6140×1500	CA6140×1500	CA6140×1500	CA6140×1500
	1	1	1	1
制造厂家	A机床厂	A机床厂	B机床厂	B机床厂
	1	1	1.11	1.11
役龄	7	7.5	7	6.5
	1	1.05	1	0.95
安装方式	未安装	未安装	未安装	未安装
	1	1	1	1
附件	齐全	齐全	齐全	齐全
	1	1	1	1
实体状态	61	57	60	66
	1	1.07	1.02	0.91
比较系数	1	1.12	1.13	0.97

表 3-6 中：

a. 三个参照物与评估对象的规格型号、安装方式、附件情况均相同，调整系数为 1；

b. 参照物 B 和参照物 C 为 B 机床厂生产，已知相同型号的新车床 A 机床厂比 B 机床厂的产品贵 11%。以此作为调整系数；

c. 役龄因素调整，评估人员根据市场调查，发现设备的役龄相差 0.5 年，其售价相差 5% 左右；

d. 根据评估对象和参照物的实体状态分值确定实体状态调整系数。

② 市场因素比较。评估对象与参照物的市场交易状况、交易动机及背景、交易数量等因素均相同，调整系数均为 1。

③ 时间因素。三个参照物的交易时间如表 3-7 所示，根据不同交易时间的物价水平确定时间因素调整系数。

表 3-7

	评估对象	参照物 A	参照物 B	参照物 C
交易时间	当前	半年前	半年前	一年前
时间因素调整系数	1	1.02	1.02	1.05

④ 地域因素。参照物 A 与评估对象属同一地区，参照物 B 和参照物 C 的交易地点在另一地区，已知参照物 B 和参照物 C 所在地区的交易价格比评估对象所在地区高 2%（见表 3-8）。

表 3-8

	评估对象	参照物 A	参照物 B	参照物 C
交易地点	X 地区	X 地区	Y 地区	Y 地区
地点因素调整系数	1	1	0.98	0.98

（4）计算评估值（见表 3-9）。

表 3-9
单位：元

	参照物 A	参照物 B	参照物 C
交易价格	27 590	27 070	32 350
比较因素调整系数	1.1424	1.129 5	0.998 1
整后结果	31 520	30 580	32 290

$$被评估对象的评估值=\frac{31\,520+30\,580+32\,290}{3}\approx 31\,460（元）$$

习题

一、名词解释

1. 机器设备

2. 重置成本

3. 实体性贬值

4. 功能性贬值

5. 经济性贬值

二、单项选择题

1. 进口设备到岸价不包括（　　）。

 A. 离岸价   B. 国外运价   C. 国外运输保险价 D. 关税

2. 自制设备自身购置价格的估测方法通常采用（　　）。

 A. 重置价格法 B. 市场询价法 C. 功能价值法 D. 价格指数法

3. 某设备的原始购置价格为30 000元，当时的定基价格指数为105%，评估时的定基价格指数为115%，则评估时该设备自身的购置价格为（　　）元。

 A. 32 857   B. 27 391   C. 32 587   D. 27 931

4. 对超额投资成本造成的设备功能性贬值的估测方法为（　　）。

 A. 更新重置成本减复原重置成本 B. 复原重置成本减更新重置成本

 C. 重置成本减历史成本   D. 历史成本减重置成本

5. 如果企业有已经退出使用的设备使用年限的记录，估测设备尚可使用年限时通常采用（　　）。

 A. 使用年限记录法 B. 寿命年限平均法 C. 预期年限法 D. 折旧年限法

6. 成本法主要适用于评估（　　）。

 A. 可连续计量预期收益的设备 B. 可正常变现的设备

 C. 可获得非正常变现价格的设备 D. 续用，但无法预测未来收益的设备

7. 计算重置成本时，不应计入的费用是（　　）。

 A. 购建费用 B. 维修费用 C. 安装费用 D. 总调试费用

8. 物价指数法只能用于确定设备的（　　）。

 A. 复原重量成本 B. 更新重置成本 C. 实体贬值 D. 功能性贬值

9. 设备的加权投资年限是（　　）。

 A. 设备已使用年限×更新成本 B. 设备更新成本合计

 C. 设备加权更新成本合计/更新成本合计 D. 设备加权更新成本合计

10. 当设备出现（　　）时，评估时需要考虑其经济性贬值。

 A. 利率下降 B. 竞争加剧 C. 使用效益下降 D. 技术水平相对落后

11. 运用价格指数法评估机器设备的重置成本仅仅考虑了（　　）因素。

 A. 技术因素 B. 功能因素 C. 地域因素 D. 时间因素

12. 被评估设备购建于2005年，账面价值为30 000元，2010年、2013年进行两次技术改造，主要是添置了一些自动控制装置，当年投资分别为3 000元和2 000元，2015年对该设备进行评估，假设2005—2015年价格上升率为10%，该设备尚可使用年限为8年。评估时设备的加权投资年限为（　　）年。

 A. 10.5   B. 9.5   C. 8   D. 8.5

13. 对被评估的机器设备进行模拟重置，按现行技术条件下的设计、工艺、材料、标准、价格和费用水平进行核算，这样求得的成本称为（　　）。

 A. 更新重置成本 B. 复原重置成本 C. 完全重复成本 D. 实际重置成本

14. 某台被估资产2014年购建，其账面原值为10万元，当时该类设备定基物价指数为120%，2016年对该设备进行评估，当年定基物价指数为180%，则该台设备的重置全价为（　　）万元。

 A. 10   B. 18   C. 12   D. 15

15. 某设备的原始价值为5万元，修理后才能正常使用，并且修理后所带来的收益足以弥补修理费用。若修理费用为1万元，重置成本为4万元，则其成新率不会超过（　　）。

 A. 25%   B. 80%   C. 75%   D. 20%

三、多项选择题

1. 在设备评估中，重置核算法主要适用于（　　　）设备重置成本的估算。

   A. 通用　　　　　B. 进口　　　　C. 非标

   D. 自制　　　　　E. 了解市场行情

2. 设备评估的现场工作包括（　　　）。

   A.. 指导委托方填报评估表格　　　　B. 分析委托方的各种评估表格

   C. 对设备进行技术鉴定　　　　　　D. 查明设备实物落实评估对象

   E. 确定设备的成新率

3. 机器设备自身购置价格的估算方法包括（　　　）。

   A. 重置核算法　　B. 价格指数法　　C. 使用年限法

   D. 功能价值法　　E. 市场询价法

4. 构成机器设备重置成本的间接费用主要有（　　　）。

   A. 购建设备所发生的管理费用　　　B. 购建设备所发生的运输费用

   C. 购建设备所占用的资金成本　　　D. 购建设备所发生的总体设计费用

   E. 购建设备所发生的安装费用

5. 影响机器设备物理寿命的因素有（　　　）。

   A. 机器设备的使用强度　　　　　　B. 机器设备的维修保养水平

   C. 同类设备的使用强度　　　　　　D. 机器设备的经济用途

   E. 设备的自身质量

6. 计算进口设备增值税时，组成计税价格包括（　　　）。

   A. 关税完税价格　　B. 关税　　　C. 增值税

   D. 消费税　　　　　E. 营业税

7. 机器设备的重置成本应包括（　　　）。

   A. 机器设备的日常维修费用　　　　B. 机器设备的购置费用

   C. 设备操作人员的培训费用　　　　D. 设备的大修费用

   E. 设备的技术改造费用

8. 进口设备的重置成本包括（　　　）。

   A. 设备购置价格　　B. 设备运杂费　　C. 设备进口关锐　　D. 银行手续费

   E. 设备安装调试费用

9. 运用使用年限法估测设备的成新率涉及的基本参数有（　　　）。

   A. 设备的总经济使用寿命　　　　　B. 设备的技术水平

   C. 设备的实际已使用时间　　　　　D. 设备的负荷程度

   E. 设备的尚可使用年限

10. 机器设备的经济寿命受下列因素影响（　　　）。

   A. 物理性能　　　B. 技术进步速度　　C. 设备生产产品的市场状况

   D. 设备使用人员的技术水平　　　　E. 设备配套情况

11. 设备成新率的估测通常采用（　　　）进行。

   A. 使用年限法　　B. 修复费用法　　C. 观测分析法

   D. 功能价值法　　E. 统计分析法

12. 可以引起设备经济性贬值的有（　　　）。

   A. 产品滞销　　　B. 设备价格上涨　　C. 竞争加剧

   D. 境外途中保险费　E. 设备

13. 设备的功能性贬值通常要表现为（　　　）。

    A. 超额重置成本　　B. 超额投资成本　　C. 超额运营成本

    D. 超额更新成本　　E. 超额复原成本

14. 机器设备寿命按其性质可分为（　　　）。

    A. 法定寿命　　　　B. 市场寿命　　　　C. 物理寿命

    D. 经济寿命　　　　E. 技术寿命

15. 运用市场法评估设备价值，选择参照物时应注意参照物的（　　　）。

    A. 时间性　　　　　B. 地域性　　　　　C. 同质性

    D. 可比性　　　　　E. 效益型

四、是非判断题

1. 与房地产不可分离的机器设备通常不能单独作为评估对象。（　　　）

2. 价格指数法通常适用于技术进步速度较快的机器设备重置成本的估测。（　　　）

3. 实际已使用年限是指会计记录记载的设备已提折旧的年限。（　　　）

4. 设备利用率小于1，表明设备实际已使用年限小于名义已使用年限。（　　　）

5. 可修复的实体性损耗不仅在技术上具有修复的可能性，而且在经济上合算。（　　　）

6. 价值补偿和实物更新不同时进行是机器设备的主要特点，其价值补偿是通过折旧形式逐渐实现的，而实物更新一般是一次性完成的。（　　　）

7. 由于机器设备数量多，规格复杂，情况各异，因此设备评估以整套设备为对象。（　　　）

8. 一般在技术进步快，技术进步因素对设备价格的影响较大的情况下，应选择计算复原重置成本。（　　　）

9. 所有的机器设备都可以用重置成本法评估其价值。（　　　）

10. 市场法的运用必须首先以市场为前提，它是借助参照物的市场成交价或变现价运作的。（　　　）

11. 对于无法直接取得现行购置价或建造费用的设备，如果能够寻找到现有同类设备的市价、建造费用，或市价、建造费用加上运杂费和安装调试费，就可采用功能成本法计算设备的更新重置成本。（　　　）

12. 实体性贬值与成新率是同一事物的两面，实体性贬值用相对数来表示，它的余数就是成新率。（　　　）

13. 在运用使用年限法估算设备成新率时，机器设备的已使用年限可以用会计中的已提折旧年限直接代替。（　　　）

14. 机器设备的经济性贬值是因外部因素变化引起的设备价值贬值，具体可表现为两种情况，即设备利用率下降和收益减少。（　　　）

五、思考题

1. 简述机器设备的评估特点。

2. 简述机器设备的评估程序。

3. 简述机器设备重置成本的构成。

4. 运用市场法评估机器设备，在选择参照物时须考虑哪些可比性因素？

5. 进口设备的从属费用如何构成？

6. 简述运用差额法估算功能性贬值的步骤。

7. 简述机器设备鉴定的内容。

8. 简述运用市场法评估机器设备的步骤。

9. 机器设备评估时应注意哪些问题？

六、案例分析题

1. 某企业的进口设备于2012年购进,当时的购置价格(离岸价)为8.5万欧元。2015年进行评估,根据调查得知,2015年与2012年相比,该类设备国际市场价格上升了12%;现行的海运费率和保险费率分别为5%和0.3%,该类设备进口关税税率为15%,增值税税率为17%,银行财务费率为0.8%,外贸手续费率为1.2%,国内运杂费率为1%,安装费率为0.5%,基础费费率为1.5%,评估基准日欧元与人民币的比价为1:8.11。根据上述条件,估测该进口设备的重置成本。

2. 某公司的一条生产线构建于2012年,构建成本为800万元。2015年对该生产线进行评估,有关资料如下:

(1)2012年和2015年该类设备定基价格指数分别为108%和115%;

(2)与同类生产线相比,该生产线的年运营成本超支额为3万元;

(3)被评估的生产线尚可使用12年;

(4)该公司的所得税税率为25%,评估时国债利率为5%,风险收益率为3%。

根据上述条件,估测该生产线的价值。

3. 对某企业一台通用机床进行评估,评估人员经过市场调查,选择本地区近几个月已经成交的3个交易实例作为参照物,评估对象及参照物的有关资料如表3-10所示。

表3-10　　　　　　　　　　评估对象及参照物的有关资料

		参照物A	参照物B	参照物C	评估对象
交易价格		186	155	168	
因素修正	交易状况	105	98	103	100
	品牌因素	102	100	102	100
	功能因素	99	101	98	100
	价格指数(%)	110	112	108	125
	成新率(%)	80	70	75	70

根据上述条件,估测该机床的价值。

4. 机器设备1台,3年前购置。据了解,该设备尚无替代产品。该设备的账面原值为10万元,其中买价为8万元,运输费为0.4万元,安装费用(包括材料)为1万元,调试费用为0.6万元。经调查,该设备的现行价格为9.5万元,运输费、安装费、调试费分别比3年前上涨了40%、30%、20%,求该设备的重置成本。(保留两位小数)

5. 2015年1月评估一台设备,该设备于2011年12月购建,账面原值为20万元;2013年进行一次技术改造,改造费用(包括增加设备)为2万元,若定基价格指数2011年为1.05,2013年为1.20,2015年为1.32,求该设备的重置成本。

6. 被评估资产为1台年产量为8万件甲产品的生产线。经调查,市场上现有的类似生产线成本为24万元,年产量为12万件。如果规模经济效益指数为0.8,求该资产的重置全价。

7. 被评估机组购建于2009年3月,主要由主机、辅助装置和工艺管道组成,账面原值60万元,其中主机占70%,辅助装置占20%,工艺管道占10%。至评估基准日,机组主机价格下降2%,辅助装置价格上升1%,工艺管道价格上升5%,求该机组评估基准日的重置成本。

8. 评估机构采用统计分析法对某企业的100台某类设备进行评估其账面原值共计1 000万元;评估人员经抽样选择了10台具有代表性的设备进行评估,其账面原价共计150万元,经估算其重置成本之和为180万元,该企业被评估设备的重置成本是多少?

9. 现有一台与被评估资产设备A生产能力相同的新设备B,采用设备B相比设备A每年可节约材料、能源消耗和劳动力等共计40万元。设备A尚可使用5年,假定年折现率为8%,该企业的所得税税率为25%，求设备A的超额运营成本。

10. 被评估资产为2009年从德国引进的设备，进口合同中的FOB价格是20万欧元。2014年评估时德国生产厂家已不再生产这种设备了，其替代产品的FOB报价为35万欧元。而国内其他企业2014年从德国进口设备的CIF价为30万欧元。按照通常情况，设备实际成交价应为报价的70%～90%左右。境外运杂费约占FOB价格的5%，保险费约占FOB价格的0.5%，关税与增值税因为符合企业优惠条件，予以免征。银行手续费按CIF价格的0.8%计算，国内运杂费按（CIF价格+银行手续费）的3%计算，安装调试费用包括在设备价格中，不再另行计算。

被评估设备尚可使用5年，评估时，欧元对美元的汇率为1.5∶1，人民币对美元的汇率为8∶1。根据上述数据，估测该进口设备的续用价值。

房地产评估 | 第四章

📖 **【学习目标】**

通过对房地产评估方法及其应用的学习，要求学生掌握房地产各种评估方法的基本思路、适用范围和计算方法。通过本章的学习掌握以下内容。

- 房地产评估的原则和程序；
- 土地分类、特性、土地价格体系、地价的影响因素；
- 市场法在土地及建筑物中的操作步骤、过程及应用举例；
- 收益法在土地中的操作步骤、过程及应用举例；
- 成本法在土地及建筑物中的操作步骤、过程及应用举例；
- 假设开发法在土地中的操作步骤、过程及应用举例。

✏️ **【能力目标】**

- 注重学生运用房地产评估中各评估方法的实际操作能力；
- 注重学生对房地产评估方法选择的认知能力。

📚 **【引导案例】**

二手房屋抵押价值的评估

三泰资产评估事务所接受中国工商银行银陵市分行五一区支行的委托，根据国家有关资产评估的规定，本着客观、独立、公正、科学的原则，按照公认的资产评估方法，对快乐之城·丽都雅苑4栋5楼C户型毛坯房进行了资产评估。该所评估人员按照必要的评估程序对委托评估的资产实施了市场调查与询证，对委托评估资产在2016年1月7日所表现的市场价值做出了公允反映。现将资产评估情况及评估结果报告如下。

评估委估标的物在评估基准日2016年1月7日的房地产现值，为该房地产分期付款失败进行资产处置拍卖变现提供客观、公正、合理的拍卖底价依据。

评估范围根据现行市价法包括：房地产所处位置、面积、套型、建筑结构、交付标准、建成年月、成交价格和交易时间等因素。

评估对象是快乐之城·丽都雅苑4栋5楼C户型毛坯房，套型为3室2厅2卫，建筑面积116.78平方米，客厅、主卧、一间小卧室和阳台面朝南面，另有一间偏卧、厨房和卫生间朝北，布局合理。

该房为A先生占有，A先生通过抵押合同贷款已实际成为快乐之城·丽都雅苑4栋5楼C户型的户主，但尚未办理房屋所有权证。委托方是中国工商银行银陵市分行五一区支行，该行主要从事存取款、商业信用贷款等业务。

丽都雅苑是澳林地产开发的快乐之城项目的一期。快乐之城项目的建筑面积共38万平方米，其中丽都雅苑的占地面积5万平方米，建筑面积8万平方米；快乐之城·丽都雅苑临近未来浦口经济及文化中心，地段绝佳；周边分布着许多自然景观，如朱家山、五一公园、省级珍珠泉风景区、老山风景区等；小区生活配套完善，并有多条公交路线直达主城区。

快乐之城·丽都雅苑建筑风格极富现代个性，着重其南北通透、采光充足；户型方正、简洁大方、大开间、小进深，减少了无效空间造成的浪费，让每一平方米都能发挥应有的作用。小区由著名设计院规划、设计、以高得房率（90%左右）、高绿化率（40.4%）、大楼间距（大于22米）、低容积率、人车分流为设计思想。贯穿小区的三条绿化带，有下沉式中心广场、局部水景形成高低落差，创造出多层次的园林景观，愉悦每一个人的生活。丽都雅苑采用高品质、高标准的建材设备，达到甚至超过市区许多高档楼盘的品质。红外线周界报警系统、闭路电视监控系统、一卡通车辆准入系统、单元可视对讲、双层中空玻璃、宽带及有线电视预留接口，业主可以以江北较低的房价享受市区高档楼盘的生活。简洁优美的立面、舒适的环境、以人为本的规划、使得丽都雅苑得到了业主的肯定和社会各界的广泛赞誉。

评估对象的买主A先生于2015年2月28日向南京模范置业有限公司以银行抵押贷款方式一次性购买，总成交价为328 004.4元，首付款全额30%（100 000元），贷款额度约占70%，贷款期限为10年。自2015年2月抵押贷款以来，A先生陆续交付本金6期（1期1个月），金额为12 180.22元，已付利息609.00元；截至2016年1月7日，尚未履行贷款合同中每月还本付息的责任。

本次资产评估基准日是2016年1月7日。本次评估基准日由评估机构与委托方中国工商银行银陵市分行五一区支行协商确定。选定这一评估基准日，有利于保证评估结果有效地服务于评估目的，准确划定评估范围，合理选取作价依据，使评估基准日尽可能接近评估目的的实现。

评估对象位于银陵市五一区汉江中路，地属江北板块，是江北中心区域的外围住宅商品房。此地区同类楼盘有多处，交易案例众多，市场资料丰富，适宜以现行市价法进行评估。将评估对象与在评估基准日近期发生交易的类似房地产进行比较，并对这些类似房地产的已知价格作适当的修正。

第一节 房地产评估概述

一、房地产的概念

房地产是指土地、建筑物及其他地上定着物。具体来说，房地产有三种存在形态，即单纯的土地，单纯的建筑物，土地与建筑物合成一体的房地产。房地产由于其位置固定和不可移动，在国外一般称为不动产。它是实物、权益和区位三者的结合。

（1）实物是房地产中看得见、摸得着的部分，例如，建筑物的结构、设备、装修、外观，土地的形状、平整程度、基础设施完备程度等。实物又可进一步分为有形的实体、该实体的质量以及组合完成的功能三个方面。

（2）权益是房地产中无形的、不可触摸的部分，包括权利、利益和收益，例如所有权、使用权、租赁权、抵押权、典权、地役权、空间利用权、相邻关系等。

（3）区位是指某宗房地产与其他房地产或事物在空间方位和距离上的关系，除了其地理坐标位置外，还包括它与重要场所（如市中心、机场、港口、车站、政府机关、同行业等）的距离，从其他地方到达该宗房地产的可及性，从该宗房地产去往其他地方的便捷性，该宗房地产的周围环境、景观等。其中，最简单和最常见的是用距离来衡量区位的好坏。距离有空间直线距离、交通路线距离和交通时间距离。现在，人们越来越重视交通时间距离而不是空间直线距离。

二、房地产的特征

与其他类型资产相比较，房地产具有不同的特征，表现在以下几个方面。

（一）位置固定性

房地产属于不动产，它的空间位置是固定的。构成某一房地产的土地位置显然是不可移动的，移动建筑物，特别是长距离移动，通常是不可能的。因此，房地产不可能通过移动位置调节一个地区的房地产供求。位置固定性使得区位环境因素在房地产评估中变得格外重要。

（二）耐用性

土地的使用具有永续性，建筑物一经建造完成，其寿命是相当长的。房地产使用的长期性决定了其用途、功用可以随着社会的进步不断地加以改善、调整，以达到最佳使用状态。值得注意的是，国家土地使用制度规定，公司、企业、其他组织和个人通过政府出让方式取得的土地使用权是有限期的。国家对土地使用权出让最高年限按不同用途予以规定：居住用地 70 年，工业用地 50 年，商业、旅游、娱乐用地 40 年等。土地使用权的有限年期对房地产的使用长期性是一种限制。土地使用权的剩余使用年限是影响房地产价值的一个重要因素。

（三）影响因素多样性

房地产效用的发挥以及其价值的实现，要受到诸多因素的制约。除了房地产自身的自然的、物理的、化学的因素以外，社会因素以及周边环境等都会对房地产效用的发挥及其价值的实现起到非常大的影响作用。从社会因素来看，政府的城市规划具体规定了房地产的用途和使用强度（容积率、覆盖率、建筑高度、绿地率等）。另外，政府可以从满足社会公共利益的角度，对任何房地产实施强制性征用，对某些房地产实施课税，等等。从周边环境的角度来看，任何房地产的效用和价值都要受到其周边环境，特别是周边房地产用途的影响。良好的周边环境可以提高该区域房地产的价值；而恶劣的周边环境则可使该区域内的房地产价值下降。当然，影响房地产效用发挥及其价值实现的因素还有许多，如政府的房地产政策、住房制度、社会有效需求，等等。

（四）投资大量性

不论是房地产中的土地还是建筑物，其投资数额都是可观的；不论是国家投资者、企业投资者还是个人投资者，投资房地产都需要较大数额的资金。房地产投资大量性的特点一方面说明了房地产投资应事先做好可行性研究，要有的放矢、有效地进行投资，另一方面也说明房地产变现不是一件轻而易举的事情。

（五）保值增值性

在社会经济发展正常的情况下，随着人口及社会生产力的发展，社会对土地的需求与日俱增。由于土地资源特别是城市土地面积的有限性，从长远的观点来看，土地供给一般会滞后于土地需求而出现房地产价格上升的趋势。如果出现通货膨胀现象，房地产的保值性则会更为明显。房地产保值增值是一种趋势，但并非每一时点房地产价值都会上涨，需要结合每宗房地产的具体情况来理解其保值增值趋势。

三、房地产的评估程序

房地产评估程序，是房地产评估全过程的各个具体环节按其内在联系所排列出的逻辑顺序，主要由以下环节顺序组成：明确评估基本事项；拟定评估工作方案；实地勘查搜集数据资料；选用评估方法评定估算；确定评估结果；撰写评估说明和评估报告。房地产评估的每一步骤主要内容如下。

（一）明确评估基本事项

评估机构在接受房地产评估委托后，在评估委托协议中除了要明确评估收费、违约责任等事项外，还必须明确评估对象、评估目的、评估时点和评估的具体工作时间等具体事项。

明确评估对象首先从物质实体上明确房地产的名称、坐落、用途、面积、四至、层数、结构、装修、基础设施、取得时间、使用年限，维修保养状况等。其次从权益状况看，要明确产权性质和产权归属等。

明确评估目的就是要确定评估结果的具体用途，即为何种需要而进行房地产评估。明确评估目的不仅有助于明确评估方向，便于更好地确定评估对象和评估范围，同时也限制了评估报告的使用范围，有助于评估人员选择恰当的评估价值类型和评估价值基础。

明确评估时点就是要有明确的评估基准日。资产评估结果是某一具体时点的资产评估值。评估结果是否合理主要是针对评估基准日而言的。

明确评估的具体工作时间是指委托方与受托方要事先明确评估机构从接受委托到提交评估报告的工作时间。在没有特殊原因的情况下，评估机构应按期保质地完成评估工作。

（二）拟定评估工作方案

在明确了评估的基本事项的基础上，应当对评估项目进行充分分析，拟定评估作业计划。具体包括：根据评估对象和评估目的，以及可能搜集到的数据资料，初选评估方法和评估的技术路线，并确定评估人员及其分工；按评估的要求和评估方法调查搜集数据资料；拟定作业步骤和作业时间表；初步计算评估成本。

（三）实地勘查搜集数据资料

房地产评估人员必须到评估现场进行实地查勘。了解弄清房地产的位置和周围环境、自然和人文景观、公共设施和基础设施，以及评估对象的物质状况，如外观、结构、面积、装修等，并对委托方提供的和事先搜集到的有关资料进行核实和验证，进一步丰富和落实此项评估所需的数据资料。

（四）选用评估方法评定估算

在房地产评估中，除了使用其他资产评估常用的市场法、收益法和成本法外，还可以根据具体情况运用假设开发法、残余估价法、路线价估价法、基准地价修正法等。如果条件允许，每一个评估项目还可以选择两种或两种以上的方法进行评估。

（五）确定评估结果，撰写评估说明和报告

用两个或两个以上的评估方法进行评估，会得到几个初步评估结果。评估人员应当在充分分析论证的基础上给出评估的最终结果，并撰写评估说明和评估报告。

第二节 土地使用权评估的特点

一、土地使用权及其实质

土地使用权是土地使用者依法对土地进行使用或依法对其使用权进行出让、出租、转让、抵押、投资的权利。土地使用权属于无形资产范畴，但它又是无形资产中的对物产权，有其自身的特殊性，其价值高低主要取决于它的载体，即土地的特性和条件。因此，对土地使用权的评估应根据土地的地理位置、用途、周围环境等因素进行。土地资产可以作为单独的对象进行评估，也可以与地上建筑物一起作为评估对象进行评估，还可以作为整体企业资产的构成要素与整体企业一并进行评估。

二、土地资产的分类及其特性

（一）土地资产及其分类

从评估角度，土地是指包括地上空间和地下空间的地表，是一个立体的概念，可以从纵横两方面认识。从横的方面看，即范围，例如，政府出让土地使用权的地块，其范围通常是根据标有坐标点的用地红线图，由城市规划管理部门或土地管理部门，在地块各转点钉桩、埋设混凝土界桩或界石来确认，面积大小根据水平投影面积计算；从纵的方面看，分为三部分，即地上空间、地下空间和地表。正确认识和掌握土地资产的含义，有利于更好地对土地进行评估。

由于土地的用途、位置、开发程度不同，评估的要求和所要考虑的因素也不同，因此，需要根据评估的需要从不同的角度对土地进行分类。

（1）按社会经济用途，土地可分为工业用地、商业用地、交通运输用地、公用事业用地、文教、科技和卫生用地、行政事业机关用地、生活住宅用地、园林、风景游览区、公共休息用地、特殊用地（如军事设施用地、监狱、垃圾堆放处理场、公墓、火葬场用地）等。

（2）按经济地理位置，土地可分为市中心区、一般市区、市区边沿区、近郊区、远郊区、边远区，还有特区、开放区、开发区、出口加工区、保税区等。

（3）按所有权归属，土地可分为国家所有土地和集体所有土地。我国城市的土地属于国家所有。农村和城市郊区的土地，除由法律规定属于国家所有的以外，属集体所有；宅基地和自留地、自留山也属于集体所有。

（4）按利用程度，土地可分为高度集约使用的土地、正常使用土地、闲置未用土地或空地和使用不当土地。

（5）按开发程度与开发趋势，土地可分为已开发的土地、未开发的土地和列入市镇开发规划的土地。

（二）土地资产的特性

土地资产的特性，包括自然特性和经济特性两个方面。土地的自然特性是指土地本身所具有的不以人的意志为转移的自然属性；土地的经济特性是指人们在利用土地的过程中，出现的有关生产力和生产关系方面的特性。

1. 土地的自然特性

土地的自然特性表现在以下方面。

（1）土地面积的有限性。地球上的土地面积是有限的，它既不能增加，也不能延伸。随着地球上人口的不断增加，人均占有土地面积越来越少，属稀缺资源。

（2）土地空间位置的固定性。土地在空间上的位置是固定的，人类对土地的开发利用只能在固定的地域内进行，而不能将它按人们的意志随意移动。

（3）土地使用价值的永续性和增值性。几乎所有的生产资料都在使用过程中发生磨损、减少甚至报废，最终丧失其使用价值。但土地则不然，越是利用得好，越能提高它的生产力和承载力，会随着其开发利用的程度增加其使用价值。

（4）土地的不可替代性。随着科学技术的进步，许多物质资料可以通过发明创造，用新产品去替代，唯有土地不可能被人们用其他生产方法来产生，也不可能被其他生产资料所代替。可见，土地是非再生性的和不可替代的。

2. 土地的经济特性

土地的经济特性主要表现在以下几方面。

（1）用途多样性。土地作为一种社会经济资源，可以有多种用途，如工业用途、商业用途、交通用途、住宅用途等。土地资产的用途不同，使用价值也有差别，从而直接影响土地的市场价值。

（2）经济地理位置的可变性。土地作为自然资源，自然地理位置是固定的。但土地作为社会经济资源，其经济地理位置却是可变的。土地周围环境，如交通条件、商业网点、住宅建设等的变化，都会改变土地的价值。因此，相对于周边环境变化而言，土地的经济地理位置具有可变性。

（3）可垄断性。通过一定的法律关系，特定主体可将土地的所有权或使用权加以垄断，形成特定的土地制度及垄断的土地资产关系。土地资产的可垄断性构成了土地资产市场价格的基础。

三、土地资产价格体系

地产是指土地资产，在我国准确的提法应该是土地使用权资产。根据我国宪法的规定，城镇土地归国家所有，城镇土地的所有权不能让渡，只有土地的使用权才具有商品的属性。我国城镇土地市场实质上是土地使用权的让渡市场。我国在确立了土地使用权转移的法律制度以后，土地使用权作为资产的价值已经独立于其他商品的价值，地产无论从表现形式还是量化指标上，都形成了自身的指标和体系，并且形成了以批租市场、转让市场等多种市场形态的综合地产价格体系。

（一）土地资产价格类型

1. 基准地价

基准地价是指城镇国有土地的基本标准价格，是各城镇按不同的土地级别、不同的地段分别评估和测算的商业、工业、住宅等各类用地土地使用权的平均价格。

基准地价评估是以城镇整体为单位进行的。从定义中可以看到：①基准地价是一个区域性的平均地价，它可以是级别或区段的平均地价，也可以是路段地价的平均值；②基准地价是各类用地的平均地价，即用地条件相近的区域中商业用地、住宅用地、工业用地的平均地价；③基准地价是政府在一定时期内评估的覆盖全市（县）的土地使用权价格；④基准地价是单位土地面积的地价。

2. 标定地价

标定地价是在市、县政府根据需要评估的正常土地市场中，在正常经营管理条件和政策作用下，具体宗地在一定使用年限内的价格。标定地价评估可以以基准地价为依据，根据土地使用年限、地块大小、形状、容积率、微观区位等条件通过系数修正进行评估，也可以按市场交易资料，采用一定方法评估宗地地价。

从定义中可以看到：①标定地价是政府评估的具体地块的地价，即宗地地价；②在一般情况下，标定地价不进行大面积的评估，只是在进行土地使用权出让、转让、抵押、出租等市场交易活动或进行股份制企业改制时才进行评估；③标定地价也是确定土地使用权出让底价的参考和依据。

3. 土地使用权出让底价

土地使用权出让底价，是政府根据正常市场状况下宗地或地块应达到的地价水平确定的某一宗地或地块出让时的最低控制价格标准。它也是土地使用权出让时政府首先出示的待出让土地或地块的最低地价（标价）的依据和确认成交地价（或出让金）的基础。

4. 转让价格

地产转让价格是使用者将已取得的土地使用权转让给第三者，由第三者向转让者所支付的一种价格。由于转让的本身是土地使用者之间的交易，其价格形成也是由交易双方来决定的。

5. 出租价格

地产出租价格亦称土地使用权租金价格，其价格表现有两种形态。

（1）土地使用者之间所形成的租金价格。土地使用者将获得的土地使用权出租给承租人，由承租人向出租人支付的租金价格。此种价格一般以年、月租金为单位。

（2）国家与土地使用者之间形成的租金价格。这种价格在我国土地使用中最为普遍的表现就是土地使用费，一般按年以每平方米为单位收取。实质上这种土地使用费应该是若干年地价的分摊量，也就是年地租水平。

在我国当前的土地市场中，除上述地价外，还有土地交易成交价格、抵押价格等。

基准地价、标定地价和土地使用权出让底价之间，既有区别又有联系。它们都不是地产交易市场的成交地价，但都起着调控市场交易地价的作用。同时，基准地价、标定地价、土地使用权出让底价之间存在着相互承接的关系，基准地价是标定地价评估的基础，标定地价又是土地使用权出让底价评估的参考和依据。基准地价和标定地价、土地使用权出让底价的主要区别是，前者是大面积评估的区域平均地价，后两者则是具体到宗地或地块的地价，亦称宗地地价；基准地价以考虑宏观区域因素为主，标定地价和土地使用权出让底价则还考虑地价的微观区位因素，其地价更为接近市场交易地价。土地使用权出让底价和标定地价也是有区别的，土地使用权出让底价主要是根据土地出让年限、用途、地产市场行情、出让双方的心态和投机因素等确定的待出让宗地（含成片出让土地）的地价，即指土地使用权出让前政府控制的最低标准；标定地价则是根据宗地的形状、大小、容积率及其他微观区位条件，参照土地级别或地段的基准地价水平进行修正，或用其他方法评估的一定时期内的宗地的评估地价。标定地价是政府认定并公开的地价，而出让底价则是不公开的地价。

目前我国的城市地产市场按土地使用权流转方式，可划分为一级市场和二级市场。

一级市场亦称政府批租市场。在这里，政府以土地所有者的身份将土地使用权在一定年限内让与土地使用者，并由土地使用者向政府支付土地使用权出让金。一级市场是政府垄断市场，与其相对应的价格包括基准地价、标定地价、土地使用权出让底价，均属一级市场的价格范畴，其价格亦由政府决定。

二级市场是土地使用权的转让、出租、抵押市场的总和，是竞争性市场，虽然不同用途的土地经营者必须严格服从城市规划和政府关于特定土地的用途规定，但同种用途土地市场上的经营者可以在国家法律规定的范围内充分竞争。二级市场中的土地使用权转让，是指土地使用者将土地使用权再转移的行为，其转让价格及其出租价格的评估正是资产评估机构为客户提供的基本服务内容之一。

（二）土地资产价格的特点

土地资产价格类别多种多样，但其价格特点是共同的。土地资产的价格特点是由土地的自然特性和经济特性决定的，其表现如下。

（1）土地价格不是土地价值的货币表现，其价格不由生产成本决定。土地是自然形成的，是人类赖以生存的基础，它的形成无所谓生产成本。土地价格反映的是土地作为生产要素或作为资源的价值。虽然在现实生活中开发土地会增加成本，在土地价格中应包括和体现开发成本，但这部分开发性成本主要是土地投资，实际上是土地价格的附加。

（2）土地价格主要由土地的需求决定。土地的供给属于自然供给，而且土地是不可再生资源，人类可以利用的土地资源十分有限，其供给量增加十分缓慢，有时甚至不可能增加土地供给。但土地需求是与经济发展密切相关的。经济发展速度加快，经济规模扩张时，土地的需求会迅速增加，从而土地价格随之上涨。

（3）土地价格具有明显的区域性。处在不同地域的土地，尽管其地质条件完全相同，但其价格会有很大的差异。同一城市中的不同地段，土地价格会相差几倍，甚至十几倍或几十倍，这是土地的级差地租形成的。

（4）土地价格的上涨性。尽管土地价格会随着对土地需求的变化而变化，但就总体而言，由于经济发展是必然的，土地价格从长期来看具有上涨趋势。土地价格上涨的另一个原因是随着经济的发展，资本的边际收益率会下降，当地租稳定不变时，由于边际收益率下降，土地价格也会上升。

四、影响地产价格的因素

影响地产价格的因素很多，但就一般的地产价格评估而言，主要应考虑以下几个方面的因素。

（一）一般因素

影响地价的一般因素是指对土地价格高低及其变动具有普遍性、一般性和共同性影响的因素，这些因素主要有以下几个。

1. 行政因素

行政因素主要是指国家对土地价格的干预。国家从全社会利益和宏观经济发展的角度出发，或推动土地价格的转移，或限制某类土地的利用等，从而达到提高土地总体利用效益的目的。这种干预对土地价格的影响至关重大。

影响地产评估的主要行政因素有：土地制度、住房制度、城市规划、土地出让方式、地价政策、税收政策、交通管制和行政隶属变更等。

2. 社会因素

社会发展状况和安定状况对地价有很大的影响。这些社会因素包括政治安定状况、社会治安程度、房地产投机和城市化发展四个方面。

3. 经济因素

经济因素主要包括：①经济发展状况。当国民经济处于良性循环或以较快速度增长时，通常会对土地的总需求不断扩大，致使土地价格上涨。②居民收入和消费水平。随着居民收入的增加，人们在解决温饱问题之后，对消费水平会有新的要求。表现在住宅上则是对房屋的质量、面积的要求会更高。③物价变动。物价变动对房地产市场的影响呈正相关，即物价上涨率越高，房地产价格也越高，两者成轮番上涨趋势。④储蓄和投资水平、财政收支与金融状况、利率水平的变化都对房地产市场产生一定的影响。

4. 其他一般因素

如人口因素、心理因素、国际因素等也都对房地产市场产生一定的影响。

（二）区域因素

区域因素是指因土地所在地区的特性而影响地价的因素，也就是说，土地所在地区的自然条件与社会经济、行政因素相结合所形成的地区特点而影响地价的因素。这些因素主要包括位置、交通条件、基础设施条件、环境、城市规划限制等。

对于不同性质的用地，区域因素的影响程度和特点不同。

1. 影响商业用地土地价格的区域因素

（1）商业繁华程度。主要指商业区等级、商业服务业店铺总数（包括数目和经营面积）。

（2）交通便捷度。指顾客到达商业区的交通方便程度，包括对内和对外两个方面，对内方面有：道路类型、道路宽度、路面状况、站点总数及密度、平均车流量等；对外方面有：火车站、港口、长途汽车站等设施的距离，对外连接的方便程度等。

（3）环境优劣度。反映商业用地的环境质量主要有两个指标，一是人文环境，即商业区周围的人口密度、收入水平等，人口密度大，意味着商业区服务对象多，对营业额产生直接影响，导致单位土地面积收益提高；二是自然环境，即商业区的地质状况（有无地陷、地裂、定期地震等情况）、土地承压力、地形（坡度大小）和有无洪水淹没威胁等。

（4）规划限制。主要指城市规划对商业区土地利用提出的具体要求，包括土地的具体用途，建筑物的高度、密度、容积率，道路宽度等。此外，交通管理等限制也会对商业区土地价格产生制约作用。

（5）其他因素。主要指不在以上影响因素中，但又确定对商业区土地价格产生重大影响的因素。其他因素应在评价宗地地价过程中，根据各地区条件和评估人员的经验具体确定。

2. 影响住宅用地价格的区域因素

（1）位置。主要包括距离商业服务中心和城市中心的距离、所处土地等级。

（2）交通便捷度。主要以购物和工作方便程度两个指标来衡量和反映。购物和工作方便程度可以通过从住宅地到达通往市级商业服务区、区级商业服务区和工业区域的公交站点的距离来反映。

（3）基础设施保证度。基础设施主要指直接用于为居住服务的供电、供气、供水、供暖等设施，保证度则是用来衡量这些设施配置情况及运行状况的指标。在我国，许多城市特别应着重考虑供水、供电、供热的保证程度。

（4）公用设施完备度。主要指为住宅区域服务的公用设施的完善程度，包括学校、幼儿园、医院、快递、公园、银行、游乐场所的配置状况。

（5）环境质量度。一是人文环境，包括住宅区内居民的就业结构、受教育水平等；二是自然环境，包括水污染、大气污染及噪声污染的状况。

（6）规划限制。主要指城市规划中对住宅区住宅建筑的高度、式样、密度、建筑容积率、消防间距以及土地使用前景等提出的具体规划和限制要求。

建筑高度是指地上建筑物可达的最高高度，建筑物的高度应在城市规划规定的建筑高度以下（包括相等）。建筑密度是指一块土地上的底层建筑面积与全部土地面积的百分比。建筑密度亦称建筑覆盖率。容积率是指地块的建筑面积与地块总面积的比率。

（7）其他因素。主要指不在以上影响因素中，但确实对住宅区土地价格产生重大影响的因素。

3．影响我国工业用地的区域因素

（1）交通便捷度。一是对内的情况，包括区域内道路类型、宽度、路面状况、道路面积、道路密度等；二是对外联系情况，包括工业区道路系统与对外公路、过境公路、铁路的连接状况，距火车站、港口及其他交通枢纽的距离、可利用程度等。

（2）基础设施完善度。是指为工业服务的基础设施配置以及运行能力。基础设施包括动力和能源（主要有煤、油、火电、水电、热能等）、供水能力及保证率、排水设施及能力。一般来说，基础设施条件好，保证率高，生产则不受影响，企业的土地效益可得以充分发挥。

（3）产业集聚规模。指工业地区内工业企业数目多寡以及企业规模的大小。现代化工业生产分工细、专业化强，许多生产部门需要相互协作。因此，工业区要达到一定的规模，具备一定的生产技术体系才能使企业产生规模效益和集聚效益，减少不必要的生产成本和一些其他费用。产业的集聚和规模可以用两个指标测度和衡量，一是工业区内工业企业数目；二是单个企业的生产经营规模（通常用资产总额、净产值、职工人数来衡量）。

（4）环境质量。环境主要指区域内的自然条件，包括地质状况、土地承压力、地形和有无洪水淹没威胁以及区域内水、大气、噪声污染程度等。

（5）规划限制。主要指城市规划对工业用地的有关要求，包括建筑物的高度、密度、消防间距以及土地使用的发展前景等。

（6）其他因素。主要指不在以上影响因素中，但也能对工业区土地价格产生重大影响的因素。

（三）个别因素

个别因素是指地产所表现的个别特殊的如位置、面积、地形地质、宽度、进深等对地产价格产生影响的因素。

1．位置因素

城市是社会、政治、经济、文化的中心，由于各种形式的活动受其本身特征的影响，对城市地产的位置要求也就不完全一样。如住宅用地要求环境条件比较好，而商业性用地则要求繁华程度较高的地段。同一区域内的土地由于其具体位置的差异，会产生不同的效用和价值，也就是说会有不同的地产价格。

2．地形地质因素

地形地质因素对地价的影响主要表现在两个方面，一是城市中如果地形条件较差，如背阴、通风不畅等，其使用效果差，造成地价水平较低；二是复杂的地形、较差的地质条件均会造成土地开发成本的增高，从而降低了地产的价格。如城市土地利用中的理想坡度为 0.3%～0.2%，坡度过小会造成排水不畅。而若在 8%～12% 的坡地上建住宅，要相应增加建设投资费用 4%～7%、经营管理费用 5%～10%。地质条件的好坏会直接影响勘探和桩基工程费用。

3. 面积因素

土地面积大小制约地产价格水平，这主要取决于土地利用性质的适宜性。一个综合性的商业大厦不可能以较小的地块得到满足，而小型的商业铺面又无需求得较大的地块面积，如果不能各得其所，其地产价格水平就无法得以提高。

4. 地块形状因素

地块形状因素主要表现在宽、深的比例。如果这个比例不合理，就会在一定程度上限制土地的规模经营，以致难以形成较好的土地收益，使土地价格难以提高。一般来说，在城市中的商业经营，要求有适当宽度和深度条件的地块。估价实践中常采用宽度、深度比来修正宗地价格。如以温州市有关单位的测算为例，当宽深比小于等于 0.5 时，地价系数为 0.88；当宽深比在 0.507 时，地价系数为 1.0；当宽深比大于 1 时，地价修正系数为 1.23。

5. 土地利用因素

土地利用因素主要包括容积率和土地用途。容积率是指地块的建筑面积与地块总面积的比率。容积率越高，在地块面积一定的条件下，意味着建筑物面积的增加，对房地产开发来说，其销售的收益就相应增大，意味着其使用效益的增加，其结果也必然导致土地价格的提高。

由于土地用途不同，同一地块上表现出的单位面积的土地收益也不同，其实际支付地价的能力也存在较大的差异。一般来说，商业用地的地价在同一土地级别内要高于住宅用地和工业用地的地价，而工业用地的地价要高于农业用地的地价。

五、土地使用权评估的原则

（一）替代原则

根据市场运行规律，在同一商品市场中，商品或提供服务的效用相同或大致相似时，价格最低者吸引最大需求，即有两个以上互有替代性的商品或服务同时存在时，商品或服务的价格是经过相互影响与比较之后才决定的。土地价格也同样遵循替代规律。某块土地的价格，受其他具有相同使用价值的地块，即同类型具有替代可能的地块价格所牵制。换言之，具有相同使用价值、有替代可能的地块之间，会相互影响和竞争，使其价格互相牵制而趋于一致。因此，土地估价中的替代原则可概括如下：

（1）土地价格水平由具有相同性质的替代性土地的价格决定；

（2）土地价格水平是由最了解市场行情的买卖者按市场的交易案例相互比较后所决定的价格来确定；

（3）土地价格可通过比较地块的条件及使用价值来确定。

根据上述原则，在土地估价时，就可以通过对土地条件即土地使用价值的比较来评估土地价格。如在同一市场供需圈内，可以通过调查近期发生交易的、与待估地块有替代可能的地块的地价和条件，通过与待估地块进行比较来确定待估地块价格，即在土地估价中经常采用的市场法是以替代原则为基础的。应当注意的是，由于土地的不可移动性、个别性及交易量少的特点，在土地估价时很难找到像一般商品那样性质、条件完全相同的替代品，因此一般都要进行时间和土地条件修正后，才能按替代原则，采用市场法确定待估地块价格。

（二）最有效使用原则

由于土地具有用途的多样性，不同的利用方式能为权利人带来的收益量不同，且土地权利人都期望从其所占有的土地上获取更多的收益，并以能满足这一目的为确定土地利用方式的依据，所以，土地价格是以该地块的效用最有效发挥为前提的。应用这个原则时，应注意以下问题。

（1）应根据城镇规划中的最适宜用途来确定，如城市闹市区中的街角地，其最佳用途应该为商业用地。

（2）土地的最有效使用原则还包括地块使用强度。如地块的建筑密度、容积率等。地产评估一般选择地块的最有效使用强度。

（3）应用这一原则时，必须符合国家法律、法规和政策的规定。

（三）变动原则

一般商品的价格，是伴随着构成价格的因素的变化而变化的。土地价格也有同样情形，它是各种地价形成因素相互作用的结果。而这些价格形成因素经常处于变动之中，所以土地价格是在这些因素相互作用及其组合的变动过程中形成的。

在土地估价时，必须分析该土地的效用、稀缺性、个别性及有效需求，以及使这些因素发生变动的一般因素、区域因素及个别因素。由于这些因素都在变动之中，因此应把握各因素之间的因果关系及其变动规律，以便根据目前的地价水平来预测未来的土地价格。在土地估价中，不仅要对将来的地价变动作出准确预测，同时也要对所采用的地价资料按变动原则修订到估价期日的标准水平，才能合理地估价。

（四）供需原则

在完全竞争市场中，一般商品的价格取决于需求与供给关系的均衡点。需求超过供给，价格随之提高；反之，供给超过需求，价格随之下降，这就是供求均衡法则。土地也是一样，其价格也是由需求与供给的相互关系而定的。但因为土地不同于一般商品，具有一些人文与自然特性，使得它不完全遵循上述供求均衡法则。其表现为：

（1）价格独占性较强。由于土地具有地理位置的固定性、不增性、个别性等自然特性，使其需求与供给都局限于局部地区，供给量有限，竞争主要是在需求方面进行。即土地不能实行完全竞争，所以其价格的独占倾向性较强。

（2）替代性有限。由于成为交易对象的土地具有个别性，各个地块都有独特性，因此其替代性也有限。

可见，土地不能仅根据均衡法则来决定价格。同时，在我国，城市土地属国家所有，市场中能够流动的仅是有限年期的土地使用权，土地供方主要由国家控制，这一因素对地价具有至关重要的影响。在进行土地估价时，应充分了解土地市场的上述特性。

（五）贡献原则

按经济学边际收益原则，衡量各生产要素的价值大小，可依据其对总收益的贡献大小来决定。对于土地估价，这一原则是指不动产的总收益是由土地及建筑物等构成因素共同作用的结果，其中某一部分带来的收益，对总收益而言是部分与整体之间的关系。估价时，可以根据收益现值分别估算土地、建筑物价格，进而评估整个不动产价格，也可根据整个不动产价格及其他构成部分的价格，扣除建筑物价格来估算土地价格。

第三节 土地使用权评估的方法

一、市场法

（一）市场法及其适用条件

市场法也称市场比较法，是将待估土地与在近期已经进行交易的类似土地加以比较，从已进行交易的类似土地的价格，修正得出待估土地价格的一种评估方法。采用市场法确定的房地产价格又称为比准价格。其公式为：

$$待估土地评估值 = 比较案例土地价值 \times \frac{正常交易情况}{比较案例交易情况} \times \frac{待估土地区域因素值}{比较案例区域因素值}$$
$$\times \frac{待估土地个别因素值}{比较案例个别因素值} \times \frac{待估土地区估基准日价值指数}{比较案例交易日物价指数} \quad (4\text{-}1)$$

市场法的理论依据是交易中的替代原理。一般来说，任何经济主体在市场上的行为，都是要以最低代价获得最大效用，他们在购买商品时，都要选择效用最大而价格最低的商品。根据上述原理，在评估土地价格时，可以用类似的土地已知交易价格，比较求得待估土地的价格。当然，在现实生活中，由于个人爱好、知识和交易情况不同，个别交易时常会偏离市场常态。但是，只要有足够的交易数量，则通常可以反映市场的常态，即如果在市场上有足够的交易案例，其综合结果可以作为市场价格的指标。可见，市场法是要在同一地区或同一供求范围内的类似地区中，与待估土地相类似的地产交易较多时，才是有效的方法。

（二）市场法应用的步骤与过程

运用市场法进行土地评估，一般按下列步骤进行。

1. 收集交易实例

运用市场法应尽可能多地收集土地交易实例资料。当然对于评估人员来说，必须时刻留意积累交易实例资料，而不是等需要用时才去收集。在收集交易实例资料时，一般需要收集的内容有：土地的位置、用途、交易价格、交易时间、交易双方情况、土地状况、环境状况、交通状况、配套设施状况等。收集的内容可制成统一的表格，收集后按表填写，这样可以保证收集资料的全面和充分。对于收集到的每一个交易实例，其每一项内容都要进行分析验证，做到准确无误，剔除虚假内容。

2. 选取可比实例

评估人员收集和积累的交易实例较多，但对评估土地来说，其中有些交易实例并不适用，因此在对某一土地进行评估时，还需选取其中符合一定条件的交易实例作为比较参照物。如果土地市场较为稳定，评估基准日与案例交易日期可以相差较远，但通常不应该超过 3 年。如果市场变动剧烈，变化较快，则只宜选取较近时期的交易实例，一般为近 2 年以内的。

3. 建立价格可比基础

选取了可比的交易实例后，应先使每个可比交易实例及评估对象的价格具有可比的基础，然后进行修正。价格可比基础的建立包括统一付款方式、统一单价、统一货币种类和货币单位、统一面积内涵和面积单位五个方面。

4. 交易情况的修正

可比实例的成交价格可能是正常的，也可能是不正常的。由于要求评估对象的评估价格是客观合理的，因此，如果可比实例的成交价格是不正常的，则应将其调整为正常的，如此才能作为评估对象的价格。这种对可比实例成交价格进行的调整，被称为交易情况修正。经过交易情况修正后，就将可比实例的实际但可能是不正常的价格变成了正常价格。造成成交价格偏差的原因主要有以下几个方面。

① 有一定利害关系的主体之间的交易。
② 交易时有特别动机，如急于出售或购买。
③ 买方或卖方不了解市场行情。
④ 交易双方或某一方有特别动机或偏好。
⑤ 采取特殊交易方式。
⑥ 交易税费负担不正常。
⑦ 交易受债权债务关系的影响等。

分析交易情况的特殊性后，就要测定特殊交易情况下的交易价格和正常价格发生偏差的程度（即可比实例情况指数），这需要分析后量化处理。经过交易情况修正，即将可比价格修正为正常情况下的价格。其计算公式为：

$$交易情况修正后的正常价格 = 可比实例价值 \times \frac{正常情况指数}{可比实例情况指数} \qquad (4-2)$$

5. 交易日期修正

交易实例的交易日期与待评估土地的评估基准日往往有一段时间差。在这一期间，土地市场可能不断发生变化，土地价格可能升高或降低。因此，需要根据土地价格的变动率，将交易实例中的待估土地修正为评估基准日的地价，这就是交易日期修正，也称为期日修正。其计算公式为：

$$评估基准日的地价 = 可比实例价值 \times \frac{评估基准日价格指数}{可比实例交易时价格指数} \qquad (4-3)$$

【例4-1】以一可比土地为例，成交价格为6 000元/平方米，成交日期为2014年7月。假设2014年7月至2015年7月，该类土地每月比上月上涨1%，2015年8月至2016年1月，该类土地每月比上月下降0.2%；则对该可比实例进行交易日期修正后，要求计算2016年1月该土地的价格。

$$地价 = 6\,000 \times (1+1\%)^{12} + (1-0.2\%)^6 = 6\,000 \times 1.1\,27 \times 0.988 = 6\,681（元/平方米）$$

6. 容积率修正

容积率与地价并非呈线性关系，需要根据具体区域的情况具体分析，容积率修正的计算公式为：

$$修正容积率后的价格 = 可比实例价格 \times \frac{待估土地容积率与地价相关系数}{比较案例容积率与地价相关系数} \qquad (4-4)$$

【例4-2】三泰市某用途土地容积率修正系数如表4-1所示。

表 4-1　　　　　　　　　　　　　　　　容积率相关系数表

容积率	0.1	0.4	0.7	1.0	1.1	1.3	1.7	2.0	2.1	2.5
修正系数	0.5	0.6	0.8	1.0	1.1	1.2	1.6	1.8	1.9	2.1

如果确定比较案例宗地地价为800元/平方米，容积率2.1，被估宗地规划容积率为1.7，要求计算修正容积率后的可比实例价格。

修正容积率后可比实例价格=800×1.6÷1.9=673.68（元/平方米）

7. 土地使用年限修正

我国实行有限年期的土地使用权有偿使用制度，土地使用年限的长短，直接影响土地收益。土地的年收益确定以后，土地的使用期限越长，土地的总收益就越多，土地利用效益也越高，土地的价格也会越高。通过土地使用年限修正，可以消除由于使用期限不同而对土地价格造成的影响。土地使用年限修正系数按以下公式计算：

$$K = \left[1 - \frac{1}{(1+r)^m} \right] \div \left[1 - \frac{1}{(1+r)^n} \right] \qquad (4-5)$$

式中：K——年限修正系数；

n——可比实例的使用年限；

m——待估土地的使年限；

r——资本化率。

【例4-3】若选择的比较案例成交地对应的土地使用年限为35年，而待评估宗地出让年限为30年，土地资本化率为8%，要求计算年限修正系数。

$$年限修正系数 = \frac{1 - (1+8\%)^{-30}}{1 - (1+8\%)^{-35}} = 0.9\,660$$

8. 计算比准价格

通过上述的交易情况修正、土地状况调整、容积率和使用年限修正，就把交易实例的价格转化成了被评估土地的价格；但由于用来比较参照的交易实例有多个（一般应在 3 个以上），通过修正后每个交易实例都得出一个价格（比准价格），而且可能都不相同，因此，需要综合求出一个价格作为被评估土地的评估价格。一般可采用统计分析的方法，如简单算术平均数法、加权算术平均数法、众数法、中位数法等，也可参照某一交易实例经修正后的价格为主，其他比准价格仅供参考。

（三）应用举例

【例4-4】 有一待评估宗地甲。现收集到与待评估宗地甲条件类似的于2015年交易的五宗地A、B、C、D、E，具体情况如表4-2所示。

表 4-2　　　　　　　　　　　　各地块交易情况

宗地	成交价（元/平方米）	交易时间	交易情况	容积率	土地状况
A	680	4月	+1%	1.3	+1%
B	610	4月	0	1.1	−1%
C	700	3月	+5%	1.4	−2%
D	750	6月	−1%	1.6	+2%
E	700	7月	0	1.3	1%
甲		7月	0	1.1	0

该城市2015年的地价指数如表4-3所示。

表 4-3　　　　　　　　　　　　　　地价指数表

时间	1月	2月	3月	4月	5月	6月	7月	8月	9月	10月	11月	12月
地价指数	100	103	107	110	108	107	112	109	111	108	109	113

另据调查，该市此类用地容积率与地价的关系为：当容积率为1~1.5时，宗地单位地价比容积率为1时的地价增加5%；超过1.5时，超出部分的容积率每增长0.1，单位地价比容积率为1时的地价增加3%。对交易情况、区域因素、个别因素的修正，都是案例宗地与被评估宗地的比较，表4-2中负号表示案例宗地条件劣于被评估宗地，正号表示案例宗地条件优于被评估宗地，数值大小代表对宗地地价的修正幅度。

要求：根据以上条件，评估该宗地2015年的价值。

解析：容积率地价指数如表4-4所示。

表 4-4　　　　　　　　　　　　容积率地价指数表

容积率	1.0	1.1	1.2	1.3	1.4	1.5	1.6
地价指数	100	105	110	115	120	125	128

案例修正计算如下：

$$A: 680 \times \frac{112}{110} \times \frac{100}{101} \times \frac{105}{115} \times \frac{100}{101} = 620 \text{（元/平方米）}$$

$$B: 610 \times \frac{112}{110} \times \frac{100}{100} \times \frac{105}{105} \times \frac{100}{99} = 627 \text{（元/平方米）}$$

$$C: 700 \times \frac{112}{107} \times \frac{100}{105} \times \frac{105}{120} \times \frac{100}{98} = 623 \text{（元/平方米）}$$

$$D: 750 \times \frac{112}{107} \times \frac{100}{99} \times \frac{105}{128} \times \frac{100}{102} = 638 \text{（元/平方米）}$$

$$E: 700 \times \frac{112}{112} \times \frac{100}{100} \times \frac{105}{115} \times \frac{100}{101} = 633 \text{（元/平方米）}$$

$$平均地价 = \frac{620 + 627 + 623 + 638 + 633}{5} = 628 \text{（元/平方米）}$$

二、收益法

（一）收益法的应用形式

土地使用权评估中的收益法，亦称收益还原法，是指通过预测土地未来产生的预期收益，以一定的还原利率将预期收益折算为现值之和，从而确定土地评估值的方法。其理论依据是地租理论和生产要素分配理论，土地、劳动、资本是产生收益的三大要素，属于土地的收益可以从总收益中扣除其他生产要素产生的收益后获得，然后将土地收益以一定的还原利率还原计算，确定土地评估值。基本公式表示为：

$$P = \frac{A}{r}\left[1 - \frac{1}{(1+r)^n}\right] \qquad (4\text{-}6)$$

式中：P——土地使用权评估值；

　　　A——土地收益；

　　　r——还原利率；

　　　n——土地收益年限。

　　　当 $n \to \infty$，$P = A/r$，即为土地所有权价值。

由此可见，土地使用权评估中的收益法的应用，重要的是要确定土地的收益额、土地还原利率和土地收益年限。

（二）土地收益额及其估算

土地的收益可以分为实际收益和客观收益。实际收益是指在现状下实际获得的收益，实际收益一般来说不能用于评估，因为个别人或个别企业的经营能力等对实际收益的影响较大。若以实际收益为基础进行还原计算，会得到不切合实际的结果。如城市中的一块空地，目前未作任何使用，实际收益为零，甚至是负数（因为要缴纳各种税费），但并不表示这块空地不具有收益价值；再如某企业占用一块交通便利的土地，但由于经营不善，由总收入减去总费用所得到的结果可能为负数，但也不意味着这块土地无价格。客观收益是排除了实际收益中属于特殊的、偶然的因素后所得到的一般正常收益，客观收益才能作为评估的依据。

土地收益包括有形收益和无形收益，计算收益时不仅要包括有形收益，还要包括各项无形收益。

土地收益通常是通过土地的具体使用，以房地合一的形式获得的。以房地产出租为例，求取土地纯收益时，通常按下列步骤进行。

（1）计算总收入。在房地合一状态下，最有效使用可获取的总收入，如租赁收入。

（2）求取总费用。总费用主要包括房地产税金、折旧费、维修费、管理费、保险费、租金损失准备费等。

（3）求取总收益。总收入减去总费用即可得到总收益。

（4）确定房屋纯收益。房屋纯收益可以用房屋现值乘以房屋还原利率获得。

（5）求取土地纯收益。房地总收益扣除房屋纯收益，即可获得土地纯收益。

（三）土地还原利率及其估算

土地还原利率实际上是土地投资报酬率。还原利率可以通过下列方法求得。

（1）利用收益还原法公式，通过搜集市场上相同或相似的土地纯收益、价格等资料，反推算出还原利率。通常为避免其偶然性，往往需要抽取多宗土地，求得其纯收益与价格之比的平均值。一般要求选择 4 项以上，并且是近期发生，而且在种类、等级上都与待估土地相似的交易案例。表 4-5 是求取还原利率过程的案例。

表 4-5 还原利率测算表

比较实例	纯收益（万元）	价格（万元）	还原利率（%）
A	20	170	11.8
B	28.5	235	12.1
C	25	220	11.4
D	18	150	12

$$土地还原利率=\frac{11.8\%+12.1\%+11.4\%+12\%}{4}=11.83\%$$

（2）通过完全利率加上风险调整值的方法求取还原利率。安全利率即无风险报酬率，可以选择银行一年期定期存款利率作为安全利率。风险调整值根据评估时社会经济环境对地产投资的影响确定，风险调整值可能是正值，也可能是负值。这种方法的公式为：

还原利率=安全利率+风险调整值

（3）各种投资及其风险、收益率排序插入法。这种方法的基本思路是：将社会上各种类型的投资及其收益率找出来，按收益率大小从低到高顺序排列，制成图表，评估人员再根据经验判断所要评估的土地的还原利率应该落在哪个范围内，从而确定所要求取的还原利率。评估人员的经验包括将土地投资与近邻风险投资进行比较分析。

需要说明的是，尽管有上述确定还原利率的方法，但这些方法并不能确切地肯定评估对象的还原利率究竟是多大数字，需要评估人员运用自己掌握的还原利率的理论知识、实际评估经验和对各种投资市场的了解，做出合乎实际的判断。

（四）土地收益年限及其测算

土地收益年限是指待估土地从评估时点开始，其收益能力延续的时间长度，通常以年为单位。土地的收益年限一般是以其出让年限减去已使用年限获取。

三、成本法

（一）成本法及其适用范围

成本法亦称累积法或承包商法，是以开发土地所耗费的各项费用之和为依据，再加上一定的利润、利息、税金以及土地增值收益来确定土地价格的一种评估方法。其计算公式为：

评估值（土地价格）=土地取得费+土地开发费+税费+利息+利润+土地增值收益 （4-7）

成本法一般适用于新开发土地的评估，特别是土地市场发育不完善，土地成交实例不多，无法利用市场法等其他方法评估时采用。同时可在对既无收益又很少有交易情况的公园、学校、公共建筑、公益设施等具有特殊性的土地评估时采用。

（二）成本法评估的步骤

用成本法评估地价一般可以分为 7 个步骤。

1. 估算待开发土地取得费

土地取得费是为取得土地使用权而向原土地使用者支付的费用。土地取得费用的估算取决于土地是如何取得的，如果土地是向农村集体组织实行征用取得的，那么土地取得成本包括耕地或其他用地补偿费、土地附属物补偿费、青苗补偿费、新菜地开发建设基金（征用城市近郊菜地）、征地安置补助费等以及土地出让金；其中，土地补偿费按该耕地被征用前 3 年平均年产值的 3～6 倍计算；附着物和青苗补偿费、新菜地开发建设基金由省、自治区、直辖市规定费用标准；安置补偿费按每亩不超过被征用前 3 年平均年产值的 10 倍计算。如果土地是通过国家城镇土地使用权出让取得的，则土地取得成本应包括土地出让金及动迁费用。这些费用的收费标准全国各地不尽相同，收费项目也有差异，估算时应因地而异，按当地政府及有关部门的规定及标准测算。

2. 估算土地开发费

一般来说，土地开发费主要包括基础设施配套费、公共事业建设配套费和小区开发配套费。

（1）基础设施配套费。基础设施配套费通常被概括为"三通一平"和"七通一平"。其中"三通一平"是指通路、通水、通电，土地平整；"七通一平"是指通路、通上水、通下水、通电、通信、通气、通热，土地平整。

（2）公共事业建设配套费。这主要是指非营业性的公共配套设施的建筑费用，包括邮电、学校、公园、绿地的市政基础设施等建设的费用。该项费用与项目大小、用地规模有关，各地情况不一，视实际情况而定。

（3）小区开发配套费。应按小区内各种设施及网点配套情况，或按当地规定确定。

3. 估算税费

税费主要包括耕地占用税、土地管理费和土地增值税等。通常，耕地占用税包含在土地取得费中，土地增值税在集体土地征为国有土地时不考虑。具体标准按照当地规定。

4. 估算投资利息

投资利息是评估土地时考虑的资金时间价值，主要包括两部分：土地取得费利息以整个取得费为基数，计息期为整个开发期；土地开发费利息以整个开发费（或资金投入）为基数，计息期按土地开发期限的一半计算。利息计算公式为：

$$利息 =（土地取得费 + 土地开发费）× 相应利息率 × 土地开发期 \tag{4-8}$$

5. 估算开发利润

利润是投资开发商投资的回报，利润通常以土地取得费和土地开发费为基数，并通过合理的利润率计算。

6. 估算土地增值收益

土地增值收益是政府出让土地除收回成本以外，还应使国家土地所有权获取的增值收益。土地增值收益各地确定方法、标准不一样，主要有以下几种方式。

① 土地增值收益 =（土地取得费 + 土地开发费 + 税费 + 利息 + 利润）× 增值收益率。其中，收益率一般在 20%～25% 之间。

② 按补交出让金的 40% 计算。

③ 直接采用土地使用权出让金标准。

7. 估算土地使用权评估值

将上述各项加总，即可得到无限年期土地价格；然后，通过年期修正，将无限年期土地使用权价格转化为有限年期土地使用权价格。

（三）应用举例

【例4-5】 三泰市高港经济技术开发区内有一块面积为 15 000 平方米的土地。该地块的土地征地费用（含安置、拆迁、青苗补偿费和耕地占用税）为每亩 10 万元，土地开发费为每平方千米 2 亿元，土地开发周期为 2 年，第一年投入资金占总开发费用的 35%，开发商要求的投资回报率为 10%，当地土地出让增值收益率为 15%，银行贷款年利率为 6%。

要求：根据上述资料评估该土地的价值。

解析：（1）计算土地取得费用

$$土地取得费 = 10（万元/亩）= 150（元/平方米）$$

（2）计算土地开发费用

$$土地开发费 = 2（亿元/平方千米）= 200（元/平方米）$$

（3）计算投资利息

土地取得费的计息期为 2 年，土地开发费为分段均匀投入，则：

$$土地取得利息=150\times[(1+6\%)^2-1]=18.54（元/平方米）$$
$$土地开发费利息=200\times35\%\times[（1+6\%）^{1.5}-1]+200\times65\%\times[（1+6\%）^{0.5}-1]$$
$$=6.39+3.84=10.23（元/平方米）$$

（4）计算开发利润：
$$开发利润=（150+200）\times10\%=35（元/平方米）$$

（5）计算土地出让增值收益
$$土地出让增值收益=（150+200+18.54+10.23+35）\times15\%\approx62.07（元/平方米）$$

（6）计算土地价值
$$土地单价=150+200+18.54+10.23+35+62.07=475.84（元/平方米）$$
$$土地总价=475.84\times15\ 000=7\ 137\ 600（元）$$

四、假设开发法

（一）假设开发法及其适用条件

假设开发法，亦称剩余法。这种方法是在评估待估土地价格时，将待估土地预期开发后的价值，扣除其正常的开发费用、销售费用、税金及开发利润，从而估算待估土地价格的一种方法。其基本公式为：
$$土价＝楼价-建筑费-专业费-利息-利润-税费-租售费用 \tag{4-9}$$

（4-9）式中，楼价即土地开发建设后的转让价；建筑费为土地开发的具体产品的耗费成本，可根据评估时同类建筑物工程预决算及相关数据求得；专业费用是指测量、设计等专业技术费用，该费用通常可以按建筑费的一定比例计算，即：
$$专业费＝建筑费\times i（i为一定的百分率） \tag{4-10}$$

利息是指全部预付资本的资金成本，全部预付资本包括地价、建筑费和专业费，利息计算公式为：
$$利息＝（地价+建筑费+专业费）\times r（r为利息率） \tag{4-11}$$

利润是指全部预付资本的机会成本，假设正常利润率为：
$$利润＝（地价+建筑费+专业费）\times P \tag{4-12}$$

税费通过地价与税率 t 的乘积计算，即：
$$税费=地价\times t \tag{4-13}$$

租售费用通常可以根据经验预测确定。

将公式（4-10）、（4-11）、（4-12）、（4-13）代入公式（4-7）中，得：
$$地价=楼价-建筑费-建筑费\times i-[建筑费\times（1+i）+地价]\times r-[建筑费\times（1+i）+地价]$$
$$\times P-\ 地价\times t-租售费用 \tag{4-14}$$

假设开发法用来估算地价，要求有一个相应的社会经济环境保证，即有一个明确、开放和长远的房地产政策；有一套统一、严谨及健全的房地产法规；有一个完善、公开及透明度很高的房地产资料库；有一个稳定、清晰及全面的有关房地产投资与交易的税费清单；有一个长远、公开及稳定的土地供给（出让）计划。

（二）假设开发法的步骤

第一步，调查待评估土地的基本情况。包括：（1）地理位置；（2）面积、形状、地质、基础设施、交通通达程度等；（3）政府的规划限制；（4）土地使用权的限制，如使用年限等。

第二步，选择开发方式。包括土地用途、土地使用强度以及建筑样式。

第三步，估计建设期。包括整个土地开发过程周期，以及在土地开发过程的各个不同时期各种费用的投入时间，目的在于考虑货币的时间价值。

第四步，预测土地开发价值（楼价）。主要采用推算法来完成。可根据同类用途和性质的建筑物过去与现在的价格，再考虑该类建筑物市场的发展趋势推测其未来价格，作为预测土地开发价值的参考数据。

第五步，估测开发建设总成本，即建筑费。建筑费一般可采用建筑工程概预算方法估算，也可按当地同类建筑物当前的建筑费用推算，要充分考虑建筑材料价格及人工费用的变化。

第六步，租售费用、税金的估测。租售费用可按建筑物价格的一定比例估测。税金应根据税法的规定估算。

第七步，计算地价。

（三）应用举例

【例4-6】待评估土地为一块已完成"七通一平"的待开发空地，土地面积为5 000平方米，土地形状规整，规划用途为商业居住混合，允许容积率为4，覆盖率大于等于50%，总建筑面积为20 000平方米，建筑层数为8层，住宅建筑面积为15 000平方米，土地使用权年限为50年，预计正常情况下该项目的建设期为2年；经分析预测，该开发项目完成后，其中全部商业用房和30%的住宅部分即可售出，住宅部分的50%在半年后售出，其余20%在1年后售出。预计商业用房的平均售价为8 500元/平方米，住宅的平均售价为6 500元/平方米，预计总建筑费为4 000万元，专业费为建筑费的6%，成本利润率为20%，贷款的年利率为6%，租售税费合计为售楼价的4%。在未来2年的建设期中，开发费用的投入情况预计如下：第1年需投入60%的建筑费及相应的专业费；第2年需投入40%的建筑费及相应的专业费。开发费用在各年是均匀投入的，根据行业风险程度确定折现率为8%，试计算该宗土地目前的价格。

解析：（1）确定评估方法。已知楼价的预测值和各项开发成本及费用，可采用假设开发法评估。

（2）计算楼价。

$$楼价 = 8\,500 \times \frac{5\,000}{(1+8\%)^2} + 6\,500 \times 15\,000 \times [\frac{30\%}{(1+8\%)^2} + \frac{50\%}{(1+8\%)^{2.5}} + \frac{20\%}{(1+8\%)^3}]$$

$$= 117\,211\,304（元）$$

（3）计算建筑费和专业费

$$建筑费 = 4\,000 \times \frac{60\%}{(1+8\%)^{0.5}} + 4\,000 \times \frac{40\%}{(1+8\%)^{1.5}} = 3\,734.96（万元）$$

$$专业费 = 3\,734.96 \times 6\% \approx 224.1（万元）$$

（4）计算租售费用及税费

$$租售费用及税费 = 11\,721.13 \times 4\% = 468.85（万元）$$

（5）计算利润

$$开发利润 = （总地价+总建筑费+专业费用）\times 20\%$$
$$= 总地价 \times 20\% + （3\,734.96+224.1）\times 20\%$$
$$= 总地价 \times 20\% + 791.81$$

（6）计算地价

总地价=（11 721.13–3 734.96–224.1–468.85–791.81）/（1+20%）=6 501.42/1.2≈5 417.85（万元）

（7）评估结果

$$单位地价 = 5\,417.85/5\,000 = 1.08（万元/平方米）$$
$$楼面地价 = 10\,800/4 = 2\,700（元/平方米）$$

五、基准地价修正法

（一）基准地价修正法概述

1. 基准地价修正法的基本理论

所谓基准地价修正法，是指利用当地政府制定的基准地价和基准地价修正系数表，按照替代原则，将被评估宗地的区域条件和个别条件、市场转让等因素与其所处区域的平均条件相比较，并对照修正系数表选取相应的修正系数进行修正，从而确定被评估宗地土地使用权价值的一种评估方法。

2. 基准地价修正法的适当范围

（1）基准地价修正法适用于完成基准地价评估城镇中的土地估价，即该城镇具有基准地价成果图和相应的修正体系成果。

（2）基准地价修正法可在短时间内对大批量的宗地地价进行评估，通常用于大面积的数量众多的土地的评估。

（3）基准地价修正法中基准地价及其各种因素的修正系数在确定的过程中很难达到非常精确的程度。因此，这种方法在土地使用权的评估中只作为一种辅助方法，而不作为主要方法。

（二）基准地价修正法的操作步骤

1. 确定基准地价评估的区域范围

以一个具体城市为对象，确定其基准地价评估的区域范围。例如，是该城市的整个行政区域，还是规划区、市区或建制区等。评估的区域范围大小，主要是根据实际需要和可投入评估的人力、财力、物力等情况来确定。

2. 确定修正系数表

根据被评估宗地的位置、用途、所处土地级别、对应的基准地价，确定相应的因素条件说明表和因素修正系数表，以确定地价修正的基础和需要调查的影响因素。

3. 调查宗地地价影响因素的指标条件

按照与被评估宗地所处级别和用途相对应的基准地价修正系数和基准地价影响因素指标说明表中要求的因素条件，确定宗地条件的调查项目，调查项目应与修正系数表中的因素一致。宗地因素指标的调查，应充分利用已收集的资料和土地登记资料及有关图表，不能满足需要的，应进行实地调查采样。在调查基础上，整理归纳宗地地价因素指标的数据。

4. 制定被评估宗地的因素修正系数

根据每个因素的指标值，查对相对用途土地的基准地价影响因素指标说明表，确定因素指标对应的优劣状况；按优劣状况再查对基准地价修正系数表，得到该因素的修正系数。对所有影响宗地地价的因素都同样处理，即可得到宗地的全部因素修正系数。

5. 确定被评估宗地使用年限修正系数

基准地价对应的使用年限，是各用途土地使用权的最高出让年期，而具体宗地的使用年限可能各不相同。因此，须进行年期修正。土地使用年限修正系数可参照市场法中的年期因素修正公式计算。

6. 确定期日修正系数

基准地价修正法是以基准地价为基础评估宗地价值。政府公布的基准地价对应的是基准地价评估基准日某种规划用途和土地等级的平均地价水平，随着时间的推移，土地市场的地价水平会有所变化，因此，必须进行期日修正，把基准地价对应的地价水平修正到待评估宗地评估基准日的水平。该因素修正的依据通常是地价指数的变化幅度。

7. 确定容积率修正系数

基准地价对应的是该用途土地在该级别或均质地域内的平均容积率。容积率对地价的影响非常大，由于在同一级别区域的各宗地的容积率的差异可能会很大，因此，一定要进行容积率因素的修正。也就是说，必须将区域的平均容积率下的地价水平修正到宗地实际容积率水平下的地价。

8. 评估宗地价值

根据前面的分析和计算得到修正系数，按如下公式计算待评估宗地的价值：

待评估宗地的价值=待评估宗地所处地段的基准地价×使用年限修正系数×期日修正系数×容积率修正系数

建筑物评估的特点

一、建筑物及其分类

建筑物是指与土地组合的建设成果，总体上划分为房屋和构筑物两大类。其中房屋是指能够遮风避雨并供人们居住、工作、娱乐等各种活动的场所；构筑物是相对房屋而言，是指人们通常不能直接在内进行生产和生活活动的场所，如烟囱、水塔、道路、桥梁、隧道、水坝、围墙等。房屋建筑基本组成有基础、主体承重结构和屋顶及围护结构。

对建筑物进行分类，目的在于使评估人员更好地了解不同类别建筑物的特点，准确把握评估对象的建筑风格、结构类型、建筑功能，使评估结果科学、合理。建筑物分类方法有以下几种。

（一）按建筑物承重结构分类

建筑物的承重结构不同，使得其使用性能、耐用年限和建造成本具有明显的区别。建筑物按其结构承重形式不同，可分为以下四种。

1. 钢结构

钢结构的特点是由钢主梁、次梁和柱形成建筑物的骨架。屋架由钢或钢网架构成，楼板由钢筋混凝土制成，墙体由砖或其他材料制成。

2. 钢筋混凝土结构

建筑物由钢筋混凝土浇筑而成。房屋的梁柱、屋面板、楼板均以钢筋混凝土制作。墙体用砖或其他材料制作。钢筋混凝土结构又可进一步划分为钢筋混凝土排架结构、框架结构、框架剪力墙结构和剪力墙结构。

框架结构的特点，是由钢筋混凝土主梁、次梁和柱形成的框架作为建筑物的骨架，屋面、楼板上的荷载通过梁柱传到基础。框架结构的墙体全部为非承重墙，只起分隔和围护作用。框架结构的房间布置灵活，不受楼板跨度的限制，适于建造宽敞、空间大的办公楼、商店和工业厂房。

钢筋混凝土剪力墙结构建筑，为钢筋混凝土墙体承重，可承受垂直荷载和水平地震荷载。钢筋混凝土剪力墙结构的高层建筑，其楼板和墙体均为预制钢筋混凝土结构，具有良好的整体性，抗震能力比砖混结构和框架结构强。框架剪力墙结构是框架结构与剪力墙结构的结合体。

3. 混合结构

混合结构可进一步划分为砖混结构和砖木结构。

（1）砖混结构。建筑物的屋盖、墙体、楼板、过梁为钢或钢筋混凝土制作，墙、柱为砖砌。结构荷载是通过屋盖、楼板传到承重墙上，再由承重墙传到基础。因此，承重墙砖的质量好坏、砌体强度的大小将直接关系到砖混结构的质量和寿命。基础不均匀下沉，承重墙体出现裂缝，将意味着砖混结构建筑的整体破坏。

（2）砖木结构

建筑物的墙、柱用砖砌筑，楼层、屋架采用木材建造。

4. 其他结构

其他结构主要包括木结构、竹木混合结构、简易建筑物等。

（二）按建筑物使用功能分类

建筑物按使用功能划分为两大类，一类为工业用建筑物；另一类为民用建筑。

（1）工业用建筑物。工业用建筑物是指工业生产部门作为基本生产资料使用的房屋、构筑物。

包括厂房、仓库、实验室、办公楼、烟囱、水塔、道路、桥梁、隧道、水坝、围墙，等等。交通运输业、建筑业的生产用建筑物也归为此类。

（2）民用建筑物。民用建筑可包括民用住宅和公共建筑物。公共建筑物可划分为营业用建筑物和行政事业用建筑物。营业用建筑物，是指商业、金融和保险、邮局、旅馆、饭店，及旅游服务业修建的人文景观和服务场所。行政事业用建筑物，是指党政机关、社会团体和科、教、文、卫、体育等事业用建筑物。军用建筑物和外国驻华机构建筑物也属此类。民用住宅包括公寓、住宅和宿舍楼等。

另外，建筑物根据其建筑程度和使用状况可分为已完工在建工程和在建工程。

二、建筑物评估的特性

作为一类评估对象，由于建筑物具有不同于一般商品的特殊属性，因此，表现在评估方面也具有其特性。

（一）建筑物价值的内涵复杂性的特点

建筑物作为与土地相结合的建设成果，是不可以脱离土地而独立存在的。在企业核算和房地产业务中，往往把征用土地费或开发费用核算在建筑物价格中，因此，建筑物价格中通常隐含地价。但是，从资产评估的角度来看，由于建筑物和土地的价格运动具有较大的差异，土地价格会随社会经济发展及开发利用状况而增值，而建筑物价格则会因使用而贬值。因此，为了准确客观地评价地产价值和建筑物价值，有必要把建筑物与其所占用的土地分开，针对其价值影响特性进行分别评估。

根据建筑物的种类，建筑物价格又可分为住宅、工业用房、商业用房、行政事业用房、办公用房、各类建筑物等的价格。且由于建筑物的使用性质不同，其价格表现形式也不同。如工业用房，在企业评估中，它是单项生产要素，不具有整体生产和盈利能力，通常用成本法进行估价；商业用房则更多地体现在经营收益上，其收益现值是由经营收益大小来决定的。

另外，由于我国土地实行的是所有权归国家和集体所有，而企业或个人只有使用权，且获得土地使用权的方式又划分为国家无偿划拨和企业通过交付出让金而享有规定使用用途前提下一定期限的处置权这两种方式，因此，决定了房产的交易类型和交易价格。在资产评估中，我们通常会遇到三种类型的价格评估，即房屋所有权价格评估、房屋使用权价格评估和租用权价格评估。

房屋所有权价格评估是指房地结合评估，其评估价格中既包含建筑物价值，也包含土地价值。此时，土地应是办理出让手续而获得合法使用权的土地。购买者有权处置其产权。

房屋使用权价格评估是指在一定使用期限内对房产使用权进行评估。一般来说，购买者不得在使用权期限内任意转卖所购置的房地产使用权，并在房产使用权期满或房产消失后将房地产交还出售方。

房产租用权价格是租金，与所有权、使用权价格的多轨制相联系。除此之外，随着产权交易形式的多样化，建筑物价格也呈现为不同的表现形式，如建筑物的拍卖价格、抵押价格、课税价格、征用价格等，都是在特定交易条件下建筑物价格的特殊表现形式。

（二）建筑物产权受土地使用权年限的制约

按照《中华人民共和国房地产管理法》的规定，土地使用权出让最高年限，根据出让土地的用途不同而不同，具体分为5种情况：（1）居住用地70年；（2）工业用地50年；（3）教育、科技、卫生、体育用地50年；（4）商业、旅游、娱乐用地40年；（5）综合或其他用地50年。《城市房地产管理法》第二十一条规定：土地使用权出让合同约定的年限届满，土地使用者需继续使用的，应当至迟于届满前一年申请续期，除根据社会公共利益需要收回该幅地的，应当予以批准。经批准予以续期的，应当重新签订土地使用权出让合同，依照规定支付土地使用权出让金。这样，在评估已出让土地上的建筑物时，就要相应考虑出让土地的剩余出让年限与被评估建筑物的经济寿命年限间的吻合关系。正常条件下，即使土地剩余出让年限小于建筑物经济寿命年限，在用成本法进行评估时，建筑物的成新率确定可以不以土地剩余出让年限作为唯一的约束条件进行计算。因为在房地分离评估中出让年限的约束已经在土地使用权评估中予以充分考虑。而对于划拨用土地上的建筑物评估则不受土地使用权年限的限制。因为土地使用权划拨具有无偿性、无期限性和不可转让等特点。

（三）建筑物功能、用途及评估方法

在通常情况下，建筑物评估方法的确定不仅取决于其特定的评估目的，而且，常常与建筑物自身的功能和用途有关。如作为生产用建筑物，在进行企业整体评估时，可按单项生产要素用成本法进行评估；商业用房或商品住宅可根据建筑物经营收益或建筑物市场交易状况采用收益法或市场法进行评估。

三、建筑物评估时需考虑的因素

建筑物评估不仅要着眼于其自身的投入和使用状况，而且要考虑经济发展、国家政策等多重影响因素。从评估的角度看，应重点考虑以下诸方面因素。

（1）物理因素。物理因素是建筑物价格的决定因素。建筑物的造型风格、结构类型、功能效用、设施完备情况、装修标准、建筑面积及工艺标准等决定造价。这是建筑物评估应考虑的基本因素。

（2）环境优劣的影响。外部环境条件优劣是影响其价值的一个重要因素。交通通信状况，环境优美程度，基础设施如水、电、气等完善程度，商业网点分布等都对建筑物价格产生重要影响。

（3）经济地理因素。在我国，政治、经济发展极不平衡。一般来说，相同建筑质量、相同功能和用途的建筑物价格，大城市高于小城市，沿海开放城市高于内地城市。即使在同一城市，由于地段不同，房价差别也很大。

（4）新旧程度。土地不存在实体陈旧贬值问题，而建筑物会随着建筑年代久远而陈旧。因此，建筑物的新旧程度影响其价值。

（5）用途。某一具体建筑物的用途可能是单一的，也可能是多种用途综合性的。在评估综合性建筑物时，要注意建筑物用途的面积分配和楼层分配及建筑朝向。

（6）产权。建筑物的产权形式可分为所有权、使用权和租用权。产权性质及是否受到限制，如是否做抵押、担保、出租等，都直接影响建筑物的价值。

（7）政策因素。国家经济政策每个时期都有一定的重点和方向。房地产价格受政府法令和政策的影响主要表现在：①政府基于公共利益可限制某些房地产的使用，包括规定土地使用用途、建筑物容积率、覆盖率等。②政府为满足社会公共利益的需要，可以对任何房地产实行强制征用或收买。

（8）供需状况。地产价值高低受市场供求关系的影响很大，供过于求时，价值会降低；供不应求时，价值会提高。

（9）其他。如住房制度改革、长期投资贷款利率变化等都直接影响建筑物价格。

四、建筑物评估的原则

建筑物评估不仅要遵循资产评估的一般工作原则，因为建筑物价格本身的特点及产业性质，还

必须遵循特定的经济性原则和专业性原则。

（一）替代原则

根据市场运行规律，在同一商品市场中，商品或所提供服务的效用相同或大致相似时，价格最低者吸引最大需求。即有两个以上互有替代性的商品或服务同时存在时，商品或服务的价格是通过相互影响和比较之后决定的。建筑物价格也同样遵循替代规律。特别是商品化建筑物，如商品化住宅、别墅、写字楼等，其价格受其他具有相同使用价值的同类型建筑物价格所牵制。即具有相同使用价值、有替代可能的建筑物，其价格是相互影响和作用的，会经过价格的市场竞争而趋于一致。

根据建筑物评估的替代原则，在对商品化建筑物进行评估时就可通过对同功能和类型的建筑物市场价格比较进行，即采用市场法进行评估。应当注意的是，由于建筑物具有不可位移性、功能变异性等特点，因此要对区域和时间及交易条件进行修正才能根据替代原则进行评估。

（二）最有效使用原则

由于建筑物具有一定的功能变异性的特点，不同的利用方式能为权利人带来差异很大的收益，且随着房地产市场经营化的不断深化，建筑物权利人越来越多地通过改变建筑物的原有功能用途来实现收益最大化。因此，按照这一原则，在对建筑物进行评估时，就要相应考虑建筑物是否具有功能变异性且是否能够实现功能转化，如果具备这样的条件，就可以按潜在的可能的最有效利用途径来评估。但应当注意，应用这一原则时必须要符合国家法律、法规和政策的规定。

（三）供需原则

建筑物同其他商品一样，也要受价值规律的制约，其价格取决于需求与供给关系的均衡点。需求超过供给，价格随之提高；反之，供给超过需求，价格随之下降。但是，我们还应注意到，由于建筑物具有不可位移性的特点，在特定区域内供给量有限，竞争主要是在需求方面进行，因具有一定的价格独占性。

（四）房地合一原则

尽管建筑物和土地是可以加以区别的评估对象，而且土地使用权可以独立于建筑物而存在，但是，由于两者在使用价值上的相互依存和价格形成中的内在联系，在用市场法进行评估时要把两者作为相互联系的综合体进行估价。具体表现在以下两个方面。

（1）建筑物和土地相结合使房地产最终成为商品。对于建筑物来说，它总是依托于一定的土地，土地的开发成本往往隐含在建筑物价值之中，土地使用价值此时可通过房产来反映。

（2）建筑物环境质量的区别是由土地产生的，它在很大程度上影响建筑物的价格。环境质量的好坏不取决于建筑物本身，而是与土地的不可位移性相关。房地产的总收益是土地和建筑物等因素共同作用的结果。

第五节 建筑物评估的方法

一、成本法

运用成本法评估建筑物的价值时，因为建筑物是在过去某一时点建造的，所以不能采用建筑物原来的建造成本，而应以评估时点的重新建造成本为基础，考虑评估对象的使用和磨损，扣除建筑物的贬值额。旧建筑物价值的现值可以通过以下公式计算得到：

$$建筑物评估值 = 建筑物重置成本 - 年贬值额 \times 已使用年限 \qquad (4\text{-}15)$$

（一）重置成本

重置成本是假设在评估基准日重新取得或重新开发、重新建造全新状态的评估对象所需的一切合理的、必要的费用、税金和应得的利润之和。

建筑物的重置成本可采用成本法、比较法来确定，或根据政府公布的基准房屋重置价格扣除其中包含的土地价格后进行比较修正来确定，也可以按照工程造价估算的方法来求取，具体又有下列四种方法。

1. 单位比较法

单位比较法是以建筑物为整体，选取与建筑物价格或成本密切相关的某种单位为比较单位，通过调查了解类似建筑物的这种单位价格或成本，并对其做适当的调整修正来估算建筑物重置成本的方法。单位比较法又分为单位面积法和单位体积法两种。比较单位应根据具体建筑物来确定。例如，停车场的比较单位通常为每个车位，旅馆的比较单位通常为每个房间或床位，保龄球馆的比较单位通常为每个球道。

单位面积法是根据当地近期建成的类似建筑物的单位面积造价，对其做适当的调整修正（有关调整修正的内容和方法类似比较法），然后乘以被评估建筑物的面积来估算建筑物的重置成本。

在现实的房地产评估中，往往将建筑物划分为不同的建筑结构、用途或等级，制作不同时期的基准重置成本表，以供计算确定某个具体建筑物的重置成本时使用。采用单位比较法估算独户式住宅的重置成本如表 4-6 所示。

表 4-6 单位比较法估算独户式住宅的重置成本

可比较单位重置成本	800 元/建筑平方米
规模及形状修正系数	1.05
基本总成本	400×1.05×800/10 000=33.6（万元）
加：其他修正项目（空调、厨房设备）	1.2 万元
加：车库及院落开发成本	2 万元
总重置成本	36.8 万元

单位体积法和单位面积法相似，是根据当地近期建成的类似建筑物的单位体积造价，对其做适当的调整修正，然后乘以被评估建筑物的体积来估算建筑物的重置成本。这种方法适用于成本与体积关系较大的建筑物。

【例4-7】某建筑物的体积为500立方米，该类建筑结构和用途的建筑物的单位体积造价为600元/立方米，要求计算该建筑物的重置成本。

$$该建筑物的重置成本=500×600/10 000=30（万元）$$

2. 分部分项法

分部分项法是以建筑物的各个独立构件或工程的单位价格（或成本）为基础，估算建筑物重置成本的方法。先估算各个单独构件或工程的数量，然后乘以相应的单位价格或成本，最后再相加。在运用分部分项法估算建筑物的重置成本时，须注意以下两点：一是应结合各构件或工程的特点使用计量单位，二是不要漏项或重复计算，以免造成估算不准。采用分部分项法估算建筑物的重置成本的一个简化格式如表 4-7 所示。

表 4-7 分部分项法估算建筑物的重置成本

项目	单位成本	数量	单项成本合计
基础工程			
墙体工程			
楼地面工程			
屋面工程			
供暖工程			
电气工程			
合计			
税费、利息和管理费			
重置成本			

3. 工料测量法

工料测量法是先估算建筑物所需各种材料、设备的数量和人工时数，然后逐一乘以估价时点相应的单价和人工费标准，最后将其相加来估算建筑物重置成本的方法。这种方法与编制建筑物概算或预算的方法相似，即先估算工程量，再根据预算定额的单价和取费标准来估算。工料测量法的优点是详细、准确，缺点是费时、费力并需有其他专家（如建筑师）的参与。它主要被用于具有历史价值的建筑物的评估。采用工料测量法估算建筑物的重置成本的一个简化格式如表 4-8 所示。

表 4-8   工料测量法估算建筑物的重置成本

项目	单价	数量	单项成本合计
现场准备			
水泥			
砂石			
砖块			
木材			
铁钉			
人工			
税费、利息和管理费和其他			
重置成本			

4. 价格指数调整法

价格指数调整法是根据建筑物的账面成本，运用建筑业产值价格指数或其他相关价格指数推算出建筑物重置成本的一种方法。价格指数法由于方法本身的缘故，在推算待估建筑物重置成本的准确性方面略显不足，因此，应尽量控制其使用范围。这种方法一般只限用于单位价值小、结构简单，以及运用其他方法有困难的建筑物的重置成本估算。

建筑业产值价格指数是直接反映建筑产品价格变化趋势的一个综合性指标。该指标可向统计部门调查取得。由于统计资料中的价格指数是年度价格指数，而待估建筑物可能是许多年以前建成的，因此，需要计算出待估建筑物竣工年度至评估基准日的综合价格指数。在具体测算综合价格指数时，还应注意统计资料中的年度价格指数是定基价格指数还是环比价格指数。不同性质的价格指数，在计算综合价格指数时方法有所不同。

对于定基价格指数，在计算综合价格指数时，其公式为：

$$综合价格指数 = \frac{评估时点价格指数}{建筑物构建时价格指数} \times 100\% \qquad (4\text{-}16)$$

对于环比价格指数，在计算综合价格指数时，其公式为：

$$综合价格指数 = (1+a_1)(1+a_2)\cdots(1+a_n) \times 100\% \qquad (4\text{-}17)$$

式中，a 为从建筑物竣工年度后第 1 年至评估基准日年度的各年环比价格指数。

价格指数调整法计算公式为：

$$待估建筑物重置成本 = 待估建筑物账面原值 \times 综合价格指数 \qquad (4\text{-}18)$$

【例4-8】某待估建筑物为某企业的简易仓库，账面原值为10万元人民币，建筑面积为500平方米，竣工于2010年。要求估算2015年底该仓库的重置成本。经查询企业所在地区建筑业产值环比价格指数分别为：2011年6.9%、2012年17%、2013年30.5%、2014年11.7%、2015年4.8%。

（1）计算综合价格指数。

综合价格指数 =（1+6.9%）×（1+17%）×（1+30.5%）×（1+11.7%）×（1+4.8%）×100%

=191%

（2）待估建筑物重置成本。

重置成本=100 000×191%=191 000（元）

（二）建筑物贬值额

贬值额是指建筑物的价值减损。建筑物的价值减损是由物质因素、功能因素和经济因素共同造成的。《资产评估准则——不动产》中规定："注册资产评估师应当全面考虑可能引起不动产贬值的主要因素，合理估算各种贬值。建筑物的贬值包括实体性贬值、功能性贬值和经济性贬值。确定建筑物的实体性贬值时，应当综合考虑建筑物已使用年限、经济寿命年限和土地使用权剩余年限的影响。确定住宅用途建筑物实体性贬值时，应当考虑土地使用权自动续期的影响。当土地使用权自动续期时，应当根据建筑物的经济寿命年限确定其贬值额。"因此，在实际估价中，要考虑建筑物的各种贬值、建筑物使用年限、经济寿命和其他影响因素。建筑物贬值额的计算方法很多，主要包括直线法、成新率法、双倍余额递减法等。

1. 直线法

直线法是最简单和应用得最普遍的一种贬值计算方法。它以建筑物的经济寿命期间每年的贬值额相等为基础。直线法的年贬值额的计算公式为：

$$年贬值额 = 建筑物的重置成本 \times \frac{1-建筑物的值率}{建筑物的耐用年限} \quad (4\text{-}19)$$

【例4-9】有一建筑物，建筑总面积为500平方米，已经使用10年，重置价格为600元/平方米，耐用年限为40年，残值率为5%，试用直线法计算其年贬值额、贬值总额，并估计其现值。

解析：重置成本=600×500=300 000（元）

年贬值额=（300 000−300 000×5%）÷40=7 125（元）

贬值总额=7 125×10=7 1250（元）

建筑物价值=300 000−71 250=228 750（元）

2. 成新率法

成新率法是根据建筑物的建成年代、新旧程度、功能损耗等，确定建筑物的成新率，直接计算确定建筑物的价值。其计算公式为：

$$建筑物价值=重置成本\times成新率 \quad (4\text{-}20)$$

建筑物成新率的测算主要采用打分法。打分法是指评估人员借助于建筑物成新率的评分标准，分解建筑物整体成新率评分标准，以及按不同构成部分的评分标准进行对照打分，得出或汇总得出建筑物的成新率（见表4-9）。

表4-9 不同结构类型房屋成新率评分修正系数表

	钢筋混凝土结构			混合结构			砖木结构			其他结构		
	结构部分 G	装修部分 S	设备部分 B	结构部分 G	装修部分 S	设备部分 B	结构部分 G	装修部分 S	设备部分 B	结构部分 G	装修部分 S	设备部分 B
单层	0.85	0.05	0.1	0.7	0.2	0.1	0.8	0.15	0.05	0.87	0.1	0.03
2～3层	0.8	0.1	0.1	0.6	0.2	0.2	0.7	0.2	0.1			
4～6层	0.75	0.12	0.13	0.55	0.15	0.3						
7层以上	0.8	0.1	0.1									

用打分法估测建筑物的成新率可参照下列数学式进行：

$$成新率=结构部分合计得分 \times G + 装修部分合计得分\times S + 设备部分合计得分\times B \quad (4\text{-}21)$$

式中：G——结构部分的评分修正系数；

　　　　S——装修部分的评分修正系数；

　　　　B——设备部分的评分修正系数。

【例4-10】某钢筋混凝土5层框架楼房，经评估人员现场打分，结构部分得分为80分，装修部分得分为70分，设备部分得分为60分。再经查表4-9列示的修正系数G=0.75，S=0.12，B=0.13，则该楼房的成新率为：

$$成新率＝（80×0.75+70×0.12+60×0.13）÷100×100\%=76.2\%$$

3. 双倍余额递减法

双倍余额递减法是以不考虑净残值的平均年限法的双倍折旧率乘以建筑物重置成本计算各期贬值额的方法。其计算公式为：

$$建筑物评估值＝重置成本－\underset{贬值额}{\underbrace{重置成本×2\ /预计使用年限×100\%}} \tag{4-22}$$

二、市场法

（一）市场法的原理及其适用范围

市场法是将待估房地产与在较近时期内已经发生或即将发生的同类型区域类似房地产交易实例，就交易条件、价格形成的时间、区域因素（外部环境因素）及个别因素（房地产自身条件）加以比较对照，以已经发生了交易的类似房地产的已知价格为基础，作必要的修正后，得出待估房地产评估时点最可能实现的合理价格。这里所提及的类似房地产是指其用途、建筑结构、所处地区相同或相似的房地产。事实上，运用市场法评估建筑物是房地合一评估。若想单独评估建筑物的自身价值可采用成本法或用市场法评估出房地合一价格后，再运用合理的方法单独评估土地价值，然后进行轧差得出建筑物的价值。随着房地产市场的不断发展和完善，市场法评估也日益显得重要，运用领域更加广阔。

市场法评估适用于有充足房地产交易实例的地区。对于交易实例少、房地产市场交易不透明、信息不畅的地区则不宜采用。一般说来，市场法评估应具备的条件主要有：

（1）要有一定数量的正常交易实例，通常交易实例不少于3个。

（2）选择的交易实例与待估房地产具有较好的可比性，如用途、结构类型、装修标准、建材质地、所处地区、外部环境、产权性质等方面要相同或相似。

（3）交易时间与评估基准日尽可能接近。

（4）交易应具有透明性、公平性和有效性。

（5）交易实例与待估房地产在土地出让年限和使用需求方面应基本一致。

由于市场法评估受评估人员的知识经验约束较大，主观因素对价格影响较大，因此，此法更适用于房地产出售、购置、投资决策等经济行为。

（二）建筑物评估中市场法应用

市场法的具体做法很多，主要有两种。

1. 交易实例比较法（直接法）

交易实例比较法以待估房地产状况为基准，在市场上找到相类似房地产的交易实例作为参照物，将交易实例房地产与待估房地产的各项状况逐一比较，对各种差异因素作比较调整，将交易实例的价格修正成待估房地产的价格。

2. 基准价格对照法（间接法）

基准价格对照法先选定标准的房产和地产，对该标准房产和地产定出一个合理的且是最新的基准价格。该基准价格每年修订一次，年年公布，作为房产和地产的评估依据，把待估房产和地产与标准房产和地产对照，从中查出与待估房产和地产相对应的价格，再作必要的调整，修正成待估房地产的价格。

（三）应用市场法评估建筑物的程序

应用市场法评估建筑物可按下列程序进行。

1. 资料收集

（1）收集途径。收集交易实例资料的途径如下：一是查阅政府有关部门的房地产咨询资料。二是查阅各种报刊、杂志、年鉴上有关的信息、广告。三是通过各类房地产估价协会组织、经纪人协会组织，在同行中交流信息，相互提供经手的交易实例资料。四是以购买房地产者的身份直接向当事人收集租售实例资料。

（2）收集资料的内容。一是房地产的位置、面积、用途、成交时间。二是双方当事人是买卖所有权还是使用权，能否再转让出售。三是使用年限、环境条件、房屋状况、地块条件、交易条件、购买动机和销售动机、交易价格、出价和报价、融资条件等。

需要收集的内容可制成如表 4-10 和表 4-11 所示的统一表格，收集资料时按表内容进行填写。

表 4-10 交易实例调查表

项目		状态	项目		状态	项目	状态
坐落			离商业服务中心距离	市场		地形地质	
使用类别				区级		面积	
权利状态				小区级		宽、深度	
交易价格	总价		离公共设施距离	文体设施		形状	
	土地价格			公用设施		临街类型	
	房屋价格		道路状况	宽度		临街位置	
房屋概况	面积			车流量		临街深度	
	结构		公交状况	线路数		容积率	
	用途			线路流量		其他	
			对外交通设施的距离	火车站			
				汽车站			
				码头			
				机场			
交易形式			给水、排水			规划限制	
交易日期			供电、供热				
交易情况						使用限制	
基准地价			供气				
调查日期			电信			备注	
其他			其他				

（3）验证资料的准确性。由于交易情况对有关人员比较敏感，加上社会、经济、心理情况等因素的影响，被调查者不一定能提供完全真实的情况，所以对调查资料要进行甄别，验证其准确性。

2. 选择做比较的交易实例

选择做比较的交易实例是最关键的一步。供比较参照的交易实例选择恰当与否，直接影响评估价格的精度，因此应特别慎重。所选择的交易实例应满足下列基本要求：

（1）与待估建筑物的评估目的一致。

表4-11　　　　　　　　　　交易实例调查表

坐落

项目		实例地状态等			项目		实例地状态等		
使用类别	登记簿	住宅地、商业地、工业地、农业地、其他			宗地条件	面积	（m²）		
	实际					宽度深度	宽度　（m）	深度　（m）	
使用内容						形状	近正方形　长方形　近长方形　梯形　其他（　）		
权利状态						临街关系	实例地（　）方单方面临街、角地、二面临路、三面临路、其他（　）		
买卖价额	总额	元				高低差	约高　低　无		
	土地	元/（m²）			区域	使用分区	城市规划区域、城市规划区域外、其他区域		
	建筑物	元/（m²）				建蔽率等	建蔽率	容积率	
建筑物情况	面积	（m²）				各种限度	防火限制　有　无	高度限制	
	等级	构造				其他			
	建筑年月	用途			实例地所在地区标准用途				
		年　月　日			实例地最有效使用				
买卖日期					实例地近邻地区范围	东　（m），西　（m），南　（m），北　（m）			
买卖情况					备注	东　（m），西　（m），南　（m），北　（m）			
资料来源									
公告现值									
附近目标物									
调查日期									
道路条件	系统及连续性	种别							
		路线名							
	宽度	全幅　（m）							
		步行道　（m）							
	路面								
交通接近条件	距离车站	离站　（m）							
	距离中心	离站　（m）							
	距离公共设施	时间（分），距离　（m）							
环境条件	自然条件	日照、通风、干湿等							
		地质、地盘、地势等							
	供给处理设施	上水道　有、无、尚可							
		下水道							
		城市煤气　有、无、尚可							
	其他	其他							
实例地道的周围情况									

（2）是正常交易或可补正成正常交易。

（3）估价日期最接近，或可作期日修正的。

（4）与待估的房地产同属一个地区或对房地产供求情况影响相同的邻近地区，在环境条件上有类似性。

（5）有相同的用途，至少应在大类用途（办公楼、零售店面、住宅、旅馆、工厂、仓库等）上相同，如能在小类用途上相同则更好。

（6）结构类型应相同，至少应在大类结构（钢筋混凝土结构、砖混结构、砖木结构、简易结构、钢结构等）上相同，如能小类相同则更好。

由于房地产的种种特征，决定了房地产不易具备完全竞争市场，其交易价格由个别交易构成，价格受个别情况影响，所以必须将个别的特殊情况剔除，使其正常化，只有修正后的实例，才可以进行比较。故要对选中的交易实例进行修正。

3. 交易行为的补正

交易行为补正可排除因交易行为中一些特殊因素所造成的交易行为偏差。正常交易是公开、平等、自愿的交易，即在公开市场、信息通畅、交易双方自愿、没有私自利益关系情况下的交易。交易行为中应进行补正的主要有下列几种情况。

（1）政府为了对某种产业进行鼓励、扶植或控制，在政策上给予某些优惠或限制，甚至对一些房地产交易进行干预和管制。

（2）有特别利害关系的人或业主之间的交易，如亲友、有利害关系的公司、生产协作比较密切的单位、单位与某职工之间的房地产交易等，往往以低于市场价格进行交易。

（3）交易时有特别的动机，如出国或还债急需现金周转而急于出售房地产，或商业机构事业迅速发展急欲购买店铺。急欲脱手的价格往往偏低，急欲购买的价格往往偏高。

（4）买方或卖方的无知，不了解行情。如果买方不了解房地产市场行情，盲目购置，往往使交易价格偏高；反之，卖方不了解行情，盲目出售，往往使交易价格偏低。

（5）购买相邻房地产，由于该房地产与原有房地产合并后会增加原有房地产的效用，所以购买价格有时要高于该房地产单独存在时的正常价格。

（6）招标、拍卖时一般购买者不能参加，通常价格偏低。

（7）特殊的交易条件，如卖方在房地产脱手后的半年内还能继续使用而不必支付租金。

（8）优惠的融资条件，如房地产交易的新买主能借到低于现行市场贷款利率的资金来购买房地产。

（9）其他特殊情况，如房地产增值税本应由买方负担，但却转移给卖方。

对上述特殊情况的交易需要甄别出使正常价格发生偏差的原因和程度，并加以分析研究，在积累了长期丰富的经验和大量信息后，就能把握适当的修正程度，把价格调整成正常价格。

$$待估房地产的单位价格=修正系数×交易实例房地产的单位价格 \tag{4-23}$$

$$修正系数 = 1 - \frac{\sum 补正值}{交易价值} \tag{4-24}$$

4. 交易日期的修正

估价期日是指决定待估房地产估价额的基准日期。供比较参照的交易实例的交易日期与待估房地产的估价期日应较接近为好。所谓接近的含义是相对的，如果市场相对稳定，几年前的交易资料用于现在，也仍然有效；如果市场变化快，则只有最近的交易实例才有效。一般认为，交易实例的交易日期相差 5 年以上的不易采用，因为即使进行交易日期修正仍会出现较大偏差。若房地产价格有明显上涨或下跌趋势，特别是通货膨胀严重时期，物价变动更为剧烈，一般应使用不超过一两个月的交易资料来比较，而且必须进行适当的时间修正，使修正的价格能符合估价时的实际市场情况。

交易日期修正的方法，一般是用变动率（如采用地价指数或地产价格指数等）将交易实例当时的交易价格修正为估价期日的价格。

利用价格指数进行交易日期修正的公式为：

$$估价期日价格=调整系数×交易日期价格 \qquad (4\text{-}25)$$

$$调整系数 = \frac{估价期日价格指数}{交易日期价格指数} \qquad (4\text{-}26)$$

此外，房地产价格指数是指房地产在不同时期价格的涨落程度，不是任何类型的房地产价格指数都可以采用的，采用的价格指数必须是与待估房地产类似的房地产价格指数。

5. 区域因素的修正

房地产价格随其所处地区的特性不同而有很大差别。所以，采用市场法估价时，必须很好地把握待估房地产和每个交易实例房地产的地区特性，准确分析地区特性的影响。

进行区域分析时，商业区通常以商业收益能发生替代关系的地区为交易实例房地产的选用范围；住宅区通常以通向市中心的方便程度能发生替代关系的地区为交易实例房地产的选用范围。

选用范围：工业区可分为大工业区和中小工业区两类。大工业区一般是以可能与原材料及生产品等大规模运输具有替代关系的地区为交易实例房地产的选用范围。中小工业区是以对于产品的生产及销售费用的经济效益有替代关系的地区为交易实例房地产的选用范围。在供求关系能替代的地区中选择交易实例房地产后尚需进行区域因素的修正。不同区域房地产由于所属地区的自然条件与社会、经济、行政、立法等因素所产生的地区特性对该地区房地产价格水平有不同程度的影响，故应将交易实例房地产所处区域与待估房地产所处的区域因素加以比较，找出由于区域因素优劣所影响的交易价格高低，从而进行减价或加价的修正，使其成为待估房地产所处地区的价格。区域因素的修正是市场法中的难点和关键之一。

在分析区域因素的影响时，对不同类型房地产的侧重点是不同的。

商业区的收益率是影响房地产价格的最主要因素。而地段的营业环境对商业区的销售额影响很大，故地段是决定商业房地产价格的根本因素。

住宅区主要是离市中心的距离、交通设施条件和居住环境的好坏，即环境是否清静，风景好坏，有无影响环境的设施，居民的职业构成及其社会地位、生活方式等。

工业区的好坏，最主要是看运输的便利情况、工业用水和用电的质量、与产品的销售市场及原材料采购市场位置的关系。

区域因素修正在实际操作时，应将其比较内容列成表，使其规范化且一目了然。并不是上述每一项影响因素都要参加比较，而是根据待估房地产的具体情况选择有关的因素进行比较。不同用途的房地产考虑不同的比较因素。选择哪些比较项目，可在评估实践中不断总结和完善。

区域因素修正的确定可用不同的方法。

（1）双百分制比较法。双百分制的第一层"百分"是按大类对区域影响因素分类评分，每类的最高分均为100分；第二层"百分"是对大类区域的影响强度确定权重。交易实例房地产与待估房地产在该因素上的差异反映在积分（因素评分与权重之乘积）上。各因素评分与该因素的权重的总积分，综合反映了交易实例房地产与待估房地产由于所处地区不同而在价格上的差异。

按照总积分，可将各交易实例的房地产价格调整成待估房地产价格，其公式为：

$$待估房地产的单位价格 = 价格修正系数×交易实例房地产的单位价格 \qquad (4\text{-}27)$$

$$价格修正系数=待估房地产总积分/交易实例房地产总积分 \qquad (4\text{-}28)$$

（2）环境成熟度修正法。环境成熟度即配套设施达到的程度。任何一块土地的利用除必须具备一定规模的土地外，还需要邻近有各种设施与之相配合，才能达到有效的利用。例如住宅地，并非有了土地能兴建房屋即成为理想的住宅，必须在其附近有了市场、学校、车站、邮局等设施，才能形成理想的居住环境。商业用地、工业用地均必须有其相应的环境条件，但这种环境通常需要相当长一段时间才能趋于成熟。因此，虽然同属于一种使用地区，但彼此之间的环境成熟条件尚有差距，在运用市场法估价时，应进行成熟度修正。

成熟度修正的方法是首先要找出交易实例和待估对象之间环境条件成熟的差距，即找到待估对象达到交易实例同等环境成熟程度所需的时间，然后以交易实例价格乘以复利率的折现值即可。其计算公式为：

$$房地产价格 = 调整系数 \times 交易实例价格 \qquad (4\text{-}29)$$

$$调整系数 = \frac{1}{(1+r)^n} \qquad (4\text{-}30)$$

式中：r——折现率；

n——达到与交易实例同等环境成熟程度所需要的年数。

【例4-11】交易实例土地每平方米价格为2 000元，待估土地的环境条件达到交易实例土地的环境条件预计需要5年，折现率为10%，则该待估土地的价格为：

$$2\,000 \times \frac{1}{(1+10\%)^5} = 2\,000 \times 0.6\,209 = 1\,241.8（元）$$

6. 个别因素的修正

个别因素是指形成个别房地产价格的内在因素，以房地产本身的物理性质为基础，是决定相同区域房地产出现差异的依据。即将交易实例房地产的交易价格经过区域因素修正，成为本地区的价格水平，再加上房地产个别因素的修正，从而形成每个房地产的具体价格。

土地和房屋所考虑的个别因素是不同的，土地的个别因素包括：①微观位置；②面积；③正面宽度；④深度；⑤形状；⑥地势；⑦地质；⑧土地使用年限。

房屋的个别因素包括：①面积、构造、材料；②房屋的成新率；③房屋的装修、设备标准；④房屋的朝向；⑤施工质量；⑥行政立法上的限制。

个别因素修正的方法。个别因素修正的确定主要采用售价调整法。售价调整法的一般方法有：①简单平均法；②加权平均法。

7. 市场法公式：

$$评估值 = \sum_{i=1}^{n}\left(\begin{matrix}交易^i\\实例\end{matrix} \times \begin{matrix}交易行为的\\修正系数\end{matrix} \times \begin{matrix}交易日期的\\修正系数\end{matrix} \times \begin{matrix}区域因素的\\修正系数\end{matrix} \times \begin{matrix}个别因素的\\修正系数\end{matrix}\right)/n \qquad (4\text{-}31)$$

（四）市场法案例分析

【例4-12】待估建筑物为办公楼，位于南京市中华路141号，北临锦绣坊路，南临外运大厦，东为王府园生活区，西临中华路。该楼为全现浇框架剪力墙内筒结构体系，抗震7度设防，结构抗震等级属二级，该楼总建筑面积22 379平方米，地上19层，地下1层，檐高为68.9米，一层至三层层高为4.8米，四层以上层高为3.3米。基础采用现浇钢筋砼灌注桩，地下室采用防水钢筋砖墙，外墙为240厚多孔砖墙，电梯间采用钢筋砼墙，承重结构为现浇钢筋砼柱、梁、板，外墙贴白色釉面砖，一楼大厅及公共走道采用花岗岩地面，其他楼层地面采用嵌铜条水磨石地面，消防通道楼梯采用防滑地板砖，内墙采用普通涂料粉刷，外窗采用本色铝合金窗，内门采用胶合板门，一楼大厅采用无框铝合金门。水卫设施齐全，上水采用镀锌钢管，下水采用铸铁管。电照采用PVC塑料管和钢管暗敷，所有管线均到设计指定位置，灯具安装放入二次装修。

（1）评估基准日。2016年5月31日。

（2）评估过程。

① 选择具有可比性的交易案例。共选择了三宗交易案例作为比较实例，其情况如表4-12所示。

② 进行交易情况修正。所选物业均为正常情况下进行交易，无需进行交易情况修正。

③ 进行交易日期修正。所选物业的交易日期与评估基准日较近，经向当地房地产交易中心了解，近期房地产价格变动较小，故无需进行交易日期修正。

表 4-12 　　　　　　　　　　　　　　交易实例资料对照表

比较项目 ＼ 比较实例	新立基大厦	兴隆大厦	洪武大厦
坐落位置	中央路 32 号～33 号	龙蟠路 15 号	洪武路 271 号
交易日期	2016 年 4 月	2016 年 4 月	2016 年 3 月
交易情况	正常	正常	正常
用途	办公楼	办公楼	办公楼
交易价格	5 100 元/平方米	4 800 元/平方米	1 500 元/平方米
基础	钢筋混凝土灌注桩	钢筋混凝土灌注桩	钢筋混凝土灌注桩
结构	框架剪力干墙内筒	框架剪力干墙内筒	框架剪力干墙内筒
装修	现房水泥砂浆地面；共用部分为地板砖，余同	棚为石膏板吊顶；地面为水泥砂浆；共用部分为地板砖，余同	地面为水泥砂浆；共用部分为地板砖，余同
备注	现房	现房	现房

④ 进行区域因素修正。现以评估对象各比较项目为基准，与交易实例进行比较，结果如表4-13所示。

表 4-13 　　　　　　　　　　　　　　区域因素比较表

比较项目 ＼ 比较实例	新立基大厦	兴隆大厦	洪武大厦
自然条件	100/100	100/100	100/100
社会环境	100/100	100/100	100/100
街道条件	100/102	100/100	100/100
离市中心距离及交通设施	100/102	100/100	100/100
供给配套设施状况	100/100	100/100	100/100
商业、金融等配套服务设施	100/100	100/100	100/100
噪声等环境污染状况	100/99	100/99	100/100
城市规划限制	100/100	100/100	100/100
周围环境	100/100	100/99	100/100
修正系数	97/100	102/100	100/100

⑤ 进行个别因素修正。以评估对象的个别因素为基础，对所选物业与评估对象之间的装修标准、坐落位置等个别因素差异逐项进行比较，如表4-14所示。

表 4-14　　　　　　　　　　　　　　个别因素比较表

比较项目 \ 比较实例	评估对象	新立基大厦	兴隆大厦	洪武大厦
面积	100	100/100	100/100	100/100
临街状况	100	100/102	100/98	100/98
坐落位置	100	100/104	100/98	100/101
土地使用年限	100	100/100	100/100	100/100
建筑结构	100	100/100	100/100	100/100
施工质量	100	100/100	100/100	100/100
装修标准	100	100/98	100/105	100/98
新旧程度	100	100/100	100/100	100/100
修正系数		96/100	99/100	103/100

⑥ 评估价的计算。根据以上各项因素的修正，得出各修正后单价如表4-15所示。

表 4-15　　　　　　　　　　　　　　评估价测算表

项　　目	新立基大厦	兴隆大厦	洪武大厦
交易价	5 100	4 800	4 500
交易情况修正	100/100	100/100	100/100
交易日期修正	100/100	100/100	100/100
区域因素修正	97/100	102/100	100/100
个别因素修正	96/100	99/100	103/100
修正后单价	4 749.12	4 847.04	4 635.00

由表4-15中数据运用简单算术平均，综合计算出价格为：（4 749.12+4 847.04+4 635）/3=4 743.72（元/平方米），则

该评估对象的评估值=建筑面积×评估对象单价=22 379×4 743.72=106 159 710（元）

三、残余估价法

建筑物残余估价法，是指建筑物与其基地合并计算收益，在用收益法以外的方法能求得土地的价格时，从建筑物及其基地所产生的收益中，扣除归属于基地的纯收益，即可得到归属于建筑物的纯收益，再用建筑物的还原利率还原，便可得到建筑物的收益价格。在计算属于土地的纯收益时，一般是以市场法或成本逼近法等求得土地价格后乘上土地的还原利率便可得到。

建筑物残余估价法从评估原理的角度属于收益法的一种，它尤其适用于其他方法难以准确判断土地或建筑物的价格的情况。例如，当建筑物的使用用途、使用强度与土地的使用不尽一致的时候，需判断因建筑物的存在而导致土地市值的减值幅度（或称其为建筑物的功能性贬值），用其他方法很难做出准确判断，此时运用建筑物残余估价法可以给出一个比较合理的说明。

由于建筑物残余估价法属于收益法中的一种，此法的运用要求被评估对象可以获得正常收益，即只有具有客观收益的房地产才能运用建筑物残余估价法。另外，运用建筑物残余估价法还要求建筑物的用途、使用强度以及使用状态等与土地的使用不能严重背离，甚至是冲突的出现。例如，建

筑物已濒临倒塌、建筑物容积率过低、租金收入或收益极低，以至于当时房地合一的租金收入难以满足土地对其纯收益的要求时，采用建筑物残余法正确估价建筑物市值就会比较困难。

建筑物残余估价法用计算公式可表示如下：

$$B = \frac{\alpha - Lr_1}{r_2 + d} = \frac{a_2}{r_2 + d} \tag{4-32}$$

式中：α——建筑物及其基地所产生的纯收益；

L——土地价格；

r_1——土地的还原利率；

B——建筑物的收益价格；

r_2——建筑物的还原利率；

d——建筑物的折旧率；

a_2——建筑物的纯收益。

上述公式包含3个假设前提：（1）纯收益每年不变；（2）还原利率固定；（3）收益为无限年期。

【例4-13】砖混结构单层住宅，宅基地200平方米，建筑面积120平方米，月租金2 400元，土地还原利率为8%，建筑物还原利率为10%，建筑物评估时的剩余使用年限为25年，用建筑物残余估价法评估该住宅建筑物价格。

$$年房租收入 = 2\,400 \times 12 = 28\,800（元）$$

年总费用：

$$房租损失准备费（以半月租金计）= 2\,400 \div 2 = 1\,200（元）$$
$$房产税（按年租金的12\%）= 28\,800 \times 12\% = 3\,456（元）$$
$$土地使用税（每年按2元/平方米）= 200 \times 2 = 400（元）$$
$$管理费（按年租金的3\%）= 28\,800 \times 3\% = 864（元）$$
$$修缮费（按年租金的4\%）= 28\,800 \times 4\% = 1\,152（元）$$
$$保险费 = 288（元）$$
$$年总费用 = 1\,200 + 3\,456 + 400 + 864 + 1\,152 + 288 = 7\,360（元）$$
$$年总纯收益 = 28\,800 - 7\,360 = 21\,440（元）$$

另运用市场法及成本逼近法等求得土地使用权价格为1 000元/平方米，则土地使用权总价为200×1 000＝200 000（元）

$$归属土地的年纯收益 = 200\,000 \times 8\% = 16\,000（元）$$
$$故归属建筑的年纯收益 = 21\,440 - 16\,000 = 5\,440（元）$$
$$建筑物折旧率 = 1/25 \times 100\% = 4\%$$
$$建筑物价格 = 5\,440 \div （10\% + 4\%）= 38\,857（元）$$
$$建筑物每平方米价格 = 38\,857 \div 120 \approx 324（元）$$

四、路线价法

（一）路线价法的含义与理论依据

市区内各宗土地的价值与其临街深度大小关系很大，土地价值随临街深度而递减，离开街道越远价值就递减越多。

路线价法是根据土地价值高低随距离增大而递减的原理，在特定街道上设定单价，并依此单价配合深度百分率表及其他修正率表，用数字方法来计算临街同一街道的其他宗地地价的一种估价方法。

路线价法实质上也是市场法的一种，路线价是标准宗地的单位地价，可看作比较实例，对路线价进行的各种修正可视为因素修正，因此，路线价法的理论基础也是替代原理。

（二）路线价法的适用范围

与市场法、收益法等对个别宗地地价的评估方法相比，这种方法能对大量土地进行估价，是评估大量土地的一种常用方法。运用路线价法估价迅速、公平合理、节省人力物力，但评估的土地价值粗糙。特别适宜于土地课税、土地重划、征地拆迁等需要在大范围内对大量土地进行估价的场合。

（三）路线价法的计算公式

路线价法的计算公式有不同的表现形式，下面是常用的一种表达方式：

$$宗地地价=路线价×深度百分率×临街宽度 \tag{4-33}$$

如果宗地条件特殊，如宗地属街地角、两面临街地、三角形地、梯形地、不规则地等，则需依下列公式计算：

$$宗地地价=路线价×深度百分率×临街宽度×其他条件修正率 \tag{4-34}$$

或： $$宗地地价=路线价×深度百分率×临街宽度±其他条件修正率 \tag{4-35}$$

（四）路线价法的程序

路线价法的操作步骤主要包括以下内容。

1. 划分路线价区段

一个路线价区段是指具有同一路线价的地段。在划分路线价区段时，应将接近性大致相等的地段划分为同一路线价区段。一般以一街廊长为一路线价区段，但在繁华街道有时需将街廊划分多段，设定不同的路线价。而在某些不繁华的街道，有时需将数个街廊划为一个路线价区段。此外，在同一街道上，两侧繁华程度有显著差异时，应视为两个路线价区段考虑。

2. 设定标准深度

设定的标准深度通常是路线价区段内临街各宗土地的深度的众数。如某路线价区段的临街宗地大部分深度为 18 米，则标准深度应设定为 18 米。

3. 确定路线价

路线价是设定在路线上的标准地块的单位地价。路线价的求取通常是在同一路线价区段内选择若干标准地块作样本，然后用市场售价类比法（市场法）、预期收益还原法（收益法）等具体评估方法，分别求出各样本的单位地价，并把各样本的单位地价算术平均（或取众数），最终得出路线价。

4. 制定深度指数表和其他修正率表

深度指数是指宗地地价随临街深度的差异的变化程度。深度指数表是将土地随街道深度的不同而引起的相对价格差异的关系编制成的表格。制作深度指数表的原则是，地块的各部分价格随街道的程度而有递减的趋势，即深度越深，接近性越差，价格就越低。此外，根据其他因素，如角地、形状、宽窄等的影响，还应编制其他修正率表。

5. 计算各地块的价格

根据路线价、深度指数表和其他修正率表以及宗地面积就可计算各地块的价格。

（五）深度指数表

在影响地价的因素当中，深度对地价影响较大。地块越接近道路，其利用价值越高。

（六）几个路线价法则介绍

1. 四三二一法则

四三二一法则是将标准深度 100 英尺（30.48 米）的普通临街地，与街道平行区分为四等份，即由临街面算起，第一个 25 英尺（7.62 米）的价值占路线价的 40%，第二个 25 英尺的价值占路线价的 30%，第三个 25 英尺的价值占 20%，第四个 25 英尺的价值为 10%。如果超过 100 英尺，则需九八七六法则来补充，即超过 100 英尺的第一个 25 英尺价值为路线的 9%，第二个 25 英尺为 8%，第三个 25 英尺为 7%，第四个 25 英尺为 6%。

2. 苏慕斯法则

苏慕斯法则是由苏慕斯根据多年经验创立的。苏慕斯经过调查发现：100 英尺深的土地价值，前 50 英尺（15.24 米）的价值占宗地价值的 72.5%，后 50 英尺的价值占宗地价值的 27.5%，若再深 50 英尺，则该宗地所增加的价值仅为 15%。

3. 霍夫曼法则

霍夫曼法则是最先被承认对于各种深度的宗地评估的法则。霍夫曼认为：深度 100 英尺的宗地，最初的 25 英尺价值占全宗地价值的 37.5%，最初的 50 英尺价值占全宗地价值的 2/3（67%），75 英尺价值占全宗地价值的 87.7%，100 英尺价值等于全宗地价值的 100%。

4. 哈柏法则

哈柏法则表明宗地价值与其深度的平方根成正比。

（七）路线价法应用举例

【例4-14】现有临街宗地A、B、C、D、E，如图4-1所示。深度分别为25英尺、50英尺、75英尺、100英尺、125英尺，宽度分别为10英尺、10英尺、20英尺、20英尺和30英尺。路线价为3 000元/英尺，设标准深度为100英尺，试运用"四三二一"法则，计算各宗土地的价值。

提示：（1）这里的路线价指的是标准深度下的、每单位宽度的价格；

（2）这里五块宗地都是临街的，只是深度不一样；

（3）使用路线价法进行计算的时候，要注意路线价和深度百分比的匹配。

解：宗地总价=标准深度下每单位宽度的路线价×累计深度百分率×临街宽度

$$A=3\,000×0.4×10=12\,000（元）$$
$$B=3\,000×0.7×10=21\,000（元）$$
$$C=3\,000×0.9×20=54\,000（元）$$
$$D=3\,000×1.0×20=60\,000（元）$$
$$E=3\,000×（1.0+0.09）×30=98\,100（元）$$

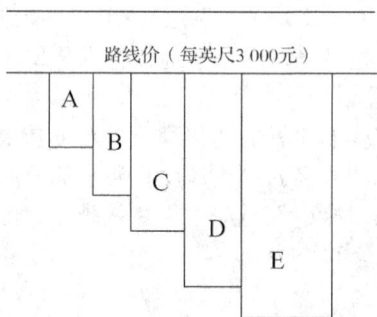

图 4-1 各宗地基本情况示意图

习题

一、单项选择题

1. 在房地产评估中，资本化率又称（　　）。

A. 还原利率　　　　B. 实际利率　　　　C. 成本利率　　　　D. 利税率

2. 在正常情况下，用于房地产价值评估的收益应该是房地产的（　　）。

    A. 实际总收益–实际总费用
    B. 实际总收益–客观总费用

    C. 客观总收益–实际总费用
    D. 客观总收益–客观总费用

3. 运用市场法评估房地产价值时，通过区域因素修正后，可将参照物价格修正为（　　）条件下的价格。

    A. 评估对象所处区域
    B. 参照物所处区域

    C. 城市平均区域
    D. 参照物规划区域

4. 《中华人民共和国土地管理法》规定，国家建设征用土地，由用地单位支付土地补偿费，征用耕地的补偿费，为该耕地被征前三年平均年产值的（　　）倍。

    A. 6～10
    B. 4～6
    C. 4～8
    D. 6～12

5. 采取成本法评估建筑物的重置成本通常是以（　　）为依据的。

    A. 该建筑物预算数
    B. 同类建筑物客观合理投入额

    C. 建筑物建安成本
    D. 建筑物人工费率变化率

6. 由于土地用途的改变或土地功能的变化而引起的土地增值通常被称为（　　）。

    A. 土地取得费
    B. 土地增值收益
    C. 土地出让金
    D. 土地配套费

7. 运用使用年限法估测建筑物实体有形损耗率，是以建筑物的（　　）与建筑物全部使用年限的比率求得。

    A. 已使用年限
    B. 剩余使用年限

    C. 实际已使用年限
    D. 已提折旧年限

8. 对于建筑物的过剩功能，在评估时可考虑按（　　）处理。

    A. 功能性贬值
    B. 建筑物增值
    C. 经济性贬值
    D. 经济性溢价

9. 在资产评估中，土地使用权的评估通常是按照其用途为依据进行的，对土地与建筑物用途不协调所造成的价值损失一般以（　　）体现。

    A. 建筑物的经济性贬值
    B. 建筑物的功能性贬值

    C. 土地的经济性贬值
    D. 土地的功能性贬值

10. 基于地价修正系数法从评估原理和方法论的角度划分可归属于（　　）。

    A. 收益法
    B. 成本法
    C. 市场法
    D. 清算法

11. 对于施工形象进度正常的在建工程，其评估价值一般应以在建工程的（　　）为准。

    A. 市场价格
    B. 账面价值
    C. 重置成本
    D. 收益价格

12. 待估土地的年客观总收益为300万元，年客观总费用为250万元，剩余使用年限为40年，折现率为6%，则其评估价值最接近于（　　）万元。

    A. 700
    B. 800
    C. 833
    D. 752

13. 如果某房地产的售价为1 000万元，其中建筑物价格为600万元，土地价格为400万元，该房地产的年客观收益为72万元，建筑物的资本化率为8%，那么土地的资本化率最接近于（　　）。

    A. 8%
    B. 7.5%
    C. 6%
    D. 5%

14. 有一宗土地出让年期为40年，资本化率为10%，预计未来5年的纯收益分别为20万元、22万元、24万元、21万元和25万元，并从第6年开始稳定保持在30万元的水平上，那么该宗土地的收益价格接近于（　　）万元。

    A. 263.906 5
    B. 266.421 2
    C. 373.581 5
    D. 102.226

15. 待估建筑物的账面价值为150万元，竣工于2011年底。假定2001年的价格指数为100%，2012—2016年的价格指数每年增长幅度分别是11.7%、17%、20.5%、6.9%和4.8%，则2016年底该建筑物的重置成本最有可能是（　　）万元。

    A. 2 650
    B. 265
    C. 2 410
    D. 241

二、多项选择题

1. 房地产的存在形态有（　　　）。
   - A. 土地
   - B. 单纯的土地
   - C. 建筑物
   - D. 单纯的建筑物
   - E. 土地与建筑物合成一体的房地产

2. 适用于房地产评估的经济技术原则包括（　　　）。
   - A. 供求原则
   - B. 替代原则
   - C. 最有效使用原则
   - D. 贡献原则
   - E. 合法原则

3. 土地的自然特性表现在（　　　）。
   - A. 用途的多样性
   - B. 面积的有限性
   - C. 空间位置的固定性
   - D. 使用价值的永续性和增值性
   - E. 不可替代性

4. 我国的土地资产价格类型包括（　　　）。
   - A. 抵押价格
   - B. 出租价格
   - C. 土地使用权出让底价
   - D. 转让价格
   - E. 土地交易成交价格

5. 运用成本法评估土地使用权价值，考虑投资利润时所使用的利润率指标的计算基数可以是（　　　）。
   - A. 土地取得费用和土地开发费用
   - B. 土地取得费用和土地增值收益
   - C. 土地开发费用和土地增值收益
   - D. 开发后的土地地价
   - E. 土地增值收益、土地取得费用和土地开发费用

6. 应用假设开发法评估地价时，从房地产预期租售价格中应扣除的费用项目有（　　　）。
   - A. 征地费用
   - B. 建筑总成本
   - C. 利润
   - D. 房屋重置价格
   - E. 转让价格

7. 运用基准地价评估宗地价格时，需修正的因素包括（　　　）。
   - A. 土地出让金
   - B. 土地使用年限
   - C. 拆迁费用
   - D. 土地等级
   - E. 容积率

8. 运用基准地价修正法评估房地产价值时，在对基准地价修正的过程中，需要利用的主要修正系数包括（　　　）。
   - A. 容积率修正系数
   - B. 宽度修正系数
   - C. 深度修正系数
   - D. 年期修正系数
   - E. 期日修正系数

9. 假设开发法中的投资利润是以（　　　）为计算基础的。
   - A. 专业费用
   - B. 投资利息
   - C. 地价
   - D. 建筑费用
   - E. 税费

10. 建筑物成本通常可归纳为（　　　）。
    - A. 前期费用
    - B. 建筑安装工程费
    - C. 其他费用
    - D. 合理利润
    - E. 资金成本

11. 引起建筑物功能性贬值的原因有（　　　）。
    - A. 土地与建筑物用途不协调
    - B. 建筑物的设计及结构上存在缺陷
    - C. 有效使用面积与建筑面积不成比例
    - D. 建筑物的装修与其总体功能不协调
    - E. 建筑物使用强度与其所占土地的使用不一致

12. 建筑物评估的市场法应具备的条件主要有（　　　）。
    - A. 要有一定数量的正常交易实例，通常交易实例不少于3个
    - B. 选择的交易实例与待估建筑物具有较好的可比性
    - C. 交易时间与评估基准日尽可能接近
    - D. 交易应具有透明性、公平性和有效性
    - E. 交易实例与待估建筑物在土地出让年限和使用需求方面基本一致

三、计算题

1. 待评估地块为一待开发建设的"七通一平"空地，面积2 000平方米，允许用途为商住混合，允许建设容积率为7，覆盖率≤50%，土地使用年限50年，2016年8月出售，求取公平市场价格。估价方法采用假设开发法，设计建筑面积为14 000平方米，共14层，1—2层为商用房，共2 000平方米，3—4层共12 000平方米用于住宅。预计供需2年时间完成（2018年8月），第一年投入60%的总建筑费，第二年投入40%的总建筑费。总建筑费1 000万元，专业费为总建筑费的6%，利润率为20%，租售费用及税金综合为售楼价的5%。假设该建筑物建成后即可全部出售，预计当时售价，商业楼4 000元/平方米，住宅楼2 000元/平方米，折现率10%。

要求：（1）以评估基准日2016年8月为时间点，计算总楼价。

（2）计算该时点的总建筑费。

（3）计算该时点的专业费。

（4）计算该时点的税费。

（5）计算该时点的利润和地价。（计算结果以"元"为单位，取整）

2. 待估钢筋混凝土结构建筑物账面原值为500万元，竣工于2010年底，耐用年限为60年，2016年底对该建筑物进行评估，假定2010年的价格指数为100%，从2011年到2016年的价格指数每年环比上升增长的幅度分别为1.7%、0.7%、-1.2%、0.8%、1.2%和0.5%，经评估人员现场勘查打分，结构、装修及设备三部分的得分分别为90、80和80，其修正系数分别为0.8、0.1和0.1。

要求：（1）估算该建筑物的重置成本。

（2）采取打分法估算成新率，权重分别为50%和50%。

（3）估算该建筑物2016年底的价格。

3. 某房地产开发公司于2010年3月以有偿让出方式取得一块土地50年的使用权，并于2012年3月在此地块上建成一座砖混结构的写字楼，当时造价为2 000元/平方米，经济耐用年限为55年，残值率为2%；目前，该类建筑物重置价格为2 500元/平方米。该建筑物占地面积为500平方米，建筑面积为900平方米，现用于出租，每月平均实收租金30 000元；另据调查，当地同类写字楼出租租金一般为每月每建筑平方米50元，空置率为10%，每年需要支付的管理费为年租金的3.5%，维修费为建筑重置价格的1.5%，土地使用税及房产税合计为每建筑平方米20元，保险费为建筑重置价格的0.2%，土地资本化率为7%，建筑物资本化率为8%，假设土地使用权出让年限届满，土地使用权及土地上建筑物由国家无偿收回。

要求：试根据以上资料评估该宗地2016年3月的土地使用权价值。

四、案例分析题

待估地块为一商业用途的空地，面积为600平方米，要求：评估其2016年5月的市场价值。

评估人员通过搜集有关数据资料（过程略），选出3个交易实例作为比较参照物，交易实例有关情况如表4-15所示。

表4-15　　　　　　　　　　　　　　交易实例有关情况

项目	A	B	C	待估对象
坐落	略	略	略	略
所处地区	繁华区	非繁华	非繁华	非繁华
用地性质	商业	商业	商业	商业
土地类型	空地	空地	空地	空地
总价	25.2 万元	49 万元	43.5 万元	
单价	1 500 元/平方米	1 400 元/平方米	1 450 元/平方米	
交易日期	2 015.10	2 015.12	2 016.1	2 016.5
面积	168 平方米	350 平方米	300 平方米	600 平方米

项目	A	B	C	待估对象
形状	长方形	长方形	长方形	长方形
地势	平坦	平坦	平坦	平坦
地质	普通	普通	普通	普通
基础设施	完备	较好	较好	较好
交通通讯状况	很好	很好	很好	很好
剩余使用年限	35年	30年	35年	30年

已知有以下条件：

（1）交易情况正常；

（2）2015年以来，土地价格每月上涨1%；

（3）交易实例A与待估对象处于同一地区，交易实例B、C的区域因素修正系数可参照表4-16进行判断；

表4-16　　　　　　　　　　　　　交易实例B、C的区域因素

项目	B	分值	C	分值
自然条件	相同	10	相同	10
社会环境	相同	10	相同	10
街道条件	稍差	8	相同	10
繁华程度	稍差	7	稍差	7
交通便捷程度	稍差	8	稍差	8
规划限制	相同	10	相同	10
交通管制	相同	10	相同	10
离公交车站	稍远	7	相同	10
交通流量	较少	8	较少	8
周围环境	较差	8	相同	10

注：比较标准根据待估地块的各区域因素标准，即待估地块的区域因素分值为100。

（4）待估地块面积因素对价格的影响较各交易实例高3%；

（5）折现率为8%。

无形资产评估 | 第五章

【学习目标】

2016年,《文化企业无形资产评估研究》课题开题,将为我国填补国际准则体系中的空白奠定坚实的理论与实践基础。伴随着社会主义市场经济的发展和完善,资产评估的实务范围不断扩大,无形资产评估在其中占据重要地位。

通过本章的学习掌握以下内容。

- 掌握无形资产的基本概念和特点;
- 掌握无形资产评估的基本思路和方法;
- 了解和掌握各类无形资产的特点,以及各种评估方法在无形资产评估中的应用。

【能力目标】

- 让学生初步了解无形资产评估;
- 让学生掌握无形资产评估的方法。

【引导案例】

"新百伦"商标纠纷

2004年,周某买下了一个注册于1996年名为"百伦"的商标,随后又注册了包括"新百伦"在内的一系列联合商标,并在2008年拿到"新百伦"商标的批准。而早年曾以"纽巴伦"为名在国内进行宣传的New Balance,因为其2006年成立的上海公司名为新百伦,便开始使用"新百伦"作为中文名,于是有中文商标的企业向广州市中级人民法院提起侵权诉讼。

2016年5月23日广州市中级人民法院对这起商标权纠纷案作出一审判决。该院认为,美国New Balance公司在中国的关联公司——新百伦贸易(中国)有限公司因使用他人已注册商标"新百伦",构成对他人商标专用权的侵犯,须赔偿对方9 800万元。新百伦侵权案是广州市中级人民法院有史以来判赔侵权额度最高的案件,体现了法院在保护商标权、惩罚商标侵权行为的力度。

(摘自:买购网"【商标纠纷】盘点历年的经典商标纠纷案例" 2016-6-23)

第一节 | 无形资产评估的概述

无形资产一词在西方虽已有近百年的历史,然而对于什么是无形资产,迄今尚未有一个确定和一致的定义。通常一般采用列举法,即以无形资产的外延界定无形资产的内涵。

一、无形资产及其分类

(一)无形资产的概念

我国 2008 年 7 月颁布的《资产评估准则——无形资产》中指出,无形资产是指特定主体所控制的,不具有实物形态,对生产经营长期发挥作用且能带来经济利益的资源。

（二）无形资产的特点

根据上述定义，无形资产的特点表现在以下方面。

（1）无形资产具有非流动性，并且有效期较长。一般来说，无形资产是与特定企业结合在一起的，它固定地属于某一企业或公司。如果企业因各种原因不复存在，则其无形资产也随之消失，除非企业在不复存在之前已经把这些无形资产出售或转让给其他企业，成为另一个企业的无形资产。

（2）无形资产没有物质实体，但未来收益较大。如果单就没有物质实体而言，无形资产与应收、预付账款并没有什么不同。但它们是有区别的。无形资产是凭借各种优越条件，例如，凭借法律合同所取得的优势，或是凭借技术优势、人才优势、地理位置和环境优势等而形成的超越一般同行业的收益能力而有偿取得的资产。而应收及预付账款虽无物质实体，但却属于流动资产，不属于无形资产。

同时，作为一种特殊权利而言，无形资产并非都是法律和契约所赋予的权利，有些资源，如专有技术、配方和公式等，尽管不是法律或契约所赋予，但也是无形资产。权利只是无形资产的一部分，并非都是无形资产，如劳动人事管理权就不是无形资产。

（3）无形资产单独不能获得收益，它必须附着于有形资产。无形资产与有形资产结合在一起才能创造收益。

（三）无形资产的分类

无形资产种类很多，可以按不同标准进行分类。

（1）按企业取得无形资产的渠道，可分为企业自创（或自身拥有）的无形资产和外购的无形资产。前者是由企业自己研制创造获得的以及由于客观原因形成的，如自创专利、专有技术、商标权、商誉等；后者则是企业以一定代价从其他单位购入的，如外购专利权、商标权等。

（2）按有无法律保护，可以分为法定无形资产和收益性无形资产。专利权、商标权等均受到国家有关法律的保护，称为法定无形资产；无法律保护的无形资产，如专有技术等称为收益性无形资产。

（3）按可辨识程度，可以分为可确指无形资产和不可确指无形资产。凡是那些具有专门名称，可单独地取得、转让或出售的无形资产，称为可确指的无形资产，如专利权、商标权等；那些不可特别辨认、不可单独取得，离开企业就不复存在的无形资产，称为不可确指的无形资产，如商誉。

此外，国外对于无形资产分类方法，从评估角度，按其内容分为权利型无形资产（如租赁权），关系型无形资产（如顾客关系、客户名单等），结合型无形资产（如商誉）和知识产权，包括专利权、商标权和版权。从广义的角度，将无形资产分为促销/销售型无形资产、制造型无形资产和金融型无形资产等。

应当承认，我国目前对无形资产的认识还存在分歧，对无形资产的范围和涵盖的内容有待于进一步探讨。通常，作为评估对象的无形资产包括专利权、专有技术、生产许可证、特许经营权、租赁权、土地使用权、矿业权、商标权、版权、计算机软件等。

二、影响无形资产评估价值的因素

无形资产不具有实体形态，并能持续带来经济效益的特征，决定了无形资产评估的复杂性和困难性。因此，进行无形资产评估，首先应明确影响无形资产评估价值的因素。一般地，影响无形资产评估价值的因素主要有以下几个。

（一）无形资产的成本

无形资产与有形资产一样，也具有成本。只是比较有形资产而言，其成本确定不十分明晰且不易于计量。对企业无形资产来说，外购无形资产较易确定成本，自创成本计量更困难些。因为无形资产产生的特点，使其在创造过程中所耗费的劳动不具有横向比较性。同时，无形资产的创造与其创造中的投入、失败等密切结合，这部分成本的确定是很困难的。但无论如何，无形资产评估值至少应超过其开发成本。一般来说，这些成本项目包括创造发明成本、法律保护成本、发行推广成本等。

（二）机会成本

机会成本是指该项无形资产转让、投资、出售后失去市场和损失收益的大小。

（三）效益因素

成本是从对无形资产补偿角度考虑的，但更重要的是无形资产所能创造的收益。一项无形资产，在社会、环境、制度允许的条件下，获利能力越强，其评估值就越高；获利能力越弱，评估值就越低。有的无形资产，尽管其创造成本很高，但不为市场所需求，或收益能力低微，其评估值就很低。

（四）使用期限

每一项无形资产，一般都有一定的使用期限。使用期限的长短，一方面取决于该无形资产的先进程度；另一方面取决于其无形损耗的大小。无形资产越先进，其领先水平越高，无形损耗程度越低，使用期限越长。考虑无形资产的期限，除了应考虑法律保护期限外，更应考虑其具有实际超额收益的期限（或收益期限），比如某项发明专利，保护期 20 年，但由于无形损耗较大，拥有该项专利实际能获超额收益的期限为 10 年，则这 10 年即为评估该项专利时所应考虑的期限。

（五）技术成熟程度

一般科技成果都有一个发展—成熟—衰退的过程。科技成果的成熟程度如何，直接影响到评估值高低。其开发程度越高，技术越成熟，运用该技术成果的风险性越小，评估值就会越高。一项成熟程度不是很高的无形资产，在评估时应分析预计其可能的成熟程度，正确估计其风险，从而合理确定其评估值。

（六）转让内容因素

从转让内容看，无形资产转让有所有权转让和使用权转让。另外，在转让过程中有关条款的规定，都会直接影响其评估值。就所有权转让和使用权转让来说，所有权转让的无形资产评估值高于使用权转让的评估值。在技术贸易中，同是使用权转让，由于其许可程度不同，也影响评估值的高低。

（七）该种无形资产的发展趋势、更新换代情况和速度

一项无形资产的寿命期主要取决于其损耗程度。该项无形资产的更新换代越快，无形损耗越大，其评估值就越低。可见，无形资产价值的损耗和贬值，不取决于自身的使用损耗，而取决于自身以外的更新换代情况。拥有无形资产的价值是指无形资产所拥有的超额获利能力。

（八）市场供需状况

市场供需状况，一般反映在两个方面：一是无形资产市场需求情况，二是无形资产的适用程度。对于可出售、转让的无形资产，其评估值随市场需求的变动而变动。市场需求大，则评估值就高；市场需求小，且有同类无形资产替代，则其评估值就低。而无形资产的适用范围越广，适用程度越高，需求者越多，需求量越大，评估值也就越高。

（九）同行业同类无形资产的价格水平

此外，无形资产评估值的高低还取决于无形资产交易、转让的价款支付方式、各种支付方式的提成基数、提成比例等，在评估无形资产时，应综合考虑。

三、无形资产评估的程序

无形资产评估程序是评估无形资产的操作规程。评估程序既是评估工作规律的体现，也是提高评估工作效率，保证评估结果科学、有效的保证。无形资产评估一般按下列程序进行。

（一）明确评估目的

同样的无形资产，由于发生的经济行为不同，其评估的价值类型和选择的方法也不一样。无形资产评估的具体目的有：

（1）市场上无形资产的转让；

（2）无形资产投资；

（3）股份制改造、清算资产；

（4）法律诉讼中作为诉讼标的；

（5）纳税需要；

（6）保险的需要及其他目的。

（二）鉴定无形资产

无形资产是附着于企业、与企业共存的资产，许多无形资产并未在企业财务报表中列示。因此，对无形资产进行评估时，评估人员应对被评估的无形资产进行鉴定。无形资产的鉴定是进行无形资产评估的基础工作，直接影响到评估范围和评估价值的科学性。通过无形资产的鉴定，可以解决以下问题：一是证明无形资产存在；二是确定无形资产种类；三是确定无形资产有效期限。

（1）证明无形资产存在。可以从以下几方面进行：①无形资产的先进性，能否通过它获得超额收益，相应地查询其技术的内容、国家有关规定、技术人员评价情况、法律文书（如专利证书、技术鉴定书等），核实有关资料的真实性、可靠性和权威性。②无形资产的适用性。分析无形资产运用所要求的与之相适应的特定技术条件和经济条件，鉴定其应用能力。③确定无形资产的归属是否为委托者所拥有，要考虑其存在的条件和要求，对于剽窃、仿造的无形资产要加以鉴别，对于有些无形资产要分析其历史渊源，是否符合国家的有关规定。

（2）确定无形资产种类。主要包括确定无形资产的名称。有些无形资产是由若干项无形资产综合构成，应加以确认和分离，注意商标权和商誉、商标权和专利权、商标权与专有技术、专有技术与有形资产之间关系的分析，避免重复评估和漏评估。例如，专利权、专有技术与商标权同属于工业产权，但都有其独立的特征，应分别进行评估。但在一个企业中，有时往往支持某项商标权获利能力的是某一项专利权或专有技术，因此，某一项商标权价值中可能包含有专利权或专有技术的价值，这种情况下，评估商标权价值的同时再评估专利权或专有技术的价值，就有可能重复评估。再如，专利权、专有技术与机器设备的重复，主要出现在一些进口机器设备方面。有的进口设备的价格高于同类型设备或国内替代设备，如果该种进口设备价格高是由于个别原因，如谈判所致，评估时则应按同类设备或国内替代设备价格进行评估。但如果进口设备中含有配套的专利权或专有技术，进口设备本身的性能就有别于其他同类型设备，其评估价值高则是正常的。这时，在评估该进口设备的同时，就不应再独立评估与之配套的专利权或专有技术。

（3）确定无形资产有效期限。无形资产有效期限是其存在的前提。某项专利权，如超过法律保护期限，就不能作为专利权评估。有效期限对无形资产评估值具有很大影响，比如商标权，有的商标历史越悠久，价值就越高，有的商标则是越新越值钱。

（三）确定评估方法，搜集相关资料

应根据所评估无形资产的具体类型、特点、评估目的及外部市场环境等具体情况，选用市场法或收益法、成本法等评估方法。

采用市场法评估无形资产时，特别要注意被评估无形资产必须确实适合运用市场法，注意掌握公开市场原则，充分重视被评无形资产的特点。当类似无形资产之间具有可比性时，可根据它们的交易条件、市场交易价格和价值影响因素的差异，调整确定评估值；当被评估无形资产曾向多个使用者转让使用权时，可结合受让者的具体情况调整确定评估值。

采用收益法时，要注意分析超额获利能力和预期收益，注意收益额的计算口径与被评估无形资产相对应，不要将其他资产带来的收益误算到无形资产收益中；要充分考虑法律法规、宏观经济环境、技术进步、行业发展变化、企业经营管理、产品更新和替代等因素对无形资产收益期、收益率和折现率的影响。

当被评估无形资产具超额获利能力，但不宜采用市场法和收益法时，可采用成本法进行评估。要注意根据现行条件下重新形成或取得该项无形资产所需的全部费用（包括资金成本）确定评估值；

要注意扣除实际存在的功能性贬值和经济性贬值。

（四）整理和报告，做出评估结论

无形资产评估报告书是无形资产评估过程的总结，也是评估者承担法律责任的依据。报告书中应说明拥有被评估无形资产的公司或权利人名称；说明评估目的和基准日；说明提供价值的含义及适用条件；列出评估方法及其重要参数确定过程，等等。另外，评估报告书要简洁、明确，避免误导。

第二节 无形资产的收益法

在科学技术作为第一生产力越来越受到重视的时代，无形资产市场正在形成和发展，对无形资产的转让和投资价格的评估具有越来越重要的意义。无形资产转让和投资价格的评估，是指以无形资产作为投资手段或确认的转让对象所进行的评估，或者说，是将无形资产作为获利能力进行的评估，显然，收益法是无形资产转让和投资价格评估的重要方法。研究收益法在无形资产评估中的应用，首先应分析无形资产功能特性以及无形资产转让、投资评估的前提，然后才能进一步研究方法本身的应用问题。

一、无形资产功能特性及其评估应考虑的因素

无形资产发挥作用的方式明显区别于有形资产，在评估时需要作特殊考虑的各种因素如下。

（一）附着性

附着性是指无形资产往往附着于有形资产而发挥其固有功能。例如，制造某产品的专有技术要体现在专用机械生产线、工艺设计之上，即各种知识性的资产一般都要物化在一定的实体之中。因而，有形资产往往成为无形资产的载体，前者渗透无形资产的范围越广泛，无形资产就越能在更大的规模上发挥作用，从而无形资产具有伴随作为载体的有形资产而发挥作用的因变性。因而，在无形资产转让和投资的评估中，要充分考虑无形资产用于"武装"有形资产的范围。在无形资产转让中常常有这种情况，购买无形资产的企业往往只是用其武装同类技术装备的一部分，例如，改造其中某条生产线，而其他生产线并不使用这种无形资产。无形资产物化于有形资产的广度，从根本上决定着无形资产作用的范围。

（二）垄断性

无形资产区别于有形资产的一个重要特点是，它可以作为共同财富，由不同的主体同时共享。一项先进技术可以使一系列企业提高产品质量、降低产品成本；一项技术专利在一个企业使用的同时，并不影响转让给其他企业使用。但是，由于市场的有限性和竞争性，在知识产品可以共益的同时，由于追求自身利益的需要，各主体对无形资产的使用还具有互斥性，当无形资产的使用者超出一定规模时就会引起市场实现困难，妨碍取得垄断利润和超额利润。因而，评估无形资产，还必须考虑无形资产的作用环境，如果是独占的、排他的转让，就会与普通的转让相区别，造成不同的无形资产作用环境，因而每一转让价格都不一样。在转让方继续使用该项无形资产的情形下，也要考虑由于无形资产的转让形成竞争对手，从而增加竞争压力的机会成本。无形资产转让为转让方形成竞争对手的机会成本，也是无形资产评估需考虑的因素。

（三）积累性

科学技术的发展总是像上阶梯那样地积累起来的，它的作用往往建立在一系列其他成果的基础上。作为知识产品的无形资产在生产经营中的作用，往往像跑接力一样承上启下，在一定范围内发挥特定的作用。因而在无形资产评估中应考虑它的作用程度。

（四）替代性

在承认无形资产具有积累性的同时，还要考虑到它的另一面，即替代性。例如一种技术取代另一种技术，一种工艺替代另一种工艺等，其特性不是共存或积累，而是替代、更新，一种无形资产总会由更新的无形资产所取代，因而必须在无形资产评估中考虑它的作用期间，尤其是尚可使用年限。这当然取决于该领域内技术进步的速度，取决于无形资产创新的竞争，从而决定无形资产的使用寿命。

以上是根据无形资产的功能特性所强调的评估需要考虑的特殊因素。至于评估无形资产的收益法所要考虑的一般因素，如收益的预测、使用年限的测定、折现率或资本化率的选择等，不言自明，当然也是无形资产评估必须考虑的因素，而且是十分重要的因素。

二、无形资产评估中收益法的应用

根据无形资产转让计价方式不同，收益法在应用上可以表示为下列两种方式：

$$无形资产评估值=\sum_{i=1}^{n}\frac{K \cdot R_i \cdot (1-T)}{(1+r)^i} \tag{5-1}$$

$$无形资产评估值=最低收费额+\sum_{i=1}^{n}\frac{K \cdot R_i \cdot (1-T)}{(1+r)^i} \tag{5-2}$$

式中：K——无形资产分成率；

R_i——分成基数，即销售收入或销售利润；

T——所得税率；

i——收益期限；

r——折现率。

上述两个公式的不同处在于公式（5-2）多一项最低收费额，然而在后项计算无形资产的分成率时，是按扣除最低收费额后测算的，本质上与公式（5-1）是一致的，因此公式（5-2）是基本式。

公式中的最低收费额，是指在无形资产转让中，视购买方实际生产和销售情况收取转让费的场合所确定的"旱涝保收"收入，并在确定比例收费时预先扣除，有时称之为"入门费"。当然，在某些无形资产转让中，转让方按固定额收费时把最低收费规定为转让最低价，也可作为无形资产竞卖的底价。下面具体介绍最低收费额的评估过程。

由于无形资产具有垄断性，当某项无形资产是购买方必不可少的生产经营条件，或者购买方运用该项无形资产所增加的效益具有足够的支付能力时，无形资产转让的最低收费额由以下因素决定。

（1）重置成本。购买方使用无形资产，就应由购买方补偿成本费用。当购买方与转让方共同使用该项无形资产时，则由双方按运用规模、受益范围等来分摊。

（2）机会成本。由于无形资产的转让，可能因停止由该无形资产支撑的营业而减少收益，也可能为自己制造了竞争对手而减少利润或者是增加开发支出，这些构成无形资产转让的机会成本，应由无形资产购买者来补偿。

综合考虑以上两大因素评估最低收费额，可得到如下一组公式：

$$无形资产最低收费额=重置成本净值×转让成本分摊率+无形资产转让的机会成本 \tag{5-3}$$

$$转让成本分摊率=\frac{购买方运用无形资产的设计能力}{运用无形资产的总设计能力}×100\% \tag{5-4}$$

$$无形资产转让的机会成本=无形资产转出的净减收益+无形资产再开发净增费用 \tag{5-5}$$

公式中"购买方运用无形资产的设计能力"可根据设计产量或按设计产量计算的销售收入，各方"运用无形资产的总设计能力"指运用无形资产的各方汇总的设计能力，由于是分摊无形资产的重置成本，所以不是按照实际运用无形资产的规模，而是按照设计规模来确定权重。当购买方独家使用该无形资产时，转让成本分摊率为式中"无形资产转出的净减收益"和"再开发净增费用"是运用边际分析的方法测算的。"无形资产转出的净减收益"一般指在无形资产尚能发挥作用期间减少的净现金流量。"再开发净增费用"包括保护该无形资产追加的科研费用和其他费用、员工再培训费用。以上各项经过认真细致的分析测算是可以确定的。

【例5-1】某企业转让浮法玻璃生产全套技术，经搜集和初步测算已知如下资料：一是双方共同享用浮法玻璃生产技术，该企业与购买企业的设计能力分别为600万标箱和400万标箱；二是浮法玻璃生产全套技术系国外引进，账面价格200万元，已使用2年，尚可使用8年，2年通货膨胀率累计为10%；三是该项技术转出对该企业生产经营有较大影响，由于市场竞争加剧，产品价格下降，在以后8年中减少销售收入按折现值计算为80万元，增加开发费用以提高质量、保住市场的追加成本按现值计算为20万元。试评估该项无形资产转让的最低收费额。

分析：（1）两年来通货膨胀率为10%，对外购无形资产的重置成本可按物价指数法调整，并根据成新率确定净值，可得浮法玻璃生产全套技术的重置成本净值为：

$$200×（1+10\%）×8/（2+8）=220×4/5=176（万元）$$

（2）因转让双方共同使用该项无形资产，设计能力分别为600万标箱和400万标箱，评估重置成本净值分摊率为：

$$\frac{400}{600+400}×100\%=40\%$$

（3）由于无形资产转让后加剧了市场竞争，在该项无形资产的寿命期间，销售收入减少和费用增加的折现值是转让无形资产的机会成本，据题中资料为：

$$80+20=100（万元）$$

故该项无形资产转让的最低收费额评估值为：

$$176×40\%+100=170.4（万元）$$

三、收益法应用中各项技术经济指标的确定

（一）无形资产收益额的确定

无形资产收益额的测算是采用收益法对无形资产评估的重要内容。如前所述，无形资产收益额是由无形资产带来的超额收益。同时，无形资产附着于有形资产发挥作用并产生共同收益，因此，无形资产收益通过分成率的方法获得，即：

无形资产收益额=销售收入（利润）×销售收入（利润）分成率×（1-所得税率）　　　　（5-6）

对于销售收入（利润）的测算已不是较难解决的问题，重要的是评估无形资产分成率。

既然分成对象是销售收入或销售利润，因而就有两个不同的分成率。而实际上，由于销售收入与销售利润有内在的联系，可以根据销售利润分成率推算出销售收入分成率，反之亦然。

因为：

收益额=销售收入×销售收入分成率×（1-所得税率）

=销售利润×销售利润分成率×（1-所得税率）

所以：

销售收入分成率=销售利润分成率×销售利润率

销售利润分成率=销售收入分成率÷销售利润率

在资产转让实务上，一般是确定一定的销售收入分成率，俗称"抽头"。例如，在国际市场上一般技术转让费的分成率为不超过销售收入的 3%~5%，如果按社会平均销售利润率 10%推算，对技术转让费为销售收入的 3%的利润分成率为 30%，如果说购买先进技术的企业平均销售利润率为 15%，则利润分成率为 20%。可见销售收入分成率本身很难看出转让价格是否合理，但是，换算成利润分成率，则可以加以判断。实际转让实务中，因利润额不够稳定也不容易控制和核实，因而往往按销售收入分成，而在评估中则应以评估利润分成率为基础，至于换算成销售收入分成率，只需要掌握销售利润率及各年度利润的变化情况就行了。

利润分成率的确定是以无形资产带来的追加利润在利润总额中的比重为基础的。有的情况下容易直接计算，而在不容易区别追加利润的情况下，往往要采取曲折迂回的方法。因而，评估无形资产转让的利润分成率有多种方法，主要介绍如下几种。

1. 边际分析法

边际分析法是选择两种不同的生产经营方式作比较：一种是运用普通生产技术或企业原有技术进行经营，另一种是运用转让的无形资产进行经营，后者的利润大于前者利润的差额，就是投资于无形资产所带来的追加利润；测算各年度追加利润占总利润的比重，并按各年度利润现值的权重求出无形资产寿命期间追加利润占总利润的比重，即评估的利润分成率。这种方法的关键是科学地分析追加无形资产投入可以带来的追加利润。这也是购买无形资产所必须进行决策分析的内容，是可以获得资料的。

边际分析法的步骤如下。

（1）对无形资产边际贡献因素进行分析：①开辟新市场，独占加价的因素；②消耗量的降低，低廉材料的取代，成本费用降低；③产品结构优化，质量改进，功能费用降低，成本销售收入率提高。

（2）测算无形资产寿命期间的利润总额及追加利润总额，并折现。

（3）按利润总额现值和追加利润总额现值计算利润分成率。

$$利润分成率 = \sum 追加利润利值 \div \sum 利润总额现值 \times 100\% \qquad (5\text{-}7)$$

【例5-2】某企业转让彩电显像管新技术，购买方用于改造年产10万只彩电显像管生产线。经对无形资产边际贡献因素的分析，测算在其寿命期间各年度分别可带来追加利润100万元、120万元、90万元、70万元，分别占当年利润总额的40%、30%、20%、15%，试评估无形资产利润分成率。

分析：本例所给条件已经完成了边际分析法第一步的工作。只需计算出各年限的利润总额，与追加利润一同折现即可得出利润分成率。

各年度利润总额及现值之和（折现率为10%）为：

$$\frac{100 \div 40\%}{1+10\%} + \frac{120 \div 30\%}{(1+10\%)^2} + \frac{90 \div 20\%}{(1+10\%)^3} + \frac{70 \div 15\%}{(1+10\%)^4}$$
$$= 250 \times 0.909\,1 + 400 \times 0.826\,4 + 450 \times 0.7\,513 + 467 \times 0.683\,0$$
$$= 227.275 + 330.56 + 338.085 + 318.961 = 1\,214.881（万元）$$

追加利润现值之和为：

$$\frac{100}{1+10\%} + \frac{120}{(1+10\%)^2} + \frac{90}{(1+10\%)^3} + \frac{70}{(1+10\%)^4}$$
$$= 100 \times 0.909\,1 + 120 \times 0.8\,264 + 90 \times 0.7\,513 + 70 \times 0.683\,0$$
$$= 90.91 + 99.168 + 67.617 + 47.81 = 305.505（万元）$$

无形资产利润分成率为：

$$\frac{305.505}{1214.881} \times 100\% = 25\%$$

2. 约当投资分成法

边际分析法是根据各种生产要素对提高生产率的贡献来估算，但是由于无形资产与有形资产的作用往往互为条件，在许多场合下很难确定购置的无形资产的贡献率。因而，还需寻求其他途径。根据无形资产与其他资产的作用往往是水乳难分的特点，进一步考虑无形资产是高度密集的知识智能资产，采取在成本的基础上附加相应的成本利润率，折合成约当投资量的办法，按无形资产的折合约当投资量与购买方投入的资产约当投资量的比例确定利润分成率。其公式为：

$$无形资产利润分成率 = \frac{无形资产约当月投资量}{购买方约当投资量 + 无形资产约当投资量} \quad (5\text{-}8)$$

$$无形资产约当投资量 = 无形资产重置成本 \times (1+实用成本利润率) \quad (5\text{-}9)$$

$$购买方约当投资量 = 购买方投入的总资产的重置成本 \times (1+适用成本利润率) \quad (5\text{-}10)$$

确定无形资产约当投资量时，适用成本利润率按转让方无形资产总成本占企业（产品）超额利润的总额计算。没有企业的实际数时，按社会平均水平确定。确定购买方约当投资量时，适用成本利润率按购买方的现有水平测算。

【例5-3】甲企业以制造四轮驱动汽车的技术向乙企业投资，该技术的重置成本为100万元，乙企业拟投入合营的资产重置成本为8 000万元，甲企业无形资产成本利润率为500%，乙企业的资产原利润率为12.5%。试评估无形资产投资的利润分成率。

分析：如果按投资双方的投资品的成本价格折算利润分成率，就不能体现无形资产作为知识智能密集型资产的较高生产率。因而应采用约当投资分成法评估利润分成率。

据题中条件，无形资产的约当投资量为：

$$100 \times (1+500\%) = 600（万元）$$

乙企业约当投资量为：

$$8\,000 \times (1+12.5\%) = 9\,000（万元）$$

无形资产的利润分成率为：

$$600 \div (9\,000+600) \times 100\% = 6.25\%$$

边际分析法和约当投资分成法是用于确定无形资产利润分成率的理论依据。具体评估操作中，评估人员应根据市场交易信息资料、经验分析测定利润分成率。

（二）无形资产评估中折现率的确定

折现率的内涵是指与投资于该无形资产相适应的投资报酬率。折现率一般包括无风险利率、风险报酬率和通货膨胀率。一般来说，无形资产投资收益高，风险性强，因此，无形资产评估时折现率往往要高于有形资产评估的折现率。评估时，评估者应根据该项无形资产的功能、投资条件、收益获得的可能性条件和形成概率等因素，科学测算其风险利率，以进一步测算出其适合的折现率。另外，折现率的口径应与无形资产评估中采用的收益额的口径保持一致。

（三）无形资产收益期限的确定

无形资产收益期限也称有效期限，是指无形资产发挥作用，并具有超额获利能力的时间。无形资产损耗的价值量是确定无形资产有效期限的前提。无形资产因为没有物质实体，所以，它的价值不会由于其使用期的延长而发生实体变化，即它不像有形资产那样存在由于使用或自然力作用形成的有形损耗。然而，无形资产价值降低是由于无形损耗形成的，即由于社会科学技术进步而引起价值减少。具体来说，主要由下列三种情况产生。

（1）一种新的，更为先进、经济的无形资产出现，这种新的无形资产可以替代旧的无形资产，使采用原无形资产无利可图时，原有无形资产价值就丧失了。

（2）因为无形资产传播面扩大，其他企业普遍掌握这种无形资产，获得这项无形资产已不需要任何成本，使拥有这种无形资产的企业不再具有获取超额收益的能力时，它的价值也就大幅度贬低或丧失。

（3）企业拥有的某项无形资产所决定的产品销售量骤减，需求大幅度下降时，这种无形资产价值就会减少，以致完全丧失。

无形损耗只影响无形资产价值，但不影响其使用价值，对于许多知识性资产，特别是科学定理、基本原理来说，作为知识财富，它永葆"辉煌"，并不存在实际"损耗"。所以，无形资产的无形损耗完全是从相对意义上来说的，仅仅是从知识运用的替代性、积累性、更新和发展的角度以及从它为持有者带来超额收益的角度来说的，而不是说知识的陨灭和废止。

以上说明的是确定无形资产的有效期限的理论依据。需要强调的是，无形资产具有获得超额收益能力的时间是真正的无形资产有效期限。资产评估实践中，预计和确定无形资产的有效期限，可依照下列方法确定。

第一，法律或合同、企业申请书分别规定有法定有效期限和受益年限的，可按照法定有效期限与受益年限孰短的原则确定。

第二，法律未规定有效期，企业合同或企业申请书中规定有受益年限，可按照受益年限确定。

第三，法律和企业合同或申请书均未规定有效期限和受益年限的，按预计受益期限确定。预计受益期限可以采用统计分析或与同类资产比较得出。

同时应该注意的是，无形资产的有效期限要比它们的法定保护期短得多，因为它们要受许多因素的影响，如废弃不用、人们爱好的转变以及经济形势变化等，特别是科学技术发达的今天，无形资产更新周期加快，使得其有效期限越来越短，评估时都应给予应有的重视。

第三节　无形资产评估的成本法

一、无形资产评估的成本特性

无形资产成本包括研制或取得、持有期间的全部物化劳动和劳动的费用支出。无形资产的成本特性，尤其是研制、形成费用，明显区别于有形资产。

（一）不完整性

与购建无形资产相对应的各项费用是否计入无形资产的成本，是以费用支出资本化为条件的。在企业生产经营过程中，科研费用一般都是比较均衡地发生的，并且比较稳定地为生产经营服务，因而我国现行财务制度一般把科研费用从当期生产经营费用中列支，而不是先对科研成果进行费用资本化处理，再按无形资产折旧或摊销的办法从生产经营费用中补偿。这种办法简便易行，大体上符合实际，并不影响无形资产的再生产。这样一来，企业账簿上反映的无形资产成本就是不完整的，大量的账外无形资产的存在是不可忽视的事实。

另一方面，即使是按国家规定进行费用支出资本化的无形资产的成本核算，一般也是不完整的。因为知识资产的创立具有特殊性，有大量的前期费用，如培训、基础开发或相关试验等往往不计入该知识资产的成本，而是通过其他途径进行补偿。

（二）弱对应性

知识资产的创建经历基础研究、应用研究和工艺生产开发等漫长过程，成果的出现带有较大的随机性、偶然性和关联性。有时有这类情形发生：在一系列的研究失败之后偶尔出现一些成果，由其承担所有的研究费用显然不够合理。而在大量的先行研究（无论是成功还是失败）成果的积累之上，往往可能产生一系列的知识资产，然而，继起的这些研究成果是否应该以及如何承担先行研究的费用也很难明断。因而，开发无形资产的费用——对应估算是相对困难的。

（三）虚拟性

既然无形资产的成本具有不完整性、弱对应性的特点，因而无形资产的成本往往是相对的。特别是一些无形资产的内涵已经远远超出了它的外在形式的含义，这种无形资产的成本只具有象征意义。例如商标，其成本核算的是商标设计费、登记注册费、广告费等，而商标的内涵是标示商品的质量信誉，这是一种商标比另一种商标"响"的根本所在。这种无形资产实际上包括了该商品使用的特种技术、配方和多年的经验积累，而商标形式本身所耗费的成本只具有象征性（或称虚拟性）。

二、无形资产评估中成本法的应用

采用成本法评估无形资产，所采用的基本公式为：

$$无形资产评估值=无形资产重置成本×成新率 \tag{5-11}$$

如何估算无形资产重置成本（或称重置完全成本）和成新率，从而科学确定无形资产评估值，是评估者所面临的重要工作。就无形资产重置成本而言，它是指现时市场条件下重新创造或购置一项全新无形资产所耗费的全部货币总额。根据企业取得无形资产的来源情况，无形资产可以划分为自创无形资产和外购无形资产。不同类型的无形资产，其重置成本的构成和评估方式也就不同，需要分别进行估算。

（一）自创无形资产重置成本的估算

自创无形资产的成本是由创制该资产所消耗的物化劳动和活劳动费用所构成的。自创无形资产如果已有账面价格，并且它在全部资产中的比重不大，可以按照定基物价指数作相应调整，即可得到重置成本。在实务上，自创无形资产往往无账面价格，需要进行评估，其方法主要有两种。

（1）财务核算法。即按该无形资产实际发生的材料、工时消耗量，按现行价格和费用标准进行估算。即：

$$\begin{array}{c}无形资产\\重置成本\end{array}=\sum（物质资料实际耗费量×现行价格）+\sum（实耗工时×现行费用标准） \tag{5-12}$$

这里，评估无形资产重置成本不是按现行消耗量而是按实际消耗量来计算。其原因一是因为无形资产是创造性的成果，一般不能原样复制，从而不能模拟在现有生产条件下再生产的消耗量；二是无形资产生产过程是创造性智力劳动过程，技术进步的作用最为明显，如果按模拟现有条件下的复制消耗量来估价重置成本，必然影响到无形资产的价值形态的补偿，从而影响到知识资产的创制。从评估实务来说，由于无形资产开发的各项支出均有原始会计记录，只要按国家规定的范围计算消耗量，并按现行价格和费用标准计价就可以了。

（2）市价调整法。自创无形资产在市场有类似无形资产出售时，可按照无形资产市场售价确定，或按市场售价的一般比率，由类似无形资产的市场销售价换算重置成本确定，可根据不同的评估目的确定其评估价值。

这里，我们按照自创成本与市场售价的一般比率进行调整。这是因为重置成本是应补偿的需要而评估的，自创无形资产的费用支出资本化只包括物化劳动和人工费的支出，而市价包含有研制利润和税金。一般来说，无形资产市价中成本低利润高，如果按市价资本化，就会使自创自用的无形资产获得超额补偿，影响国家与企业利益的兼顾。

无形资产自创成本与市场售价的一般比率，可以根据企业有代表性的几种无形资产的自创成本与市价的加权平均比率确定。在没有相应数据的情况下，可用同类无形资产的销售利税率的比例替代。

【例5-4】某企业在长期经营实践中形成食品袋保鲜技术秘诀，假定按国家规定可估价摊销。现有类似袋装保鲜技术上市，技术转让费80万元。又知该企业有三项专有技术，其开发成本分别为60万元、80万元和120万元，相应的市价为120万元、200万元和250万元。试按市价调整法评估袋装保鲜技术秘诀的重置成本。

分析：已知同类技术的市价为80万元，只要乘以成本市价系数，就可求得保鲜技术秘诀的重置成本。

又知一组该企业专有技术的成本与市价的代表性数据，可按加权平均法求出成本/市价系数的经验数据。

解：由题给条件得：

$$成本/市价系 = \frac{60+80+120}{120+200+250} = 0.456$$

由于类似袋装保鲜技术的市价为80万元，故该企业的保鲜技术秘诀的重置成本估价为：

$$80 \times 0.456 \approx 36.5（万元）$$

【例5-5】依照前例，类似袋装保鲜技术转让费为80万元，销售利税率为55%，尚无其他可供参考的成本市价系数的经验数据，试评估该企业袋装保鲜技术秘诀的重置成本。

已知类似技术的销售利税率为55%，则销售成本率为：1-55%=45%

评估该企业袋装保鲜技术秘诀的重置成本为：80×45%=36（万元）

（二）外购无形资产重置成本的估算。

外购无形资产一般有购置费用的原始记录，也可能有可资参照的现行交易价格，评估相对比较容易。外购无形资产的重置成本包括购买价和购置费用两部分，一般可以采用以下两种方法确定。

（1）市价类比法。在无形资产交易市场选择类似的参照物，再根据功能和技术先进性、适用性对其进行调整，从而确定其现行购买价格。购置费用可根据现行标准和实际情况核定。

（2）物价指数法。它是以无形资产的账面历史成本为依据，用物价指数进行调整，进而估算其重置成本。计算公式为：

$$无形资产重置成本 = 无形资产账面成本 \times \frac{评估时物价指数}{购置时物价指数} \tag{5-13}$$

从无形资产价值构成来看，主要有两类费用，一类是物质消耗费用，另一类是人工消耗费用，前者与生产资料物价指数相关度较高，后者与生活资料物价指数相关度较高，并且最终通过工资、福利标准的调整体现出来。不同的无形资产两类费用的比重可能有较大差别，一些需利用现代科研和实验手段取得的无形资产，物质消耗的比重就比较大。在生产资料物价指数与生活资料物价指数差别较大的情况下，可将两类费用的大致比例按结构分别适用生产资料物价指数与生活资料物价指数进行估算；两种价格指数比较接近，且两类费用的比重有较大倾斜时，可按比重较大费用类适用的物价指数来估算。

【例5-6】某企业2013年外购的一项无形资产账面值为80万元，2015年进行评估，试按物价指数估算其重置完全成本。

分析：经鉴定，该无形资产系运用现代先进的实验仪器经反复试验研制而成，物化劳动耗费的比重较大，可适用生产资料物价指数。根据资料，此项无形资产购置时物价指数和评估时物价指数分别为120%和150%，故该项无形资产的重置完全成本为：$80 \times \dfrac{150\%}{120\%} = 100$（万元）

（三）无形资产成新率的估算

影响无形资产成新率的因素是无形资产的损耗（或贬值）。无形资产的损耗（贬值）表现为功能性损耗（贬值）和经济性损耗（贬值）。功能性损耗（贬值）表现为由于科学技术进步，使得拥有该项无形资产的单位或个人其垄断性减弱，降低了获取垄断利润的能力而引致的贬值。经济性损耗（贬值）在于无形资产外部环境因素的变化，这是一项特殊的损耗。比如某项技术的使用，尽管目前技术水平很高，但最新研究发现，使用该项技术生产的产品可能会引致环境污染，国家有关法律法规禁止该项技术产品的生产，这样就使得该项无形资产报废。

通常，无形资产成新率的确定，可以采用专家鉴定法和剩余经济寿命预测法进行。

（1）专家鉴定法。是指邀请有关技术领域的专家，对被评估无形资产的先进性、适用性做出判断，从而确定其成新率的方法。

（2）剩余经济寿命预测法。是由评估人员通过对无形资产剩余经济寿命的预测和判断，从而确定其成新率的方法。其计算公式为：

$$成新率 = \frac{剩余使用期限}{已使用期限 + 剩余使用期限} \times 100\% \tag{5-14}$$

公式中，已使用期限比较容易确定，剩余使用期限应由评估人员根据无形资产的特征，通过分析判断获得。分析判断方法在本章第二节中已有详述，这里不再赘述。

三、无形资产评估中市场法的应用

虽然无形资产具有的非标准性和唯一性特征限制了市场法在无形资产评估中的使用，但这不排除在评估实践中仍有应用市场法的必要性和可能性。国外学者认为，市场法强调的是具有合理竞争能力的财产的可比性特征。如果有充分的源于市场的交易案例，可以从中取得作为比较分析的参照物，并能对评估对象与可比参照物之间的差异做出合适的调整，就可应用市场法。如果需要使用市场法评估无形资产，评估人员应注意以下事项。

（1）具有合理比较基础的类似的无形资产。作为参照物的无形资产与被评估无形资产至少要满足形式相似、功能相似、载体相似及交易条件相似的要求。所谓形式相似，是指参照物与被评估资产按照无形资产分类原则，可以归并为同一类。所谓功能相似，是指尽管参照物与被评估资产的设计和结构不可避免地存在差异，但它们的功能和效用应该相同或近似。所谓载体相似，是指参照物与被评估资产所依附的产品或服务应满足同质性要求，所依附的企业则应满足同行业与同规模的要求。所谓交易条件相似，是指参照物的成交条件与被评估资产模拟的成交条件在宏观、中观和微观层面上都应大体接近。关于上述要求，国际评估准则委员会颁布的《国际评估准则》评估指南4指出："使用市场法必须具备合理的比较依据和可进行比较的类似的无形资产。参照物与被评估无形资产必须处于同一行业，或处于对相同经济变量有类似反映的行业。这种比较必须具有意义，并且不能引起误解。"

（2）收集类似的无形资产交易的市场信息是为横向比较提供依据，而收集被评估无形资产以往的交易信息则是为纵向比较提供依据。

关于横向比较，评估人员在参照物与被评估无形资产在形式、功能和载体方面满足可比性的基础上，应尽量收集致使交易达成的市场信息，即要涉及供求关系、产业政策、市场结构、企业行为和市场绩效的内容。其中对市场结构的分析尤为重要，即需要分析卖方之间，买方之间，买卖双方，市场内已有的买方和卖方与正在进入或可能进入市场的买方和卖方之间的关系。评估人员应熟悉经济学市场结构做出的完全竞争、完全垄断、垄断竞争和寡头垄断的分类。对于纵向比较，评估人员既要看到无形资产具有依法实施多元和多次授权经营的特征，使得过去交易的案例成为未来交易的参照依据。同时也应看到，时间、地点、交易主体和条件的变化也会影响被评估无形资产的未来交易价格。

（3）作为市场法应用基础的价格信息应满足相关、合理、可靠和有效的要求。在这里，相关是指所收集的价格信息与需要做出判断的被评估无形资产的价值有较强的关联性；合理是指所收集的价格信息能反映被评估无形资产载体结构和市场结构特征，不能简单地以行业或社会平均的价格信息推理具有明显差异的被评估无形资产的价值；可靠是指所收集的价格信息经过对信息来源和收集过程的质量控制，具有较高的置信度；有效是指所收集的价格信息能够有效地反映评估基准日的被评估资产在模拟条件下的可能的价格水平。

（4）无论是横向比较，还是纵向比较，参照物与被评估无形资产会因时间、空间和条件的变化而产生差异，评估人员应对此做出言之有理、持之有据的调整。

国际评估准则委员会 2005 年颁布的《国际评估准则》评估指南 4 强调指出："当以被评估无形资产以往的交易记录作为评估的参照依据时，则可能需要根据时间的推移、经济、行业和无形资产的环境变化进行调整。"

第四节 专利权和专有技术评估

一、专利权的特点及评估目的

（一）专利权的特点

专利权是国家专利机关依法批准的发明人或其权利受让人对其发明成果，在一定期间内享有的独占权或专有权。任何人如果要利用该项专利进行生产经营活动或出售使用该项专利制造的产品，需事先征得专利权所有者的许可，并付给报酬。专利权一般包括发明专利、实用新型和外观设计。专利权具有以下特点。

（1）独占性，也称排他性。同一内容的技术发明只授予一次专利，对于已取得专利权的技术，任何人未经许可不得进行盈利性实施。

（2）地域性。任何一项专利只在其授权范围内才有法律效力，在其他地域范围内不具有法律效力。

（3）时间性。依法取得的专利权在法定期限内有效，受法律保护。期满后，专利权人的权利自行终止。我国《专利法》规定，发明专利的保护期限为 20 年，实用新型和外观设计的保护期限为10 年。

（4）可转让性。专利权可以转让，由当事人订立合同，并经原专利登记机关或相应机构登记和公告后生效。专利权一经转让，原发明者不再拥有专利权，专利权由购入者所有。

（二）专利权评估目的

专利权评估根据专利权发生的经济行为，即特定目的确定其评估的价值类型和方法。不同情形下的专利权以及转让形式不同，确定的价值类型也不一样，其评估方法的应用也有一定的差异性。就专利权而言，一般包括两种情形：一种是刚刚研究开发的新专利技术，专利权人尚未投入使用就直接转让给接受方；另一种情形是转让的专利已经过长期的或一段时间的生产，是行之有效的成熟技术，而且转让方仍在继续使用。

专利权转让形式很多，但总的来说可以分为全权转让（所有权转让）和使用权转让。使用权转让往往通过技术许可贸易形式进行，这种使用权的权限、时间期限、地域界线和处理纠纷的仲裁程序都是在许可证合同中加以确认的。

1. 使用权限

按技术使用权限的大小，可分为：

（1）独家使用权。是指在许可证合同所规定的时间和地域范围内卖方只把技术转让给某一特定买方，买方不得卖给第二家买主，同时卖方自己也不得在合同规定范围内使用该技术和销售该技术生产的产品。显然，这种转让方式卖方索价会比较高；

（2）排他使用权。指卖方在合同规定的时间和地域范围内只把技术授予买方使用，同时卖方自己保留使用权和产品销售权，但不再将该技术转让给第三方；

（3）普通使用权。是指卖方在合同规定的时间和地域范围内可以向多家买主转让技术，同时卖方自己也保留技术使用权和产品销售权；

（4）回馈转让权。是指卖方要求买方在使用过程中对转让的技术的改进和发展反馈给卖方的权利。

2. 地域范围

技术许可证大多数都规定明确的地域范围，如某个国家或地区，买方的使用权不得超过这个地域范围。

3. 时间期限

技术许可证合同一般都规定有效期限，时间的长短因技术而异。一项专利技术的许可期限一般要和该专利的法律保护期相适应。

4. 法律和仲裁

技术许可证合同是法律性文件，是依照参与双方所在国的法律来制定的，因此受法律保护。当一方毁约时另一方可循法律程序追回损失的权益。

显然，不同的转让形式，其市场条件、收益获得情况以及收益分割情况也不相同，其评估结果也不相同。

（三）专利权评估程序

资产评估机构接受委托者委托以后，一般按下列程序进行评估。

1. 证明和鉴定专利权的存在

作为被评估的专利权，应具有明确的、核心的、区别于其他已有技术的实质性内容。证明和鉴定专利权的存在，首先应由企业提供有关专利权的详细说明，特别是关于该专利权先进性和实质性内容的资料；关于该专利权的产权界定资料包括权利要求书、专利证书、有关法律性文件等。然后，应由有关专家鉴定该项专利权的有效性和可用性。当然，专利检索也是实施鉴定的重要环节。

2. 确定评估方法，搜集相关资料

专利权评估最常用的方法是收益法，有时也会用到成本法。方法的运用不在于其表达形式，更重要的是有关技术指标参数的确定。因此，搜集相关资料并加以选择整理是一项重要的工作。需要搜集的资料主要有以下内容。

（1）该项专利权的研制、开发成本。如果是已使用过的专利，还应搜集前若干年（一般为三年）为本企业创造的效益资料。

（2）关于该项专利的先进性、适用性与经济合理性的有关权威部门的鉴定及证明文件。

（3）技术成熟程度和预期寿命。

（4）预期在何种生产规模下该专利的应用可能产生的效益。

（5）市场预测情况，包括市场需求、占有率、同行业或同类产品的竞争情况、行业平均收益率等。

（6）该专利的转让情况，包括转让方式、转让次数、地区等。

（7）预期定价范围。

上述资料中的许多部分需要由委托方提供和协助提供。评估人员在此基础上还应对上述资料、信息加以整理和分析。这些分析包括技术状况分析、收益能力分析、市场分析、投资可行性分析。

第一，技术状况分析，包括技术先进性确认、技术成熟程度和寿命周期分析等。就技术成熟程度而言，一项技术的成长具有四个阶段，即开发、发展、成熟和衰退四个时期。虽然同是被授予专利的技术，但其成熟程度差异很大。有的已经过工业化试验阶段，不需再作进一步的二次开发；有的却不够成熟，仅仅完成了开发，对于批量生产中的许多问题，如原材料来源问题、政策性问题等都尚未考虑到，在运用中风险较大。

寿命周期分析即专利的可能有效利用的年限。尽管专利权按发明专利、外观设计和实用新型规定有不同的法律保护期限，但这一期限在评估时仅供参考。在科技发达的今天，技术更新的周期加快，一项新产品占领市场的时间多则七八年，短的只有一两年，这反映了技术寿命的长短。即使是同类专利权（如发明专利），其更新时间也是不同的。

第二，收益能力分析。收益能力高低是评估专利权价值高低的重要标准。收益能力的分析，应结合未来预测期内的投资量、生产规模、产量、价格、销售额、成本、利润的预测进行。

第三，市场分析，包括应用该项专利技术的产品市场需求总量分析、市场占有率分析、风险分析等。

第四，投资可行性分析。通过分析确定各有关技术参数、指标，最后进行评定估算，确定评估值。

3. 完成评估报告，并加以详尽说明

评估报告是专利权评估结果的最终反映，但这种结果是建立在各种分析、假设基础之上的。为了说明评估结果的有效性和实用性，评估报告中应详尽说明评估中的各有关内容，这些内容包括：

（1）专利技术成熟度。如果该专利技术已经付诸实施，应说明其实施运用情况、技术本身先进程度、有无转让记录、实施中的若干问题等；如果该专利尚未实施，应说明评估值测定中的依托条件，包括技术本身、受让方条件、市场预测等。

（2）接受方可接受度的分析。成熟的专利技术对接受方的要求，即可接受度，包括对接受方基础设施、技术素质、投资规模、资金需求等方面的要求和预测。

这些分析说明有助于说明评估结果的有效性和适用性，也是用以说明报告者承担法律责任和义务的区间，同时也为买卖双方提供分析的依据。

（四）专利权的评估方法

专利权主要采用的评估方法是收益法，特殊情况下也可以采用成本法。

1. 收益法

收益法应用于专利权评估，计算技巧已在前面的有关章节中做了详细介绍，根本的问题还是如何寻找、判断、选择和测算评估中的各项技术指标和参数，即专利权的收益额、折现率和获利期限。

专利权的收益额是指直接由专利权带来的预期收益。对于收益额的测算，通常可以通过直接测算超额收益和通过利润分成率测算获得。

（1）直接测算专利技术超额收益。专利权之所以有价值，关键在于它能够获得超额收益，如果一项专利权的应用根本无法产生超额收益，那么它很可能就不能形成无形资产，或者也就无法采用收益法估算其价值。超额收益的来源，在于收入的增加和成本费用的节约，因此，我们可以将专利权划分为收入增长型专利和费用节约型专利。

收入增长型专利是指专利权应用于生产经营过程，能够使得生产产品的销售收入大幅度增加。增加的原因在于：

① 生产的产品能够以高出同类产品的价格销售，获得垄断加价利润；

② 生产的产品采用与同类产品相同价格的情况下，销售数量大幅度增加，市场占有率扩大，从而获得超额利润。

第一种原因形成的超额收益可以用下式计算：

$$R=[（P_2-P_1）Q]（1-T）\tag{5-15}$$

式中：R——超额收益；

P_2——使用专利权技术产品的价格；

P_1——不使用专利权技术产品的价格；

Q——产品销售量（此外假定销售量不变）；

T——所得税率。

第二种原因形成的超额收益可以用下式计算：

$$R=[（Q_2-Q_1）（P-C）]（1-T）\tag{5-16}$$

式中：R——超额收益；

Q_2——使用专利权技术产品的销售量；

Q_1——未使用专利权技术产品的销售量；

P——产品的价格（此外假定价格不变）；

C——产品的单位成本；

T——所得税率。

因为销售量增加不仅可以增加销售收入，而且还会引起成本的增加，因此，估算销售量增加形成收入增加，从而形成超额收益时，必须扣减由于销售量增加而增加的成本。

同时应该注意的是，销售收入增加可以引起收益的增加，它们是同方向的，但不是同比例的。因为收入增加，支付的流转税额也会增加，这在计算中应考虑加以扣除。

费用节约型的专利，是指专利权的应用，使得生产产品中的成本费用降低，从而形成超额收益。可以用下式计算为投资者带来的超额收益：

$$R=[（C_1-C_2）Q]（1-T）\tag{5-17}$$

式中：R——超额收益；

C_2——使用专利权技术后产品的单位成本；

C_1——未使用专利权技术的产品单位成本；

Q——产品销售量（此处假定销售量不变）；

T——所得税率。

实际上，收入增长型和费用节约型专利的划分，是一种为了明晰专利形成超额收益来源情况的人为划分方法。通常，专利技术应用后，其超额收益产生是收入变动和成本变动共同形成的结果。评估者应根据上述特殊情况加以综合性的运用和测算，以科学地测算超额收益。

（2）采用利润分成率测算专利技术收益额，即以专利技术投资产生的收益为基础，按一定比例（利润分成率）分成确定专利技术的收益。利润分成率反映专利技术对整个利润额的贡献程度。据联合国工业发展组织对中国等发展中国家引进技术价格的分析，认为利润分成率在 16%～27%之间是合理的。1972 年在挪威召开的许可贸易执行协会上，多数代表提出利润分成率为 25%左右较为合理。美国等发达国家国家一般认为在 10%～30%之间是合理的。我国理论工作者和评估人员通常认为利润分成率在 25%～33%之间较合适。这些基本分析在实际评估业务过程中具有参考价值，但更重要的是对被评估专利技术进行切合实际的分析，以便确定合理、准确的利润分成率。

利润分成率是对专利技术与之结合的资产共同形成的利润的分成，实际操作过程中通常采用一种变通的方法，即以销售收入分成率替代利润分成率，相应的分成基础也就由利润变成销售收入了。尽管销售收入分成率和利润分成率之间存在一定关系，并可以通过数学关系进行互换，但销售收入分成率合理性的基础仍然是利润分成率，这是必须明确的。

至于专利权评估中折现率和收益期限的确定，在本章第二节中已有说明，不再详述。下面通过案例说明专利权评估过程。

【例5-7】北京科技发展公司5年前自行开发了一项大功率电热转换体及其处理技术，并获得发明专利证书，专利保护期20年。现在，该公司准备将该专利技术出售给京郊某乡镇企业。现需要对该项专利技术进行评估。

评估分析和计算过程如下。

（1）评估对象和评估目的。由于北京科技发展公司系出售该项专利，因此，转让的是专利技术的所有权。

（2）专利技术鉴定。该项技术已申请专利，该技术所具备的基本功能可以从专利说明书以及有关专家鉴定书中得到。此外，该项技术已在北京科技发展公司使用了5年，产品深受消费者欢迎，市场潜力较大。因此，该项专利技术的有效功能较好。

（3）评估方法选择。该项专利技术具有较强的获利能力，而且，同类型技术在市场上被授权使用情况较多，分成率容易获得，从而为测算收益额提供了保证。因此，决定采用收益法进行评估。

（4）判断确定评估参数。根据对该类专利技术的更新周期以及市场上产品更新周期的分析，确定该专利技术的剩余使用期限为4年。根据对该类技术交易实例的分析，以及该技术对产品生产的贡献性分析，采用的对销售收入的分成率为3%。

根据过去经营绩效以及对未来市场需求的分析，评估人员对未来4年的销售收入进行预测，结果如表5-1所示。

表5-1　　　　　　　　　　　　　　预期销售收入测算结果　　　　　　　　　　　　单位：万元

年　份	销售收入
2013	600
2014	750
2015	900
2016	900

根据当期的市场投资收益率确定该专利技术评估中采用的折现率为15%。

（5）计算评估值，得出结论如表5-2所示。

表5-2　　　　　　　　　　　　　　　评估值计算表　　　　　　　　　　　　　　单位：万元

年份	销售收入 ①	分成额 ② = ①×3%	税后净额 ③ = ②×（1−25%）	收益现值 （$r=15\%$）
2013	600	18	12.06	10.397
2014	750	22.5	15.075	11.398
2015	900	27	18.09	11.894
2016	900	27	18.09	10.344
合计				44.033

因此，该专利技术的评估值为44.033万元。

2．成本法

成本法应用于专利技术的评估，重要的在于分析计算其重置完全成本构成、数额以及相应的成新率。专利分为外购和自创两种，外购专利技术的重置成本确定比较容易，自创专利技术的成本一般由下列因素构成。

（1）研制成本。研制成本包括直接成本和间接成本两大类。直接成本是指研制过程中直接投入发生的费用，间接成本是指与研制开发有关的费用。

直接成本一般包括：①材料费用，即为完成技术研制所耗费的各种材料费用；②工资费用，即参与研制技术的科研人员和相关人员的费用；③专用设备费，即为研制开发技术所购置的专用设备的摊销；④资料费，即研制开发技术所需的图书、资料、文献、印刷等费用；⑤咨询鉴定费，即为完成该项目发生的技术咨询、技术鉴定费用；⑥协作费，即项目研制开发过程中某些零部件的外加工费以及使用外单位资源的费用；⑦培训费，即为完成本项目的研制工作，委派有关人员接受技术培训的各种费用；⑧差旅费，即为完成本项目发生的差旅费用；⑨其他费用。

间接成本主要包括：管理费，即为管理、组织本项目开发所负担的管理费用；非专用设备折旧费，即采用通用设备、其他设备所负担的折旧费；应分摊的公共费用及能源费用。

（2）交易成本。发生在交易过程中的费用支出，主要包括：技术服务费，即卖方为买方提供专家指导、技术培训、设备仪器安装调试及市场开拓等发生的费用；交易过程中的差旅费及管理费，即谈判人员和管理人员参加技术洽谈会及在交易过程中发生的食宿及交通费等；手续费，指有关的公证费、审查注册费用、法律咨询费等；税金即无形资产交易、转让过程中应缴纳的增值税。

由于评估目的的不同，其成本构成内涵也不一样，在评估时应视不同情形考虑以上成本的全部或一部分。

专利技术评估中成新率的估算方法详见本章第三节的内容。下面举例说明成本法用于专利技术评估的过程。

【例5-8】利发实业股份有限公司由于经营管理不善，企业经济效益不佳，亏损严重，将要被同行业的利达股份有限公司兼并，需要对利发实业股份有限公司全部资产进行评估。该公司有一项专利技术（实用新型），两年前自行研制开发并获得专利证书。现需要对该专利技术进行评估。

评估分析和计算过程如下：

（1）确定评估对象。该项专利技术系利发实业股份有限公司自行研制开发并申请的专利权，该公司对其拥有所有权。被兼并企业资产中包括该项专利技术，因此，确定的评估对象是专利技术所有权。

（2）技术功能鉴定。该专利技术的专利权证书、技术检验报告书齐全。根据专家鉴定和现场勘察，表明该项专利技术应用中对于提高产品质量、降低产品成本均有很大作用，效果良好，与同行业同类技术相比较，处于领先水平。至于企业经济效益不佳，产品滞销是由于企业管理人员素质较低，管理混乱所致。

（3）评估方法选择。由于该公司经济效益欠佳，很难确切地预计该项专利技术的超额收益；同类技术在市场上尚未发现有交易案例，因此，决定选用成本法。

（4）各项评估参数的估算。首先，分析测算其重置完全成本。该项专利技术系自创形成，其开发形成过程中的成本资料可从企业中获得。具体如下：

材料费用	45 000元
工资费用	10 000元
专用设备费	6 000元
资料费	1 000元
咨询鉴定费	5 000元
专利申请费	3 600元
培训费	2 500元
差旅费	3 100元

管理费分摊	2 000元
非专用设备折旧费分摊	9 600元
合计	87 800元

考虑到专利技术难以复制的特征，各类消耗仍按过去实际发生额计算，对其价格可按现行价格计算。根据考察、分析和测算，近两年生产资料价格上涨指数分别为5%和8%。因生活资料物价指数资料难以获得，该专利技术开发中工资费用所占份额很少，因此，可以将全部成本按生产资料价格指数调整，即可估算出重置完全成本。

$$重置完全成本=87\ 800×（1+5\%）×（1+8\%）=99\ 565（元）$$

其次，确定该项专利技术的成新率。该项实用新型的专利技术，法律保护期限为10年。根据专家鉴定分析和预测，该项专利技术的剩余使用期限为6年，由此可以计算成新率为：

$$成新率=6/(2+6)×100\%=75\%$$

（5）计算评估值，得出结论。

$$评估值=99\ 565×75\%=7\ 4673.75（元）$$

最后，确定该项专利技术的评估值为74 673.75元。

二、专有技术的评估

（一）专有技术的特点

专有技术，又称非专利技术、技术秘密（Know-how），是指未经公开、未申请专利的知识和技巧。主要包括设计资料、技术规范、工艺流程、材料配方、经营诀窍和图纸、数据等技术资料。专有技术与专利权不同，从法律角度讲，它不是一种法定的权利，而仅仅是一种自然的权利，是一项收益性无形资产。从这一角度来说，进行专有技术的评估，首先应该鉴定专有技术，分析、判断其存在的客观性，这一判断要比专利权的判断略显复杂。

一般来说，企业中的某些设计资料、技术规范、工艺流程、材料配方等之所以能作为专有技术存在，是根据以下特性判断的。

（1）实用性。专有技术必须能够在生产实践过程中操作才有存在价值，不能应用的技术不能称为专有技术。

（2）新颖性。专有技术所要求的新颖性与专利技术的新颖性不同，具有一定的排他性或独占性。

（3）价值性。专有技术必须有价值，表现在它能为企业带来超额利润。价值是专有技术能够转让的基础。

（4）保密性。保密性是专有技术的最主要因素。如前所述，专有技术不是一种法定的权利，其自我保护是通过保密性进行的。如果该项技术一经泄密和公开，被众人所熟悉和掌握，这项专有技术也就不存在了。

另外，专有技术与专利技术的区别表现在以下几个方面。

（1）专有技术具有保密性，而专利技术则是在《专利法》规定范围内公开的。一项技术一经公开，获取它所耗费的时间与投资远远小于研制它所耗费的时间和投资，必须要有法律手段保护发明者的所有权。而没有专利又不公开的技术，所有者只有通过保密手段进行自我保护。

（2）专有技术的内容范围很广，包括设计资料、技术规范、工艺流程、材料配方、经营诀窍和图纸等，专利技术通常包括三种，即发明、外观设计和实用新型。

（3）专利技术有明确的法律保护期限，专有技术没有法律保护期限。

（4）对专利技术的保护通常按《专利法》的规定进行。

（二）影响专有技术评估值的因素分析

在专有技术评估中，应注意研究影响专有技术评估值的各项因素，这些因素包括以下内容。

1. 专有技术的使用期限

专有技术依靠保密手段进行自我保护，没有法定保护期限。但是，专有技术作为一种知识和技巧，会因技术进步、市场变化等原因而终究被先进技术所替代。作为专有技术本身，一旦成为一项公认的使用技术，它特有的价值也就不复存在了。因此，专有技术的使用期限应由评估者根据本领域的技术发展情况、市场需求情况及技术保密情况进行估算，也可以根据双方合同的规定期限、协议情况估算。

2. 专有技术的预期获利能力

专有技术具有使用价值和价值，使用价值是专有技术本身应具有的，而专有技术的价值则在于专有技术的使用所能产生的超额获利能力。因此，评估时应充分研究分析专有技术的直接和间接获利能力，这是确定专有技术评估值的关键，也是评估过程中的难点所在。

3. 分析专有技术的市场情况

技术商品的价格也取决于市场供求情况。市场需求越大，其价格越高，反之则低。从专有技术本身来说，一项专有技术的价值高低取决于其技术水平在同类技术中的领先程度。在科学技术高速发展的情况下，技术更新换代的速度加快，无形损耗加大，一项专有技术很难持久地处于领先水平。另外，专有技术的成熟程度和可靠程度对其价值量也有很大影响。技术越成熟、可靠，其获利能力越强，风险也越小，卖价就越高。

4. 专有技术的开发成本

专有技术取得的成本也是影响专有技术价值的因素。评估中应根据不同技术特点研究开发成本和其获利能力的关系。

（三）专有技术的评估方法

专有技术的评估方法与专利权评估方法基本相同。下面结合实例介绍专有技术评估中几种方法的应用。

1. 运用成本法对专有技术评估

【例5-9】某企业现有不同类型的设计工艺图纸8万张，需进行评估，以确定该设计工艺图纸的价值。评估过程如下：

第一步，分析鉴定图纸的使用状况。评估人员根据这些图纸的尺寸和所给产品的种类、产品的周期进行分析整理。根据分析，将这些图纸分成以下4种类型（这也是一般用于确定图纸类型的标准）：

（1）活跃/当前型：6.2万张。是指现正在生产、可随时订货的产品零部件、组合件的工程图纸及其他工艺文件。

（2）半活跃/当前型：0.9万张。是指目前已不再成批生产但仍可订货的产品零部件、组合件的工程图纸及其他工艺文件。

（3）活跃/陈旧型：0.7万张。是指计划停止生产但目前仍可供销售的产品的零部件、组合件的工程图纸及其他工艺文件。

（4）停止生产而且不再销售的产品的零部件、组合件的工程图纸及其他工艺文件，计0.2万张。根据分析确定，继续有效使用的图纸计7.1万张。

第二步，估算图纸的重置完全成本。根据图纸设计、制作耗费及其现行价格分析确定，这批图纸每张的重置成本为120元。由此可以计算出这批图纸的重置完全成本。

$$图纸的重置完全成本=71\,000\times120=8\,520\,000（元）$$

第三步，估算图纸的贬值。对重置完全成本总额还需按其产品的剩余使用年限与总使用年限的比较百分比（也称条件百分比）进行调整。即：

$$条件百分比=（剩余使用年限/总使用年限）\times100\%$$

假如由活跃/当期型图纸控制产品的剩余使用年限为5年，总使用年限为12年，则其条件百分比为：

$$条件百分比=5/12\times100\%=41.67\%$$

由此确定的贬值率则为58.33%。依这种做法，可以分别计算每种类型图纸的条件百分比。为了简化估算，假定估算出综合条件百分比为48%。

第四步，估算这些图纸的价值。

$$8\,520\,000\times48\%=4\,089\,600（元）$$

2. 运用收益法对专有技术评估

【例5-10】某评估公司对某股份有限公司准备投入中外合资企业的一项专有技术进行评估。据双方协议，确定该专有技术收益期限为5年，试根据有关资料确定该专有技术评估值。

评估过程如下。

（1）预测、计算未来5年的收益（假定评估基准日为2016年12月31日）。预测结果如表5-3所示。

表5-3　　　　　　　　　　　　未来5年专有技术收益预测表

项目 ＼ 年份	2012	2013	2014	2015	2016
销售量（件）	35	45	45	45	45
销售单价（万元）	2.2	2.2	2.2	2.2	2.2
销售收入（万元）	77	99	99	99	99
减：成本费用	21.84	27.935	27.935	27.935	27.935
利润总额	55.16	71.065	71.065	71.065	71.065
减：所得税	0	0	0	12.442 5	12.442 5
税后利润（万元）	55.16	71.065	71.065	58.622 5	58.622 5
专有技术分成率（%）	40	40	40	40	40
专有技术收益	22.064	28.426	28.426	23.449	23.449

（2）确定折现率。根据银行利率确定安全利率为10%；根据该技术所属行业及市场情况，确定风险率为10%，由此确定折现率为20%（10%+10%）。

（3）计算确定评估值。

$$专有技术评估值=\sum_{i=1}^{5}\frac{各年专有技术收益}{（1+r）^{i}}$$

$$=22.064\times0.8333+28.426\times0.694\,4+28.426\times0.578\,7+23.449\times0.482\,3+23.449\times0.401\,9$$

$$=75.308\,6（万元）$$

第五节 | 商标权的评估

一、商标评估对象的确认

（一）商标及其分类

商标是商品的标记，是商品生产者或经营者为了把自己的商品与他人的同类商品区别开来，在商品上使用的一种特殊标记。这种标记一般是由文字、图案或两者组合而成。

商标的作用表现在：商标表明商品的来源，说明该商品或劳务来自何企业；商标能把一个企业提供的商品或劳务与其他企业的同一类商品或劳务相区别；商标标志着一定的商品质量，商标反映向市场提供某种商品的特定企业的声誉。消费者通过商标可以了解这个企业形象，企业也可以通过商标宣传自己的商品，提高企业自身的知名度。

从经济学角度，商标的这些作用最终能为企业带来客观的超额收益。从法律角度来说，保护商标也就是保护企业拥有商标获取超额收益的权利。

商标的种类很多，可以依照不同标准予以分类。

（1）按商标是否具有法律保护的专用权，可以分为注册商标和未注册商标。我国商标法规定："经商标局核准注册的商标为注册商标，商标注册人享有商标专用权，受法律保护。"我们所说的商标权的评估，指的是注册商标专用权的评估。

（2）按照商标的构成，可以划分为：文字商标、图形商标、符号商标、组合商标、气味商标、色彩商标、音响商标、立体商标等。

（3）按商标的不同作用，可以分为商品商标、营业商标、等级商标、防御商标、制造商标、销售商标、服务商标、证明商标等。

（二）商标权及其特点

商标权是商标注册后，商标所有者依法享有的权益，它受到法律保护，未注册商标不受法律保护。商标权是以申请注册的时间先后为审批依据，而不以使用时间先后为审批依据。商标权一般包括排他专用权（或独占权）、转让权、许可使用权、继承权等。排他专用权是指注册商标的所有者享有禁止他人未经其许可不得在同一种商品或类似商品上使用其商标的权利。转让权是商标所有者作为商标权人，有权决定将其拥有的商标转让给他人。我国商标法规定："转让注册商标的转让人和受让人应当共同向商标局提出申请，受让人应当保证使用该注册商标的商品质量"，"转让注册商标经核准后，予以公告"。许可使用权是指商标权人依法有权通过商标使用许可合同许可他人使用其注册商标。商标权人通过使用许可合同转让的是注册商标的使用权。继承权是指商标权人有权将自己的注册商标交给指定的继承人继承，但这种继承仍必须依法办理有关手续。

商标权和专利权都属于知识产权中的工业产权，它和专利权一样需要经过申请、审批、核准、公告等法定程序才能获得。但取得商标权与专利权的实质性条件不同，表现在：（1）专利法规定取得专利权的技术要求是新颖性、创造性和实用性；而商标权取得的条件是具有显著性、不重复性和不违反禁用条款。（2）专利权有法定的有效保护期限，一般不准续展；而商标权尽管在注册时有一个有效期规定，例如我国商标法规定商标注册的有效期为 10 年，但可以按照每一期 10 年无限续展。

商标权的价值是由商标所带来的效益决定的，带来的效益越大，商标价值就越高；反之则越低。而带来效益的原因，在于商标代表的企业的产品质量、信誉、经营状况的提高。表面上看，商标价值的形成来自于设计和广告宣传，但实际并非如此。尽管在商标设计、制作、注册和保护等方面都需要花费一定的费用，有利于扩大商标知名度，广告宣传也需支付很高的费用，但这些花费只对商标价值起影响作用，而不是决定作用，起决定作用的是商标所能带来的超额收益。

二、商标评估的程序

商标权评估可按下列程序进行。

（1）明确评估目的。评估目的即商标权发生的经济行为。从商标权转让方式来说，可以分为商标权转让和商标权许可使用。商标权转让是指转让方放弃商标权，转归受让方所有，实际上是商标所有权转让。商标许可使用则是拥有商标权的商标权人在不放弃商标所有权的前提下，特许他人按照许可合同规定的条款实施商标特许使用权。商标权转让方式不同，价值内涵也不一样，一般来说，商标所有权转让的评估值高于商标权许可使用的评估值。商标权评估情况一般包括：商标权作为投资作价入股；商标权许可使用；商标权转让，等等。多数情况下，比如股份制改造或股份公司上市时，出于股本结构、出资要求等原因，往往采取商标权许可使用方式，这样，既可以保证股份制企业正常生产经营所必需，又不影响其股权结构和出资规定。在这种情况下，不仅要对商标权进行评估，还应评估出许可使用费标准，作为签订许可使用合同的依据。

（2）向委托方收集有关资料。

① 委托方概况（包括经营历史、现状），经营业绩（包括前三至五年财务报表）。

② 商标概况，包括商标注册有关的法律性证件、注册时间、注册地点、注册证书号、保护内容、商标的适用范围、商标的种类、商标的法律诉讼情况、商标的知名度、商标有无其他协议等。

③ 商标产品的历史、现状与展望，包括市场环境、同行业情况、商标产品的信誉、市场占有率情况等。

④ 商标的广告宣传等情况。

⑤ 委托方未来经营规划。

⑥ 未来财务数据预测。包括：a. 生产、销售预测；b. 成本费用预测；c. 损益预测。

⑦ 相关产业政策、财税政策等宏观经济政策对商标的影响。

（3）市场调研和分析。

主要内容包括：

① 产品市场需求量的调研和分析；

② 商标现状和前景的分析；

③ 商标产品在客户中的信誉、竞争情况的分析；

④ 商标产品市场占有率的分析，财务状况分析，分析判断商标产品现有获利能力和风险程度，为未来收益发展趋势预测提供依据；

⑤ 市场环境变化的风险分析；

⑥ 其他相关信息资料的分析。

（4）确定评估方法，搜集确定有关指标。商标权评估较多采用收益法，但也不排斥采用市场法和成本法。由于商标的单一性，同类商标价格获取的难度，使得市场法应用受到限制。由于商标权投入产出的弱对应性，即有时设计、创造某种商标的成本费用较低，其带来的收益却很大；相反，有时设计、创造某种商标的成本费用较高，比如为宣传商标投入了巨额的广告费，但带来的收益却很小，因此，采用成本法评估商标权时必须慎重。

收益法评估商标权主要是分析确定收益额、折现率和收益期限三项指标。收益额、折现率的分析测算前已述及，不再赘述。收益期限的确定应是商标权评估时十分重要的问题。按照《商标法》的规定，商标权法律保护期限（注册）是 10 年，到期后可以续展。因此，评估实践中，有人主张商标权收益期限为 10 年，有人则认为商标权收益期限应为无限长，期限的差异会很大程度上影响资产评估结果。其实，上述两种做法都欠妥。商标权之所以有价值，是因为通过它能够带来超额收益，如果注册商标所代表的产品并不能带来超额收益，该商标同样不值钱，因此，确定商标权未来获利期限的依据是其获得超额收益的时间，注册年限仅供分析参考，不应作为直接依据。

（5）计算、分析，得出结论，完成评估报告。

三、商标权的评估方法

前已述及，商标权评估采用方法一般为收益法，下面主要介绍收益法在商标权评估中的应用。

（一）商标权转让的评估

【例5-11】某企业将一种已经使用50年的注册商标转让。根据历史资料，该厂近5年使用这一商标的产品每件可获超额利润为0.7元，该厂每年生产100万件。该商标目前在市场上趋势较好，生产产品基本上供不应求。根据预测估计，如果在生产能力足够的情况下，这种商标产品每年可生产150万件，每件可获超额利润0.5元，预计该商标能够继续获取超额利润的时间是10年。前5年保持目前超额利润水平，后5年每年可获取的超额利润为32万元。试评估这项商标权的价值。（本题中所指超额利润是指已扣所得税后的净利润）

评估过程如下：

（1）首先计算其预测期内前5年中每年的超额利润：150×0.5=75（万元）。

（2）根据企业的资金成本率及相应的风险率，确定其折现率为10%。

（3）确定该项商标权价值为：

$$75\times\frac{(1+10\%)^5-1}{10\%(1+10\%)^5}+32\times\frac{(1+10\%)^5-1}{10\%(1+10\%)^5}\times\frac{1}{(1+10\%)^5}$$

$$=75\times3.789\,08+32\times3.789\,08\times0.620\,9$$

$$=284.31+75.318\,6=359.628\,6（万元）$$

由此确定该商标权转让评估值约为360万元。

（二）商标权许可价值评估（商标使用权评估）

【例5-12】甲自行车厂将红鸟牌自行车的注册商标使用权通过许可使用合同许可给乙厂使用，使用期限为5年。双方约定由乙厂每年按使用该商标新增利润的27%支付给甲厂作为商标使用费。试评估该商标的使用权价值。

评估过程如下：

（1）预测使用期限内新增利润总额。新增利润总额取决于每辆车可新增利润和预计生产辆数。生产辆数可根据许可合同的有关规定及市场情况进行预测。如果许可合同中有地域限界的规定，在预测时必须予以考虑，否则可能导致预测量过多，引致评估值失实。根据评估人员预测，预计每辆车可新增利润5元，第1年将生产自行车40万辆，第2年将生产45万辆，第3年将生产55万辆，第4年将生产60万辆，第5年将生产65万辆，由此确定每年新增利润为：

第1年：40×5=200（万元）

第2年：45×5=225（万元）

第3年：55×5=275（万元）

第4年：60×5=300（万元）

第5年：65×5=325（万元）

（2）确定分成率。按许可合同中确定的新增利润的27%分成。

（3）确定折现率。假设确定折现率为14%。

由此，可以计算出每年新增利润的折现值（见表5-4）。

表5-4　　　　　　　　　　　每年新增利润的折现值

年份	新增净利润额（万元）	折现系数	折现值（万元）
1	200	0.877 2	175.44
2	225	0.769 5	173.14
3	275	0.675 0	185.63
4	300	0.592 1	177.63
5	325	0.519 4	168.81
合计			880.65

（4）按27%的分成率计算确定商标使用权评估值为：

$$880.65×27\%×（1-33\%）≈159.31（万元）$$

四、商标权评估案例分析

AB牌商标评估说明

背景：××××（集团）公司拟发起设立股份有限公司，其主要产品和经营性资产均进入拟设立的股份公司。

（一）商标及企业概况

××××（集团）公司是全国生产农用运输车的企业，是国家农用车重点发展的大集团之一，主要产品商标为AB牌注册商标，由文字和图案构成。注册日期为1992年10月1日，注册号为×××，核定使用商品为第12类，即农用运输车、客车、轿车和摩托车。目前使用AB牌商标的主要产品有三轮和四轮农用运输车，其产量居全国同行业前列，知名度高，在用户中享有较高声誉，为企业带来了良好的经济效益。

（二）评估依据

（1）AB牌商标注册证书；

（2）企业前三年及评估基准日财务报表及相关资料；

（3）主要客户及市场概况；

（4）原国家科委促进发展研究中心"关于农用车走销的启示"调研报告；

（5）原机械部"农用运输车市场需求与产品结构构成研究"调研报告；

（6）国家对农用车产业的有关政策；

（7）企业发展规划；

（8）其他。

（三）产品及市场状况

（1）产品。AB牌主导产品有五种规格型号的三轮农用车和三种型号的四轮农用车，产品具有较高的质量，平均故障里程均在 2 500 公里以上，优于国家标准，居同行业领先地位。该系列三轮车、四轮车均为原机械部质量评定一等品，AB 牌商标的农用车还获质量管理协会"2015 年全国用户满意产品"等荣誉称号。

（2）市场。××××AB（集团）公司具有生产规模优势，三轮农用车的产量 2015 年位居同行业第三，市场遍及全国，市场占有率近 15%。并开拓海外市场，在非洲若干国家建厂生产、销售农用车。

随着农用车市场 21 世纪高速发展期的结束，市场竞争更加激烈，不少企业生产难以为继，而该集团公司生产仍具良好发展态势，在同行业中位居前列，近 4 年的农用车销售量和销售收入如表 5-5 和表 5-6 所示。

表 5-5　　　　　　　　　　　　　　前 4 年销售量统计表

年份	2012		2013		2014		2015	
品种	销量（辆）	增长率（%）	销量（辆）	增长率（%）	销量（辆）	增长率（%）	销量（辆）	增长率（%）
三轮	120 002	—	126 811	5.67	123 825	−2.35	132 371	6.90
四轮	6 779	—	6 876	1.43	6 390	−7.05	6 946	8.70
合计	126 781	—	133 687	5.45	130 215	−2.60	139 317	6.99

表 5-6　　　　　　　　　　　　　　前 4 年销售收入统计表

年份	2012		2013		2014		2015	
品种	销售收入（万元）	增长率（%）	销售收入（万元）	增长率（%）	销售收入（万元）	增长率（%）	销售收入（万元）	增长率（%）
三轮	54 501		56 180	7.01	51 048	9.13	58 172	15.01
四轮	7 623		6 966	8.62	7 031	0.93	7 652	8.83
合计	62 124		63 146	4.99	58 079	7.87	65 824	14.07

（四）评估方法

采用超额收益现值法，即根据商标产品单位售价超过同行业平均售价的部分，按一定的期限和折现率计算现值。计算公式为：

$$P = \sum_{i=1}^{n} \frac{R_i}{(1+r)^i} \tag{5-18}$$

式中：P——商标评估值；

n——收益年限；

r——折现率；

R_i——第 i 年商标产品的超额收益。

（1）收益年限。农用车结构相对简单，易于生产，行业整体技术水平不高，竞争激烈，综合考虑企业在行业中的地位和技术水平，确定商标带来超额收益的年限为 5 年。

（2）折现率。根据一年期银行存款利率 5.67% 和风险报酬率共同确定。

风险报酬率主要考虑企业所处行业的风险因素。

农用运输车是由农机改造发展起来的，相对汽车而言其结构简单，技术含量低，易生产，市场竞争激烈。尽管国家已限制建设新厂，但现有企业的生产规模仍在扩大，特别是原汽车制造业的介入使市场竞争更加激烈。

目前农用车的价格低，适合农民使用，但其性能亦较差；同时由于国家对农用车的定位不甚明确，管理较薄弱，易发生交通事故，产生不良社会影响；或由于农民的收入提高，道路条件的改善等，导致用户追求性能更优越的汽车，而使整个产业逐渐萎缩、衰落。

再者，该集团公司三轮、四轮农用车的销售收入占公司总销售收入的 95% 以上，一旦产品开发滞后，或决策失误，企业将面临险境。

鉴于上述因素综合考虑，确定风险报酬率为 6%，折现率为：

$$r=5.67\%+6\%=11.67\%$$

因此，折现率可按 12% 计算。

（3）超额收益。2014 年底，全国登记在"目录"上的农用运输车企业共 247 家，AB 牌三轮车产量居同行业的前 6 位。

根据近期 AB 牌农用车主要销售市场资料，将 AB 牌农用车与其他厂家生产的相同规格产品售价进行比较，四轮车售价与其他商标产品基本一致，三轮车的售价比较如表 5-7 所示。

表 5-7　　　　　　　　　　　三轮车主要销售市场售价比较表　　　　　　　　　　　单位：元

主要销售地	安徽	河南	江苏	山东	河北	其他
占全部销售比重	21.8%	29.5%	16.3%	12.5%	10.5%	9.4%
单位售价平均差异	60	40	50	0	50	50

加权平均超额售价=60×21.8%+40×29.5%+50×16.3%+50×10.5%+40×9.4%=42（元）

依据企业前三年的实际产销情况、财务状况和企业发展规划，同时考虑到目前同行业的竞争和我国加入"世界贸易组织"后可能带来的对本行业不利的影响，对企业未来收益年限的超额收益进行预测如表 5-8 所示。

表 5-8　　　　　　　　　　　超额收益预测表

年份	2011	2012	2013	2014	2015
销量（辆）	134 708	138 749	142 911	147 198	151 614
销售收入	64 271	66 199	68 185	70 230	72 337
单车超额收益（元）	42	42	40	35	30
超额收益（万元）	565.77	582.74	571.64	515.19	454.84
扣所得税后收益（万元）	379.07	390.44	383	345.18	304.74
折现系数	0.89	0.8	0.71	0.64	0.57
超额收益现值（万元）	337.37	312.35	271.93	220.92	173.70
合计（万元）	1 316.27				

（五）评估结果

经评估计算，AB 商标权价值评估为 1 316.27 万元。

第六节　商誉的评估

一、商誉及其特点

商誉通常是指企业在同等条件下，能获取高于正常投资报酬率所形成的价值。这是由于企业所处地理位置的优势，或由于经营效率高、历史悠久、人员素质高等多种原因，与同行业企业相比较，可获得超额利润。

从历史渊源考察，20 世纪 60 年代以前所称的无形资产是一个综合体，商誉则是这个综合体的总称。70 年代以后，随着对无形资产确认、计量的需要，无形资产进一步分解、分化为各项独立的无形资产。因此，现在所称的商誉是指企业所有无形资产扣除各单项可确指无形资产以后的剩余部分。商誉是不可确指的无形资产。一般来说，商誉具有如下特点：

（1）商誉不能离开企业而单独存在，不能与企业的可确指资产分开出售；

（2）商誉是多项因素作用形成的结果，但形成商誉的个别因素不能以任何方法单独计价；

（3）商誉本身不是一项单独的、能产生收益的无形资产，而只是超过企业可确指的各单项资产价值之和的价值；

（4）商誉是企业长期积累起来的一项价值。

明确商誉的含义及其特点，有助于做好商誉评估工作。同时，进一步分析商誉与企业价值的关系，也是保证商誉评估结果科学性的前提。商誉与企业价值的关系是：企业价值的形成，不仅包括有形资产和可确指的无形资产，还包括商誉。商誉之所以能成为资产，是由于预期的、未来超额的经济利益代表它的实质。更确切地说，商誉是能为企业带来超额获利能力的资源。因此，从评估角度来说，一个企业是否具有超额收益以及超额收益数额的大小，是判断确定该企业是否存在商誉和商誉价值量大小的重要标准。

二、商誉评估的方法

（一）割差法

割差法是根据企业整体评估价值与各单项资产评估值之和进行比较确定商誉评估值的方法。其基本公式是：

$$商誉的评估值=企业整体资产评估值-企业的各单项资产评估价值之和（含可确指无形资产） \qquad (5-19)$$

企业整体资产评估值可以通过预测企业未来预期收益并进行折现或资本化获取；对于上市公司，也可以按股票市价总额确定。采取上述评估方法的理论依据是：企业价值与企业净资产价值是两个不同的概念。如果有两个企业，净资产价值大体相当，但由于经营业绩悬殊，预期收益悬殊，其企业价值自然悬殊。构成企业价值的净资产，包括有形资产和可确指的无形资产，由于其可以独立存在和转让，其评估价值在不同企业中趋同。但它们由于不同的组合、不同的使用情况和管理方式，使之运行效果不同，导致其组合的企业价值不同。使各类资产组合后产生超过各项单项资产价值之和的价值，即为商誉。

商誉的评估值可能是正值，也可能是负值。当商誉为负值时，有两种可能：一种是亏损企业，另一种是收益水平低于行业或社会平均收益水平的企业。商誉为负值时，对商誉的评估也就失去意义了。可评估，限于盈利企业或经济效益高于同行业或社会平均水平的企业。

【例5-13】某企业进行股份制改组，根据企业过去经营情况和未来市场形势，预测其未来5年的净利润分别是13万元、14万元、11万元、12万元和15万元，并假定从第6年开始，以后各年净利润均为15万元。根据银行利率及企业经营风险情况确定的折现率和资本化率均为10%。并且，采用单项资产评估方法，评估确定该企业各单项资产评估值之和（包括有形资产和可确指的无形资产）为90万元。试确定该企业商誉评估值。

首先，采用收益法确定该企业整体评估值。

企业整体评估值$=13\times(1+10\%)^1+14\times(1+10\%)^2+11\times(1+10\%)^3+12\times(1+10\%)^4+15\times(1+10\%)^5$（15/10%）×0.620 9

$=13\times0.909\ 1+14\times0.826\ 4+11\times0.751\ 3+12\times0.683\ 0+15\times0.620\ 9+（15/10\%）\times0.620\ 9=142.284\ 7$（万元）

因为该企业各单项资产评估值之和为90万元，由此可以确定商誉评估值，即：

商誉的价值=142.284 7-90=52.284 7（万元）

最后确定该企业商誉评估值为52.3万元。

（二）超额收益法

商誉是企业收益与按行业平均收益率计算的收益差额的资本化价格。可见，商誉评估值指的是企业超额收益的资本化价格。把企业超额收益作为评估对象进行商誉评估的方法称为超额收益法。超额收益法根据被评估企业的不同，又可分为超额收益资本化价格法和超额收益折现法两种具体方法。

1. 超额收益资本化价格法

超额收益资本化价格法是把被评估企业的超额收益经资本化还原来确定该企业商誉价值的一种方法。

其计算公式是：

$$\text{商誉的价值} = \frac{\text{企业预期年收益额} - \text{行业平均收益率} \times \text{该企业的单项资产评估值之和}}{\text{适用资本化率}} \tag{5-20}$$

或

$$\text{商誉的价值} = \frac{\text{被评估企业单项资产评估价值之和} \times \left(\frac{\text{被评估企业}}{\text{预期收益率}} - \frac{\text{行业平均}}{\text{收益率}} \right)}{\text{适用资本化率}} \tag{5-21}$$

式中：

$$\text{被评估企业预期收益率} = \frac{\text{企业预期年收益额}}{\text{企业的单项资产评估价值之和}} \times 100\% \tag{5-22}$$

【例5-14】企业预期年收益额为20万元，该企业各单项资产的重估价之和为80万元，企业所在行业的平均收益率为20%，并以行业平均收益率作为适用资产收益率，求该企业的商誉为多少？

$$\text{商誉的价值} = (200\ 000 - 800\ 000 \times 20\%) \div 20\% = 40\ 000 \div 20\% = 200\ 000 \text{（元）}$$

$$\text{或商誉的价值} = \frac{800\ 000 \times [(20\ 000 \div 80\ 000) - 20\%]}{20\%} = 800\ 000 \times (25\% - 20\%) \div 20\% = 200\ 000 \text{（元）}$$

超额收益资本化价格法主要适用于经营状况一直较好、超额收益比较稳定的企业。如果在预测企业预期收益时，发现企业的超额收益只能维持有限期的若干年，这类企业商誉的评估不宜采用超额收益资本化价格法，而应按超额收益折现法进行评估。

2. 超额收益折现法

超额收益折现法是把企业可预测的若干年预期超额收益进行折现，把其折现值确定为企业商誉价值的一种方法。其计算公式是：

$$\text{商誉的价值} = \sum_{i=1}^{n} \frac{S_i}{(1+r)^i} \tag{5-23}$$

式中：S_i——第 i 年企业预期超额收益；

r——折现率；

$\dfrac{1}{(1+r)^i}$——折现系数。

【例5-15】某企业预计将在今后5年内保持其具有超额收益的经营态势。估计预期年超额收益额保持在22 500元的水平上，该企业所在行业的平均收益率为12%，则该企业的商誉价值为：

商誉的价值=22 500×0.892 9+22 500×0.797 2+22 500×0.711 8+22 500×0.635 5+22 500×0.567 4=81 108（元）

或商誉的价值=225 00×3.604 8=81 108（元）

三、商誉评估需要委托者提供的资料

商誉评估方法的运用需要依据充分的信息资料和数据。评估者进行评估时，除了自身所具有的知识、经验，还需要委托者的全面配合，提供充分、可靠的资料。这些资料主要包括以下内容。

（1）委托方概况。包括企业发展历史沿革，企业现状及预期状况、经营业绩、知名度等。

（2）企业生产经营概况。包括企业主要产品质量、产量、工艺流程，产品和企业所获荣誉，企业经济效益。

（3）企业员工人数、组成与管理水平。

（4）委托方前 5 年的资产负债表与损益表。

（5）委托方经营发展战略。特别是今后 5～10 年的发展规划。

（6）未来若干年（5～10 年）财务预测。包括销售收入、产量、价格、生产成本、期间费用、利率、折旧、税金、损益等。

（7）委托方所在行业竞争情况。委托方在市场竞争中的有利和不利因素；预测竞争格局，垄断或部分垄断市场的可能性；市场开发预测及新产品开发前景及自身投资能力。

（8）营业外收入及支出的项目及其变化趋势。

（9）国内同行业平均收益率。

四、商誉评估需要注意的几个问题

由于商誉本身的特性，决定了商誉评估的困难性。商誉评估的理论和操作方法争议较大，现在虽然尚难定论，但在商誉评估中至少应明确下列问题。

（1）商誉评估是在产权变动或经营主体变动时进行的。在企业持续经营的前提下，如不发生产权变动或会计主体的变动，尽管该企业可能具有商誉，但却无需评估商誉以显示其价值。因此，企业在不发生各项特定经济行为的情况下（如合资、合营、合并、股份制改造等），评估和公布企业商誉的做法，从评估学角度来说是错误的。

（2）不是所有企业中都有商誉，商誉只存在于那些长期具有超额收益的少数企业之中。一个企业在同类型企业中超额收益越高，商誉评估值就越大。因此，商誉评估过程中，如果不能对被评估企业所属行业收益水平全面了解和掌握的话，也就无法评估出该企业商誉的价值。

（3）商誉评估必须坚持预期原则。企业是否拥有超额收益是判断企业有无商誉和商誉大小的标志。这里所说的超额收益指的是企业未来的预期超额收益，并不是企业过去或现在的超额收益。特殊情况是，评估过程中，对于目前亏损的企业，经分析预测，如果其未来超额收益潜力很大，则该企业也会有商誉存在。可见，目前盈利企业或超额收益比较大的企业，未来不一定盈利或未来超额收益不一定大；现在亏损的企业，其未来未必亏损，商誉评估值高低取决于企业未来的超额收益，这在评估时必须加以综合分析和预测。

（4）商誉价值形成既然是建立在企业预期超额收益基础之上，那么，商誉评估值高低与企业为形成商誉投入的费用和劳务就没有直接联系，并非企业为形成商誉投资越多，其评估值就越高。尽管所发生的投资费用和劳务会影响商誉评估值，但它是通过未来预期收益的增加得以体现的，因此，商誉评估不能采用投入费用累加的方法进行。

（5）商誉是由众多因素共同作用形成的，但由于形成商誉的个别因素具有不能够单独计量的特征，决定了商誉评估也不能采用市场类比的方法进行，因为影响商誉的各项因素的定量差异调整难以运作。当然，完全相同的商誉更为鲜见。目前，有人在对商誉评估方法的研究中，按形成商誉的因素分解成为地缘商誉、人缘商誉、质量商誉、组织商誉和其他商誉等，然后分别测定每个因素带来的超额收益，最后进行收益折现或资本化后汇总计算商誉的价值。这种观点是值得商榷的。我们认为，从定性分析的角度，可以将形成商誉的因素加以分解和列举，用以说明商誉形成的内涵和构成因素。但要定量分析确定，在实际操作过程中，穷尽办法也难以完成。

（6）企业负债与否、负债规模大小与企业商誉没有直接关系。有观点认为，企业负债累累，不可能有商誉。这种认识是偏颇的。市场经济条件下，负债经营是企业融资策略之一。从财务学原理分析，企业负债不影响资产收益率，而影响投资者收益率，即资本收益率。资本收益率与资产收益率的关系可以表述为：

$$资本收益率 = \frac{资产收益率}{1 - 资产负债率} \tag{5-24}$$

在资产收益率一定且超过负债资金成本的条件下，增大负债比率，可以增加资本收益率，并不直接影响资产收益率。资产收益率高低受制于投资方向、投资规模以及投资过程中的组织管理措施。商誉评估值取决于预期资产收益率，而非资本收益率。当然，资产负债率应保持一定的限度，负债比例增大会加大企业风险，最终会对资产收益率产生影响。这在商誉评估时应有所考虑，但不能因此得出负债企业就没有商誉的结论。

（7）商誉与商标是有区别的，两者反映两个不同的价值内涵。企业中拥有某项评估值很高的知名商标，并不意味着该企业一定就有商誉。为了科学地确定商誉的评估值，注意商誉与商标的区别是必要的。

① 商标是产品的标志，而商誉则是企业整体声誉的体现。商标与其产品相结合，它所代表的产品质量越好，市场需求越大，商标的信誉越高，由此带来的超额收益越大，其评估值也就越大。而商誉则是与企业密切相关的，企业经营机制完善并且运转效率高，企业的经济效益就高，信誉就好，其商誉评估值也就越大。可见，商标价值来自于产品所具有的超额获利能力，商誉价值则来自于企业所具有的超额获利能力。

② 商誉作为不可确指的无形资产，是与企业及其超额获利能力结合在一起的，不能脱离企业而单独存在。商标则是可确指的无形资产，可以单独存在，并可以在原组织继续存在的同时，转让给另一个组织。

③ 商标既可以转让其所有权，也可以转让其使用权。而商誉只有随企业行为的发生实现其转移或转让，没有所有权与使用权之分。

尽管商誉与商标的区别可以列举许多，但商誉与商标在许多方面是密切关联的，两者之间有时存在有相互包含的因素。例如，与商誉相对应的企业超额收益中包含有商标作用的因素，这也是必须在评估中加以分析确定的。

（8）商誉作为不可确指的无形资产，是整个无形资产中除了可确指无形资产以外的部分。我国现行有关制度列示的可确指无形资产主要有专利权、专有技术、商标权、版权、专营权、土地使用权等。目前在实际操作中，对于诸如客户名单、销售网络、优惠融资等，是否可以单独列示并评估，还是将它们作为商誉形成的内容，做法不一，亟待规范，以避免商誉内涵界定不清而造成评估价值失实。我们的意见是：如果进行单项资产的转让或投资，可以分别就客户名单、销售网络等进行评估作价，但此时无需评估商誉价值。但如果进行整体评估从而确定商誉评估值时，商誉评估值中显然包含了客户名单、销售网络等形成因素。在这种情况下，就不应该再单独评估诸如客户名单等的价值。总之，诸如客户名单、销售网络等应作为形成商誉的因素，只是在特殊情况下可以单独评估处理而已。

（9）商誉评估值是否入账，如何入账，尽管属于会计计价的问题，不是评估本身的问题，但与评估直接相关联，有待于进一步研究。同时，还需要进一步研究的是：商誉在企业合资时如何影响双方权益；实行股份制改造以及股票发行、上市时，商誉与股票溢价发行、市价变动的关系等。因为商誉价值只有在产权变动、企业主体变动时才显现出来，在有些人看来是凭空增加了一笔财富，因此在数量上往往不注重，随意性较大。在此前提下由于评估缺乏科学性导致商誉价值低估，是造成资产流失的一个不可忽视的途径。另外，商誉是否计价入账，直接对股票溢价幅度以至未来的分配产生影响，这也是亟待解决的问题。

习题

一、单项选择题

1. 一种技术取代另一种技术，一种工艺取代另一种工艺，这体现了无形资产的（　　　）。

    A. 替代性   B. 垄断性   C. 积累性   D. 控制性

2. 下列属于不可确指的无形资产的是（　　　）。

    A. 商誉   B. 专有技术   C. 商业秘密   D. 知识产权

3. 从无形资产归类的角度讲，计算机软件属于（　　　）无形资产。

    A. 商标权   B. 版权   C. 关系类   D. 其他类

4. 将无形资产进行转让、投资、出售后，失去了现有及潜在的全部或部分产品销售市场即盈利机会，而造成的可能的经济损失属于（　　　）。

    A. 开发成本   B. 交易成本   C. 机会成本   D. 管理成本

5. 某企业年产塑料件产品10万件，企业拟引进一项专利技术K，如果使用了该专利技术可以使每件产品的成本由原来的2元降到1.5元，其售价由原来的8元上升到10元。假设K专利技术的剩余使用年限为5年，企业产量不变，折现率为10%，企业适用所得税税率为25%，不考虑其他因素，则专利技术K的评估值最接近于（　　　）万元。

    A. 63.50   B. 71.08   C. 88.52   D. 94.78

6. 甲公司将其拥有的某项产品的商标使用权通过许可使用协议许可给乙公司使用，使用期为3年。按许可协议，乙公司每年按使用该商标后净利润的25%支付给甲公司。乙公司拟年生产该商标产品30万台，每台市场售价为120元，公司预期各年销售净利润率为30%，折现率按10%计算，则该商标的评估值接近（　　　）万元。

    A. 995   B. 671   C. 497   D. 1 200

7. 无形资产收益通过分成率的方法来获得，是目前国际和国内技术交易中常用的一种实用方法。按照分成对象的不同，可分为销售收入分成率和销售利润分成率。两者的关系可以通过下面（　　　）公式来说明。

    A. 销售收入分成率= 销售利润分成率+销售利润率

    B. 销售利润分成率=销售收入分成率×销售利润率

    C. 销售收入分成率=销售利润分成率×销售利润率

    D. 以上均不对

8. 关于商誉，正确的说法是（　　　）。

    A. 商誉是企业长期积累起来的一项无形资产价值

    B. 商誉是一项单独能产生效益的无形资产

    C. 作为无形资产，企业可用商誉对外投资转让

    D. 形成商誉的个别因素能以任何方法单独计价

9. 某企业的预期年净收益为50万元，资本化率为10%，该企业可确指的各单项资产评估值之和为450万元，该企业的商誉价值为（　　）。

    A. 20万元   B. 15万元   C. 14万元   D. 50万元

10. 与专利技术相比，专有技术具有（　　）特点。

    A. 时间性   B. 区域性   C. 保密性   D. 实用性

二、多项选择题

1. 作为一类资产，无形资产的成本特性主要有（　　）。

    A. 不完整性   B. 弱对应性   C. 高风险性

    D. 虚拟性   E. 垄断性

2. 以下属于专有技术特点的有（　　）。

    A. 实用性   B. 获利性   C. 地域性

    D. 排他性   E. 保密性

3. 无形资产收益额的估算方法主要有（　　）。

    A. 要素贡献法   B. 直接估算法   C. 差额法

    D. 分成率法   E. 物价指数法

4. 关于成本法在无形资产中的应用，下列说法正确的有（　　）。

    A. 基本公式为，无形资产评估值=无形资产重置成本×（1－贬值率）

    B. 成本法评估无形资产要充分考虑其有形损耗和无形损耗

    C. 无形资产重置成本的估算要区分自创无形资产的情况和外购无形资产的情况

    D. 无形资产贬值率可以采用专家鉴定法和剩余经济预测法来确定

    E. 无形资产的评估一般都采用成本法

5. 专利技术与专有技术相比，具有（　　）特征。

    A. 地域性   B. 公开性   C. 收益性

    D. 时间性   E. 成本不完整性

6. 关于商誉与商标的关系说法正确的有（　　）。

    A. 商标是产品的标志，而商誉则是企业整体声誉的体现

    B. 商标作为不可确指的无形资产，商誉则是可确指的无形资产

    C. 商标可以转让其所有权，也可以转让其使用权，而商誉只有随企业行为的发生实现其转移或转让，没有所有权与使用权之分

    D. 两者都是无形资产

    E. 商誉和商标在许多方面是密切关联的，两者之间有时存在相互包含的因素

7. 关于商标权评估的说法正确的有（　　）。

    A. 未注册的商标即使能够带来经济效益，其经济价值也得不到确认

    B. 商标权尽管在注册时有一个有效期规定，例如我国商标法规定为10年，但可以按照每一期10年无限续展

    C. 商标权的价值是由商标所带来的效益决定的，商标的花费只对商标价值起影响作用，而不是决定作用，起决定作用的是商标所能带来的超额收益

    D. 商标权评估较多采用成本法，但也不排斥采用市场法和收益法

    E. 商标权一旦失效，原商标所有人就不再享有商标专用权，也就不再具有经济价值

8. 商誉的特征主要表现在（　　）。

    A. 不能离开企业单独存在   B. 多项因素共同作用的结果

    C. 企业长期积累的一项价值   D. 不是一项单独的能产生收益的无形资产

    E. 可以脱离企业单独存在

9. 评估人员在进行具体项目评估时，判断一项专利是否构成一项无形资产应从该专利（　　　）等方面进行考虑。

A. 是否在有效保护期内　　　　　B. 在拟受让方所在区域内是否受保护

C. 是否按时缴纳了专利费用　　　D. 核心技术是否公开

E. 是否具有获利能力

三、计算题

1. 甲、乙两单位于2012年12月31日签订组建新企业的协议，协议商定甲单位以其拥有的一项实用新型专利A出资，乙单位以货币资金，总投资为3 800万元，20年，新企业全部生产A专利产品，从2013年1月1日正式开工建设，建设期2年。甲单位拟投资的专利A于2007年12月31日申请，2006年12月31日获得专利授予权及专利证书，并且按时缴纳了年费。经充分分析论证后，预计新企业投产后第一年销售量为12万件，含税销售价格为每件150元，增值税税率为17%，可抵扣进项税税额平均为每件6元，生产成本、销售费用、管理费用、财务费用为每件80元。投产后第二年起达到设计规模，预计每年销售量为20万件，年利润总额可达1 100万元。从投产第六年起，为保证市场份额，实行降低价格销售，预计年利润总额为470万元。企业所得税税率为25%。企业所在地的城市维护建设税税率为7%，教育费附加为3%。假设技术的净利润分成率为25%，折现率为10%，评估基准日为2012年12月31日。

要求：评估甲单位拟投资的实用新型专利A的价值。

2. 某企业拟购买A专利权以使本企业生产的甲种产品达到升级换代的目的，该企业实施A专利后不仅使升级后的产品市场销售量大幅度提高，而且价格也会明显上升，但同时也会引起成本的增加。已知该企业原甲种产品年销售量在6万台左右，出厂价格为每台2 000元，每台全部成本及税费为1 900元。经分析，甲种产品在升级后第一年销售量约为8万台，第二年约为10万台，第三年约为11万台，从第四年起至第十年的销售量将保持在12万台左右，出厂价格约为每台2 300元，每台的全部成本及税费约为2 150元。现委托评估机构对A专利的所有权转让价值进行评估。评估基准日为2015年1月1日。

经评估人员调查得知，该专利为实用新型，2009年12月31日申请，2010年12月31日获得专利授权，该专利尚未许可他人使用，专利权所有人也未曾使用，该专利目前有效，本次为专利所有权转让，而且上述分析符合实际，但需要停产一年进行技术改造。适用所得税税率为33%，适用折现率为15%。

要求：根据上述资料，在不考虑技术改造费用及其他因素的条件下，对该专利所有权的转让价值进行评估。

第六章　流动资产评估

【学习目标】

通过对流动资产评估内容的学习，使学生掌握各类流动资产评估的特点及评估方法，并要求具备分析和解决流动资产评估实际问题的能力。

通过本章的学习掌握以下内容。

- 掌握流动资产评估的特点；
- 运用市场法、成本法等方法对不同类型材料、低值易耗品进行评估，并掌握评估的技术思路、约束条件和具体方法；
- 运用成本法和市场法等方法对在产品、产成品及库存商品价值等进行评估，并掌握评估的技术思路、约束条件和具体方法；
- 掌握应收账款评估的基本程序，坏账损失估计方法中的坏账比例法以及账龄分析法；
- 熟悉流动资产评估的局限性及评估程序；
- 熟悉待摊费用和预付费用的评估方法；
- 熟悉应收票据贴现值的计算方法。

【能力目标】

- 具备运用货币性资产评估方法解决实际问题的能力；
- 注重学生对流动资产评估的内容和特点的认识能力。

【引导案例】

振华公司流动资产评估

振华公司委托中介机构对其拥有的全部流动资产进行评估，为振华公司整体改制为股份有限公司提供价值依据。评估范围包括货币资金、应收账款、预付账款、其他应收、存货、待摊费用等。

在了解被委托评估的资产现状的基础上，评估人员和振华公司的有关部门进行了充分的交流与分析，并据此开展流动资产评估的具体工作。

（1）核对账目：对振华公司提供的价值评估申报清单进行逐项核对、归纳，与资产负债表、总账及明细账的相关科目2016年3月31日期末金额进行核对，验证评估申报表的正确性；同时通过抽查部分凭证和查阅有关资料进行验证。

（2）现场勘查及实物核对：与振华公司有关人员共同到存货现场进行盘点，对重要的、价值量较大的存货进行抽验，并与库存帐进行清对核实；对往来账项、债权、债务进行函证核实。

（3）根据振华公司流动资产的具体情况，主要采用成本法和市场法进行评估。

① 货币资金的账面金额为8 880 972.48元，其中现金1 676.87元，银行存款8 879 295.61元。在验证振华公司提供的申报表、银行对账单等资料的基础上，以核对无误后的账面价值确认评估值，评估值为8 880 972.48元。

② 应收账款、其他应收款的账面金额分别为3 206 873元和8 214 180元。在对各种应收款项核实无误的基础上，根据每笔款项可能收回的数额确定其评估值。在操作中应注意借助历史资料和函证调查了解的情况，具体分析应收数额、欠款时间和原因、款项回收情况，以及欠款方的资金、信用、经营、管理现状等，对款项回收的可能性进行综合判定。由于振华公司的应收账款全部为近两

年经常性业务往来发生额，不存在无法收回的确定因素，因此确认应收账款评估值为 3 206 873元，其他应收款评估值为 8 214 180元。

③ 预付账款的账面余额为 13 902 280元。在对预付账款账面值核实无误的基础上，以账面值确认评估值为 13 902 280元。

④ 待摊费用的账面余额为 390 217元。经核实，全部为在用工具器具，将其转入低值易耗品评估，因此，此项待摊费用评估值为零。

⑤ 存货包括原材料、在产品、半成品、产成品、委托加工材料及低值易耗品。原材料大都为近期购入，历史成本和市场价格差别不大，故按账面价值评估。在产品、自制半成品、产成品等都按账面价值评估。低值易耗品分为在库和在用两种情况，在库低值易耗品为近期购入，保存良好，按账面价值确定其评估值。在用低值易耗品由于单位价值量低、数量大 ，难以逐项操作，按产品规格、用途、使用部门、使用年限等分项归类，采用重置成本法进行评估。按历史成本增加5%～10%的模具设计、购置、保管费用，再按机械工业产品出厂价格指数求取重置成本，成新率采用年限法。另有从待摊费用项内转入在用工具器具账面价值 390 217元，也采用上述方法进行评估。

第一节 流动资产评估的特点

一、流动资产的内容及其特点

流动资产是指可以在一年内或者超过一年的一个营业周期内变现或者运用的资产。满足下列条件之一的资产，即可归类为流动资产：一是预计在一个正常营业周期中变现、出售或耗用；二是主要为交易目的而持有；三是预计在资产负债表日起 1 年内（含 1 年，下同）变现；四是自资产负债表日起 1 年内，用于交换其他资产或清偿负债的能力不受限制的现金或现金等价物。

（一）流动资产的内容

流动资产一般包括现金、各种银行存款、其他货币资金、应收及预付款项、存货以及其他流动资产等。

（1）现金是指企业的库存现金，包括企业内部各部门周转使用的备用金。

（2）各项银行存款是指企业的各种不同类型的银行存款。

（3）其他货币资金是指除现金和银行存款以外的其他货币资金，包括外埠存款、银行本票存款、银行汇票存款、存出投资款、信用卡存款、信用证保证金存款等。

（4）应收账款是指企业因销售商品、提供劳务等，应向购货和受益单位收取的款项，是购货单位所欠的短期债务。

（5）预付账款是指企业按照购货合同规定预付给供货单位的购货定金或部分货款。

（6）存货是指企业的库存材料、在产品、产成品等。

（7）其他流动资产是指除以上资产之外的流动资产。

本章讨论的流动资产主要是一般工业企业的流动资产。房地产开发企业等特殊企业的流动资产与一般工业企业的流动资产相比具有特殊性，需要单独讨论。

（二）流动资本的特点

流动资产与固定资产等资产相比，具有如下特点。

（1）循环周转速度快。流动资产其实物形态只参加一个生产周期，便改变了原有形态，其价值也转移到产品价值中，并在产品销售后随之收回。所以，循环周转速度较快是流动资产的一个显著特点，并且周转速度的加快能给企业带来增值。

（2）变现能力强。各种形态的流动资产都可以在较短的时间内出售和变卖，具有较强的变现能力，是企业对外支付和偿还债务的重要保证。变现能力强是企业中流动资产区别于其他资产的重要标志，但各种形态的流动资产，其变现速度是有区别的。变现能力由强到弱的一般顺序是：货币形态的流动资产、短期内出售的存货和近期可变现的债权性资产、生产加工过程中的在产品及准备耗用的物资。一个企业拥有变现能力强的流动资产越多，企业对外支付和偿还债务的能力就越强，企业的风险性也就越小。

（3）占用形态同时并存又相继转化。在企业再生产过程中流动资产依次经过购买、生产、销售三个阶段，并分别采取货币资产、储备资产、生产资产和成品资产等形态，不断地循环流动。因此，企业的流动资产是以多种形态并存于企业生产经营过程各个阶段的。同时，各种形态的流动资产又按照生产经营过程的顺序相继转化，如此周而复始地形成流动资产资金循环和周转过程。

（4）波动性。由于企业的流动资产一般要不断地进行购买和售卖过程，受市场商品供求变化和生产、消费的季节性影响较大。另外，还受到外部经济环境、经济秩序等因素的制约，使其占用总量以及流动资产的不同形态构成比例呈现出波动性。

二、流动资产评估的内容与特点

流动资产评估包括实物类流动资产评估和非实物类流动资产评估。前者一般包括材料、在产品、产成品及库存商品的评估，后者一般包括货币性资产的评估、应收账款及预付账款的评估、应收票据的评估、待摊费用和预付费用的评估等。

一般而言，由于流动资产的流动性较强，容易变现，其账面价值与现行市场价格较为接近，因此，流动资产的价值评估与其他资产的评估相比，具有以下特点。

（一）流动资产评估主要是单项资产评估

它是以单项资产为评估对象进行的资产评估。因此，一般不需要以其综合获利能力进行综合性价值评估。

（二）必须选准流动资产评估的基准时间

由于流动资产与其他资产的显著区别在于其资产的流动性和价值的波动性。不同形态的流动资产随时都在变化，而评估则是确定其某一时点上的价值，不可能人为地停止流动资产的运转。因此，评估基准日应尽可能选择在会计期末，并在规定的时点进行资产清查、登记和确定流动资产数量和账面价值，应避免重复登记和漏记现象的发生。

（三）既要认真进行资产清查，同时又要分清主次，掌握重点

由于流动资产一般具有数量大、种类多的特点，清查工作量很大，所以流动资产清查应考虑评估的时间要求和评估成本。对流动资产评估往往需要根据不同企业的生产经营特点和流动资产分布的情况，对流动资产要分清主次、重点和一般，选择不同的方法进行清查和评估，做到突出重点，兼顾一般。清查采用的方法是抽查、重点清查和全面清查。当抽查核实中发现原始资料或清查盘点工作可靠性较差的，要扩大抽查面，直至核查全部流动资产。

三、流动资产评估的程序

（一）确定评估对象和评估范围

进行流动资产评估前，首先要确定被评估资产的对象和范围，这是保证评估质量的重要条件之一。被评估对象和评估范围应依据经济活动所涉及的资产范围而定。同时，主要应做好下列工作。

1. 明确流动资产的评估范围

进行流动资产评估，首先应该明确被评估流动资产的范围，必须注意划清流动资产与其他资产

的界限，防止将不属于流动资产的机器设备等作为流动资产，也不得把属于流动资产的低值易耗品等作为其他资产，以避免重复评估和漏评估。

2. 查核待评估流动资产的产权

企业在进行资产评估前，首先应核实流动资产的产权，如存放被评估企业的外单位委托加工材料、代保管的材料物资等，尽管存在于该企业中，但不得将其列入流动资产评估范围。

3. 对被评估流动资产进行抽查核实

对被评估流动资产进行抽查核实，验证基础资料。准确的被评估资产清单是正确估价资产的基础资料，被评估资产的清单应以实存数量为依据，而不能仅仅以账面记录为准。

（二）对有实物形态的流动资产进行质量和技术状况调查

对企业需要评估的材料、半成品、产成品等流动资产进行质量和技术状况调查，目的是为了了解这部分资产的质量状况，以便确定其是否还有使用价值，并核对其技术情况和等级状态与被评估资产清单的记录是否一致。对被评估资产进行技术调查是正确估价资产价值的重要基础，特别是对那些有时效要求的各种存货，如有保鲜期要求的食品和有有效期要求的药品、化学试剂等，对其进行技术调查尤为重要。存货在存放期内质量发生变化，会直接影响其变现能力和市场价格。因此评估必须考虑各类存货的内在质量因素。对各类存货进行技术质量调查，可由被评估企业的有关技术人员、管理人员与评估人员共同完成，也可以参考独立的第三方的专业报告，再由评估人员进行专业判断。

（三）对企业的债权情况进行分析

根据对被评估企业与债务人经济往来活动中的资信情况的调查了解，以及对每项债权资产的经济内容、发生时间的长短及未清理的原因等因素进行核实，综合分析确定各项债权回收的可能性、回收的时间、回收时将要发生的费用及风险。

（四）合理选择评估方法

评估方法的选择，一是根据评估目的选择，二是根据不同种类流动资产的特点选择。不同类型的流动资产对评估方法的选择有很大影响。对于实物类流动资产，可以采用市场法和成本法。对存货类流动资产的评估，如果其价格变动较大，则以市场价格为基础，还要分析最终产品价格是否能够相应提高，或存货本身是否具有按现行市价出售的可能性。对于货币类流动资产，其清查核实后的账面价值本身就是现值，无需采用特殊方法进行评估，只是对外币存款按评估基准日的汇率进行折算。对于债权类流动资产评估，宜采用可变现值进行评估。对于其他流动资产，应分别不同情况进行，其中有物质实体的流动资产，则应视其价值情形，采用与机器设备等相同的方法进行。

（五）评定估算流动资产，得出评估结论

经过上述评估程序对有关流动资产进行评估后，即可得出相应的评估结论。

第二节 实物类流动资产的评估

实物类流动资产包括各种材料、低值易耗品、在产品、产成品、包装物等。实物类流动资产评估是流动资产评估的重要内容。

一、材料评估

（一）材料价值评估的内容与步骤

企业中的材料，按其存放地点可分为库存材料和在用材料。在用材料在生产过程中已形成产品

或半成品，已不再作为单独的材料存在，故而材料评估是对库存材料的评估。

库存材料包括原料及主要材料、辅助材料、燃料、修理用备件、外购半成品等。由于低值易耗品和包装物在一定程度上与材料相似，故应采取与材料相似的评估方法。

库存材料具有品种多、金额大，而且性质、计量单位、购进时间、自然损耗各不相同等特点。因此，评估时可按下列步骤进行。

（1）进行实物盘点、使其账实相符。在进行材料的价值评估前，首先应进行材料清查，做到账实相符。与此同时，还应查明材料有无霉烂、变质、呆滞、毁损等情况。

（2）根据待评估资产的特点和不同评估目的，选择相应的评估方法。在评估方法的选择上，更多的是采用成本法或市场法。因为材料等流动资产的功效高低取决于自身，而且是生产过程中的"消费性"资产，所以，即使在发生投资行为情况下，仍可采用市场法和成本法。就这两种方法而言，在某种材料存在活跃市场、供求基本均衡情况下，成本法和市场法两者可以替代使用，但如不具备上述条件，则应分别使用。

（3）运用存货管理的 ABC 分析法，突出重点。由于企业的材料品种、规格繁多，而且单位价值不等，在实际进行资产评估时，可参照一定的目的和要求，对材料按照 ABC 分析法进行排队，分清主次，突出重点，着重对重点材料进行评估。

（二）库存材料的评估

对库存材料进行评估时，可以根据材料购进情况的不同选择相适应的方法。

1. 近期购进库存材料的评估

近期购进的库存材料库存时间短，在市场价格变化不大的情况下，其账面值与现行市价基本接近。评估时，可以采用成本法，也可以采用市场法。

【例6-1】评估机构受托对三泰工厂库存的一批A材料进行评估，评估基准日为2016年3月31日。据查，该批材料系该厂于2016年2月20日购进的，购进时的单价为3 650元/吨，数量为1 000吨，支付的运杂费共计50 000元。评估时清查盘点的实存数量为350吨，经市场询价，该种材料的市场价格没有明显变化。

要求：计算该批A材料的评估价值。

$$A材料的评估价值 = 350 \times (3\,650 + \frac{50\,000}{1\,000}) = 1\,295\,000（元）$$

对于购进时发生运杂费的材料，如果是从外地购进的，因为运杂费发生额较大，评估时应将由被评估材料分担的运杂费计入评估值；如果是本地购进的，而运杂费发生额较少，评估时则可以不考虑运杂费。

2. 购进批次间隔时间长、价格变化大的库存材料评估

这类材料评估时，可以采用最接近市场价格的材料价格或直接以市场价格作为其评估值。

【例6-2】在对三泰工厂库存的一批A材料进行评估时，经核查，评估人员掌握的A材料的信息如下：

（1）2015年12月购进第一批，数量为950吨，单价为2 650元/吨；

（2）2016年1月领用A材料800吨；

（3）2016年7月购进第二批，数量为260吨，单价为2 200元/吨。

若评估基准日为2016年8月31日，要求计算A材料的评估值。

解析：根据上述资料，库存A材料的数量为410吨，采用市场法进行评估，直接按2016年7月的市场价格2 200元/吨计算。则评估值=410×2 200=902 000（元）。

如果近期内该材料价格变动很大，或者评估基准日与最近一次购进时间间隔期较长，期间价格变动很大，评估时应采用评估基准日的市价。另外，由于材料的分期购进，且购价各不相同，各企

业采用核算方法不同，如先进先出法、个别计价法、加权平均法等，其账面余额就不一样。但需要特别注意的是：存货计价方法的差异不应影响评估结果，评估时关键是核查库存材料的实际数量，并按最接近市场的价格计算确定其评估值。

3. 缺乏准确现行市价库存材料的评估

企业库存的某些材料可能购进的时间早，市场已经脱销，目前无明确的市价可供参考或使用。对这类材料的评估，可以通过寻找替代品的价格变动资料来修正材料价格；也可以在分析市场供需的基础上，确定该项材料的供需关系，并以此修正材料价格；还可以通过市场同类商品的平均物价指数进行评估。

4. 呆滞材料价值的评估

呆滞材料是指从企业库存材料中清理出来，需要进行处理的材料。由于这类材料长期积压，时间较长，可能会因为自然力作用和保管不善而造成使用价值的下降。对这类资产的评估，首先应对其数量和质量进行核实和鉴定，然后区别不同情况进行评估。对其中失效、变质、残损、报废、无用的，应通过分析计算，扣除相应的贬值额后，确定评估值。

在库存材料评估过程中，可能还存在盘盈、盘亏的情况，评估时应以有无实物存在为原则进行评估，并选用相适应的评估方法。

二、低值易耗品的评估

低值易耗品是指不构成固定资产的劳动工具。不同行业对固定资产和低值易耗品的划分标准是不完全相同的。比如，服装行业的缝纫机，虽然其单位价值较小，但它是该行业的主要劳动工具，应作为固定资产核算和清理。但是在其他行业，一般情况下，则把缝纫机作为低值易耗品处理。因此，在评估过程中判断劳动资料是否为低值易耗品，原则上视其在企业中的作用而定，一般可尊重企业原来的划分标准。同时，低值易耗品又是特殊流动资产，与典型流动资产相比，它具有周转时间长、不构成产品实体等特点。掌握低值易耗品的特点，是做好低值易耗品评估的前提。低值易耗品种类很多，为了评估其价值，可以对其进行必要的分类。一般按照用途和使用情况分类。

（一）低值易耗品按用途分类

低值易耗品按其用途可以分为一般工具、专用工具、替换设备、管理用具、劳动保护用品、其他低值易耗品等类别。

（二）低值易耗品按使用情况分类

低值易耗品按其使用状况可以分为在库低值易耗品和在用低值易耗品两种类别。

上述第一种分类的目的，在于可以按大类进行评估，以简化评估工作；第二种分类，则是考虑了低值易耗品的具体情况，直接影响评估方法的选用。

在库低值易耗品的评估，可以根据具体情况，采用与库存材料评估相同的方法。

在用低值易耗品的评估，可以采用成本法进行评估。计算公式为：

$$在用低值易耗品评估价值 = 全新低值易耗品的重置价值 \times 成新率 \tag{6-1}$$

对于全新低值易耗品的评估价值，可以直接采用其账面价值（价格变动不大），也可以采用现行市场价格，还可以在账面价值基础上乘以其物价变动指数确定。

在对低值易耗品评估时，由于其使用期限短于固定资产，一般不考虑其功能性损耗和经济性损耗。其成新率计算公式为：

$$成新率 = 1 - \frac{低值易耗品实际已使用月数}{低值易耗品可使用总月数} \tag{6-2}$$

由于对低值易耗品采用摊销的方式将其价值转入成本、费用，而摊销的目地在于有效地计算成本、费用。但是低值易耗品的摊销在会计上采用了较为简化的方法，并不完全反映低值易耗品的实际损耗程度。因此，评估者在确定低值易耗品成新率时，应根据其实际损耗程度确定，而不能完全按照其摊销方法确定。

【例6-3】三泰工厂某项低值易耗品需评估。已知其原价为1 100元，预计使用10个月，现已使用4个月，评估时低值易耗品的现行市价为1 500元。

要求根据上述资料，计算该低值易耗品的评估值。

$$在用低值易耗品评估值=1\ 500\times（1-4\div10）=900（元）$$

三、在产品的评估

在产品包括生产过程中尚未加工完毕的在产品、已加工完毕但不能单独对外销售的半成品（可直接对外销售的半成品视同产品评估）。在对这部分资产进行评估时，一般可采用成本法或市场法进行评估。

（一）成本法运用于在产品评估中

成本法是指根据技术鉴定和质量检测的结果，按评估时的相关市场价格及费用水平重置同等级在产品及自制半成品所需合理的料工费计算评估值。这种评估方法只适用于生产周期较长的在产品的评估。对生产周期较短的在产品，主要以其实际发生成本作为价值评估依据，在没有变现风险的情况下，可根据其账面值进行调整。具体方法有以下几种可以选择使用。

1. 按价格变动系数调整原成本

此种方法主要适用于生产经营正常、会计核算水平较高企业的在产品的评估，可参照实际发生的原始成本，根据到评估基准日的市场价格变动情况，调整成重置成本。具体评估方法和步骤如下：

第一步，对被评估在产品进行技术鉴定，将其中不合格在产品成本从总成本中剔除；

第二步，分析原成本构成，将不合理的费用从总成本中剔除；

第三步，分析原成本中材料成本从其生产准备开始到评估基准日止市场价格变动情况，测算出价格变动系数；

第四步，分析原成本中的工资、燃料、动力费用以及制造费用从开始生产到评估基准日有无大的变动，是否需要进行调整，如需调整，并测算出调整系数；

第五步，根据技术鉴定、原始成本构成的分析及价值变动系数的测算，调整成本，确定评估值，必要时还要从变现的角度修正评估值。评估价值计算的基本公式如下：

$$\begin{matrix}某项或某类在产品\\评估价值\end{matrix}=\begin{matrix}原合理\\材料成本\end{matrix}\times\left(1+\begin{matrix}价格变动\\系数\end{matrix}\right)+\begin{matrix}原合理工资、费用\\（含借款费用）\end{matrix}\times\left(1+\begin{matrix}合理工资、费用\\变动系数\end{matrix}\right)\quad(6\text{-}3)$$

需要说明的是，在产品成本包括直接材料、直接人工、制造费用和借款费用四部分。制造费用属间接费用，直接人工尽管是直接费用，但也同间接费用一样较难测算。因此评估时将直接人工和制造费用合为一项费用进行测算。而借款费用一般用于需要经过相当长时间的构建或者生产活动才能达到预定可使用或者可销售状态的存货。

2. 按社会平均消耗定额和现行市价计算评估值

采取此法即按重置同类资产的社会平均成本确定被评估资产的价值。用此方法对在产品等进行评估需要掌握以下资料：

第一，被评估在产品的完工程度；

第二，被评估在产品有关工序的工艺定额；

第三，被评估在产品耗用物料的近期市场价格；

第四，被评估在产品的合理工时及单位工时的取费标准，而且合理的工时及取费标准应按正常生产经营情况进行测算。

采取此法计算评估值的基本公式为（在这里只考虑了某几道工序，而在产品可能已经过若干道工序）：

$$\text{某在产品评估价值} = \text{在产品实有数量} \times \left(\frac{\text{该工序单件材料}}{\text{工艺定额}} \times \text{单位材料现行市价} + \text{该工序单件工时定额} \times \text{正常工资费用} \right) \qquad (6-4)$$

对于工艺定额的选取，如果有行业的平均物料消耗标准的，可按行业标准计算；没有行业统一标准的，按企业现行的工艺定额计算。

3. 按在产品的完工程度计算评估值

因为在产品的最高形式为产成品，因此，计算确定在产品评估值，可以在计算产成品重置成本基础上，按在产品完工程度计算确定在产品评估值。计算公式为：

$$\text{在产品评估值} = \text{产成品重置成本} \times \text{在产品约当量} \qquad (6-5)$$

$$\text{在产品约当量} = \text{在产品数量} \times \text{在产品完工率} \qquad (6-6)$$

在产品约当量、在产品完工率可以根据其完成工序与全部工序比例、生产完成时间与生产周期比例确定。当然，确定时应分析完成工序、完成时间与其成本耗费的关系。

（二）市场法运用于在产品评估中

采用这种方法是按同类在产品和半成品的市价，扣除销售过程中预计发生的费用后计算评估值。一般来说，被估资产通用性好，能够作为产成的部件或用于维修等，其评估的价值就比较高。对不能继续生产，又无法通过市场调剂出去的专用配件只能按废料回收价格进行评估。

此类在产品计算评估值的基本公式为：

$$\text{某在产品评估值} = \text{该种在产品实有数量} \times \text{市场可接受的不含税的单价} - \text{预计过程中发生的费用} \qquad (6-7)$$

如果在调剂过程中有一定的变现风险，还要考虑设立一个风险调整系数，计算可变现的评估值。

$$\text{某报废在产品评估值} = \text{可回收废料的重量} \times \text{单位重量现行的回收价格} \qquad (6-8)$$

【例6-4】 丁企业因产品技术落后而全面停产，现准备与M公司合并，有关在产品的资料如下：

在产品原账面记载的成本为175万元。按其状态及通用性分为三类：

第一类：已从仓库中发出，但尚未进行加工的原料；

第二类：已加工成部件，可通过市场调剂且流动性较好的在产品；

第三类：加工成的部件无法销售，又不能继续加工，只能报废处理的在产品。

对于第一类，可按实有数量、技术鉴定情况、现行市场价格计算评估值；第二类在产品可根据市场可接受现行价格、调剂过程中的费用、调剂的风险确定评估值；第三类在产品只能按废料的回收价格计算评估值。

根据评估资料可以确定评估结果，如表6-1～表6-3所示。

表6-1 车间已领用尚未加工的原材料 单位：元

材料名称	编号	计量单位	实有数M	现行单位市价	按市价计算的资产价值
黑色金属	A001	吨	150	1 600	240 000
有色金属	A002	千克	3 000	18	54 000
有色金属	A003	千克	7 000	12	84 000
合计					378 000

表6-2   车间已加工成部件并可直接销售的在产品   单位：元

部件名称	编号	计量单位	实有数量	现行单位市价	按市价计算的资产价值
A	B001	件	1 800	54	97 200
B	B002	件	600	100	60 000
C	B003	台	100	250	25 000
D	B004	台	130	165	21 450
合计					203 650

表6-3   报废在产品   单位：元

在产品名称	计量单位	实有数量	可回收废料（件）	可回收废料数量（千克）	回收价格（元/千克）	评估值
D001	件	5 000	35	175 000	0.4	70 000
D002	件	6 000	10	60 000	0.4	24 000
D003	件	4 500	2	9 000	6	54 000
D004	件	3 000	11	3 3000	5	165 000
合计						313 000

四、产成品及库存商品的评估

产成品及库存商品是指已完工入库和已完工并经过质量检验但尚未办理入库手续的产成品以及商品流通企业的库存商品等，对此类存货应依据其变现能力和市场接受的价格进行评估，适用的方法有成本法和市场法。

（一）成本法

采用成本法对生产及加工工业的产成品评估，主要根据生产、制造该项产成品全过程中发生的成本费用确定评估值。具体应用过程中，可分以下两种情况进行。

（1）评估基准日与产成品完工时间接近时。当评估基准日与产成品完工时间较接近或成本变化不大时，可以直接按产成品账面成本确定其评估值。计算公式为。

$$产成品评估值 = 产成品数量 \times 单位产成品账面成本 \tag{6-9}$$

（2）评估基准日与产成品完工时间间隔较长时。当评估基准日与产成品完工时间相距较远，产成品的成本费用变化较大时，产成品评估值可按下列两种计算方法计算。

方法一：

$$\begin{array}{l}产成品\\评估值\end{array} = \begin{array}{l}产成品\\实有数量\end{array} \times \left[\begin{array}{l}合理材料\\工艺定额\end{array} \times \begin{array}{l}材料单位\\现行价格\end{array} + \begin{array}{l}合理工时\\定额\end{array} \times \begin{array}{l}单位小时合理\\工时工资费用\end{array} (含借款费用) \right] \tag{6-10}$$

方法二：

$$\begin{array}{l}产成品\\评估值\end{array} = \begin{array}{l}产成品\\实际成本\end{array} \times \left[\begin{array}{l}材料成本\\比例\end{array} \times \begin{array}{l}材料综合\\调整系数\end{array} + \begin{array}{l}工资、费用\\成本比例\end{array} (含借款费用) \times \begin{array}{l}工资、费用\\综合调整系数\end{array} \right] \tag{6-11}$$

借款费用一般用于需要经过相当长时间的购建或者生产活动才能达到预定可使用或者可销售状态的存货。

【例6-5】三泰工厂拟对某类产成品进行评估，经核查，该类产成品实有数量为552件，合理材料工艺定额为260千克/件，合理工时定额为16小时，用于生产该类产成品的材料价格由原来的32元/千克涨至38元/千克，单位小时合理工时工资、费用不变，仍为20元/小时。

要求：根据上述资料计算该类产成品的评估值。

产成品评估值=552×（260×38+20×16）=5 630 400（元）

【例6-6】三泰工厂拟对某类产成品进行评估，该类产成品实有数量为1 250件，单位实际成本为36元，经查，生产该类产品的材料费与工资、其他费用的比例为70：30。评估时，根据目前价格变化情况和其他相关资料，评估人员将材料综合调整系数确定为1.06，将工资、费用综合调整系数确定为1.12。

要求：根据以上资料，计算该类产成品的评估值。

产成品评估值=1 250×36×（70%×1.06+30%×1.12）=48 510（元）

（二）市场法

应用市场法评估产成品的价值，在选择市场价格时应注意考虑下面几项因素。

（1）产成品的使用价值。根据对产品本身的技术水平和内在质量的技术鉴定，确定产品是否具有使用价值以及产品的实际等级，以便选择合理的市场价格。

（2）分析市场供求关系和被评估产成品的前景。

（3）所选择的价格应是在公开市场上所形成的近期交易价格。非正常交易价格不能作为评估依据。

（4）对于产品技术水平先进、产成品外表存有不同程度的残缺的产成品，可根据其损坏程度，通过调整系数予以调整。

采用市场法评估产成品时，现行市价中包含了成本、税金和利润的因素，如何处理待实现的利润和税金，就成为一个不可忽视的问题。对这一问题应作具体分析，应视产成品评估的特定目的和评估的性质而定。

第三节 现金和银行存款、应收账款及其他流动资产的评估

货币类流动资产包括现金和各项存款；债权类流动资产包括应收账款、预付账款、应收票据等。

一、现金和各项银行存款的评估

众所周知，货币性资产不会因时间的变化而发生差异。因此，对于现金和各项银行存款的评估，实际上是对现金的盘点，并与现金日记账和现金总账核对，实现账实相符；对各项银行存款的清查确认，核实各项银行存款的实有数额；最后，以核实后的实有金额作为评估值，如有外币存款，应按评估基准日的汇率折算成等值人民币。

二、应收账款及预付账款的评估

企业的应收账款和预付账款主要指企业在经营过程中由于赊销等原因而形成的尚未收回的款项以及企业根据合同规定预付给供货单位的货款等。这些应收账款存在一定的回收风险，因此，在对这些资产估算时，一般应从两方面进行：一是清查核实应收账款数额；二是估计可能的坏账损失。应收账款评估值计算的基本公式为：

应收账款评估值 = 应收账款账面余额-已确定的坏账损失-预计可能发生的坏账损失与费用　（6-12）

具体进行应收账款的评估时，其基本程序如下。

（一）确定应收账款账面价值

在进行应收账款的评估时，除了进行账证核对、账表核对外，应要求按客户名单发函核对，查明每项应收账款发生的时间、金额、债务人单位的基本情况，并进行详细记录，作为评估时预计坏账损失的重要依据。需要特别注意的是：对机构内部独立核算单位之间的往来必须进行双向核对，以避免重计、漏计。

（二）确认已发生的坏账损失

已发生的坏账损失是指评估时债务人已经死亡或破产，以及有明显证据证明确实无法收回的应收账款。对于已确认的坏账损失，在评估其价值时，应该从应收账款价值中扣除。

（三）确定可能发生的坏账损失

对于被评估企业的应收账款，应根据应收账款收回的可能性进行判断。一般可以根据企业与债务人的业务往来和债务人的信用情况将应收账款分为几类，并按不同类别估计坏账损失发生的可能性及其数额。应收账款的分类情况如下：

第一类：业务往来较多，债务人结算信用好。这类应收账款一般能够如期全部收回。

第二类：业务往来少，债务人结算信用一般。该类应收账款收回的可能性很大，但回收时间不能完全确定。

第三类：偶然发生业务往来，债务人信用状况较差，有长期拖欠货款的记录。这类应收账款可能无法收回。

第四类：有业务往来，但债务人信用状况较差，有长期拖欠货款的记录。这类应收账款可能无法收回。

上述分类方法，既是对应收账款坏账损失可能性的判断过程，也是对预计坏账损失定量分析的准备过程。对预计坏账损失的估计方法主要有如下几种：

1. 坏账比例法

此法是按坏账占全部应收账款的比例来判断不可收回的应收账款，从而确定坏账损失的数额。坏账比例的确定，可以根据被评估企业前若干年（一般为 3～5 年）的实际坏账损失额与其应收账款发生额的比例确定。计算公式为：

$$\text{坏账比例} = \frac{\text{评估前若干年发生的坏账数额}}{\text{评估前若干年应收账款发生额}} \times 100\% \tag{6-13}$$

当然，如果一个企业的应收账款多年未清理，账面找不到处理坏账的数额，也就无法推算出坏账损失率，在这种情况下就不能采取这种方法。

【例6-7】对某企业进行整体资产评估，经核实，截至评估基准日，应收账款的账面余额为520万元，前5年的应收账款发生情况及坏账损失情况如表6-4所示。

表6-4　　　　　　　　　　　　　　　　　坏账损失情况表　　　　　　　　　　　　　　　单位：元

	应收账款余额（元）	处理坏账金额（元）	备注
第1年	1 500 000	200 000	
第2年	2 450 000	72 000	
第3年	2 500 000	120 000	
第4年	3 050 000	83 500	
第5年	2 140 000	10 100	
合计	11 640 000	485 600	

由此计算前5年坏账占应收账款的百分比为：485 600÷11 640 000×100%=4.17%

预计坏账损失额为：5 200 000×4.17%=216 840（元）

确定坏账损失比率时，还应该分析其特殊原因造成的坏账损失，这部分坏账损失产生的坏账比率有其特殊性，不能直接作为未来预计损失计算的依据。

2. 账龄分析法

此法是根据应收账款账龄的长短，分析应收账款预计可收回的金额及其产生坏账的可能性。一般来说，应收账款账龄越长，产生坏账损失的可能性越大。因此，可将应收账款按照账龄长短分成不同的组别，按不同组别估计坏账损失的可能性，进而估计坏账损失的金额。

【例6-8】在对某企业进行评估时，经核实，该企业应收账款实有额为858 000元，具体发生情况以及由此确定坏账损失情况如表6-5和表6-6所示。

表6-5　　　　　　　　　　　　　应收账款拖欠时间分析表　　　　　　　　　　单位：元

欠款单位	总金额	其中：未到期	其中：已过期			
			半年	1 年	2 年	3 年及以上
甲	487 000	202 000	85 000	160 000	40 000	—
乙	176 000	80 000	40 000	—	10 000	46 000
丙	66 000	—	—	18 400	32 000	15 600
丁	129 000	22 000	18 000	24 000	25 000	40 000
合计	858 000	304 000	143 000	202 400	107 000	101 600

表6-6　　　　　　　　　　　　　　坏账损失计算分析表　　　　　　　　　　　单位：元

账龄	应收金额	预计坏账损失率	坏账金额
未到期	304 000	1%	3 040
已过期：半年	143 000	10%	14 300
1 年	202 400	15%	30 360
2 年	107 000	25%	26 750
3 年以上	101 600	43%	43 688
合计	858 000	—	118 138

根据表6-6计算的应收账款评估值=858 000-118 138 =739 862（元）

应收账款的评估应该考虑相应的费用。而且，评估以后，"坏账准备"科目应按零值计算。因为"坏账准备"科目是应收账款的备抵账户，是企业根据坏账损失发生的可能性采用一定的方法计提的。对应收账款评估时，是按照实际可收回的可能性进行的。因此，应收账款评估值就不必再考虑坏账准备数额。

三、应收票据的评估

应收票据是由付款人或收款人签发、由付款人承兑、到期无条件付款的一种书面凭证。应收票据按承兑人不同可分为商业承兑汇票和银行承兑汇票；按其是否带息分为带息商业汇票和不带息商业汇票。商业汇票可依法背书转让，也可以向银行申请贴现。由于商业汇票有带息和不带息之分，所以对不带息票据，其评估值即为票据金额。对于带息票据，应收票据的评估值除票据面值外，还包括票据利息。

应收票据的评估可采用下列两种方法进行。

（一）按票据的本利和计算

应收票据的评估价值为票据的面值加上应计的利息。其计算公式为：

$$应收票据评估值＝本金×（1+利息率×时间）\tag{6-14}$$

【例6-9】某企业拥有一张期限为6个月的票据，票面值为100万元，月利率为5%，截至评估基准日离付款期还有2个月。要求计算其评估值。

$$应收票据的评估值＝1\,000\,000×（1+5\%×2）＝1\,100\,000（元）$$

（二）按应收票据的贴现值计算

应收票据的评估价值为按评估基准日到银行申请贴现的贴现值。其计算公式为：

$$应收票据评估值＝票据到期价值-贴现息\tag{6-15}$$
$$贴现息＝票据到期价值×贴现率×贴现期\tag{6-16}$$

【例6-10】某企业持有一张期限6个月的商业承兑汇票一张，票面金额为500万元，2016年6月10日对该汇票进行评估，该汇票于2016年4月10日签发并承兑，到期日为2016年10月10日，已知贴现率为月利率6‰。要求计算其评估值。

$$贴现期＝122天$$
$$贴现息＝（5\,000\,000×6‰÷30）×122＝122\,000（元）$$
$$应收票据评估值＝5\,000\,000-122\,000＝4\,878\,000（元）$$

与应收账款类似，如果被评估的应收票据系在规定的时间尚未能收回的票据，由于会计处理上将不能如期收回的应收票据转入应收账款账户，此时，应按应收账款的评估方法进行价值评估。

习题

一、单项选择题

1. 将外币存款折算为人民币时，一般应按评估基准日（　　）折算。

　　A. 当月平均外汇牌价　　　　　　　B. 当年平均外汇牌价

　　C. 当月外汇牌价　　　　　　　　　D. 当年最低外汇牌价

2. 采用成本法对在用低值易耗品评估时，成新率的确定应根据（　　）。

　　A. 已使用月数　　B. 已摊销数额　　C. 实际损耗程度　　D. 尚未摊销数额

3. 2016年3月1日对库存甲种材料进行评估，库存该材料共两批，2015年12月购入500千克，单价1 200元，已领用400千克，结存100千克，2016年2月购入200千克，单价1 500元，尚未领用。企业会计采用先进先出法核算，该库存材料评估值最接近于（　　）元。

　　A. 450 000　　　　B. 420 000　　　　C. 360 000　　　　D. 390 000

4. 某被评估企业截至评估基准日，经核实后的应收账款余额为1 460 000元，该企业前5年的应收账款累计余额7 200 000元，处理坏账累计额610 000元，按坏账比例法确定该企业应收账款的评估值最接近于（　　）元。

　　A. 1 336 320　　　B. 7 200 000　　　C. 36 000　　　　D. 1 365 630

5. 某企业向甲企业售出材料，价款500万元，商定6个月后收款，采取商业承兑汇票结算。该企业于4月10日开出汇票，并由甲企业承兑，汇票到期日为10月10日。现对该企业进行评估，基准日定为6月10日，由此确定贴现日期为120天，贴现率按月息6‰计算，因此该应收票据的评估值为（　　）万元。

　　A. 12　　　　　　B. 500　　　　　　C. 488　　　　　　D. 450

6. 某项在用低值易耗品，原价900元，按"五五"摊销法，账面余额为450元，该低值易耗品使用寿命为1年，评估时点已使用了9个月，该低值易耗品的现行市场价格为1 200元，由此确定该在用低值易耗品为（　　　）元。

    A. 900　　　　　　B. 1 200　　　　　　C. 450　　　　　　D. 300

7. 某企业产成品实有数量80台，每台实际成本94元，该产品的材料费与工资、其他费用的比例为70：30，根据目前有关资料，材料费用综合调整系数为1.20，工资、其他费用综合调整系数为1.08。该产品的评估值应接近于（　　　）元。

    A. 9 745　　　　　B. 8 753　　　　　C. 7 520　　　　　D. 8 800

8. 某企业3月初预付6个月的房屋租金90万元，当年5月1日对该企业评估时，该预付费用评估值为（　　　）万元。

    A. 35　　　　　　B. 60　　　　　　C. 45　　　　　　D. 30

9. 对某企业进行评估时，一部分产品正处于生产加工中尚未完工，数量为200个，这部分在产品已经过16个小时的加工工序，而完成单位产成品需要20个工时，已知在评估基准日同类产品的单位重置成本为100元，经评估人员确定该产品的成本消耗与生产工时成正比，则该在产品的评估值最有可能是（　　　）元。

    A. 20 000　　　　B. 16 000　　　　C. 18 000　　　　D. 100 000

10. 一般来说，应收账款评估后，账面上"坏账准备"科目应为（　　　）。

    A. 零　　　　　　　　　　　　　　B. 应收账款的 3‰～5‰

    C. 按账龄分析确定　　　　　　　　D. 评估确定的坏账数字

二、多项选择题

1. 流动资产的实体性贬值可能会出现在（　　　）。

    A. 在产品　　　　　　　　　　　　B. 应收账款

    C. 在用低值易耗品　　　　　　　　D. 呆滞、积压物资

2. 评估库存材料的变现价值时，需考虑的因素有（　　　）。

    A. 市场价格的选择　　　　　　　　B. 被评估材料变现费用

    C. 被评估材料变现风险　　　　　　D. 被评估材料的成本

3. 产成品及库存商品的评估，一般可采用（　　　）。

    A. 年金法　　　　B. 成本法　　　　C. 市场法　　　　D. 分段法

4. 评估应收账款时，其坏账的确定方法有（　　　）。

    A. 坏账比例法　　　　　　　　　　B. 账龄分析法

    C. 账务制度规定的 3‰～5‰　　　　D. 账面分析法

5. 用市场法对拟转让的在产品进行评估时，应考虑的因素主要有（　　　）。

    A. 市场价格　　　B. 实体损耗　　　C. 管理费用　　　D. 变现费用

6. 对低值易耗品进行评估时，应考虑的因素主要有（　　　）。

    A. 市场价格　　　B. 实体性损耗　　　C. 功能性损耗　　　D. 经济性损耗

7. 对于购进时间长，市场已脱销，没有准确市场现价的库存材料评估，可以（　　　）。

    A. 利用替代品的价格资料调整分析其评估价值

    B. 在市场供需分析的基础上，确定该项材料的供需关系，并以此修正账面价值得到其评估价值

    C. 把材料的账面价值作为评估值

    D. 通过市场同类商品的平均物价指数对账面价值进行调整评估

8. 在预付费用的评估中，正确的说法有（　　）。

A. 预付费用在评估基准日前已经支付，但在评估基准日后才能产生效益的价值，才能成为预付费用的评估值

B. 预付费用在评估基准日前已经支付，其产生的效益在评估基准日前已全部体现的，其预付费用的评估值应为零

C. 预付费用的评估应按核实后实际支付值为其评估值

D. 对评估基准日前已经支付的预付费用的评估，应区别其在评估基准日之前和之后发生效益的情况，分别按零值和预留评估值进行评定

9. 关于流动资产的评估，下列说法正确的有（　　）。

A. 实物类流动资产的评估方法通常采取市场法和成本法

B. 通常情况下，货币类流动资产以账面原值作为评估值最为合理

C. 债权类流动资产按可变现净值进行评估

D. 评估流动资产一般不需考虑资产的功能性贬值因素

10. 对于带息应收票据可以采用（　　）进行评估。

A. 先进先出法　　　　　　　　　　B. 后进先出法

C. 票据本利和的方法　　　　　　　D. 票据贴现值的方法

11. 流动资产评估无需考虑功能性贬值是因为（　　）。

A. 周转速度　　　B. 变现能力强　　　C. 形态多样化　　　D. 库存数量少

三、计算题

1. 龙城企业在联营过程中，需对其某一工序上的在产品进行评估。该工序上的在产品数量为5 000件，根据行业平均定额标准得知，其在该工序上的材料消耗定额为10千克/件，工时定额为5小时/件。经过市场调查得知，该在产品耗用材料近期的市场价格为10元/千克，相同工种正常小时工资为6元/小时，该企业产品销路一向很好，假设不存在变现风险。

要求：计算该企业在产品的评估值。

2. 海凤企业评估基准日2014年12月31日账面预付费用余额558 200元。其中，当年1月31日预付未来1年的保险金120 000元，已摊销70 000元；尚待摊销的低值易耗品243 000元，该企业已经对全部低值易耗品进行了评估；2015年7月1日预付未来1年房租300 000元，已摊销150 000元。前几年因成本高而未结转的费用为115 000元。

要求：根据以上资料评估该企业预付费用的价值。

3. 现有三泰企业的产成品材料、库存商品和低值易耗品的资料如下：

（1）评估基准日前一个月从外地购进产成品材料50千克，单价200元，当时支付运杂费500元，根据原始记录和清查盘点，评估时库存材料尚存15千克；

（2）截至评估基准日，企业库存商品实有数30件，每件实际成本200元，该库存商品的材料费与工资、其他费用的比例分别为80%和20%。根据目前有关资料，材料费用综合调整系数为1.36，工资、其他费用综合的调整系数为1.05；

（3）截至评估基准日，在用低值易耗品原价1 300元，预计使用1年，现已使用4个月，该低值易耗品现行市价900元。

要求：根据以上资料，评估该企业的产成品材料、库存商品和低值易耗品的价值。

四、案例分析题

某公司被其他公司兼并，生产全面停止，现对其库存在产品A、B、C、D进行评估。有关资料情况如下所示：

（1）在产品A已从仓库中发出，尚未进一步加工处理。在产品A共有1 000件，账面价值为20 000

元,现行市价为25元/件,可出售;

（2）在产品B有500件已加工完毕,账面价值5 500元,300件尚未加工完毕,准备作为原材料出售,其约当产量为200件,账面价值2 200元。300件未加工完的B产品原材料费用为1 200元。根据调查,该产品的市场可接受价为10元/件,全面调剂费用为100元,但调剂尚存在风险,预计有80%能够调剂;

（3）在产品C已加工完毕,其100件,账面价值1 000元,但对于兼并企业来说,C既无继续加工的价值,又无法调剂出去。C作为废品处理时,可回收的价格为300元。

（4）在产品D已加工成部件,累计账面价值为20 000元,其中有150件在产品需要报废处理,估计可回收的废料价值为3 500元。

根据以上资料,使用市场法估算该企业库存在产品A、B、C、D的评估值。

第七章 长期投资资产和其他资产评估

📖 【学习目标】

通过本章的学习掌握以下内容。

- 掌握长期投资及其他长期性资产评估的特点；
- 掌握长期投资及其他投资评估的方法；
- 掌握机器设备市场比较法评估中有关比较指标的修正系数的确定。

✎ 【能力目标】

- 让学生了解长期投资及其他长期性资产评估的应用前景；
- 注重学生长期投资及其他长期性资产评估及相关概念的认识能力。

📚 【引导案例】

我们长期股权投资价值几何

2012年3月，A投资者对甲公司投资60万元并取得其30%的股权。投资3年后，A投资者转让该项投资。3年间，甲公司每年取得利润50万元。A投资者将利润所得全部用于公司的追加投资。假定其他投资者没有进行追加投资，请问2015年3月A投资者长期股权投资的转让价值应是多少？

第一节 长期投资评估及其特点

一、长期投资的概念及其分类

（一）长期投资的概念

长期投资是指不准备在一年内变现的投资，包括股票投资、债券投资和其他投资。人们通常把长期投资分为广义的长期投资和狭义的长期投资两种。

（1）广义的长期投资是指企业投入财力（包括本企业和企业以外的投资活动），以期获得投资报酬的活动和行为。

（2）狭义的长期投资是指企业向那些并非直接为本企业使用的项目投入资产，并以利息、使用费、分红、股息或租金收入等形式获得收益的行为。

从资产评估的角度来看，长期投资是指企业持有的时间超过一年，以获得投资权益和收入为目的，向那些并非直接为本企业使用的项目投入资产的行为。

（二）长期投资的分类

（1）实物资产的长期投资。是指投资方以实物资产方式，包括厂房、机器设备、材料等作为资本投入或参与其他企业运营或组成联营企业。

（2）无形资产的长期投资。是指投资方以自身拥有的无形资产，如专有技术、商标、土地使用权等作为资本投入其他企业，组成联合企业。

（3）证券资产的长期投资。是指通过证券市场购买其他企业的股票或债券（如国库券、企业债券和金融债券）等，以期达到投资于其他企业的目的。

二、长期投资评估的特点

（一）长期投资的目的

作为投资者，从总的方面来看，长期投资的根本目的是为了获取投资收益及资本增值。但是，在不同的条件下，长期投资的目的会以不同的表现形式或以阶段性的目的表现出来。如通过大量购买另一企业的股票的长期投资，其直接目的是为了控制另一家企业。又如，通过长期投资，与另一家企业或单位建立起持久的供货和销货的合作关系等。

（二）长期投资评估的特点

长期投资评估的特点取决于长期投资的目的。

（1）长期投资评估是对资本的评估。从出资的形式来看，用于长期投资的资产可以是货币资金、实物资产，也可以是无形资产。但是，不论出资的形式如何，投资者都是把它们作为资本投入到另一个企业或特殊项目上；而且从长期投资所发挥的作用来看，都具有资本的功能。因而，长期投资的评估实际上是对资本的评估，这是长期投资评估的一个显著特点。

（2）长期投资评估是对被投资企业的偿债能力和获利能力的评估。长期投资的根本目的是为了获得投资收益，它的价值主要体现在其获利能力的大小上。同时，获利能力的大小，一是取决于其数量；二是取决于其风险。偿债能力是衡量风险的一项重要指标。因此，长期投资的评估，实际上是对长期投资的对方企业的评估，也就是对其获利能力和偿债能力的评估。

总之，进行长期投资评估，需要对被投资企业进行审计和评估。这样，长期投资评估就会受到某些限制，需要充分利用资产评估的"替代原则"，寻找其他的途径或方法。

三、长期投资评估程序

（1）明确长期投资项目的有关详细内容。如投资种类、原始投资额、评估基准日余额、投资占被投资企业实收资本的比例和所有者权益的比例、相关会计核算方法等。

（2）进行必要的职业判断。判断长期投资投出和收回金额计算的正确性和合理性，判断被投资企业资产负债表的准确性。

（3）根据长期投资的特点选择合适的评估方法。可上市交易的债券和股票一般采用市场法进行评估，按评估基准日的收盘价确定评估值；非上市交易及不能采用市场法评估的债券和股票一般采用收益法，根据综合因素确定适宜的折现率，确定评估值。

（4）评定测算长期投资，得出评估结论。

第二节　有价证券投资的评估

一、债券投资的评估

（一）债券及其特点

债券是政府、企业和银行等债务人为了筹集资金，按照法定程序发行并向债权人承诺于指定日期还本付息的有价证券。证券基本要素包括债券面值、票面利率和到期日。

按债券发行主体来划分，可以归纳为以下三种。

1. 政府债券

政府债券是政府为筹集资金向出资者出具并承诺在一定时期支付利息和偿还本金的债务凭证。一般包括国家债券即中央政府债券、地方政府债券和政府担保债券。

2. 公司债券

公司债券是企业所发行的,在一定时期支付利息和偿还本金的债务凭证。公司债券是企业筹集长期资金的重要方式,期限较长,大多为 10~30 年。公司债券的风险相对一般政府债券和金融债券较大,因此其利率也高于一般政府债券和金融债券。

由于公司债券的风险较高,为了保证投资者的资金安全,很多国家的法律都对公司债券的发行进行一定的限制,一般体现在以下几个方面:

(1)对拟发行债券的公司进行信用评级。评定债券等级的主要依据是发行公司的历史、业务范围、财务状况和经营管理水平。等级越高,资信水平越高,债券风险就越小。

(2)要求发行公司提供抵押品担保。

(3)对公司债券发行额进行限制,如果发行有担保的公司债券,债券总额不得超过公司净资产额;如果发行无担保公司债券,一般不能超过公司净资产的1/2。

3. 金融债券

金融债券是指银行及其他金融机构所发行的债券。金融债券期限一般为 3~5 年,其利率高于同期定期存款。金融债券由于发行者是金融机构,资信较高,多为信用债券。

债券具有如下特点。

(1)收益稳定性。债券通常都规定票面利率,它并不随市场利率的变动而变动。在一般情况下,债券发行主体为了吸引投资者,通常要把债券利率定得高于同期银行定期储蓄存款利率,所以债券的收益是比较稳定的。

(2)投资风险小。在正常情况下,无论是政府、企业还是银行发行债券都必须按国家有关规定严格执行。政府发行的债券是以国家财政担保;银行发行债券是以银行的信誉及资产做后盾;发行公司债券的企业通常有较好的发展前景,并由企业资产担保。

(二)上市债券的评估

当长期投资中的债券作为评估对象时,如果该种债券可以在市场上流通买卖,并且市场上有该种债券的现行市价,那么,对于投资者来说,尽管不准备在近期内将这种债券变现,该种债券的现行市价仍然是该种债券价格最重要的依据。在正常情况下,上市债券的现行市场价格可以作为它的评估值。

可上市交易的债券的现行价格,一般是以评估基准日的收盘价确定评估值;同时,评估人员应在评估报告中说明所用评估方法和结论,并申明该评估结果应随市场价格变动而予以调整。

$$债券评估值=债券数量×评估基准日债券收盘价(市场法) \qquad (7\text{-}1)$$

应当强调指出,不论按什么方法评估,上市债券的评估值一般不应高于证券交易所公布的同种债券的卖出价。

当证券市场投机严重、债券价格严重扭曲、债券价格与其收益现值严重背离时,对上市债券的评估可参照非上市债券的评估方法。

【例7-1】某企业持有2012年发行的5年期国库券1 000张,每张面值100元,年利率10.2%。评估时,2012年发行的国库券面值100元的市场交易价为112元,评估人员评估该企业持有的该种国库券评估基准日的评估值为:

$$评估值=1\ 000×112=112\ 000(元)$$

(三)非上市债券的评估

不能进入市场自由买卖的债券无法通过市场取得现行市价,主要采用收益法进行评估。根据非上市债券还本付息的方式,把债券分为两类:每年支付利息、到期还本的情况和到期一次还本付息、平时不支付利息的情况。对其采取不同的具体评估方法。

1. 每年（期）支付利息、到期还本的债券评估

每年（期）支付利息、到期还本的债券评估，采用有限期的收益法，其公式为：

$$P=\sum_{i=1}^{n}\frac{E_i}{(1+r)^i}+\frac{P_0}{(1+r)^n} \tag{7-2}$$

式中：P ——债券的评估值；

P_0 ——债券的面值；

E_i ——债券在第 i 年的预期收益（利息）；

r ——适用的折现率；

n ——债券年限。

由式（7-2）可见，长期债券的收益现值评估，实际上是在投资年份里，长期投资带来的收益和投资本金的折现之和。由于债券利率和还本期都是事先约定好的，因此计算预期收益并不困难。而债券评估的折现率也是由两部分内容构成的，即无风险报酬率和风险报酬率。前者可采用政府发放短期债券的利率、国库券利率或银行贷款利率等；后者则应考虑发行债券的企业财务状况、债券到期年限、行业风险等因素。

就我国企业债券发行情况看，企业发行债券需经国家批准，而国家对发行债券的企业有着严格的约束条件，所以，发行债券的企业大多数是交通、电力等基础建设行业，具有信誉好、经济效益高、风险小等优势。只要评估人员认为债券发行主体具有偿债能力和付息能力，债券风险就不是很大。

【例7-2】某被评估企业拥有债券本金150 000元，期限为3年，年息为10%，按年付息，到期还本。评估时债券购入已满1年，第1年利息已作投资收益入账。评估时，国库券年利率为7.5%，考虑到债券为非上市债券，不能随时变现，经测定企业财务状况等因素，确定风险报酬率为1.5%，因此测定该种债券的折现率为9%。评估过程如下：

$$评估值=\frac{15\,000}{1+9\%}+\frac{15\,000}{(1+9\%)^2}+\frac{15\,000}{(1+9\%)^2}$$

$$=15\,000\times0.917\,4+15\,000\times0.841\,7+150\,000\times0.841\,7$$

$$=152\,641.5（元）$$

2. 到期后一次性还本付息的债券评估

这类债券是指平时不支付利息，到期后连本带利一次性支付。评估时，应将债券到期时一次性支付的本利和折现求得评估值。其计算公式为：

$$P=\frac{F}{(1+r)^n} \tag{7-3}$$

式中：P——债券的评估值；

F——债券到期时本金和利息之和；

n——评估基准日到债券还本付息的期限；

r——折现率。

关于本利和 F 的计算，应视债券利率是采用单利率计算还是复利率计算而定。

（1）采用单利率计算时，可按下式计算：

$$F=P_0（1+m\cdot r） \tag{7-4}$$

式中：P_0——债券面值或计算本金值；

m——债券的期限或计息期限；

r——债券利息率。

（2）采用复利率计算时，可按下列公式计算：

$$F=P_0 (1+r)^m \qquad (7-5)$$

式中符号含义同上。

【例7-3】被评估企业持有铁路建设债券50 000元，发行期为4年，一次还本付息。年利率10%，不计复利。评估时债券的购入时间已满3年，当时国库券利率为7%。评估人员认为铁路建设债券风险不大，按2%确定风险报酬率，折现率为9%。该债券评估过程如下：

$$F = P_0 (1+m \cdot r) = 50\ 000 \times (1+10\% \times 4) = 70\ 000 （元）$$

$$P = \frac{70\ 000}{1+9\%} = 64\ 220 （元）$$

二、股票投资的评估

（一）股票投资的特点

股票是股份公司发给出资人的股份所有权的书面凭证，股票表明公司与股东的约定关系，实质上是一种特殊的信用工具。

1. 股票的种类

股票的种类很多，按不同标准可以有以下分类：

（1）按票面是否记名，分为记名股票和无记名股票；

（2）按有无票面金额，分为面值股票和无面值股票；

（3）按股利分配和剩余财产分配顺序，分为普通股、优先股和后配股；

（4）按股票是否上市，分为上市股票和非上市股票；

（5）按投资主体不同，分为国家股、法人股、个人股和外资股。

2. 股票的价格

股票不仅种类多，而且有多种价格，包括：

（1）票面价格，是指股份公司在发行股票时所标明的每股股票的票面金额；

（2）发行价格，是指股份公司在发行股票时的出售价格，主要有面额发行、溢价发行、折价发行。一般同一种股票只能有一种发行价格；

（3）账面价格，又称股票的净值，是指股东持有的每一股股票在公司财务账单上所表现出来的净值，是证券分析家和财会人员运用的一个概念；

（4）清算价格，是指企业清算时，每股股票所代表的真实价格。是公司清算时，公司净资产与公司股票总数之比值。股票的清算价格取决于股票的账面价格、资产出售损益、清算费用高低等因素；

（5）内在价格，是一种理论依据，是根据证券分析人员对未来收益的预测而折算出来的股票现时价格。股票内在价格的高低主要取决于公司的发展前景、财务状况、管理水平以及获利风险等因素；

（6）市场价格，是指证券市场上买卖股票的价格。在证券市场发育完善的条件下，股票市场价格是市场对公司股票的一种客观评价。

对股票进行评估，与上述前三种股票价格关系不大，只与股票的内在价格、清算价格和市场价格有关。

由于股票有上市和非上市之分，股票评估也可按上述两类进行。

（二）上市股票的评估

上市股票是指企业公开发行的，可以在股票市场上自由交易的股票。在交易正常条件下，股票的市场价格基本上可以作为评估股票的依据。因此，可以按照评估基准日的收盘价确定被评估股票的价值。其计算公式为：

$$上市股票评估值=股票股数×评估基准日该股票收盘价 \qquad (7-6)$$

【例7-4】某企业持有A企业上市股票10 000股，评估基准日该股票的收盘价为每股6.5元。

股票评估值=10 000×6.5=65 000（元）

依据股票市场价格进行评估的结果，应在评估报告中说明所采用的方法，并说明该评估结果应随市场价格变化而予以适当调整。

（三）非上市股票的评估

1. 优先股的评估

按照惯例，优先股在发行时就已规定了股息率。对优先股评估，主要是判断股票发行企业是否有足够的税后利润用于优先股的股息分配，如果发行企业经营情况较好，具有较强的支付能力，表明优先股基本上具备了"准企业债券"的性质。评估人员可以根据事先确定的股息率计算优先股的年收益额，然后进行折现或资本化处理。其公式为：

$$P=\sum_{i=1}^{m} r\frac{R_i}{(1+r)^i}=\frac{A}{r} \qquad (7-7)$$

式中：P——优先股的评估值；

R_i——第 i 年的优先股收益；

R——折现率；

A——优先股的等额股息收益。

【例7-5】评估企业持有另一家股份公司优先股500股，每股面值10元，年股息率为10%，评估时，国库券利率为7%，评估人员经过调查分析，确定风险报酬率为2%，该优先股的折现率（资本化率）为9%。根据上述资料，评估结果如下：

$$P=\frac{A}{r}=\frac{500×10×10\%}{9\%}≈5\,556（元）$$

如果非上市优先股有上市的可能，持有人又有转售意向，此类优先股可按照下列公式评估：

$$P=\frac{A_i}{(1+r)^i}+\frac{R_{n+1}}{(1+r)^n} \qquad (7-8)$$

式中：P——评估值；

A_i——持有期第 i 年的定额股息；

R_{n+1}——转让市价。

【例7-6】一家百货公司发行的15万股非上市股票，每股面值1元。该股票发行时，宣布5年后公开上市。被评估企业持有该股票已有2年，每年每股股票的股利收益率为15%左右。被评估企业拟在股票公开上市时出售。评估人员在对该百货公司的经营情况调查分析后，认为在今后3～5年期间每股股息率保持在15%是有充分把握的。3年后股票上市的市盈率达到10倍是客观的，经测定折现率为9%。其评估过程如下：

$$P=\sum_{i=1}^{3}\frac{A_i}{(1+r)^i}+\frac{R}{(1+r)^3}$$

$$=150\,000×15\%×\frac{1-\frac{1}{(1+9\%)^3}}{9\%}+10×15\%×150\,000×\frac{1}{(1+9\%)^3}$$

$$=230\,699（元）$$

2. 普通股的评估

普通股的股息和红利的分配顺序是在优先股收益分配之后进行的，收益额不固定，实际上是企业剩余权益的分配。这样，普通股预期收益的预测相当于对股票发行企业剩余权益的预测。为了便于普通股的评估，把普通股分为三种类型：固定红利模型、红利增长模型和分段式模型。

（1）固定红利模型。是针对经营比较稳定、红利分配相当稳定的普通股的评估设计的。它根据企业经营及红利分配的政策比较稳定的趋势和特点，运用假设的方式，认定今后企业红利分配策略建立在一个相对固定的水平上。根据这些前提条件，运用固定红利模型评估普通股的价值。用公式表示为：

$$P = \frac{D_1}{r} \qquad (7-9)$$

式中：P——股票评估值；

D_1——下一年的红利额；

r——折现率或资本化率。

【例7-7】某被评估企业持有甲机械厂发行的非上市法人股20万股，每股面值1元。被评估企业持股期间，每年股票收益率保持在12%左右的水平。评估人员经过调查分析，判断甲机械厂生产经营比较稳定，在可预见的年份中保持10%的红利分配水平是可行的。同时，又考虑到该股票为非上市流通股票，加之机械行业技术进步较快、竞争激烈等情况，在选用国库券利率7%的基础上确定风险报酬率为2%，折现率为9%。依上述资料，评估过程和结果为：

每股股票价格：

$$P_0 = \frac{10\% \times 1}{7\% + 2\%} = 1.111\ 11\ （元）$$

被评估企业持有的股票价值：

$$P = 1.111\ 11 \times 200\ 000 = 222\ 222\ （元）$$

（2）红利增长模型。红利增长模型适合于成长型企业股票评估。成长型企业具有发展前景好、潜力大、追加投资能带来较高收益的特点。该模型是假设股票发行企业，在红利分配政策上不是把企业的全部剩余收益以股息红利的形式分光吃净，而是保留一部分收益用于追加投资，扩大再生产经营规模，增加企业的获利能力，最终使股东的潜在获利能力增大，红利呈增长趋势。根据成长型企业股票红利分配的特点，可按红利增长模型评估股票价值。其计算公式为：

$$P = \frac{D_1}{r - g} (r > g) \qquad (7-10)$$

式中：P——股票的评估值；

D_1——下一年股票的股利额；

r——折现率；

g——股利增长比率。

股利增长比率 g 的测定方法有两种，第一种是历史数据分析法，是在企业历年红利分配数据分析的基础上，利用统计方法计算出股票红利历年的平均增长速度，作为增长率 g 的基本依据。第二种是发展趋势分析法，主要是根据股票发行企业股利分配政策，以企业剩余收益中用于再投资的比率与企业股本利润率的乘积，确定股利增长比率 g。

【例7-8】某被评估企业拥有另一企业发行的面值共50万元的非上市普通股股票。从持股期间看，每年股利分派相当于票面价格的10%左右。经评估人员调查了解到：股票发行企业每年将税后利润的75%用于股利发放，另25%用于扩大再生产。经过分析，从总的趋势看，今后几年股本利润率将保持在15%左右，测定的风险报酬率为2%，无风险报酬率以国库券利率7%为依据，则该种普通股票价格评估如下：

$$D_1 = 500\ 000 \times 10\% = 50\ 000\ （元）$$

$$r = 7\% + 2\% = 9\%$$

$$g = 25\% \times 15\% = 3.75\%$$

$$P = \frac{50\ 000}{9\% - 3.75\%} = 952\ 381\ （元）$$

（3）分段式模型。前两种模型过于极端化，对于具有很大风险的股票市场来说，很难被人们所接受。分段式模型正是避免上述永久折现法的各种缺点而产生的。

该模型的基本思路是，先按照评估目的把股票收益期分为两段，一段是连续不断取得股利的持股期，另一段是第一段期末以后的收益期。如果持股人是中长期单纯股票投资者，持股人转卖股票的预期年限就是前后两段当然的期限，对前段逐年预期股利折现，对后段按股票预期市价折现，汇总两段现值，即是股票评估值。

第三节 股权投资的评估

一、股权投资的形式

企业以直接投资形式进行股权投资，主要是由于组建联营企业、合资经营企业或合作经营企业等而进行的投资。

通过协议或合同，规定了投资方和被投资方的权利、责任和义务，以及投资收益的分配形式，比较常见的有：

（1）按投资方投资额占被投资企业实收资本的比例，参与被投资企业净收益的分配；

（2）按被投资企业的销售收入或利润的一定比例提成；

（3）按投资方出资额的一定比例支付资金使用报酬等。

投资本金的处置办法取决于投资是否有期限，无期限的投资不存在投资本金的处置问题。若协议规定投资是有限期的，则在协议期满后的处置方法一般有：（1）按投资时的作价金额以现金退还；（2）返还实投资产；（3）按协议期满时实投资产的变现价格或续用价格作价，以现金返还等。

二、股权投资的评估方法

对于股权投资，无论采取什么样的投资形式和收益分配形式，其评估方法一般都应选用收益法。

对于合同、协议明确约定了投资报酬的，可将按约定应获得的收益折为现值，计作评估值。对到期收回实物资产的，按约定或预测出的收益折为现值，再加上到期收回资产的价值，计算评估值。对于不是直接获取资金收入，而是取得某种权利或其他间接经济利益的，可尝试测算相应的经济收益，折现计算评估值；或根据剩余的权利或利益所对应的重置价值确定评估值。明显没有经济利益，也不能形成任何经济权利的，按零值计算。

【例7-9】某食品机械厂以其机器设备向A食品厂投资，协议生产经营联合期限为10年，双方按各自投资比重分配A食品厂的利润。机械厂投资50万元，占A食品厂资本总额的25%。双方约定投资期届满时，A食品厂按某机械厂投入机器设备折余价值返还某机械厂，确定年折旧率为5%。评估时，双方已联合经营满5年。经调查分析，评估人员预测今后5年A食品厂经营规模和财务状况相对比较稳定，每年预计分得红利10万元。经测定折现率为10%，其评估结果如下：

$$P=\sum_{i}^{n}\frac{R_i}{(1+r)^i}+\frac{P_0}{(1+r)^n}$$

$$=100\,000\times\frac{(1+10\%)^5-1}{10\%\times(1+10\%)^5}+250\,000\times\frac{1}{(1+10\%)^5}$$

$$=100\,000\times3.790\,8+250\,000\times0.620\,9$$

$$=534\,305（元）$$

【例7-10】甲纺织厂以专利权向乙纺织厂投资，联合经营期双方约定为10年，甲纺织厂每年按乙纺织厂使用其专利技术生产产品销售收入的3%收取投资收益。在协议期满时甲纺织厂允诺放弃该项专利技术，评估时双方业已经营5年，乙纺织厂历年销售额在150万元上下波动，评估人员分析，今后5年仍可保持前期水平，折现率确定为11%。该项专利直接投资的价值为：

$$P=\sum_{i=1}^{n}\frac{R_i}{(1+r)^i}=1\,500\,000\times3\%\times\frac{(1+11\%)^5-1}{11\%\times(1+11\%)^5}\approx166\,316\ (\text{元})$$

以上是股权投资中直接投资评估的基本思路。直接投资由于投资比重不同，可以分为全资投资、控股投资和非控股投资。评估人员在进行评估时，应查阅协议章程等文件，根据规定评定其评估值。

对全资企业和控股企业的直接投资，应对被投资企业进行整体评估，评估人员现场实地核查其资产和负债情况，并采用整体企业评估方式评估确定其净资产额，将全资企业的净资产额作为对该企业直接投资的评估值。对控股企业，应按投资股权比例计算应分得的净资产额，即为对该企业直接投资的评估值。如果被投资企业经过评估，净资产额为零或为负值时，对该企业的直接投资的评估值则为零。

对非控股的直接投资，一般应采用收益法进行评估，即根据历史上的投资收益和被投资企业的未来经营情况及风险预测长期投资的未来收益，用适当的折现率折算为现值，得出评估值。再根据直接投资所占的份额，计算确定评估值。

对投资份额很小，或直接投资发生时间不长、被投资企业资产账实基本相符的，则可根据被评估企业经过注册会计师审计的资产负债表上的净资产数额，再根据投资方应占的份额确定评估值。

第四节　其他资产的评估

一、其他资产及其确认

（一）其他资产的概念

其他资产是指除流动资产、长期股权投资、持有至到期投资、固定资产、无形资产以外的资产，主要包括具有长期性质的待摊费用和其他长期资产。

长期待摊费用是指企业已经支出，但摊销期限在一年以上（不含一年）的各项费用，包括股票发行费用、筹建期间费用（开办费）等。

其他长期资产主要包括特准储备物资、银行冻结物资以及涉及诉讼的财产等。

具有长期性质的待摊费用本质上是一种费用，而不是资产，只是这种费用的影响不仅体现在本年度，而且延续到以后若干会计年度。

（二）作为资产评估对象的其他资产的界定

其他资产属于预付费用性质，收益期满后，其本身没有交换价值，不可转让，一经发生就已消耗，但能为企业创造未来效益，并从未来收益的会计期间抵补各项支出。只有当它赖以依存的企业发生产权变动时，才有可能涉及到企业其他资产的评估。

就资产评估的角度，特别是从潜在的投资者的角度，来看待这些在评估基准日以前业已发生的预付性质的费用，它的价值并不取决于它在评估基准日前业已支付了多少数额，而是取决于它在评估基准日之后能够为企业新的产权主体带来多大的利益。所以，只有它能为新的产权主体形成某些新的资产和带来经济利益的权利的时候，才能成为资产评估的对象。

评估人员在进行评估时，首先要了解其他资产评估对象的合法性、合理性、真实性和准确性，认真检查核实，了解费用支出摊销和结余情况，了解形成新资产和权利及尚存情况。其他资产的评估值，要根据评估目的实现后的资产占有者还存在的且与其他评估对象没有重复的资产和权利的价值确定。

二、其他资产的评估方法

其他资产评估的基本标准是只有在评估基准日后能为新的产权主体产生利益的，才能界定为其他资产的评估对象。为此，对其他资产进行评估，其主要依据表现在以下 3 个方面。

（1）其他资产未来可产生效益的时间，应作为对其评估的主要依据。如果在评估基准日后没有尚存的资产和权利，只是因为数额过大才采用分期摊销的办法，不应计算其评估值。

（2）其他资产在未来单位时间内（每年、月）可产生的效益或可节约的货币支出额，取决于其他资产发生时预付费用的数额、预付费用取得某项服务权利持续的时间和评估基准日后该项服务权利尚剩余的时间。

（3）其他资产在评估基准日后所能产生的效益，是否需要考虑其货币时间价值，主要应根据新的产权主体在未来受益期的长短。一般来说，在一年以内的不予考虑；超过一年的，视其具体内容、数额大小，以及市场行情变化趋势而定。

根据以上原则，其他资产的评估方法如下。

（1）开办费。根据现行会计法规的规定，企业筹建期间发生的开办费，应于开始生产经营起一次计入生产经营当期的损益。因此，如果企业不是在筹建期间进行评估，则不存在开办费的评估问题。如果企业在筹建期间进行评估，因为开办费的尚存资产或权利的价值难以准确计算，所以可按其账面价值计算其评估值。

（2）其他长期待摊费用。其影响可能延续到以后若干年。理论上，对这类项目的评估，应依据企业的收益状况、收益时间及货币的时间价值，以及现行会计法规的规定等因素确定其评估值。货币的时间价值按受益时间长短而定，一年以内的一般不予考虑，超过一年的要根据具体内容、市场行情的变化趋势处理。实践中，由于并不能准确界定这些费用在未来产生收益的能力和状况，如果物价总水平波动不大，就可以将其账面价值作为其评估价值，或者按其发生额的平均数计算。

【例7-11】某被评估企业因产权变动交易涉及其他资产评估，截止到评估基准日，企业其他资产科目账面借方余额为136万元，其中营业室装饰性费用82万元；预付房租36万元，租期3年，租赁期尚余2年，已摊销20万元，账面余额16万元；长期借款利息38万元。评估人员经过调查分析，根据评估基准日能否产生经济效益为标准，对其他资产进行评估。

（1）营业室装饰性费用，已在固定资产价值评估中体现，故本项目评估值为零。

（2）预付房租，租期3年，使用权尚剩余2年，则：

$$评估值 = \frac{36}{3} \times 2 = 24 \text{（万元）}$$

（3）借款利息属期间费用，其效益在评估基准日以前业已体现，故应按零值处理。

评估结论：企业其他资产评估值为24万元。

习题

一、名词解释

1. 股权投资
2. 股票
3. 债券
4. 普通股
5. 优先股

二、单项选择题

1. 股票未来收益的现值是（　　　）。

　　A. 账面价值　　　　B. 内在价值　　　　C. 票面价值　　　　D. 清算价值

2. 在股市发育不全、交易不规范的情况下，作为长期投资中的股票投资的评估值应以（　　　）为基本依据。

　　A. 市场价格　　　　B. 发行价格　　　　C. 内在价值　　　　D. 票面价格

3. 作为评估对象的递延资产的确认标准是（　　　）。

　　A. 是否已摊销　　　　　　　　　　B. 摊销方式

　　C. 能否带来预期收益　　　　　　　D. 能否变现

4. 被评估债券为2013年发行，面值100元，年利率10%，3年期。2015年评估时，债券市场上同种同期、面值100元的债券交易价为110元，该债券的评估值应为（　　　）。

　　A. 120 元　　　　B. 118 元　　　　C. 98 元　　　　D. 110 元

5. 被评估债券为非上市债券，3年期，年利率为17%，按年付息到期还本，面值100元，共1 000张。评估时债券购入已满1年，第一年利息已经收账；当时1年期国库券利率为10%，1年期银行储蓄利率为9.6%。该被评估企业债券的评估值最接近（　　　）。

　　A. 112 159 元　　　　B. 117 000 元　　　　C. 134 000 元　　　　D. 115 470 元

6. 被评估债券为4年期一次性还本付息债券，面值10 000元，年利率为18%，不计复利。评估时债券的购入时间已满3年，当时的国库券利率为10%；评估人员通过了解债券发行企业，认为应该考虑2%的风险报酬率。该被评估债券的评估值最有可能是（　　　）。

　　A. 15 400 元　　　　B. 17 200 元　　　　C. 11 800 元　　　　D. 15 358 元

7. 被评估企业以机器设备向B企业直接投资，投资额占B企业资本总额的20%。双方协议联营10年，联营期满，B企业将按机器设备折余价值20万元返还投资方。评估时双方联营已有5年，前5年B企业的税后利润保持在50万元的水平，被评估企业按其在B企业的投资份额分享利润；评估人员认定B企业未来5年的收益水平不会有较大的变化，折现率设定为12%。被评估企业的直接投资的评估值最有可能是（　　　）。

　　A. 500 000 元　　　　B. 473 960 元　　　　C. 700 000 元　　　　D. 483 960 元

8. 被评估企业拥有M公司面值共90万元的非上市普通股票，从持股期间来看，每年的股利分派相当于票面值的17%。评估人员通过调查了解到M公司每年只把税后利润的80%用于股利分配，另20%用于公司扩大再生产；公司有很强的发展后劲，股本利润率保持在15%的水平上，折现率设定为12%。如运用红利增长模型评估被评估企业拥有的M公司股票，其评估值最有可能是（　　　）。

　　A. 900 000 元　　　　B. 1 000 000 元　　　　C. 750 000 元　　　　D. 600 000 元

9. 递延资产的评估通常发生在（　　　　）。

    A. 递延资产转让时　　　　　　　　B. 企业财务检查时

    C. 企业整体产权变动时　　　　　　D. 企业纳税时

10. 以下资产中风险由小到大依次是（　　　　）。

    A. 政府长期债券—政府短期债券—公司债券—股票

    B. 政府长期债券—政府短期债券—股票—公司债券

    C. 政府短期债券—政府长期债券—公司债券—股票

    D. 政府长期债券—政府短期债券—股票—公司债券

三、多项选择题

1. 债券作为一种投资工具具有的特点有（　　　　）。

    A. 可流通　　　　B. 收益相对稳定　　　　C. 收益递减

    D. 可随时变现　　E. 投资风险小

2. 按债券的发行主体可以分为（　　　　）。

    A. 政府债券　　　　B. 公司债券　　　　C. 金融债券　　　　D. 上市债券

3. 股票评估仅仅考虑股票的（　　　　）。

    A. 内在价格　　　　B. 清算价格　　　　C. 市场价格　　　　D. 账面价格

4. 递延资产是指不能计入当期损益，应在以后若干会计年度内分期摊销的各项费用支出，主要包括（　　　　）。

    A. 开办费　　　　　　　　　　　　B. 租入固定资产改良支出

    C. 公司新股发行费　　　　　　　　D. 产品开发费用

5. 非上市债券的评估类型可分为（　　　　）。

    A. 规定红利模型　　　　　　　　　B. 红利增长模型

    C. 每年支付利息，到期还本型　　　D. 分段式模型

    E. 到期一次性还本付息型

6. 直接投资的收益分配形式主要有（　　　　）。

    A. 以股息的形式参与分配　　　　　B. 按投资比例参与净收益的分配

    C. 按一定比例从销售收入中提成　　D. 按出资额的一定比例收取使用费

    E. 以利息的形式参与分配

7. 债券评估的风险报酬率高低与（　　　　）有关。

    A. 投资者的竞争能力　　　　　　　B. 发行者的竞争能力

    C. 投资者的财务状况　　　　　　　D. 发行者的竞争状况

8. 红利增长型股票增长比率 g 的计算方法主要有（　　　　）。

    A. 重置核算法　　　　　　　　　　B. 市场比较法

    C. 历史数据分析法　　　　　　　　D. 发展趋势法

9. 投资者要求的报酬率是进行股票评价的重要标准，可以作为投资者要求的报酬率的有（　　　　）。

    A. 股票的长期平均收益率　　　　　B. 债券收益率加上一定的风险报酬率

    C. 市场利率　　　　　　　　　　　D. 债券利率

10. 下列哪些因素会影响债券的评估价值？（　　　　）

    A. 股票价值　　　B. 票面利率　　　C. 折现率　　　D. 付息方式

四、是非判断题

1. 公司在可转换债券中设置赎回条款，可以保护债券投资人的利益，因而更有利于投资者。

（　　　　）

2. 国债由政府作信用担保，所以不存在任何风险。（　　　）

3. 在市场利率大于票面利率时，债券的发行价格大于其面值。（　　　）

4. 某财务公司2015年1月1日欲购入面值为20万元的债券，该债券的票面利率为8%，2016年1月1日到期一次还本付息；现该债券的价格为18万元，折现率为10%，则该财务公司应该购入该债券。（　　　）

5. 长期债券与短期债券相比，其投资风险比较大。（　　　）

6. 因为优先股在分配公司盈利、剩余财产权等方面有优先权，所以一般来说，其收益要高于普通股。（　　　）

7. 累计优先股不仅能按规定分得额定股息，还有权与普通股一并参与公司剩余利润的分配。（　　　）

8. 如果不考虑影响股价的其他因素，零成长股票的价值与市场利率成反比，与预期股利成正比。（　　　）

9. 某股票的未来股利不变，当股票市价低于股票价值时，则预期报酬率高于投资人要求的最低报酬率。（　　　）

10. 投资者要求的报酬率是进行股票评价的重要标准，而市场利率由于其无风险性，可作为投资者要求的报酬率。（　　　）

五、简答题

1. 简述长期投资的风险。

2. 长期投资评估具有哪些特点？

3. 普通股评估时，需要了解企业哪些情况？

4. 优先股和普通股的区别有哪些？

5. 市场法评估债券与股票价格的前提条件是什么？

6. 运用收益现值法评估债券时，影响债券评估值的因素有哪些？

7. 股票具有内在价格和市场价格，在评估时该如何选择？

8. 递延资产作为评估对象的界定依据是什么？

9. 直接投资收益分配的形式主要有哪些？

10. 如何评估企业的长期待摊费用？

六、案例分析题

1. 被评估债券为2012年发行，面值为100元，年利率为10%，3年期。2014年评估时，债券市场上同种同期、面值为100元的债券交易价为110元。试问该债券的评估值应为多少？

2. 被评估债券为4年期一次性还本付息债券，面值合计10 000元，年利率为18%，不计复利。评估时债券的购入时间已满3年，当时的国库券利率为10%；评估人员通过了解债券发行企业，认为应该考虑2%的风险报酬率。试评估该债券的评估值。

3. 被评估企业以无形资产向A企业进行长期投资，协议规定投资期10年；A企业每年以使用无形资产生产的产品的销售收入的5%作为投资方的回报，10年后投资方放弃无形资产产权。评估时此项投资已满5年，评估人员根据前5年A企业的产品销售情况和未来5年的市场预测，认为今后5年A企业的产品销售收入保持在200万元的水平，折现率为12%。试评估该项长期投资的价值。

4. 甲企业持有乙企业的普通股股票10 000股，每股面值1元，乙企业正处在收益成长阶段，过去几年的红利分配情况见下表。假定市场利率为11%，乙企业风险报酬率为2%，试计算这批股票的评估值。

	第1年	第2年	第3年	第4年	评估当年	评估后1年
每股红利（元）	0.15	0.17	0.19	0.20	0.23	0.24
环比增长（%）	100	113	118	105	115	104

5. 甲企业持有乙企业10 000股累积性、非参与优先股，每股面值1元，股息率为年息9%，评估时国库券利率6%。评估人员了解到乙企业的资本结构欠合理，可能影响优先股的股息分配，由此确定了4%的风险报酬率。甲企业3年前与丙企业进行联营，协议约定联营期10年，按投资比例分配利润；甲企业投入现金20万元，厂房建筑物作价30万元，总计50万元，占联营企业总资本的25%。期满时返还厂房投资，房屋的年折旧率为5%，残值率为5%，评估前3年甲企业分别获得利润5.5万元、6万元、7万元。目前联营企业生产稳定，今后每年收益率能保持在13%，期满厂房折余价值为15.3万元，折现率取10%。试对甲企业的长期投资进行评估。

6. 甲企业购买了A企业发行的3年期一次性还本付息债券，面值10 000元，票面利率7%，单利计息，评估日距到期日1年，当时国库券利率为6%。据评估人员分析调查，发行企业经营业绩较好，2年后有还本付息的能力，风险不大，取2%的风险报酬率。甲企业同时还投资了B企业的非上市普通股20 000股，每股面值1元。在持股期间，B企业每年红利一直很稳定，收益率保持在16%左右；经评估人员调查分析，B企业经营比较稳定，预测今后收益率保持在12%是有把握的，折现率取10%。试评估甲企业这两项长期投资的价值。

7. 某企业因产权变动需对长期待摊费用进行评估，该企业长期待摊费用余额100万元。其中，办公楼装修摊销费用35万元；租入固定资产改良支出总额28万元，摊销15万元，租赁协议中固定资产租入期4年，已租入2年；设备大修理费用50万元。根据调查，办公楼装修费用已在房屋评估中体现，设备大修理费用体现在设备评估中。试对该企业的长期待摊费用进行评估。

第八章 企业价值评估

【学习目标】

近年来，我国越来越多的企业在整合资源、整合产业、整合市场。伴随而来的是不断出现的企业间的资产置换、股权收购、企业并购，尤其是上市公司的并购重组项目日益增多。企业之间的并购重组已经成为我国资本市场不可忽视的经济现象，企业价值评估工作在并购重组中发挥着较为重要的作用。通过本章学习，了解企业价值评估的概念和特征，掌握常用的企业价值评估方法。

通过本章的学习掌握以下内容。

- 掌握企业及企业价值的定义；
- 了解企业价值与有形资产及无形资产的区别；
- 了解和掌握收益法在企业价值评估中的应用；
- 了解企业价值评估的其他方法。

【能力目标】

- 让学生初步了解企业价值评估；
- 让学生掌握企业价值评估的各种方法。

【引导案例】

平安收购深发展"跨界"金融大亨登场

事件回放：2012年9月2日，"平深恋"预案出炉，平安将向新桥定向增发2.99亿股境外上市外资股，新桥以其持有的5.20亿股深发展股份作为对价支付。交易完成后，平安将成为深发展第一大股东，其银行短板将得以弥补，而新桥对深发展的财务投资以获利丰厚圆满退出，深发展的资本充足率则得以提升。这样的结果无疑是三方共赢。

目前，深发展与平安银行的整合方案已获双方股东大会通过，两行整合方案随后便上报了监管部门，进入了监管审批程序。深发展行长理查德杰克逊此前预测，希望年底可以走完监管流程，随后便可正式启动两行合并工作。

点评：深发展与平安银行这场史无前例的整合必将载入中国金融史册。它不仅是目前中国最大的银行整合案，也是中国第一次打造控股相当规模的银行和保险业务的金融控股集团。

中国平安董事长马明哲一直以来有个打造金融控股集团的梦想，十年时间，马明哲完成了产险、寿险、证券、信托多元金融业务的布局。然而，在他的大金融帝国版图里，还独缺银行一块。

马明哲通过控股深圳市商业银行并将其与福建亚洲银行合并为平安银行之后，又用优厚的条件终于2009年6月从新桥投资手里拿到了深发展这张让他梦寐以求的全国银行牌照。交易完成后，平安将如愿成为深发展第一大股东。

（摘自：新浪财经频道"中国股市十大重组案"2012-01-19）

第一节 | 企业价值评估的特点

一、企业及企业价值评估特点

（一）企业

研究企业价值，首先应明确企业的概念。企业是社会生产力发展到一定阶段的产物。关于企业的起源、性质的学说和论点颇多，形成了不同的经济学流派。这些流派的观点对于我们理解和把握企业的概念有重要作用。从资产评估的角度来看，企业是以盈利为目的，由各种要素资产组成并具有持续经营能力的完整的系统整体。作为一类特殊的资产，企业有其自身的特点。

1. 盈利性

企业作为一类特殊的资产，其经营目的就是盈利。为了达到盈利的目的，企业需要在既定的生产经营范围内，将若干要素资产有机组合并形成相应的生产经营结构和功能。

2. 整体性

构成企业的各个要素资产虽然各具不同的性能，但它们在服从特定系统目标前提下构成企业整体，企业的各个要素资产功能不会都很健全，但它们可以组合成具有良好整体功能的资产综合体。反之，即使构成企业的各个要素资产的个体功能良好，但如果它们之间的功能不匹配，由此组合而成的企业整体功能也未必很好。因此，整体性是企业不同于其他资产的一个重要特征。

3. 持续经营性

企业要获取盈利，必须进行经营，而且要在经营过程中努力降低成本和费用。为此，企业要对各种生产经营要素进行有效组合并保持最佳利用状态。影响生产经营要素最佳利用的因素很多，持续经营是保证正常盈利的一个重要方面。

4. 权益可分性

作为生产经营能力载体和获利能力载体的企业具有整体性的特点，而与载体相对应的企业权益却具有可分性的特点。企业的权益可分为股东全部权益和股东部分权益。

（二）企业价值

由于会计师、经济学家、投资者和证券从业人员观察角度和出发点不同，所以，他们对企业价值的概念和定义也是不同的。总体上来说，企业价值主要有以下几种类型：

1. 账面价值

企业的账面价值是一个以历史成本为基础进行计量的会计概念。根据企业资产负债表，人们可以很容易地获得企业的账面价值。

2. 市场价值

国际会计准则和国际评估准则对市场价值均有定义，尽管表达方式有差异，但本质上是相同的。其定义要点和假设前提是：

（1）自愿的卖方和买方；

（2）买方和卖方均不受任何强制地进行购买和出售；

（3）交易者享有充分的信息；

（4）被售企业的情况在市场上有合理的披露时间。

上述两种价值是最重要的类型，除此之外，还有企业的内在价值、清算价值等，所有这些，均应加以理解和对比分析，以便于有效地做好企业价值评估工作。

（三）企业价值评估

我国资产评估协会 2011 年 12 月 30 日发布《资产评估准则——企业价值》（[2011] 227 号），自 2012 年 7 月 1 日起施行。准则第二条规定，该准则所称企业价值评估是指注册资产评估师依据法律、法规和资产评估准则，对评估基准日特定目的下企业整体价值、股东全部权益价值或者股东部分权益价值等进行分析、估算并发表专业意见的行为和过程。该定义明确了两个问题；一是强调企业价值评估是一种行为和过程。将评估结论以及获得评估的过程结合起来，既强调了企业价值评估中依据必要性，同时对正确理解评估提出了新的要求；二是明确企业价值的构成。因此，企业价值评估的对象通常包括企业整体价值、股东全部权益价值和股东部分权益价值。从企业价值评估定义可以看出，企业价值表现为：

（1）企业整体价值，即企业全部资产价值；

（2）股东全部权益价值，即企业全部资产价值扣除负债以后的价值；

（3）股东部分权益价值。股东部分权益价值作为股东全部权益价值的一部分，但从数量上来说，股东部分权益价值并不必然等于股东全部权益价值与股东比例的乘积。注册资产评估师评估股东部分权益价值时，应当在适当及切实可行的情况下考虑由于控股权和少数股权等因素产生的溢价或折价。

二、企业价值评估的特点

企业价值评估是将企业作为一个有机整体，依据其拥有或占有的全部资产状况和整体获利能力，充分考虑影响企业获利能力的各种因素，结合企业所处的宏观经济环境及行业背景，对企业整体价值进行的综合性评估。

（一）评估对象载体是由多个或多种单项资产组成的资产综合体

企业以盈利为目的，按照法律程序建立的经济实体，形式上体现为由多种要素资产组成并具有获利能力的自负盈亏的经济实体。进一步说，企业是由各个要素资产围绕着一个系统目标，发挥各自的特定功能，共同构成一个有机的生产经营能力和获利能力的载体及其相关权益的集合或总称。企业价值评估的具体对象是被评估企业所拥有的固定资产、流动资产、无形资产等按照特定生产工艺或经营目标有机结合的资产综合体，而非孤立的多种单项资产。因此，无论是企业整体价值评估、股东全部权益价值评估，还是股东部分权益价值评估，评估的对象均是由多个或多种单项资产组成的资产综合体。

（二）决定企业价值高低的关键因素是企业的整体获利能力

影响企业价值高低的因素有很多，既包括外在的宏观经济环境和行业发展状况，又包括内在的企业自身经营能力和竞争能力等，但决定企业价值高低的核心因素是其整体获利能力。企业价值本质上是以企业未来的收益能力为标准的内在价值。因此，评估人员在评估企业价值的过程中要考虑其未来的整体获利能力。企业的获利能力通常是指企业在一定时期内获取利润或现金流量的能力，是企业营销能力、收取现金能力、降低成本能力以及回避风险等能力的综合体。从企业的角度来看，企业从事经营活动，其直接目的是最大限度地获取利润或现金流量并维持企业持续稳定地发展，而企业未来所能获取的利润和现金流量将直接影响到企业的现时价值。企业在不同的获利水平状态下价值的表现形式不同。当企业处于严重亏损、即将破产或已破产时，企业不能补偿已消耗资产的价值。这时企业价值就只能体现在有形资产的破产清算价值上；当企业处于轻度亏损或微利状态时，企业创造的价值仅能弥补所消耗资产的价值，生产经营处于勉强维持状态。这时企业价值的构成是其有形资产的重置成本价值；当企业的获利水平较高但没有达到行业平均水平时，企业创造的价值不仅能补偿资产的耗费，而且能积累并进行扩大再生产，形成投入、产出的良性循环。这时企业价值的构成既包括有形资产的最佳使用价值，也包括专有技术等可确指无形资产的价值；当企业获利水平很高，超过行业平均水平时，企业不仅能够形成自我更新、自我发展的良性循环，而且能够依其良好的经营管理状况或其他因素的作用而获得超额利润。这时企业价值既来源于有形资产的最佳使用价值和可确指无形资产的价值，还包括不可确指资产的价值，如商誉。所有上述情况均是假设企业获利与企业价值之间的关系是精确固定的。但是，对于那些新成立的企业，不能说因其没有盈利就没有价值，这也是强调"获利能力"而不是"实际获利"的原因。因此，评估人员在进行企业价值评估时，要充分分析企业的历史经营状况、企业的产品、经营的外部环境等因素，判断企业的整体获利能力水平，选择合适的评估方法进行评估。

（三）企业价值评估是一种整体性评估

国内评估界一般将企业价值评估称为"整体资产评估""整体企业资产评估"或"企业整体资产评估"。整体性成为企业价值评估与其他资产评估的本质区别。企业价值评估是将企业作为一个经营整体并依据其未来获利能力来评估。其评估对象是企业的全部资产，所反映的是其生产经营能力和持续获利能力。因此，企业价值评估强调的是从整体上计量企业全部资产形成的整体价值，而不是简单估计单项资产的收益或者估计单项资产的价值。换言之，企业价值不是企业各项资产的简单相加，企业单项资产的价值之和也并不一定是企业价值。构成企业的各个要素资产虽然具有不同性能，但只有在服从特定系统目标的前提下，以恰当的方式形成有机联系构成企业整体，其要素资产的功能才能充分发挥。企业是整体与部分的统一，部分只有在整体中才能体现出其价值。因此，整体性是企业价值评估区别于其他资产评估的一个重要特征，企业价值评估就是一种整体性评估。

第二节 企业价值评估的范围与程序

一、企业价值评估的范围

评估范围界定是任何一项资产评估必须做的工作。但就绝大部分有形可确指的单项资产评估，其评估范围的界定相对来说是比较容易的，即通过明确评估对象本身就能较为准确地界定评估范围。而对企业来讲，情况可能会复杂一些，企业资产评估的范围界定至少包括以下两个层次：其一是企业资产范围的界定；其二是企业有效资产的界定。我们把上述两个层次的评估范围界定称为企业价值评估的一般范围和具体范围。

（一）企业价值评估的一般范围

一般范围亦即企业的资产范围。这是从法的角度界定企业评估的资产范围。从产权的角度，企业评估的范围应该是企业的全部资产。包括企业产权主体自身占用及经营的部分，企业产权权力所能控制的部分，如全资子公司、控股子公司，以及非控股子公司中的投资部分。在具体界定企业评估的资产范围时应根据以下有关资料进行：

（1）企业提出资产评估申请时的申请报告及上级主管部门的批复所规定的评估范围；
（2）企业有关产权转让或产权变动的协议、合同、章程中规定的企业资产变动的范围。

（二）企业价值评估的具体范围

具体范围是指评估人员具体实施评估的资产范围，亦即有效资产范围，是在评估的一般范围的基础上经合理必要的重组后的评估范围。前面已经提到，企业的价值及其高低取决于企业的获利能力，而企业的获利能力是企业中有效资产共同作用的结果。将企业中的有效资产与非有效资产进行合理必要的划分，有利于企业价值的合理评估。从这个意义上讲，在企业评估时应合理界定其评估的具体范围。

在界定企业价值评估具体范围时应注意以下问题。

首先，对于在评估时点一时难以界定的产权或因产权纠纷暂时难以得出结论的资产，应划为"待定产权"，暂不列入企业评估的资产范围。

其次，在产权界定范围内，若企业中明显存在着生产能力闲置或浪费，以及某些局部资产的功能与整个企业的总体功能不一致，并且可以分离，按照效用原则应提醒委托方进行企业资产重组，重新界定企业评估的具体范围，以避免造成委托人的权益损失。

最后，资产重组是形成和界定企业价值评估具体范围的重要途径。在企业改制、上市的过程中，资产重组方案都应以企业正常设计生产经营能力为限，不能人为地缩小或扩大企业的生产经营的获利能力。而且，评估人员应充分了解和掌握资产重组方案，但无权决定资产重组方案。

资产重组对资产评估的影响主要有以下几种情况，在资产评估时应予以重视。

（1）资产范围的变化。企业中的资产包括经营性资产和非经营性资产，按其发挥效能状况，又可以分为有效资产和无效资产。通常，进行资产重组时，往往剥离非经营性资产和无效资产，有时也会剥离一部分经营性资产，但剥离的经营性资产应以不影响企业正常的生产经营为前提，否则会影响企业获利能力，影响对企业收益的预测。

（2）资产负债结构的变化。对上市公司资产负债率的要求为应不超过70%。对于大多数企业来说，达到这一水平较困难，需要通过资产重组解决。重组方案会影响到企业资产负债结构，从而不仅影响企业的获利能力，还会影响企业的偿债能力，这在风险预测时需加以注意。

（3）收益水平的变化。以上市公司为例，经资产重组以后，企业的净资产收益率会超过10%，这种效果可以通过剥离非经营性资产和无效资产减少资产总额而获得，而且由于非经营性资产减少使得收益计算中的折旧费减少，从而增加收益也可达到这种效果。所有这些均作为在企业评估时对未来收益预测的基础。资产重组方案中，对于土地使用权、商标权等无形资产，出于种种原因（如资产收益率的原因），一般采用租赁方式和许可使用方式，单项资产评估时仍需对这些资产进行价值评估，只是这些评估价值不计入企业整体价值中作为折股依据，但要评估出土地使用权租金标准和商标权等许可使用费标准，作为企业签订租赁或许可使用合同的依据。采用收益法对未来收益预测时，在管理费用中应增加这些租金和许可使用费，相应减少收益，这在评估时应加以注意。

二、企业价值评估的程序

企业价值评估是一项复杂的系统工程，制定和执行科学的评估程序，有利于评估效率的提高，有利于评估结果的真实和科学。

企业价值评估一般可以按下列程序进行。

（1）明确评估目的和评估基准日。接受资产评估委托时，首先必须弄清和明确评估的特定目的。评估的特定目的不同，选择的价值内涵，即价值类型也不一样，评估结果也不相同。评估基准日则是反映评估价值的时点定位，一般应考虑选择某一个结算期的终止日。

（2）明确评估对象。明确评估对象包括两方面内容：一是确定被评估资产的范围和数量；二是资产的权益。就被评估资产的范围和数量来说，要明确哪些资产要评估，哪些资产不属于评估范围。例如，股份制改组过程中，是以全部资产作价入股，还是以企业净资产，还是以剥离企业办社会性资产后剩余的全部净资产或全部资产，还是以剥离非经营性资产和企业办社会性资产后剩余的全部资产等作价入股，直接影响到评估范围的确定。就资产权益来说，指的是企业资产的哪方面权益，是所有权还是使用权，这些都必须明确。

（3）制定比较详尽的评估工作计划。评估工作计划一般包括如下内容。

① 整个评估工作（项目）的人员组成及项目的分工责任。

② 整个需要准备的资料，包括两部分：a. 企业提供资料，应对企业所提供资料进行验收；b. 现场查勘资料。

有时会出现企业提供资料与现场查勘资料不一致，应进行协调，有关事宜也可在将来的评估报告中载明。例如，评估土地使用权时，如果未对该企业占用土地做实际丈量，而企业又提供了有关部门的具体资料，评估时如按企业提供资料评估，应在评估报告中说明。

③ 工作进程的安排。整个评估工作分成若干阶段进行，并分阶段汇总讨论，随时解决评估中的具体问题。

（4）对资料加以归纳、分析和整理，并加以补充和完善。

（5）根据资产的特点、评估目的选择合适的方法，评定估算资产价值。

（6）讨论和纠正评估值。

评估结果完成后，应召集各方，包括委托者、各有关部门等进行讨论，对评估过程加以说明，对特殊内容作出解释，未尽事宜进一步协商。在讨论和纠正评估值的过程中，绝不能随意调整评估值，应防止不必要的行政干预。

（7）产生结论，完成企业价值评估报告。

第三节 企业价值评估的因素分析

一、企业价值评估应考虑的因素

为了科学地进行企业评估，必须对被评估企业作综合的考察判断。影响企业整体价值的因素很多，既有企业内部的因素，也有外部环境因素。一般地说，在评估时，主要应考虑以下三个方面的因素。

（一）企业全部资产价值

企业的资产包括有形资产和无形资产。从投资方式来说，既有满足企业自身生产经营活动的投资，也有为获得收益或控制其他企业为目的的对外投资。在一定条件下，企业所拥有的资产数额越多，企业的获利能力就越大。因此，掌握企业全部资产数量和质量是进行企业价值评估的关键。

（二）企业的获利能力

这是进行企业资产评估的一项非常重要的指标。分析确定企业的获利能力，应广泛地研究各方面的因素。

1. 企业所属行业的收益

由于政策、价格、市场需求等因素的影响，不同行业的企业获利能力是不同的。主要表现在同样资产在不同的行业中所提供的利润额和利润率有很大差异，这在评估时应予以足够的重视。

2. 市场竞争因素

确定其获利能力是根据企业现实水平预测未来的收益，因此，有的企业现在的盈利水平很高，但要分析其原因，预测其产品未来的销路、市场对企业产品的需求情况、该企业产品的市场占有率、其他企业产品销量扩大对其产品销售的影响等。

3. 企业的资产结构和负债比例

企业的资产结构是指企业各类资产在全部资产中所占的比重。在资产总额一定的情况下，不同的资产结构会对企业的盈利水平产生不同的影响。从理论上说，固定资产和流动资产应保持一定的比例，但这个比例是多少，应视不同类型的企业而定。一般来说，企业的固定资产盈利能力较强，为提高企业获利能力，应增加这方面的投资。但不能顾此失彼，固定资产的增加会导致流动资产的需求，当流动资产短缺，不能满足固定资产需求时，就会造成停工待料或闲置资产增加，固定资产的生产能力也只能是现存可能的生产能力，而不能变成现实的生产能力。

从企业筹资渠道来说，尽管融资渠道和方式很多，但总的来说，无非有两种：权益资本和负债。负债的资金成本较低，负债比例越高，企业获利能力越强。但负债比例过高，企业风险就会增加，反过来也会引起资金成本的提高。可见，负债比例也直接影响企业的获利能力和水平。

4. 企业的经营管理水平

管理作为一项资源，在企业生产经营过程中具有重要地位。同样，资产在不同的企业中，由于管理水平的高低，其获利能力也是不同的。企业经营管理水平的提高，取决于企业基础工作的好坏、企业人员的构成、技术素质、适应市场能力、企业信誉等，应综合进行考察。

此外，企业所处的地理位置、资源供应等也是影响企业未来获利能力的重要因素。

（三）企业的外部环境

企业的生存和发展，除了取决于企业自身的努力外，还受外部环境的影响。企业的外部环境包括市场、政府、政策法规等。比如被评估企业的产品是属于国家产业政策鼓励发展的产品还是限制生产的产品，能源、交通运输等的发展对其制约程度，体制改革对其影响程度等。

二、企业价值评估中的财务分析

企业财务分析是依据企业财务报表所提供的数据，对企业过去经营状况进行的比较研究，并对企业未来财务状况作出有效判断的动态过程。对财务分析的目的不同，进行财务分析的主体（如债权人、投资者、企业经营者）不同，采用的分析方法也不一样。对企业价值评估时进行的财务分析，主要是在分析企业现有财务状况的基础上，判断企业未来的发展能力，以有效地确定企业整体评估价值。这种分析主要从企业的偿债能力、运营能力以及盈利能力等方面进行。

（一）企业偿债能力

偿债能力是指偿还各种到期债务的能力。债务融资是企业进行生产经营活动的重要融资方式，企业的负债规模、负债状况直接影响企业的收益，同时也与企业的风险程度有关。

偿债能力一般可分为短期偿债能力和长期偿债能力。短期偿债能力主要是企业资产的流动能力及随时支付债务的能力。长期偿债能力主要分析企业资产质量。偿债能力分析一般可以通过下列指标来进行。

1. 流动比率

流动比率反映的是每 1 元流动负债拥有的流动资产的保证能力。流动比率是用来评价企业短期偿债能力的指标，计算公式为：

$$流动比率=\frac{流动资产}{流动负债} \tag{8-1}$$

流动比率的高低一般应依据企业的性质来决定，一般情况下，流动资产对流动负债以 2∶1 为宜。但是，不同行业对流动比率有不同要求，如电力行业的流动比率可以保持 1∶1 的水平，许多制造行业的流动比率如果降低至 2∶1 时，企业就会陷入严重的困境。可见，流动比率的高低应视企业性质而定，不能一概而论。正常情况下，流动比率越高，偿债能力越强，但比率过高，说明企业会有过多的资产停留在流动资产上，而流动资产的获利能力通常较低，这会使企业整个盈利水平降低；相反，如果流动比率过低，企业则可能没有足够的容易变现的资产来偿付流动负债，使企业的经营发生困难。另外，对于流动比率分析还应结合企业资产的内部结构及其他有关资料一起进行。

表 8-1 列示某企业的资产负债表，根据表中资料，可以计算该企业的流动比率。

$$流动比率=\frac{750\,000\,000}{470\,000\,000}=1.60$$

该企业的流动比率为 1.6∶1，即企业中每 1 元流动负债即有 1.60 元的流动资产做保障。该指标比较接近 2∶1 的经验数据，但要得出有效的结论还要根据该企业的行业特点等情况进行分析。

表 8-1   资产负债表
                                          2015 年 12 月 31 日   单位：元

资产		负债及所有者权益	
流动资产：		流动负债：	
货币资金	60 000 000	短期借款：	
短期投资	40 000 000	短期借款	120 000 000
应收账款	120 000 000	应付账款	260 000 000
存货	530 000 000	应付票据	90 000 000
流动资产合计	750 000 000	流动负债合计	470 000 000
固定资产：		长期负债：	
厂房	2 000 000 000	长期借款	800 000 000
设备	600 000 000	应付债券	430 000 000
固定资产合计	2 600 000 000	长期负债合计	1 230 000 000
无形及其他资产：		所有者权益：	
无形资产	400 000 000	实收资本	1 000 000 000
其他资产	200 000 000	资本公积	250 000 000
		盈余公积	800 000 000
无形及其他资产合计	600 000 000	未分配利润	200 000 000
资产合计	3 950 000 000	负债及所有者权益总计	3 950 000 000

2. 速动比率

速动比率又称酸性测验比率，是用来评价企业在不依靠出售存货情况下所具有的迅速偿债能力的指标。计算公式为：

$$速动比率 = \frac{速动资产}{流动负债} \tag{8-2}$$

式中，速动资产是指可以迅速转化为现金的资产项目，包括流动资产除存货以外的现金、银行存款、短期投资、应收账款等。

速动比率是流动比率的辅助指标，因为流动资产中既包括速动资产，也包括存货，而存货的变现时间长，并且可能有积压残次，因此，即使速动比率较高，如果速动比率很低，说明企业的支付能力仍然是差的。但是，速动资产是企业中收益率最低的资产，如果数量过多，则会造成企业资产的浪费。一般情况下，速动比率以 1：1 为宜，这样既可以保持企业的偿债能力，又可以提高资产运营效率。

仍按表 8-1 计算：

$$速动比率 = \frac{750\,000\,000 - 530\,000\,000}{470\,000\,000} = 0.47$$

该企业的速动比率为 0.47：1，说明其即期偿债能力较弱，单就风险性而言，风险比较大。分析时还应结合企业资产收益率进行。

3. 资产负债率

资产负债率又称举债经营比率，是用以衡量企业利用债权人提供资金进行经营活动的能力，以及反映债权人发放贷款的安全程度的指标。通过将企业的负债总额与资产总额相比较，反映在企业全部资产中负债的比率。计算公式为：

$$资产负债率 = \frac{负债总额}{全部资产总额} \times 100\% \tag{8-3}$$

利用资产负债率评价企业财务状况时，要注意各行业、各国负债比率的差异性，要结合企业和行业所在的社会环境考虑。从企业财务的角度看，负债越大，风险越大；但负债越少，经营可能越保守，因此，负债比例要适度。单纯地从资产负债率看并不能说明企业借债是否合适，还要结合负债的盈利能力一起考虑。

仍按表 8-1 计算：

$$资产负债率 = \frac{470\ 000\ 000 + 1\ 230\ 000\ 000}{3\ 950\ 000\ 000} \times 100\% = 43\%$$

资产负债率的分析还应与有关部门对上市公司的相关规定结合起来，比如上市公司的资产负债率不得超过 70%。

（二）企业运营能力

企业运营能力反映企业使用经济资源的效率，而这种效率的程度体现在资产周转速度快慢上。资产运转过程贯穿企业整个生产经营活动的始终，资产使用效率高，说明资产周转速度加快，周转天数缩短。一般来说，企业运营能力如何，通常可采用如下指标考察。

1. 存货周转率

存货周转率表示在一定时期内存货周转的速度，存货周转率包括存货周转次数和存货周转天数两种。

（1）存货周转次数。是指一年内企业库存商品的周转次数，计算公式为：

$$存货周转次数 = \frac{年销货成本}{存货平均余额} \tag{8-4}$$

式中：
$$存货平均余额 = \frac{期初存货余额 + 期末存货余额}{2} \tag{8-5}$$

（2）存货周转天数，也称存货周转期。是指存货周转一次所需要的时间。计算公式为：

$$存货周转天数 = 360 \div 存货周转次数 \tag{8-6}$$

或
$$存货周转天数 = 360 \times 存货平均余额 \div 年销货成本 \tag{8-7}$$

存货周转率是衡量企业营销能力强弱和存货管理效果的指标。通常情况下，存货周转速度快，存货管理效果好，其存货周转次数就多，存货周转天数就短，反映的利润率就越高。存货周转率没有一个客观标准，应在行业内部、行业间进行比较。例如，零售商业企业存货周转速度较快，而建筑业的存货周转速度就较慢。一般来说，存货周转次数越多或周转天数越少，说明其运营能力越强。存货周转次数越少或周转天数越多，则表示企业可能库存旧货难以出售，存货太多占压大量资金，反映其管理效率低下。

同样，如果一个企业的存货周转率大大超过同类型行业中其他企业的存货周转率，也可能说明该企业存货不足，市场上的产品有可能供不应求，或者生产方面也可能因原料库存不足而停工待料。

此外，存货可细分为原材料、半成品和产成品等，在分析计算存货周转率时，也可相应分别计算各种存货周转率，以分析确定存货周转率状况的结构影响，分析其中原因，确定存货结构。

2. 应收账周转率

应收账周转率是用以评估应收账款变现速度和管理效率的指标，通常用应收账款周转次数和应收账款周转天数表示。

（1）应收账款周转次数。是企业销售过程中赊销净额与应收账款平均余额的比率，计算公式为：

$$应收账款周转次数 = \frac{赊销净额}{应收账款平均余额} \tag{8-8}$$

式中：
$$赊销净额 = 销售收入 - 现销收入 - 销售退回折让和折扣 \tag{8-9}$$

$$应收账款平均余额 = \frac{期初应收账款余额 + 期末应收账款余额}{2} \tag{8-10}$$

（2）应收账款周转天数。也称平均收账期，计算公式为：

$$应收账款周转天数 = \frac{360}{应收账款周转次数} \tag{8-11}$$

或
$$应收账款周转天数 = \frac{360 \times 应收账款平均余额}{赊销净额} \tag{8-12}$$

应收账款周转率可用以估计应收账款的变现速度及账款催收工作的效率，进而增加对企业流动资产状况和经营总效率的了解。通常，应收账款周转率越高越好，因为收账速度快不仅可以节约资金，也说明顾客信用状况良好，不易发生坏账损失，企业偿债能力强；反之，如果应收账款周转率很低，说明企业因催收账款不利，有过多的资金积压在应收账款上。当然，应收账款周转率的高低，因企业所属的行业不同、销售和信用方针不同而有所差异，并且要受当时经济形势和金融情况的影响。因此，没有一个绝对的标准比率来衡量。

（三）企业盈利能力

企业盈利能力是指企业赚取利润的能力。一个企业不但要有较好的财务结构、较高的运营能力，同时，其最终目标是具有较好的盈利能力。企业盈利能力分析的指标有投资报酬率、销售利润率和每股利润。

1. 投资报酬率

投资报酬率反映企业每元投资所能带来的利润，主要有以下几项指标。

① 资产报酬率，也称资产利润率。是企业一定时期内实现利润与资产总额的比率。计算公式为：

$$资产利润率 = \frac{利润}{资产} \times 100\% \tag{8-13}$$

式中，利润可以采用利润总额，也可以采用税后利润（净利润）。采用利润总额指标分析资产利润率时，应将其与同类型行业中企业以及企业不同时期的资产利润率相比较，以研究企业的收益水平以及企业收益水平的变动趋势。采用净利润指标时，它反映的是每百元资产所获取的可供企业支配的利润额，这是投资者和债权人十分关注的。

② 净资产利润率。计算公式为：

$$净资产利润率 = \frac{税后利润}{净资产} \times 100\% \tag{8-14}$$

按照对上市公司资质的要求，拟申请上市的公司前 3 年的净资产利润率不得低于 10%。

2. 销售利润率

销售利润率指利润占销售收入的比率，主要有下列几项指标。

① 销售毛利率。指销售收入扣除销售成本后的余额与销售收入的比率，计算公式为：

$$销售毛利率 = \frac{销售收入 - 销售成本}{销售收入} \times 100\% \tag{8-15}$$

式中，因为"销售收入-销售成本"等于"利润+税金"，所以，在我国财务制度中往往把销售毛利率称作销售收入利税率。

销售收入指的是当期净销售收入，是指当期销售收入扣除销售退回、折扣、折让后的净额。

② 销售净利率。是指税后利润占销售收入的比率。计算公式为：

$$销售净利率 = \frac{税后利润}{销售收入} \times 100\% \tag{8-16}$$

销售净利率说明企业每元销售收入可获取净利润的水平。净利率越高，表明企业的获利能力越强。

3. 每股利润

每股利润也称每股收益或每股盈余，是指股份公司发行在外的普通股每股可能分得的当期企业利润。计算普通股收益时，如该公司同时存在优先股，则应首先扣除在净利润中优先支付的优先股股利。其计算公式为：

$$每股利润 = \frac{税后利润 - 优先股股利}{流通在外的普通股股数} \tag{8-17}$$

每股利润越高，说明普通股当期可能分红越多，它不仅说明企业获利能力，而且可以用来衡量投资风险的高低；同时，每股利润与股票价格和股利发放率有着密切的关系。

4. 每股股利

每股股利是指一定时期内企业支付给每一普通股股东的现金额。计算公式为：

$$\text{每股股利} = \frac{\text{普通股股利总额}}{\text{流通在外的普通股股数}} \qquad (8\text{-}18)$$

该指标反映的是每一普通股获取股利的大小，每股股利越高，股本获利能力越强；同时，它也是影响股票价格的一项重要指标。

5. 市盈率

市盈率，又称价格盈余比率。它是指普通股市价与每股利润的比率。其计算公式为：

$$\text{市盈率} = \frac{\text{普通股市价}}{\text{每股利润}} \qquad (8\text{-}19)$$

市盈率是衡量股份制企业盈利能力的重要指标。普通股市价与每股利润进行比较，可以反映普通股当期盈余与市场价格之间的关系。当然，评估价值用于折价入股时，市盈率是一项重要参数。

第四节 企业价值评估的收益法

一、企业价值评估中收益法的应用形式

企业价值评估的假设前提是持续经营，企业在持续经营的前提下，一是假设企业仍按原先设计与兴建的目的使用，企业在生产经营过程中能自觉地保持资产的再生产；二是企业经营期限是无穷长，即 $n \to \infty$。在此基础上，收益法应用于企业整体评估的形式有两种。

1. 年金资本化法

年金资本化法的计算公式表示为：

$$P = \frac{A}{r} \qquad (8\text{-}20)$$

式中：P——企业整体资产评估值；

$\quad\quad A$——企业年金收益；

$\quad\quad r$——资本化率。

上式的数学推导过程在本书第二章中已有说明，这里不再赘述。这种方法主要用于企业每年收益额均相等的情况。但是，在实际工作中，每年收益额均相等的企业是没有的。因此，这种方法往往适用于企业生产经营活动比较稳定，并且市场变化不太大的企业评估。具体操作过程是：

根据对企业前几年的生产状况、销售状况、成本和收益情况以及同期的企业外部环境全面分析的基础上，预测企业未来若干年的收益额。然后，计算企业未来若干年内收益额的现值，并进行年金化，即计算年等值。最后，将年金化的预期收益进行资本化处理，即可确定企业评估值。

公式推导与表达式为：

$$PV = \sum_{i=1}^{n} \frac{R_i}{(1+r)^i} = A \cdot \frac{(1+r)^n - 1}{r(1+r)^n} \qquad (8\text{-}21)$$

所以：

$$A = \frac{\sum_{i=1}^{n} \dfrac{R_i}{(1+r)^i}}{\dfrac{(1+r)^n - 1}{r(1+r)^n}}$$

所以：

$$P = \frac{A}{r} = \left[\frac{\sum_{i=1}^{n} \dfrac{R_i}{(1+r)^i}}{\dfrac{(1+r)^n - 1}{r(1+r)^n}} \right] \div r$$

式中，$\dfrac{(1+r)^n-1}{r(1+r)^n}$ 为年金现值系数，可直接查表获得。

【例8-1】待估企业预计未来5年的预期收益额为100万元、120万元、110万元、130万元和120万元，假定企业永续经营，不改变经营方向、经营模式和管理模式，折现率及资本化率均为10%，运用年金法估测企业的持续经营价值接近1 153万元。具体过程如下：

$$p = A / r$$

其中：

$$A = \frac{\sum\limits_{i=1}^{n}\dfrac{R_i}{(1+r)^i}}{\dfrac{(1+r)^n-1}{r(1+r)^n}}$$

所以：

$$P = \frac{A}{r} = \left[\sum_{i=1}^{n} R_i /(1+r)^i\right] \div r$$

= （100×0.909 1 +120×0.826 4 + 110×0.751 3 + 130×0.683 0 + 120×0 620 9）÷ （0.909 1 +0.826 4+ 0.751 3 +0.683 0+0.620 9）÷10%

= （91 +99 +83 +89 +75）÷3.790 7÷10%

= 437÷3.790 7 ÷10%

=1 153（万元）

2．分段法

分段法是在充分调查和了解被评估企业内部经营环境和外部环境的基础上，根据企业前几年的经营状况以及产品的市场营销情况，预测企业未来若干年收益，并假定从前若干年最后一年开始，以后各年将保持固定收益。这样，可分别将两部分收益进行折现和资本化处理后折现，最后加总计算出企业的评估价值。计算公式为：

$$P = \sum_{i=1}^{n} \frac{R_i}{(1+r_1)^i} + \frac{R_{n+1}}{r_2} \times \frac{1}{(1+r_1)^n} \tag{8-22}$$

式中：P——企业评估值；

R_i——未来各年度收益额；

r_1——折现率；

r_2——资本化率。

【例8-2】某企业的有关资料如下：根据该企业以前5年的经验情况预测其未来5年的收益额分别为25万元、28万元、27万元、29万元和30万元。根据资料确定国库券利率为11%，风险报酬率确定为4%，资本化率为12%。假定从第6年起，每年收益额均为30万元，根据以上资料，确定该企业整体评估价值。

（1）确定未来5年收益现值。根据国库券利率和风险报酬率确定的折现率为15%（11%+4%）。由此计算未来5年的收益现值为：

$$\frac{25}{1+25\%} + \frac{28}{(1+15\%)^2} + \frac{27}{(1+15\%)^3} + \frac{29}{(1+15\%)^4} + \frac{30}{(1+15\%)^5}$$

=25×0.869 6+28×0.756 1+27×0.657 5+29×0.571 8+30×0.497 2

=92.161 5（万元）

（2）计算未来永久性收益的资本化价值。

$$\frac{30}{12\%} = 250（万元）$$

（3）确定企业整体评估价值。

92.161 5+250×0.497 2=92.161 5+124.3=216.461 5（万元）

因此，该企业整体评估值为216.461 5万元。

有时，企业收益前一阶段不相等，但从（$n+1$）年的后段起，企业预期收益按某一固定比率（g）等比增长，这时分段法的公式可写成：

$$P=\sum_{i=1}^{n}\frac{R_i}{(1+r_1)^i}+\frac{R_n(1+g)}{r_2-g}\times\frac{1}{(1+r_1)^n} \tag{8-23}$$

二、企业收益及其预测

（一）企业收益的界定与选择

企业收益都来自企业劳动者创造的纯收入，整体企业资产评估中的企业收益也不例外。但是，在具体界定企业收益时应注意以下几个方面。

（1）不归企业权益主体所有的企业纯收入不能作为企业评估中的企业收益，如税收，不论是流转税，还是所得税。

（2）凡是归企业权益主体所有的企业收支净额，可视同企业收益，无论是营业收支、资产收支，还是投资收支，只要形成净现金流入量，就应视同收益。企业收益界定是从企业发生产权变动，为确定企业交易价格这一特定目的作为出发点，从潜在投资者参与产权交易后企业收益分享的角度，企业收益只能是企业所有者投资于该企业所能获得的净收入。它有两种口径的表现形式：企业净利润和企业净现金流量。

从投资回报的角度，企业收益的边界是可以明确的。企业净利润是所有者的权益，利息是债权人的收益。针对企业发生产权变动而进行企业资产评估这一特定目的，企业产权转让的是企业所有者权益，即企业只更换业主而并不更换债主，整体企业的评估值应该是企业的所有者权益的公开市场价值。

（二）净收益与现金流量的关系

现实资产评估中，尽管按现行政策要求应采用净收益（即净利润）作为收益额，但明确净收益与现金流量的关系，对每个评估人员来说也是必要的。

1. 净收益与现金流量的差异

企业净收益是企业一定时期实现的用货币表现的最终财务成果，它表明企业生产经营业绩和获利能力。它是以权责发生制为基础分期确认，依据费用同收入的配比和因果关系而形成的。而现金流量反映的是企业现金的实际进出。净收益与现金流量的差异不仅体现在数量上，在对企业财务状况评价时所具有的作用也不相同。

净收益与现金流量在数量上的差异及原因在于：在企业的整个存续期间内，其净收益与现金流量在数额上是相同的，但在某一年计期间，金额上则会有差别。两者的差别是由于采用不同会计概念和时间推移而造成的。具体表现在以下几个方面。

（1）净资本性支出。资本性支出在付款时是一种现金流出，但以后以折旧形式在其估计的使用年限内作为利润的冲销。因此，在任何一个会计时期，如果资本支出超过折旧，超过数额就是现金流量低于净收益的数额；反之则相反。

（2）存货的周转。存货的增加在购入付款时是一种现金流出，只有以后在售出而取得净收益时才能冲销。因此，在一个会计时期，如果库存增加，现金流量就低于净收益，其所低的金额就是这一增加额；当然，如果库存或在制品减少，则正好相反。

（3）应收、应付款的存在。应收账款反映的赊销收入和应付账款相对应的赊购支出在开出发票阶段就以利润计算，只有在以后用现金结算时才是现金流量的增减。因此，如果在一个会计时期应收款增加，现金流量就会低于净收益，而如果应付款增加，现金流量就高于净收益；反之，情况就相反。

（4）其他额外资金的流动。有额外资金进入企业，或企业偿还借款，这些都是现金流量，但只对资产负债表有某些影响，对净收益并无影响。

正是以上四个方面的相互制约，才形成了净收益和现金流量之间的差异。企业生产经营活动中的一个不幸事实是：当企业在扩展时，资本性支出将超过折旧，各种存货周转量也会增加，同时应收款和应付款也将增加，因此，有利可图的扩展必然伴之以过高的负现金流量。这种现象被称为"超过营运资金的经营"，即扩展时没有适当地控制负现金流量和随之投入所需增加的资本。这是造成企业破产的常见原因，也是企业经营亏损而经营活动的现金流量为正数，或经营获利而经营活动的现金流量却为负数的原因。

2. 净收益与现金流量的联系

净收益与现金流量既有差异，也存在密切联系，主要体现在以下方面。

（1）净收益是预计未来现金流量的基础。未来现金流量的估计是通过现金预算的编制进行的，现金预算是保证现金收支管理的重要工具。其中净损益调整法是现金预算编制的重要方法之一，它是以预计损益表中按权责发生制原则确定的净收益作为现金编制的出发点，通过逐笔调整处理各项影响损益和现金余额的会计事项，把本期净收益调整为净现金流量的方法。

（2）现金流量与净收益的差异可揭示净收益品质的好坏。所谓收益品质，是指对企业净收益与现金流量之间的差异程度予以反映的一个概念。一般而言，净收益与现金流量之间的伴随关系越强，表明企业的净收益品质越好，即净收益与现金流量之间的差异（数量上、时间分布）越小，说明净收益的收现能力越强。收益品质越好，企业的资产流动性和财务适应性就越强。

（三）企业收益预测的基础

企业收益预测首先应明确企业收益预测的基础。企业收益的基础不同，预测时考虑的因素也不一样。收益基础的判断，重要的是对企业整体评估时经济行为的理解。以股份制企业上市为例，以发起人企业为对象评估，目的是要对拟投入上市公司的发起人企业价值评估，以此作为折价入股的依据。因此，预测企业未来收益时，应以发起人企业为基础。通常，上市发起人企业需进行资产重组，所以，收益预测应以资产重组后的原企业为基础，显而易见，预测时不应将公司上市后筹资作为影响企业收益额的依据。正因为如此，资产评估时的收益预测不同于上市审计的盈利预测。可见，企业收益预测必须注意以下因素。

（1）企业预期收益的预测必须以企业现实存量资产为出发点，并考虑正常经营范围内的合理改进和资产重组的因素。

（2）企业预期收益的预测必须以企业未来进行正常经营为基础，并考虑业已产生或潜在的有利因素和不利因素。

（四）企业收益预测的方法

1. 综合调整法

综合调整法是一种以企业收益现状为基础，考虑影响企业未来收益的各种因素的预期影响，对收益进行调整以确定近期收益的办法。其计算公式为：

$$\frac{预期}{年收益}=当年正常收益额+\sum\frac{预期有利因素}{增加收益额}-\sum\frac{预期不利因素}{减少收益额} \qquad (8\text{-}24)$$

使用综合调整法的具体步骤如下。

（1）设计收益预测表。

（2）按收益预测表的主要项目，逐项分析预期年度内可能出现的变化因素。一个有效的办法是根据以往资产评估实践经验的积累，总结归纳出影响企业收益变化的主要因素，作为发现预期年度影响因素的向导。实际评估时，先查明企业收益偏高或偏低的主要原因，把它们作为分析的重点，然后通过查阅各种资料，分析和预测市场形势，同企业管理人员讨论，发现预期年限影响收益变动的重要因素。

（3）分析各影响因素对收益预测表中各个项目的影响，采取一定的方法，计算出各项目的预测值。如某种原材料价格严重偏高，预期未来市场价格将会下浮，则可以直接按预期降价幅度和该原材料占成本的比重确定成本减少额。

（4）将各个项目的预测值汇总，得出预测的收益值。

综合调查法直接根据各种预期发生的因素进行计算，便于人们检查评估的客观性，可鉴别各影响因素的性质和影响程度，详细反映了预期收益的依据，成为当前企业收益预测中最常用的方法。

2. 产品周期法

当企业高额盈利主要是由于产品具有特色或产品价高利大引起时，一般采用产品周期法预测企业未来收益，即根据企业主导产品寿命周期的特点来评估企业收益的增减变化趋势。

采用产品周期法来预测企业未来收益，首先必须掌握大量的产品寿命周期统计资料，画出图像，或建立周期模型；然后应根据企业产品销售的历史情况和当前市场状况，判断企业产品所处的大致的周期阶段；再参照各类似商品寿命周期曲线，来推测企业产品的寿命周期阶段，并据以估算销售量和收益的增减变动情况。

3. 现代统计法

现代统计法是将现代统计预测科学的基本理论和方法，运用于企业未来收益的预测而产生的方法。当被评估企业属于综合实力型，开发能力、管理能力都较强，原材料供给和产品市场也可得到保障，企业在过去 5 年内一直处于持续增长状况，而且企业销售量和收益增长的前景也比较明朗时，可采用现代统计法。

现代统计法具体又可分为时间序列法和回归分析法，其原理和计算方法与需求预测时采用的时间序列法和回归分析法一样，只不过变换了预测的对象而已。

三、折现率和资本化率的估算

折现率和资本化率在本质上是相同的，只是适用的条件不同。折现率和资本化率的确定，是整体企业资产评估中的难点，评估者应谨慎确定。

（一）折现率和资本化率确定的原则

1. 折现率和资本化率应不低于安全利率

安全利率是无风险报酬率，是最低收益率，投资者购买国库券或在银行存款时，风险率最低，因此，其收益率即无风险报酬率。投资者投资于企业的目的，在于在承担风险的同时获得超过无风险利率的报酬率，因此，折现率和资本化率作为衡量投资收益率的尺度，必须超过安全利率。

2. 折现率和资本化率应与收益额口径保持一致

收益现值法应用中，不同的折现率、资本化率与收益额之间存在密切关系，最终会引致评估结果和价值含义的差异。如上所述，折现率和资本化率的本质是收益率，如果折现率或资本化率计算中的收益采用的是净利润，预期收益额也应采用净利润口径。从形式上说，折现率和资本化率确定时是否包含通货膨胀率，也应与收益额预测时口径保持一致。

3. 折现率和资本化率应参考同行业平均收益率而定

折现率和资本化率的本质是收益率，这种收益率不是企业自身的收益率，而是同行业的平均收益率。在企业收益额一定的情况下，企业自身收益率超过行业平均收益率，该企业的评估值就高；

反之，如果企业自身收益率低于行业平均收益率，该企业的评估值就低。

（二）折现率和资本化率的估算方法

折现率和资本化率的估算，通常可以采用下列公式计算：

$$折现率或资本化率=无风险报酬率+风险报酬率 \tag{8-25}$$

无风险报酬率即最低报酬率，在我国，通常可以参照一年期银行储蓄利率确定。

风险报酬率的估算方法主要有两种：一是 β 系数法；二是风险累加法。

1. β 系数法

企业风险一般包括系统风险和非系统风险。非系统风险产生的原因是只影响某一证券收益的独特事件。如：由于某公司投资决策失败，导致产品的市场占有率下降、业绩下滑等，这种风险可以通过多元化投资组合来减少或消除。系统风险即市场风险，是指由于某种因素会以同样方式对所有证券的收益产生影响的风险，这种风险一般不能通过多元化投资组合来减少或消除。β 系数是用来衡量各种证券市场风险的一个重要指标。

β 系数是反映某种股票随市场波动的趋势，如果某股票收益率随整体市场同步运动，这种股票称为平均风险股票，$\beta=1$；若 $\beta<1$，如 $\beta=0.5$，则这种股票的变动性只相当于市场变动性的一半，该种股票的风险只相当于平均风险的一半；若 $\beta>1$ 说明该种股票风险高于社会平均风险。β 系数图如图 8-1 所示。

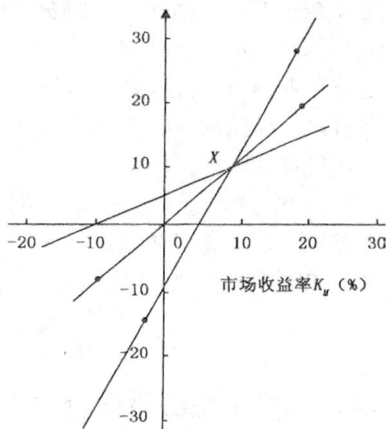

图 8-1 β 系数图

β 系数法的思路是：社会平均收益率中包括无风险报酬率和风险报酬率，社会平均收益率扣除无风险报酬率即为社会风险报酬率，用 β 系数乘以社会风险报酬率，即为适用于被评估企业整体评估的风险报酬率。计算公式为：

$$R_r=（R_m-R_g）\cdot\beta \tag{8-26}$$

式中：

R_r——被评估企业风险报酬率；

R_m——社会平均收益率；

R_g——无风险报酬率。

【例8-3】根据测算，证券市场平均收益率为12%，无风险报酬率为7%，某被评估企业所在行业的 β 系数为1.5，则该企业的风险报酬率为：

$$（12\%-7\%）×1.5=7.5\%$$

2. 风险累加法

企业在其经营过程中总要面临经营风险、财务风险和行业风险的挑战。将企业可能面临的经营风险、财务风险和行业风险对回报率的要求加以量化并累加，也可以得到企业的风险报酬率。用公式可表示为：

$$风险报酬率=经营风险报酬率+财务风险报酬率+行业风险报酬率 \tag{8-27}$$

经营风险主要是指企业在经营过程中，市场需求、要素供给，以及同类企业间的竞争给企业未来预期收益带来的不确定性影响。财务风险主要是指企业在经营过程中资金周转、资金调度，以及资金融通中可能出现的不确定性因素而影响企业的预期收益。行业风险主要是指企业所在行业的行业性市场特点、投资开发特点，以及国家产业政策调整等因素造成的行业发展不确定给企业预期收益带来的影响。

量化各种风险所要求的回报率，目前大多数依靠经验判断粗略估计各种风险所要求的风险报酬率。当然，量化风险报酬率的工作有待进一步完善，使之更科学、更合理、更客观。

此外，折现率或资本化率也可以选用加权平均资本成本模型估测。该模型可以表示为：

$$折现率或资本化率=\sum 各项筹资渠道占总资本比重×资本成本率 \tag{8-28}$$

企业融资不外乎负债和权益资本，借债融资需支付利息，权益资本融资需支付股息和红利。通常，各融资渠道资本成本采取下列方式计算：

$$长期负债资本成本=\frac{筹资总额×利息率×(1-所得税率)}{筹资总额-筹资费用} \tag{8-29}$$

$$权益资本成本=无风险报酬率+风险报酬率 \tag{8-30}$$

加权平均资本成本实际上是企业融资总成本。一般地，借债利息率较低，利息进入财务费用又可抵减所得税，因此，借债资本成本较低，增加借债比例，可以降低资本成本。但负债越多，企业风险越大。增加权益资本，尽管会增加资本成本，但可以降低风险。加权平均资本成本模型实际上是将企业融资的风险和收益结合起来的计算方法。同时，企业最低报酬率应为资本成本率，因此，在资产负债结构比较正常合理的情况下，采用加权平均资本成本模型估算折现率或资本化率，是一个比较好的选择。

【例8-4】某企业融资总额为2亿元人民币，其中长期负债与权益比例为6∶4，借债利息率为10%，经测定，社会无风险报酬率为8%，该企业风险报酬率为6%，采用加权平均资本成本模型计算求得的折现率或资本化率为：

$$60\%×10\%×（1-33\%）+40\%×（8\%+6\%）=9.62\%$$

四、运用收益法评估企业整体价值分析

下面案例是某拟上市股份公司资产评估时，采用收益法评估企业整体价值的过程。

（一）评估目的

采用收益法评估中科股份有限公司（筹）的资产，为拟投入资产提供折股和公开发行 A 种上市股票的作价依据。

（二）评估基准日

评估基准日为 2015 年 12 月 31 日。

（三）收益法评估的基础

（1）以公司改组后现有存量资产为出发点，考虑正常经营所要进行的合理的技术改进。

（2）以公司未来能进行正常经营管理为基础，并适当考虑可能出现的对收益产生影响的变化因素。

（3）收益预测表是在经中立会计师事务所审计后的 2013 年、2014 年和 2015 年的实际经营业绩的基础上编制的。

（4）是建立在各种基本假设条件下进行评估的。

（四）收益法应用中适用的假设条件

1. 一般假设

（1）中科股份有限公司（筹）的资产在 2015 年 12 月 31 日以后不改变现有用途持续使用；

（2）中科股份有限公司（筹）的经营者是负责任的，且公司管理层有能力担当其责任；

（3）除非特别说明，中科股份有限公司（筹）完全遵守国家所有有关法律和法规；

（4）中科股份有限公司（筹）提供的历年财务资料所采取的会计制度与编制本报告所用的会计制度在重要方面基本一致。

2. 特殊假设

（1）国家现行的方针政策无重大改变；

（2）国家现行的利率、汇率等无重大变化；

（3）本公司所在地区的社会经济环境无重大改变；

（4）本公司执行的税赋、税率政策不变；

（5）公司经营运作不受如原材料大幅度涨价、电力供应不足等不利因素的影响；

（6）公司制定的目标和措施能按预定的时间和进度如期实现，并取得预期效益；

（7）无其他人力不可抗拒因素造成的重大不利影响。

（五）收益法的评估分析

采用收益法评估中科股份有限公司（筹），是将预测的未来预期收益折现为评估基准日（2015 年 12 月 31 日）的净现值。因此，需分别测算收益法中的三项重要指标，即折现年限、收益额和折现率。

（1）折现年限的确定。在评估过程中，评估人员及中科股份有限公司（筹）的管理层没有发现在可预见的未来终止经营的任何理由，也没有事先规定的经营终止期，因此可将折现年限确定为无限年限。

（2）未来收益额的确定。未来收益额采用净利润指标，通过销售收入、销售成本、销售费用、销售税金、管理费用、财务费用和所得税的预测分析获得。

（3）折现率。折现率是指将未来有限期预期收益折算成现值的比率。本金化率和资本化率或还原利率则通常是指将未来无限期预期收益折算成现值的比率。

（六）具体分析如下

根据假设条件，中科股份有限公司（筹）的经营是稳健的，财务结构是合理的，因而，未来各年的销售收入、成本和各类费用可以根据过去前三年财务会计资料和企业的发展情况进行预测。企业前三年经营状况如表 8-2 所示。

表 8-2　　　　　　　　　　　　　企业前三年经营状况　　　　　　　　　　　　　单位：元

项目	2013 年	2014 年	2015 年
一、主营业务收入	510 786 843.24	402 267 894.16	338 254 921.33
减：营业成本	422 308 481.39	328 008 801.54	278 041 751.94
销售费用	18 688 438.43	13 621 121.25	6 959 907.26
管理费用	24 103 658.69	18 687 067.86	18 924 688.64
财务费用	15 165 294.44	11 667 590.80	8 811 038.41
营业税金附加	678 635.56	549 928.50	528 604.79
二、主营业务利润	29 842 334.73	29 733 384.21	24 988 930.29
加：其他业务利润	1 159 239.08	1 478 193.27	1 326 778.89
三、营业利润	31 001 573.81	31 211 577.48	26 315 709.18
加：投资收益	6 425 403.84	10 354 475.04	11 284 545.60
补贴收入	0	0	0
营业外收入	240 544.58	340 485.06	1 005 926.95
减：营业外支出	648 981.18	1 137 851.95	327 704.51
加：以前年度损益调整	0	0	964 773.18
四、利润总额	37 018 541.05	40 768 685.63	39 243 250.40
减：所得税	7 034 318.13	6 201 296.75	4 817 246.52
五、净利润	29 984 222.92	34 567 388.88	34 426 003.88

（1）企业经营状况及能力的分析。首先，中科股份有限公司的主要产品为兽用生物药品、饲料。

在国内具有悠久的历史，是国内生产兽用生物药品和疫苗的骨干企业，其生产的几个产品为广大用户所熟悉，市场占有率较高。其次，随着国家对农业的日趋重视，为农业服务的生物制品业也呈良好的发展趋势；畜牧业对该产品的需求以及该企业的产品生产和销售均呈上升状态。

兽用生物药品包括禽疫苗、畜疫苗。目前国内兽用生物药品市场竞争分为两类。第一类是国产兽用生物药品之间的竞争，主要特点是低价格、低质量、低效益、常规品种、大批量，主要市场是千家万户及小规模饲养户；第二类是进口兽用生物药品之间的竞争，主要特点是高质量、高技术含量、高价格、高收益，主要市场是国内祖代、父母代鸡场及大型规模化饲养场。从供求关系上看，疫苗的供应量由于2014年国内5家企业进行了较大投入的技术改造，使得常规品种疫苗的生产潜力及现实供应量在2015年有了很大提高。以2015年为例，全国正规疫苗厂家共生产常规品种疫苗年产量在350亿份左右，比2014年增长25%左右。疫苗的需求量以2015年为例，全国家禽常规疫苗品种的需求量在260亿份左右，由此可以看出常规品种的动物疫苗已出现供大于求。而且随着我国家禽业周期波动，在波底已经出现疫苗售价上的过度竞争。高品质的疫苗国内市场需求量在20亿份，而供应量的90%是由国外进口的，国内厂家由于设备、工艺、生产设施、品种等方面明显不足而无法大量生产高品质疫苗，唯一能提供部分高品质疫苗的厂家就是中科股份有限公司下属企业。因此，中科公司的疫苗在市场上的价格、销售量波动均较小。

中科股份有限公司的饲料产品主要是复合维生素、预混料、配合饲料等。我国饲料工业的发展为上述饲料产品提供了广阔的市场空间。2015年度，全国饲料产量达5 000万吨，饲料工业的迅猛增长，多维及预混料产品的市场空间也将随之增大；养殖业不断向专业化、规模化、集约化方向发展，而且市场对畜产品的质量需求也不断提高，这些均会增大多种维生素等添加剂产品在饲料中的添加量及同类产品的市场需求。

综上所述，中科股份有限公司的主产品无论是在价格上，还是在产品质量上，在国内市场上都具有很强的竞争能力。

① 管理因素分析。根据中科股份有限公司（筹）所提供的公司规章制度和章程，确知内部管理比较制度化和规范化，在产、供、销方面建立了严格的规章制度以适应不断变化的市场环境。

② 开发能力分析。中科股份有限公司（筹）建有自己的研究室，在科研方面拥有一批知识全面、经验丰富的技术人员，公司每年在新产品的开发上均投入大量的资金，具有十分雄厚的实力。

（2）收入与成本分析。表8-3是前3年企业损益情况比较分析表。根据前3年经营业绩可以看出：①主营业务收入2015年、2014年均以超过20%的较高速度增长；②营业成本与主营业务收入同比例增长；③管理费用、销售费用、财务费用的波动较大。

表8-3　　　　　　　　　　　　　前3年企业损益情况比较分析表　　　　　　　　　　　　单位：元

年度	2015 年		2014 年		2013 年
项目	金额	增长比率（%）	金额	增长比率（%）	金额
一、主营业务收入	510 786 843.24	27	402 267 894.16	19	338 254 921.33
减：营业成本	422 308 481.39	29	328 008 801.54	18	278 041 751.94
销售费用	18 688 438.43	37	13 621 121.25	96	6 959 907.26
管理费用	24 103 658.69	29	18 687 067.86	-1	18 924 688.64
财务费用	15 165 294.44	30	11 667 590.80	32	8 811 038.41
营业税金及附加	678 635.56	23	549 928.50	4	528 604.79
二、主营业务利润	29 842 334.73	0.4	29 733 384.21	19	24 988 930.29
加：其他业务利润	1 159 239.08	-22	1 478 193.27	11	1 326 778.89
三、营业利润	31 001 573.81	-1	31 211 577.48	19	26 315 709.18

年度	2015 年		2014 年		2013 年
项目	金额	增长比率（%）	金额	增长比率（%）	金额
加：投资收益	6 425 403.84	−38	10 354 475.04	−8	11 284 545.60
补贴收入	0		0		0
营业外收入	240 544.58	−29	340 485.06	−66	1 005 926.95
减：营业外支出	648 981.18	−43	1 137 851.95	247	327 704.51
加：以前年度损益调整	0		0		964 773.18
四、利润总额	37 018 541.05	−9	40 768 685.63	4	39 243 250.40
减：所得税	7 034 318.13	13	6 201 296.75	29	4 817 246.52
五、净利润	29 984 222.92	−13	34 567 388.88	0	34 426 003.88

① 收入的分析与预测。我国饲养业的发展经历的 2014 年、2015 年两次大的市场波动，使得饲养业更趋于规模化。散户、小规模饲养将逐渐被市场淘汰。经营者清楚地认识到动物疫苗投入的必要性，因此预测未来几年我国动物疫苗年需求量增长速度在 15%左右，2018 年将达到 400 亿份，但常规疫苗却出现市场饱和，高品质的疫苗需求将呈较快增长态势。

饲料行业因为有明显的供应半径效应，所以中科股份有限公司的饲料收入在今后不会有大的波动。

从企业前几年的发展情况看，收入确实增长很快，2015 年比 2014 年增加了 27%。这是因为 2013 年至 2015 年正是企业的发展期，在此阶段公司引进了技术和设备，逐年扩大生产加工能力，因而销售收入呈现出快速增长的态势。根据企业今后的发展计划，在现有资产存量基础上，由于生产加工能力所限，企业不可能再以如此速度发展，而是将通过技术的进一步提高和按照生产加工能力适当提高劳动生产率来扩大产销量，增加收入，预计每年疫苗的销售收入将以 10%～15%的速度递增，饲料的销售收入将以 8%的速度递增。

② 支出及期间费用的分析与预测。根据前面我们的假设，中科股份有限公司（筹）的经营是稳健的，财务结构是合理的，因而未来各年的营业成本、费用可以根据过去 3 年财务会计资料分析计算，如表 8-4 所示。

——销售成本。根据前 3 年的财务损益表，销售成本占销售收入的比例，生物药品在其销售收入的 57%左右，饲料在其销售收入的 89%左右，而且从年度来看变化不大；水电费、生产工人工资也无大的变动，因而后 5 年的销售成本在前 3 年的比例基础上确定。

——管理费用。管理费用主要包括管理人员工资、非生产性固定资产折旧、招待费、差旅费等。根据前 3 年管理费用支出水平来看，2015 年的增加幅度很大（达到 30%），主要因为在迅速扩张过程中人员增加多，主要是工资、养老统筹增长快，各种费用开支较大等因素造成，预计 2016 年将回落到 2014 年的水平。今后 5 年管理费用预计将在保持 2014 年的水平基础上，增加土地使用权租金、关联交易方面的租金这两项较大支出。土地使用权租金、关联交易租金根据集团公司与股份公司所签订的协议确定。

表 8-4   前 3 年营业成本费用比较表   单位：元

项目	内容	2015 年	增长比率（%）	2014 年	增长比率（%）	2013 年
主营收入	饲料	398 849 600.29	25	318 680 537.18	19	267 516 244.40
	生物药品	111 937 242.95	34	83 587 356.98	18	70 738 676.93
营业成本	饲料	355 615 687.93	27	280 266 817.76	18	238 315 964.51
	饲料占收入比例（%）	89		88		89
	生物药品	66 692 793.46	40	47 741 983.78	20	39 725 787.43
	生物药品占收入比例（%）	60		57		56

项目	内容	2015 年	增长比率（%）	2014 年	增长比率（%）	2013 年
销售费用	金额	18 688 428.43	37	13 621 121.25	96	6 959 907.26
	占总收入比例（%）	4		3		2

——销售费用。从前 3 年的支出情况看，销售费用与销售收入之间具有一定的相关性，销售费用占销售收入的比例基本上是在 3%上下波动，因而在今后 5 年的盈利预测中可以按销售费用占销售收入的 3%确定销售费用。

——财务费用。财务费用在 2013 年至 2015 年 3 年中呈一种上升的趋势，这是因为在转产期间，公司借用一部分资金进行建设和生产，随着效益的增加借款相对减少，负债率降低，借款减少，财务费用也相应减少。今后由于生产需要流动资金，借款比例应比 2015 年略有上升，但随着贷款利率的降低，财务费用将保持在 2015 年的水平。企业前 3 年借款情况分析如表 8-5 所示。

表 8-5　　　　　　　　　　　　　　前 3 年借款情况分析表　　　　　　　　　　单位：元

项目	2015 年	增长比率（%）	2014 年	增长比率（%）	2013 年
短期借款	105 864 900.00	19	89 157 500.00	44	61 780 000.00
长期借款	27 225 000.00	39	19 615 000.00	125	8 700 000.00
合计	133 089 900.00	22	108 772 500.00	54	70 480 000.00
总资产	316 976 223.00		370 794 944.00		278 729 003.00
负债比率（%）	42		29		25

③ 税金的预测。由于中科公司的产品属于农业产品，财政部和国家税务总局在增值税和所得税方面给予了相对优惠政策，饲料行业所得税为 16.5%，增值税为 0，生物药品所得税 33%，增值税率为 6%，不抵扣进项税；城建税率为 7%；教育费附加为 5%。为使整体资产评估与单项评估加总的评估值具有可比性，假定今后税收优惠政策不变。

通过对企业前 3 年经营情况的分析，以及根据企业今后发展计划预测，可以确定后 5 年的收益，如表 8-6 所示。

表 8-6　　　　　　　　　　　　　　企业未来 5 年收益预测表　　　　　　　　　　单位：元

年度项目	2016 年	2017 年	2018 年	2019 年	2020 年
一、主营业务收入	641 435 472.90	644 748 708.49	677 327 984.47	712 375 546.01	750 112 769.42
减：营业成本	525 347 570.40	550 218 504.85	576 106 411.71	604 895 722.69	635 915 817.65
销售费用	18 433 064.19	19 342 461.25	20 319 839.53	21 371 266.38	22 503 686.08
管理费用	51 107 224.94	28 332 982.35	32 643 254.91	37 039 732.91	41 524 140.4
财务费用	10 909 230.76	10 909 230.76	10 909 320.76	10 909 320.76	10 909 320.76
营业税金及附加	1 759 170.73	1 130 847.00	1 184 108.93	1 240 590.22	1 300 512.72
二、主营业务利润	33 879 211.88	34 814 682.28	36 165 138.62	36 919 003.04	37 959 684.73
加：其他业务利润	945 995.79	945 995.79	945 995.79	945 995.79	945 995.79
三、营业利润	34 825 207.67	35 760 678.07	37 111 134.41	37 864 998.83	38 905 680.52
加：投资收益	7 022 875.51	7 022 875.51	7 022 875.51	7 022 875.51	7 022 875.51
四、利润总额	41 848 083.18	42 783 553.58	44 134 009.92	44 887 874.34	45 928 556.03
减：所得税	13 809 867.45	14 118 572.68	14 564 223.27	14 812 998.53	15 156 423.49
五、净利润	28 038 215.73	28 664 980.90	29 569 786.65	30 074 875.81	30 772 132.54
六、折现系数	0.877 2	0.769 5	0.675	0.592 1	0.519 4
七、折现值	24 595 122.84	22 057 702.8	19 959 605.99	17 807 333.97	15 983 045.64
合计					100 402 811.2

（3）折现率的确定。此次评估的折现率依据以下公式计算：

$$折现率＝安全利率＋风险收益利率$$

为稳健起见，安全利率取一年期国库券利率10%。为谨慎起见，我们在安全利率的基础上再追加一定的风险报酬作为安全收益率的调整，取风险报酬率为4%，则折现率取整为14%。

（4）收益法评估企业价值。鉴于该企业未来收益状况分析，中科公司将在5年后收益状况趋于稳定。本次评估在预测未来5年收益额的基础上，假定从第6年开始以后各年收益均保持第5年水平。采用计算公式是：

$$企业评估值＝\sum_{i=1}^{5}\frac{R_i}{(1+r)^i}+\frac{R_6}{r}\times\frac{1}{(1+r)^5}$$

$$=100\,402\,811.2+\frac{30\,772\,132.54}{14\%}\times0.519\,4$$

$$=214\,567\,422.9（元）$$

根据上述分析结果和公式计算，最后确定该企业资产价值为214 567 422.9元。

第五节 企业价值评估的其他方法

一、资产基础法

（一）资产基础法及其适用性

资产基础法在我国也称为成本加和法，是指采用一种或一种以上的基于企业的资产价值的评估方法，确定企业、企业所有者权益或企业证券价值的一种常用评估方法。

资产基础法是以资产负债表为导向的评估方法。企业资产负债表本来就是体现企业（一定定义下的）现行价值的。而资产基础法将涉及未入账的有形资产、无形资产和负债的确定和评估，同时也对已计入资产负债表中的资产和负债进行重估。我国企业价值评估长期以来采用资产基础法，说明资产基础法有一定的适用性。尽管资产基础法存在局限性，但以资产基础法本身分析，其优点表现在以下几个方面。

（1）资产基础法的评估结果是以惯用的资产负债表的形式表示的。这种形式对于熟悉财务报表的人来说是非常适合和容易把握的。

（2）资产基础法在评估过程中，分别估算每一种资产的价值，将每一种资产对企业价值的贡献全面地反映出来。

（3）资产基础法对于企业购买者和出售者双方在谈判中是有用的。采用收益法可以从其收益水平角度来评估企业价值。然而，评估不能忽视一家公司的潜在资产这一问题，价值总是基于公司的资产和盈利两方面。虽然盈利（或潜在的盈利）可能在决定公司价值方面是一个明显的因素，但买方对涉及资产很少而商誉很高的交易常不感兴趣。

（4）这种方法对于作为诉讼和争议解决依据是有用的。由于分别确定了企业中各单项资产的单独价值，因此很容易衡量某一项资产价值对企业价值的影响程度。这种方法能够应用于企业解体时股东或合伙人争议的资产的分配或某一重大资产分割纠纷中的资产分割。

（5）这种方法获得的评估结果便于进行账务处理。

（二）资产基础法的应用

采用资产基础法评估整体企业价值，首先应明确企业资产评估的范围，此外，还应明确企业价值的内涵，即是企业总资产价值还是净资产价值或其他。如要评估净资产价值，还需对负债进行审核评估。

资产基础法是对各单项资产价值的评估汇总，因为，各单项资产价值评估的方法在以前各章中均有详细介绍，这里仅就资产基础法运用中的问题做一些说明。

（1）明确和界定资产范围。企业价值评估时，应当考虑被评估企业所拥有的全部有形资产、无形资产以及应当承担的负债。企业中的资产往往是通过资产负债表反映的，即账面资产。但企业价值评估所涉及的资产不仅仅是账面资产，还有大量的对企业价值创造发生作用，但在账面中没有反映出来的资产。资产的构成是复杂的，现代会计计价理论并没有真正地反映企业资产的全部。因此，采用资产基础法进行企业价值评估时，首先应明确和界定资产的范围，不仅对于经会计计价确认的账面资产进行评估，而且，对创造企业收益有关联的账外资产也应该予以界定、确认和评估。

（2）应在分别就企业资产进行分类、清查的基础上，采取相应方法进行评估。

（3）对外投资是企业资产的构成内容，如对外投资占被投资企业股权比例很高时，应对被投资企业进行评估，然后按股权比例确定对外投资价值。

（4）根据资产重组方案，有些资产是作为租赁或许可使用的资产，如土地使用权、商标权等，评估人员仍要对它们进行评估，并评估出其租金或许可使用费标准。

（5）需要确定企业净资产评估值时，还应对负债进行评估处理。负债的评估处理主要是对于企业负债的审核，包括两方面内容：一是对负债的确认；二是对负债的计量。

负债的评估以是否存在实际债权人为评估基础。从评估角度，负债可以分为三大类，即业务往来负债、以国家或职工个人为债权人的负债以及非实际承担的负债。评估过程中，基本上是按审计准则和方法对账面值核实后确定评估值。其中：

① 对于业务往来形成的负债，应根据业务是否确定发生进行；

② 对于以国家或职工个人为债权人的负债，应根据有关法律、法规和企业规定的制度进行评估；

③ 对于非实际承担的负债，可按零值计算。

对于负债的评估还应注意企业账面负债的可免除部分和应免除部分，以及企业将面临的或产生的负债。

此外，负债评估原则还应与流动资产中债权类资产评估的原则保持一致性，否则，就会因为债权和债务评估的差异，引致整个评估结果的不合理。

二、市场法

企业价值评估的市场法，又称市场比较法，是建立在替代原理基础上的资产评估方法。替代原理认为在公开且充分竞争的市场上，相同或相似的资产应该拥有相同或相似的交易价格。

企业价值=可比企业基本财务比率×目标企业相关指标

在实际使用中经常采用的基本财务比率有市盈率（市价/净利）、市净率（市价/净资产）、市价/销售额等。

由计算公式可以看出，在用市场法评估企业价值时，最关键的问题是选择可比企业和可比指标。对于可比企业的选择标准，首先，要选择同行业的企业，同时还要求是生产同一产品的市场地位类似的企业。其次，要考虑企业的资产结构和财务指标。可比指标应选择与企业价值直接相关并且可观测的变量。销售收入、现金净流量、利润、净资产是选择的对象。因此，相关性的大小对目标企业的最终评估价值是有较大影响的，相关性越强，所得出的目标企业的评估价值越可靠、合理。在产权交易和证券市场相对规范的市场经济发达的国家，市场法是评估企业价值的重要方法。优点是可比企业确定后价值量较易量化确定，但在产权市场尚不发达、企业交易案例难以收集的情况下，存在着可比企业选择上的难度，即便选择了非常相似的企业，由于市场的多样性，其发展的背景、内在质量也存在着相当大的差别。这种方法缺少实质的理论基础作支撑，这就是运用市场法确定目标企业最终评估值的局限性所在，故仅作为一种单纯的计算技术对其他两种方法起补充作用。

三、市盈率乘数法

市盈率本来是上市公司每股股票价格与其年收益额之比。市盈率乘数法正是利用了公司（由若干股份构成）的价格与其收益之间的关系，即市盈率。通过市盈率作为乘数与被评估企业的预期收益推算出被评估企业的市场价值。市盈率乘数法的基本思路是：首先从证券交易所中搜集与被评估企业相同或相似的上市公司，包括所在行业、生产产品、生产经营规模等方面的条件要大体接近，把上市公司的股票价格按公司不同口径的收益额计算出不同口径的市盈率，作为评估被评估企业整体价值的乘数；其次分别按各口径市盈率相对应口径计算被评估企业的各种收益额；再次按相同口径，用市盈率乘以被评估企业的收益额得到一组被评估企业初步整体价值；最后，对于一组整体企业初步价值分别给予权重，加权平均计算出整体企业的评估值。

当然，运用市盈率乘数法必须有高度发达的证券交易市场做后盾，要有足够多的上市公司以备选参照物。否则，市盈率乘数法难以恰当使用。鉴于我国证券市场的发育程度，在短时期内，国内企业价值评估还不宜采用市盈率乘数法。

习题

一、单项选择题

1. 企业价值评估的一般前提是企业的（　　）。
   A. 独立性　　　　B. 持续经营性　　　C. 整体性　　　　D. 盈利性
2. 企业价值大小的决定因素是（　　）。
   A. 独立性　　　　B. 持续经营性　　　C. 社会性　　　　D. 盈利性
3. 评估人员选择适当的折现率将企业的净现金流量进行了资本还原，得到了初步评估结果。本次评估要求的是企业的净资产价值即权益价值。对初步评估结果应做的进一步调整是（　　）。
   A. 减企业的全部负债　　　　　　B. 加减企业的全部负债
   C. 减企业的长期负债　　　　　　D. 减企业的流动负债
4. 证券市场上将企业价值评估作为进行投资重要依据的是（　　）。
   A. 消极投资者　　B. 积极投资者　　C. 市场趋势型投资者　　D. 价值型投资者
5. 在企业价值评估中，对企业资产划分为有效资产和无效资产的主要目的是（　　）。
   A. 选择评估方法　　　　　　　　B. 界定评估价值类型
   C. 界定评估具体范围　　　　　　D. 明确企业盈利能力
6. 会计上所编制的资产负债表中的各项资产的账面价值往往与市场价格大相径庭，引起账面价值高于市场价值的主要原因是（　　）。
   A. 通货膨胀　　　B. 过时贬值　　　C. 组织资本　　　D. 应付费用

7. 企业（投资）价值评估模型是将（　　）根据资本加权平均成本进行折现。

    A. 预期现金流量　　　　　　　　　　B. 预期股权现金流量

    C. 股利　　　　　　　　　　　　　　D. 利润

8. 运用市盈率作为乘数评估出的是企业（　　）。

    A. 资产价值　　　B. 投资价值　　　C. 股权价值　　　D. 债权价值

9. 在企业被收购或变换经营者的可能性较大时，适宜选用（　　）模型进行估价。

    A. 股利折现　　　B. 股权现金流量　　　C. 预期现金流量　　　D. 净利润

二、多项选择题

1. 企业价值的表现形式有（　　）。

    A. 企业资产价值　　　　　　　　　　B. 企业投资价值

    C. 企业股东权益价值　　　　　　　　D. 企业债务价值

    E. 企业债权价值

2. 企业的投资价值有（　　）。

    A. 企业所有的投资人所拥有的对于企业资产索取权价值的总和

    B. 企业的资产价值减去无息流动负债价值

    C. 代表了股东对企业资产的索取权，它等于企业的资产价值减去负债价值

    D. 权益价值加上付息债务价值

    E. 企业所拥有的所有资产包括各种权益和负债的价值总和

3. 企业进入稳定增长阶段的主要特征有（　　）。

    A. 实际的销售增长达到均衡水平

    B. 企业投资活动减少，只是对现有生产能力的简单更新、常规改进及升级

    C. 实际的现金流量增长为零

    D. 企业的资本结构定型

    E. 企业的各种利润率保持不变

4. 在评估企业价值时，如果在待评估企业与可比企业之间的资本结构有较大差异时，则应选择
（　　）。

    A. 价值／重置成本比率　　　　　　　B. 市盈率

    C. 价格／销售收入比率　　　　　　　D. 价格／账面价值比率

    E. 价值／息税折旧前收益比率

5. 运用（　　）作为乘数评估出的是企业股权价值。

    A. 价值／重置成本比率　　　　　　　B. 市盈率

    C. 价格／销售收入比率　　　　　　　D. 价格／账面价值比率

    E. 价值／息税折旧前收益比率

三、计算题

1. 甲企业今年每股净利为0.5元/股，预期增长率为7.8%，每股净资产为1.2元/股，每股收入为2
元/股，股东权益净利率为10.6%，销售净利率为3.4%。假设同类上市企业中，增长率、股利支付率
和风险与该企业类似的有5家，相关资料如表8-7所示。

表8-7

企业	实际市盈率	预期增长率	实际市净率	预期股东权益净利率	实际收入乘数	预计销售净利率
A	10	5%	5	10%	2	3%
B	10.5	6%	5.2	10%	2.4	3.2%

续表

企业	实际市盈率	预期增长率	实际市净率	预期股东权益净利率	实际收入乘数	预计销售净利率
C	12.5	8%	5.5	12%	3	3.5%
D	13	8%	6	14%	5	4%
E	14	9%	6.5	8%	6	4.5%

要求：（1）按照修正平均市盈率法计算甲企业每股价值；

（2）按照修正平均市净率法计算甲企业每股价值；

（3）按照修正平均收入乘数法计算甲企业每股价值。（计算过程和结果均保留两位小数）

2. 某企业距其企业章程规定的经营期限只剩5年，到期后不再继续经营。预计未来5年的预期收益额分别为10万元、11万元、12万元、12万元和13万元，5年后，该企业变现预计可收回100万元，假定资本化率为10%。估算该企业的价值。

第九章 期权定价模型在资产价值评估中的应用

【学习目标】

通过本章的学习主要掌握以下内容。

- 了解期权的概念、分类、影响期权价格的基本因素；
- 掌握期权定价原理、基本定价模型及其具体计算方法；
- 掌握实物期权的概念、种类、定价及其在企业投资决策中的应用；
- 掌握期权在资产价值评估中的具体应用。

【能力目标】

- 让学生初步了解期权定价模型的应用前景；
- 学生能够运用期权定价模型来进行资产评估。

【引导案例】

布莱克——斯克尔斯期权定价模型

1997年10月10日，第二十九届诺贝尔经济学奖授予了两位美国学者，哈佛商学院教授罗伯特·默顿（Robert Merton）和斯坦福大学教授迈伦·斯克尔斯（Myron Scholes）。他们创立和发展的布莱克——斯克尔斯期权定价模型（Black Scholes Option Pricing Model，简称B-S模型）为包括股票、债券、货币、商品在内的新兴衍生金融市场的各种以市价价格变动定价的衍生金融工具的合理定价奠定了基础。自1973年B-S模型在政治经济杂志（Journal of political Economy）发表之后，芝加哥期权交易所的交易商们马上意识到它的重要性，很快将B-S模型程序化输入计算机应用于刚刚营业的芝加哥期权交易所。该公式的应用随着计算机、通信技术的进步而扩展。到今天，该模型以及它的一些变形已被期权交易商、投资银行、金融管理者、保险人等广泛使用。

第一节 期权概述

一、期权的含义

（一）期权、期权合约和期权交易

期权就是选择权，是买或不买、卖或不卖某种资产的选择权利。期权合约是指期权的签发者（option writer），也称期权卖方（option seller）承诺给期权买方在一个特定的期限内（或特定的日期），以特定的价格从签发者那里购买或向签发者出售某种资产的权利而非义务的合约。期权交易就是期权的买方向卖方支付一定数额的权利金后，取得在特定时间以特定价格向期权卖方买入或卖出标的资产的权利的交易方式，但没有必须买入或卖出的义务。在期权合约规定的有效期内，期权买方可以行使或转售这种权利。如果期权买方认为行使期权对自己不利，就可以放弃这种权利，只是购买期权时的权利金不退还，超过规定期限，合约就自动失效，所购的期权也随之作废。

（二）期权合约的有效期和到期日

期权合约的有效期是指期权的买卖双方，通过买方向卖方支付权利金从而获取相关权利的一段时间间隔。期权合约的到期日是指期权的买方实施行使、转售、放弃等权利的最后时间，是期权合约的终点。

（三）执行价格和执行日

执行价格（又称履约价格）是指期权交易时期权合约中所规定的标的资产买卖价格。这一价格一经确定，则在期权有效期内期权买方行使权利时，无论期权之标的资产的市场价格上涨或下跌到什么水平，期权卖方都必须以此执行价格履行其必须履行的义务。期权的执行日是期权实际执行的那一天，即在那一天期权的买方实际进行标的资产的买或卖。

（四）权利金

权利金是期权的价格，又叫作期权费，是期权的买方为获取期权合约所赋予的权利而必须支付给卖方的费用。对卖方来说，它是卖出期权的报酬。权利金对于期权的买方来说，是其买入期权可能遭受损失的最高限度。

二、期权的类型

（一）按期权的买方所拥有的权利不同划分为看涨期权（买权）和看跌期权（卖权）

1. 看涨期权

看涨期权（call options）是指期权的买方有权利按事先约定的价格和规定的时间，向期权卖方买入一定数量的标的资产，但期权买方并不受此约束。若不想买入，则只需让该合约到期作废即可，如有人买，也可将看涨期权转售。对期权卖方来说，有义务在期权规定的有效期限内，应期权买方的要求，以期权合约预先规定的价格卖出标的资产。对期权的买方而言，由于买入标的资产的价格已经在合约中锁定，所以标的物市场价格越涨对其越有利。

2. 看跌期权

看跌期权（put options）是指期权的买方有权利按事先约定的价格和规定的时间，向期权卖方卖出一定数量的标的资产，但不负有必须卖出的义务。若不想卖出，则可让期权到期作废，亦可将看跌期权转售。从期权卖方来说，则有按期权合约的有关规定买入这些标的资产的义务。对期权的买方而言，由于卖出标的资产的价格已经在合约中锁定，所以标的物市场价格越跌对其越有利。

（二）按期权的买方行使权利时间的不同划分为美式期权和欧式期权

1. 美式期权

美式期权是指在规定的有效期限内的任何时间可以行使权利。期权买方既可以在期权合约到期日这一天行使权利，也可在期权到期日之前的任何一个交易日行使权利。

2. 欧式期权

欧式期权是指在规定的合约到期日方可行使权利。期权买方在合约到期日之前不能行使权利，过了期限，期权合约也就自动作废。

例如，某公司突然宣布发放较预期金额高的现金股利时，持有该公司股票美式选择权的人可以立即要求履约，将选择权转换为股票，领取该笔现金股利；而持有该公司欧式选择权的人就只能干瞪眼，无法提前履约换股，领取现金股利。

（三）按标的资产类型不同划分为股票期权、债券期权、外汇期权和期货期权

1. 股票期权

股票期权的标的资产是股票或股票指数，通常以标准化的期权合约在期权交易所进行交易。

2. 债券期权

债券期权的标的资产是债券，债券期权是最重要的利率衍生品之一。

3. 外汇期权

外汇期权的标的资产是外汇，通常在场外市场交易。

4. 期货期权

期货期权的标的资产是期货合约，期货期权合约一般在有关期货交易所或期权交易所交易。

三、期权价格

（一）期权价格的构成

权利金是期权买卖双方达成的期权交易价格，主要由内在价值和时间溢价两部分组成。

1. 内在价值

内在价值是期权合约被立即执行时的经济价值，它等于期权合约的执行价格与标的资产的市场价格之间的差异。当看涨期权的执行价格低于标的资产当时的市场价格时，或者当看跌期权的执行价格高于标的资产当时的市场价格时，内在价值就为正。例如，如果看涨期权的执行价格是 10 000元，而期权标的资产当期的市场价格为 12 000 元，内在价值就等于 2 000 元，此时的期权称为实值期权。如果立即执行期权不能产生正的期权价值，内在价值就为零。当看涨期权的执行价格高于标的资产当时的市场价格时，或者当看跌期权的执行价格低于标的资产当时的市场价格时，内在价值就等于零，此时的期权称为虚值期权。当看涨或看跌期权的执行价格等于标的资产的市场价格时，内在价值就等于零，此时的期权称为两平期权或平价期权。

2. 时间溢价

时间溢价是期权的价格超出内在价值的部分，它是期权买方认为在一定时间后，标的资产价格的变动有可能使期权增值时购买这一期权所付出的高于内在价值的溢价。例如，如果看涨期权的标的资产市场价格为 12 000 元，期权的执行价格为 10 000 元，期权价格为 600 元，则期权的时间溢价就是 1 200 元；而如果该标的资产市场价格为低于或等于 10 000 元时，则期权的时间溢价就是 600 元，没有内在价值。期权的时间溢价随着距离到期日时间的缩短而减小，因为有利的价格变动机会减少。

（二）买卖权平价关系

买卖权平价关系是指在无套利的完备的金融市场条件下，没有股利支付且其他条件相同时欧式看涨期权和看跌期权之间存在的确定性关系。通过买卖权平价关系，在得知其中一个期权的价格的情况下，另一个期权的价格可以随之推算出来。下面我们通过组合比较法证明这一平价关系。

假设期权的标的资产股票用 S 表示，X 表示执行价格，无风险利率为 r，期权有效期 T，看涨期权记作 c，看跌期权记作 p，考虑如下两个组合：组合 A 由欧式看涨股票期权和与股票执行价格的现值等值的现金组成；组合 B 由欧式看跌股票期权和股票构成。

组合 A 到期时的情况：（1）如果 $S_T>X$，那么看涨期权实施，无风险投资在到期时增值为 X，组合 A 的价值等于 $S_T-X+X=S_T$。（2）如果 $S_T<X$，那么看涨期权不实施，无风险投资在到期时增值为 X，组合 A 的价值等于 $0+X=X$。因此，当期权到期时，组合 A 的价值是 max（S_T, X）。

组合 B 到期时的情况：（1）如果 $S_T>X$，那么看跌期权不实施，股票价格变成 S_T，组合 B 的价值等于 $0+S_T=S_T$。（2）如果 $S_T<X$，那么看跌期权实施，股票价格变成 S_T，组合 B 的价值等于 $X-S_T+S_T=X$。因此，当期权到期时，组合 B 的价值是 max（S_T, X）。由此可见，两者的价值都是 max（S_T, X）。由于我们假设不存在套利的可能，因此，在期权有效期内始终存在如下等价关系：

$$c+Xe^{-r(T-t)}=p+S_T \tag{9-1}$$

四、影响期权价格的因素

期权价格是由与标的资产和金融市场相关的许多变量决定的。影响期权价格的主要因素有：标的资产的市场价格；标的资产价格的波动率；标的资产的收益；期权的执行价格；期权的有效期；无风险利率。

（一）标的资产的市场价格

标的资产的市场价格的变动会影响到与它相关的期权的价格。因为看涨期权的买方有权利按事先约定的价格和规定的时间，向期权卖方买入一定数量的标的资产，所以标的资产市场价格的上升会使看涨期权的价格上升。因为看跌期权的买方有权利按事先约定的价格和规定的时间，向期权卖方卖出一定数量的标的资产，所以标的资产市场价格的上升会使看跌期权的价格下跌。

（二）标的资产价格的波动率

标的资产价格的波动率是用来衡量标的资产未来价格不确定性的指标，当波动率增加时，标的资产价格大幅度上升或下降的机会也就随之增加。对于标的资产的持有者来说，这两种价格变动趋势将相互抵消。但对于看涨期权或看跌期权的持有者来说则不同。看涨期权的持有者从标的资产价格上升中获利，当标的资产价格下降时，其最大损失就是期权费。同理，看跌期权的持有者从标的资产价格下降中获利，当标的资产价格上升时，仅有有限的损失。随着波动率的增加，看涨期权或看跌期权的价值都会增加。

（三）标的资产的收益

由于标的资产分红付息将减少标的资产的价格，而执行价格并未进行调整，因此，在期权有效期内，标的资产产生收益将使看涨期权价格下降，而使看跌期权价格上升。

（四）期权的执行价格

对于看涨期权而言，持有者获得了以固定价格购买标的资产的权利，期权价值随着执行价格的上升而降低；对于看跌期权而言，持有者获得了以固定价格出售标的资产的权利，期权价值随着执行价格的上升而上升。

（五）期权的有效期

通常有效期越长，标的资产风险就越大，期权卖方亏损的风险也越大，其期权价格也就越高。对于美式期权而言，由于买主有权在期权有效期内的任何一天行使买卖的权利，有效期越长，期权买方获利机会就越大，而且，有效期长的期权包含了有效期短的期权的所有执行机会，因此，有效期越长，期权价格也越高。对于欧式期权而言，由于买方只有在期权到期日方能行使权利，有效期长的期权就不一定包含了有效期短的期权的所有执行机会，这就使欧式期权的价值并不一定随有效期的延长而增加，从而使欧式期权的有效期和期权价格之间的关系更为复杂。如果没有股利支付，那么欧式看涨期权的价格和期权的有效期呈现正向关系，而欧式看跌期权即使在没有股利支付情况下期权价格与期权有效期之间的关系也是不确定的。

（六）无风险利率

无风险利率对期权价格的影响是间接的，并且建立在其他变量保持不变的基础上。当整个经济中的利率上升时，标的资产价格的预期增长率倾向于增加，而期权持有者收到未来现金流的现值将减少。这两种影响都将减少看跌期权的价值。因此，随着无风险利率的增加，看跌期权的价格将减少。而对于看涨期权来说，前者将增加看涨期权的价格，而后者将减少看涨期权的价格。但前一种影响是主要的，即当无风险利率增加时，看涨期权的价格总是随之增加。

第二节　期权定价模型

期权价格由内在价值和时间溢价两部分组成，其中，内在价值比较容易计算，但时间溢价较难计算，这使得期权价值不太容易量化。而布莱克（Black）和斯科尔斯（Scholes）则创造性地运用"复制资产组合"（replicating portfolio）原理对期权进行定价。"复制资产组合"是指由标的资产和无风险资产组成的、现金流量和特定的看涨（跌）期权相同的资产组合。

下面我们分别介绍二叉树定价模型和布莱克-斯科尔斯定价模型。由于二叉树定价模型与布莱克-斯科尔斯定价模型相比，两者的定价原理相同，而前者又比较简单，因此在介绍二叉树定价模型时，给出构造复制资产组合的具体过程，而在介绍布莱克-斯科尔斯定价模型时，则在简要说明如何从二叉树定价模型发展到布莱克-斯科尔斯定价模型后，直接给出布莱克-斯科尔斯定价模型公式。

一、二叉树定价模型

二叉树模型是离散的期权定价模型，模型的主要思路是运用金融资产定价中的状态价格定价技术，在具体实现时采用动态复制技术。在后面的阐述中我们以欧式看涨期权为例。需要指出的是二叉树模型也适用于欧式看跌期权。

二期二叉树模型——动态复制技术

具体方法是用 Δ 份股票和价值为 L 的无风险证券来复制这一期权。由于二期二叉树模型在具体计算过程中实际上是相继计算三个单期的二叉树模型，即图 9-1 右上方的二叉树模型，右下方的二叉树模型和左边的二叉树模型，因此我们先给出单期二叉树模型的复制过程（见图 9-2）。

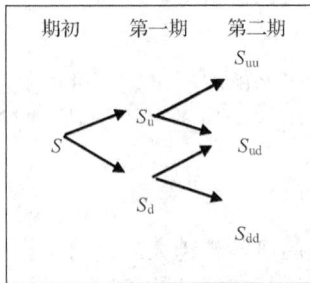

图 9-1　股票价格变动趋势　　　　　　　　图 9-2　股票期权的到期支付情况

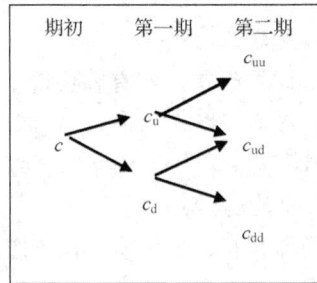

假设股票价格期初为 S，在第 1 期时上升为 S_u，下降为 S_d，在第 2 期时上升为 S_{uu}，下降为 S_{dd}，无风险利率为 r，$r'_f = 1 + r$，期权的执行价格为 X。

图 9-1 左边的二叉树模型复制过程，由动态复制可知下面的等式成立：

解：$\begin{cases} \Delta uS + r'_f L = c_u = \max(uS - X, 0) \\ \Delta dS + r'_f L = c_d = \max(dS - X, 0) \end{cases}$

上述方程组可以得到：

$$\Delta = (c_u - c_d) / S(u - d) \tag{9-2}$$

$$L = (uc_d - dc_u) / r'_f(u - d) \tag{9-3}$$

因此：

$$c = \Delta S + L \tag{9-4}$$

其他两个二叉树的计算类似。

二、布莱克-斯科尔斯定价模型

前面说明了复制策略在现实世界中并不一定在整一年的时间范围内奏效。因为在下一年的股票价格远多于两种可能。然而，可能价格的数目会随着时期的缩短而减少，因而，仅有两种可能的股票价格这一假设对于下一个无限短的瞬间看来是相当有道理的。

布莱克和斯科尔斯的基本思路就是缩短时间期限。他们指出，股票和借款的特定组合的确可以复制无限短时间水平上的看涨期权。因为股票价格将在第一时刻变动，所以另一个股票和借款的组合对于复制经历第二时刻的看涨期权是必需的，随后以此类推。通过依时刻对组合进行调整，他们可以连续地复制看涨期权。可能使人感到困惑的是，一个公式就可以确定任何时刻的复制组合和评估基于这个复制策略的期权价值。对此，只要说他们的动态策略使其能够在现实世界中评估期权就够了。由于对布莱克-斯科尔斯模型公式的推导非常复杂，在此直接给出公式本身。该公式为：

$$C=SN(d_1)-Ee^{-rt}N(d_2) \tag{9-5}$$

$$d_1=[\ln(S/E)+(r+\sigma/2)\ t]/\sqrt{\sigma^2 t}$$

$$d_2=d_1-\sqrt{\sigma^2 t}$$

在这个求看涨期权价格 C 的公式中，S 为现行股价，E 为看涨期权的执行价格，r 为年度连续无风险收益率，σ^2 为股票的每年连续收益之方差，t 为至到期日的时间（单位：年）；$N(d)$ 为标准正态分布随机变量将小于或等于 d 的概率。

【例9-1】2013年5月20日，某设备公司股票的看涨期权的价格是4元，执行价格是49元，股票本身按50元出售。在11月5日该期权还有199天才到期（到期日是2014年5月20日）。无风险年利率是6%。该设备公司的方差估计为每年0.1。由此，我们可以确定以下参数：

（1）股票价格 S 是50元。

（2）执行价格 E 是49元。

（3）无风险利率 r 是0.07。

（4）距到期日的时间 t 可以很快算出，公式要求 t 以年为单位来表示。我们将199天的时间段以年为单位表示成 $t=199/365$。

（5）该设备公司的方差估计为每年0.09。

利用上述五个参数，我们分三个步骤计算该公司期权的布莱克-斯科尔斯值。

步骤1：计算 d_1 和 d_2。我们可以将参数值直接代入基本公式来确定这两个值。

$$d_1=[\ln(S/E)+(r+\sigma^2/2)\ t]/\sqrt{\sigma^2 t}$$

$$=[\ln(50/49)+(0.07+0.09/2)\times199/365)]/\sqrt{0.09\times199/365}$$

$$=0.374\ 2$$

$$d_2=d_1-\sqrt{\sigma^2 t}$$

$$=0.152\ 7$$

步骤2：计算 $N(d_1)$ 和 $N(d_2)$ $N(d_1)$ 和 $N(d_2)$ 的值可以通过查标准正态分布的概率表（见表9-1）得出。

表 9-1　　　　　　　　　　　标准正态分布的概率表

X	0.0	0.1	0.2	0.3	0.4	0.5	0.6	0.7
$N(x)$	0.500 0	0.539 8	0.579 3	0.617 9	0.655 4	0.691 5	0.725 7	0.758 0

$$N(d_1)=N(0.374\ 2)=0.645\ 9$$

$$N(d_2)=N(0.152\ 7)=0.560\ 7$$

步骤3：计算 C。

$$C=SN(d_1)-Ee^{-rt}N(d_2)$$

$$=50\times N(d_1)-49\times e^{-0.07\times(199/365)}N(d_2)$$

$$=50\times0.645\ 9-49\times0.962\ 6\times0.560\ 7$$

$$=5.85（元）$$

估计价格5.85元大于实际价格4元,这意味着看涨期权定价偏低。布莱克-斯科尔斯模型的交易者将会购买看涨期权。当然,布莱克-斯科尔斯模型难免有误。也许模型估计值与市场价格之间的差别反映了模型的方差估计值有误。

运用布莱克-斯科尔斯模型时,我们应该注意下面这些极其重要的假设:(1)对卖空不存在障碍和限制;(2)交易成本与税收是零;(3)期权是欧式的;(4)不支付股票红利;(5)股票价格是连续的,即没有跳跃;(6)市场连续动作;(7)短期利率已知且固定;(8)股票价格是对数正态分布的。这些假设是使布莱克-斯科尔斯模型正确的充分条件。当这些条件不成立时,对模型作适当修正也常常有效。例如,当考虑标的资产收益,如红利的支付时,可对该公式进行如下调整。

假定标的资产的红利收益率 y(等于红利/资产现价)在期权有效期内保持不变,则布莱克-斯科尔斯模型变为:

$$C = Se^{-yt}N(d_1) - Ee^{-rt}N(d_2) \tag{9-6}$$

$$d_1 = [\ln(S/E) + (r - y + \sigma^2/2)t] / \sqrt{\sigma^2 t}$$

$$d_2 = d_1 - \sqrt{\sigma^2 t}$$

(摘自《资产评估学教程》,乔志敏,宋斌主编,2015. 第五版)

第三节 实物期权理论

实物期权理论是金融期权理论在实物资产领域的扩展。近年来实物期权理论与方法在很多领域得到广泛应用,如投资决策、资产评估、企业并购、生产灵活性等等。虽然我们经常将实物期权和金融期权相提并论,但实际上两者有较大差异。首先,实物期权是一种嵌入式期权,这种期权在很多时候并不需要支付一定的费用。其次,实物期权不是标准化合约,不在交易所交易。最后,在实物期权的定价过程中,由于标的资产具有非交易性,使得实物期权的定价不能盲目照搬金融期权定价模型与方法。

一、实物投资与实物期权理论

实物投资(real investment)指的是经济学意义上的投资,即狭义的投资,它会带来厂房、机器设备、存货的实际增加,能够创造社会财富。与之相对的是金融投资,指通过购买金融资产及其衍生品实现的投资,它并不能够创造社会财富,而只是社会财富的重新分配。实物资产与金融资产都可以估价,尽管在估价具体实施过程中使用的信息与技术有很大的不同,但两种估价的过程中所隐含的基本原理却非常相似。金融市场中通过组合投资和利用金融创新来规避风险从而提高收益的做法,对实物投资领域也有重要的借鉴意义。

实物期权(real option)是指以实物投资为标的资产的期权,具体表现为在经营、管理、投资等经济活动中,以各种形式获得的进行或有决策的权利。实物期权不像金融期权,它没有明确的合约条款加以约束,它的标的资产是复杂的实物资产。实物期权的价值与企业所处的行业存在很强的相关性,可以用类似金融期权定价的方法进行估价,其计算过程融入了"最优决策"的思想,使投资者对于不确定性的评价更为科学和可靠。

或有决策是实物期权方法的核心,它指在信息不断披露的条件下,视情况而定的决策行为。在决策前,决策者保留进行决策的权利,不必就未来做出何种决策而作具体承诺。实物期权赋予其购买者进行或有决策的权利,在这种权利的保障下,投资者可以根据期权标的资产价值的不同,选择执行或不执行期权。

与一般决策相比，或有决策的回报是非对称的，即决策的收益与不确定性不是线性关系。不确定性带给企业的正面影响被保留，负面影响被规避，因而拥有或有决策的权利可以大大改善投资项目的风险暴露，帮助投资者进行更有效的风险管理。

实物期权理论的突破点在于它建立了不确定性能创造价值的信念。不确定性是指投资者自身无从控制与预知的事物发展的随机性。实物投资理论集中关注的是资产价格演变的不确定性。通过对一项资产的价格的历史数据进行统计分析，可以得出该项资产价格的波动性，作为对资产价格不确定性水平的估计。当投资者面对不确定性的影响而完全没有主动对其进行抵御的能力时，不确定性的大小可以直接用于衡量风险的大小。风险的存在使投资者对资产要求与风险相当的收益率，这是完全合理的。然而，投资者虽然不能控制不确定性的存在，却有可能主动地改变不确定性对自身的影响程度。如果投资者能够通过某种方式消除不确定性对自己的消极影响，而保留其对自己的积极影响，那么不确定性就不能直接用于衡量风险，但可以用于衡量投资者可能收益的大小。不确定性越大，投资者可能获得的收益就越大，从而资产的投资价值就越大。

以对不确定性的深刻认识为基础，实物期权理论认为一项实物资产的收益有两种：（1）完全暴露于风险的收益。如果投资者不能在不可预料的市场状况形成时，以某种方式改变自己对某项资产的资金投入或者产生的现金流入的时间及数量，则投资者的收益是完全暴露于风险的。若以现金流量来衡量收益，则在能够合理地估计出的现金流入及其发生的相应时间，且又能够同时根据现金流量的风险特征恰当地确定现金流量折现率的话，就能实现对这种收益（资产价值）的估计。传统的现金流量折现方法（DCF）最适用于评估的就是这种资产价值。（2）风险被规避的收益。如果投资者的投入和收益方式不是完全不可更正的，则收益的风险可以被规避。DCF方法不适用于具有这种特征的收益，因为这种收益的实现与投资者对收益的主动影响连同外部不确定性一起决定了实际的收益，而假设投资者能理智地完全规避不确定性的负面影响，这种收益就不必要进行风险补偿。实物期权理论的核心就是指出并强调这种收益的存在，并且实现其价值的评估。即使一项资产本身带来的现金流入量很小或者根本不存在现金流入（如基础建设投资），即它不具备第一种收益的能力，它还可能提供获得第二种收益的机会。只有将两种收益的可能都考虑到，才能准确、完整地估计一项资产的价值。

二、实物期权的类型

实物期权在现实生活中可能以多种不同的形式出现。根据实物期权所带来的不同的经营灵活性，可以分为推迟期权、放弃期权、悬置期权、分段期权、规模期权、变换期权、成长期权、组合期权等类型。

（一）推迟期权

投资机会并不像人们想象的那样稍纵即逝，其时机选择常常有一定的灵活性。我们把具有推迟实施的可能性称为推迟期权。例如某房地产商在几年前买了一块地皮，由于当时人们对这一地段并不看好，于是决定等待一段时间再进行开发。直到城市地铁网络发展规划基本明确以后，房地产商认为开发时机已经成熟，才着手进行开发。购买土地时房地产商也自然拥有了推迟期权，可以选择合适的时机投资开发。投资的不可逆性使得推迟投资的能力非常重要。尽管在现实中，出于战略的考虑，有时不得不迅速投资，以领先于现存的或潜在的竞争对手，但在多数情形下，推迟至少是可行的。推迟也许会有代价，如竞争对手的进入或现金流的损失，但这种代价会被等待而获得新信息的利益所平衡。

（二）放弃期权

投资项目一经启动，就自然拥有了放弃期权。如果市场状况严重衰退，并且预计长期不会好转，而维持成本过高，则管理者可能会选择永久放弃现在的经营，将设备和其他资产在二手市场上再出售，或投入其他项目以获取更高的效率。例如某次新开通的列车，运行一段时间后，发现上座率一直很低，并且多数乘客不能全程乘坐，只有春运期间才会满员，而每次列车运行耗费巨大。在这种情况下，铁路局就不得不考虑执行放弃期权，停运该次列车，只在春运期间加开。

（三）悬置期权

项目启动后，一般不会轻易放弃，因为投资具有不可逆性，一旦放弃，再启动可能需要很高的成本。因而，在市场状况不好、前景不明朗时，投资者会尽可能地选择延缓项目进程，甚至冻结该项目。这种延缓或冻结的可能性就称为悬置期权。例如美国某公司的载人航天旅行，由于发射一次宇宙飞船运行成本高昂，目前市场上没有人愿意出高昂的旅行费用到太空一游，所以太空旅游项目暂时停止，只是最低限度地维护设备和开发技术，直到有更多人认可该项目时再投入运营。

（四）分段期权

分阶段进行一系列投资创造了分段期权。在每一个决策点都可以根据新获取的信息决定是放弃还是继续，这种分段规划带来的经营柔性具有期权价值。这种期权的典型行业是研究开发（R&D）密集行业、长期开发行业和风险行业。例如风险基金对风险项目的投资，往往不是一次性地支付全部资金，而是视企业表现分阶段注入。这样既可提高经营者利用资金的效率，也可在项目发展过分偏离预期时及时终止，避免更大的损失。在市场前景尚不明朗时做出长期的决策难免具有盲目性，而新获取的信息如果不用来调整下一步的举措也是资源的极大浪费。

（五）规模期权

在项目规划之初便设计规模变动的灵活性能赋予项目规模期权，即在今后的经营过程中拥有扩大或缩小规模的可能性。真实市场的特征是变化的、不确定的和交互竞争的，而最优规模也不是一成不变的。如果市场条件比预期的更有利，公司可以扩大生产规模。在极端的情况下，生产可能停止，等待市场复苏后再启动。其典型行业是自然资源行业、周期性行业、时尚服饰、消费电器、商业房地产等。例如阿拉伯国家在石油价格上涨时大量开采，而市场价格偏低时则联合限产以阻止价格的滑落。

（六）变换期权

原料组合和产品组合具有变换的灵活性所带来的期权称为变换期权。随着价格或需求的改变，管理者可以改变设备的产出组合（产品灵活性），相应地，也可使用不同类型的投入得到相同的产出（工艺灵活性），或是变换所使用的原料（原料灵活性）。更广义的变换期权还可以指变换各种经营方案的灵活性。变换期权出现在任何需求呈小批量或多变的货物上（如日用电器、玩具、特种纸、机器零件、汽车等），或是依赖于不可控制的原料供给行业。例如，发电厂在建厂时刻意建成水电和火电的模式，那么在煤的价格上涨时，便可选择水电进行替换。

（七）成长期权

一项战略性的早期投资，也许本身并不产生直接的现金流，但是却开创了未来的成长机会，是一系列后续相关项目的前提，这类投资具有成长期权，也称为战略期权。一切基础建设或战略性投资都具有成长期权，其中最典型的是 R&D。我们知道在高科技领域，竞争异常残酷，谁先开发出新的功能，谁先突破现有的技术局限，谁就占领了市场先机。为此常常需要耗资巨大，前瞻数年进行高度不确定的 R&D，投资者所看重的就是 R&D 所具有的成长期权。此外还有战略兼并行为、跨国进入新市场等都需要在决策时考虑成长期权的价值。

（八）组合期权

现实中的项目常常不是孤立的一个期权，而是交叉涉及多个期权，它们的组合价值可能不同于各自价值的简单累加，这时需要考虑它们之间相互加强或削弱的作用。这类期权价值评估比较复杂，例如一个分段规划的 R&D 项目，自然地具有了推迟期权、放弃期权，同时又具有悬置期权、分段期权和成长期权，在计算它的期权价值时要综合考虑。

三、实物期权理论的应用

实物期权理论的应用体现在两方面：一是投资者应建立实物期权的思想，以新的观念看待实物投资活动中的决策问题，并努力在经济活动中发现和创造实物期权；二是用期权定价模型去估计各种经济活动中实物期权的价值，并据此进行决策。

发现和确定实物期权应从经济活动的特征进行考虑，主要包括以下几方面：（1）若投资项目未来投入资金在投入时间、数量上具有可控性，则该投资活动中包含实物期权。如在进行期限长、投入量大的投资项目中，分批投入并保留放弃剩余投入的权利；在订立企业兼并、合并、合资合同和特许权与许可权的买卖合同中，分批支付并给每次的支付设定条件（设定与被合并企业或接受投资企业的市场价值、研发工作进展状况相关的条件），从而获得根据项目收益前景变化，改变相应支付的权利。这些权利就是实物期权。（2）企业的经营柔性中包含实物期权。企业的生产经营活动受市场需求波动的影响，若投资者在安排投资项目时，注意构造经营上的柔性，比如购置生产设备时尽量选择能适应多种产品生产或残值高的生产设备，保留一定多余的存储空间及生产能力，从而使得企业可以在市场需求从一种产品转向另一种时，实现产品生产的转变而不需增加新的生产设施，在市场需求增加时能迅速提高产量抓住商机，在市场萎缩时能以较高的售价，将生产设备变现，以减少进一步的损失，这样一来，投资者虽然有可能支付较高的成本，但得到的不仅是生产设备，还得到了转换生产的期权、改变经营规模的期权和放弃生产的期权。不过，是否选择通用设备，是否保留多余生产能力，取决于支出的费用与所创造的期权价值的比较。（3）若某项投资的先期投入使投资者拥有在未来进一步投资的权利，或在一系列相互关联的投资中，前项投资为后项投资创造投资机会（即没有前期的投资，后期的投资机会无法得到），则前期的投资创造了期权。如研发投资本身不会带来现金流入，但研发投资的成果——新产品或技术一旦投入市场，凭借其创新性，很可能产生巨大的销售量或者产生极高的利润率。从实物期权观点看，研发投资项目的价值在于它使投资者获得对新产品或新技术进行后续投资的权利，该权利为期权。又如家电行业的企业，为适应新的消费者需求，形成差异化的产品，必须进行一系列长期而且数额庞大的投入。这些投入不一定会带来收益，但如果不进行这类投入，企业便无从获得在该领域发展所需的信息和经验，也就不具备继续经营下去的能力。从实物期权观点看，这类投入使投资者获得在该领域继续生存的权利。（4）若通过合并、兼并、合作等方式形成的资产组合具有风险分散的特征，则该活动中含有规避风险的期权。从实物期权角度看，进行风险投资或者兼并、合并等举措时，不应仅考虑资产单独的盈利能力，还应考察影响资产收益的不确定性，即各项资产的合并是否有利于风险的分散，是否有利于经营柔性的增强，彼此经营经验的融合是否能形成更高的竞争力。如英特尔公司（Intel）在芯片市场占有 85% 的份额，当市场需求周期性缩小时，它无法通过扩大销售额的方式来保持稳定的收益。在实物期权的启发下，由于看到以电子芯片为原材料的企业与生产芯片的企业之间存在相得益彰的关系，为了规避芯片市场周期性波动引起的风险，英特尔公司对 50 余家消耗芯片的企业进行了总额达 50 亿美元的投资，削弱了芯片市场变动对其收益的影响。英特尔公司 50 亿美元的投资相当于给自己购买了防范经营风险的期权。（5）若投资者能等到获得更多的信息和不确定性降低时进行投资，则该项投资活动包含延迟投资的期权。企业应尽力保留这种可以推迟进行投资决策的权利，以规避风险。如在自然资源开采行业、不动产开发行业、造纸业、种植业中，投资者常常可以通过签订长期租用合同，或直接订立具有或有性条款的合同来获得该类期权。该期权的持有者往往等到对自己有利时才执行期权。

实物期权不像金融期权，没有明确标明期权的执行价、到期日、标的资产、决策模式，因此，对实物期权定价，要首先对其按金融期权的形式进行分析，找出并定量估计影响实物期权价格的主要因素。如确定实物期权的类型、期限及标的资产；确定实物期权标的资产的价值；确定实物期权的执行价；确定实物期权标的资产的价格波动率；在金融市场中选取无风险利率。在上述因素确定后，再运用期权定价公式估算出实物期权的价值。

四、实物期权定价方法举例——二叉树模型

假设一家公司欲投资某项目，该项目的初始投资 $L = 104$ 万元，一年以后，如果市场情况良好，预期现金流量 V^+ 为 180 万元，如果市场情况恶劣，预期现金流量 V 为 60 万元。预计出现市场情况良好和恶劣的概率各为 0.5。假设该公司拥有一年的独家许可权，可以推迟一年开展该项目。那么这个独家许可权提供的投资机会价值是多少？

假设 V_0 为项目目前的总收益。将项目一年后的现金流量进行折现，折现率为项目的期望收益率 k（$k = 20\%$），出现市场情况良好的概率 $q = 0.5$，则有：

$$V_0 = \frac{qV^+ + (1-q)V^-}{1+k} = \frac{0.5 \times 180 + 0.5 \times 60}{1+0.2} = 100 （万元）$$

$$NPV = V_0 - I_0 = 100 - 104 = -4 （万元）$$

很明显，即使立即开展该项目的 NPV 为负，独家许可权（即投资机会）对公司的股票持有者而言仍然是有价值的。因为独家许可权提供的推迟灵活性，使管理者（代表股票持有者进行经营管理）能保证从投资价值有利的变动中获利，同时又不会受不利市场环境的损害。要确定独家许可权提供的推迟期权的确切价值，我们只需把投资机会适当的价值£代入风险中性定价关系。我们在这里直接给出风险中性定价关系下的风险中性概率公式以及投资机会价值的计算公式：

$$p = \frac{(1+r)V_0 - V^-}{V^+ - V^-} \tag{9-7}$$

式中，p 为风险中性概率，r 为无风险利率。

$$E_0 = \frac{pE^+ + (1-p)E^-}{1+r} \tag{9-8}$$

式中，E_0 为独家许可权提供的投资机会的价值，E^+ 为市场情况良好时独家许可权提供的投资机会的价值，E 为市场情况恶劣时独家许可权提供的投资机会的价值。由于存在可在一年内选择投资的推迟期权，因而该公司可以在一年以内进行投资，也可以等待，看下一年项目的收益是不是超过了必要的成本，再决定是否进行投资。换句话说，等待的期权可以看作对项目总收益 V 的买权，执行价格等于下一年的必要支出 L。因为，$L_1 = 110$ 万元，无风险利率 r 假定为 10%，所以 $I_1 = 110 \times 110\% = 121$（万元）。

因而，投资的推迟期权使价值结构发生了变化（见图 9-3）。

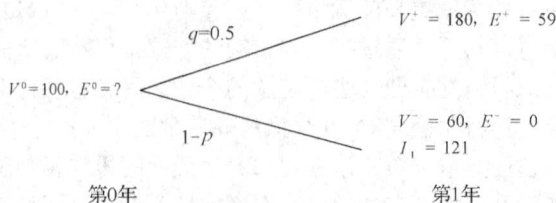

图 9-3　变化后的价值结构

若项目总收益不足以弥补必要的成本，管理者就会让许可权或期权过期失效。即：

$$E^+ = \max(V^+ - I_1, 0) = \max(180 - 121, 0) = 59$$

$$E^- = \max(V^- - I_1, 0) = \max(60 - 121, 0) = 0$$

注意隐含在许可权中的推迟期权是如何不对称地改变了价值结构：不是立刻支付 110 万元，然后在下一期获得 180 万元或 60 万元，而是等待并观察，若结果有利，则进行投资，得到 59 万元的净收益，否则，取消投资，收入为零。代入公式（9-7）可得：

$$p = \frac{(1+r)V_0 - V^-}{V^+ - V^-} = \frac{(1+0.08) \times 100 - 60}{180 - 60} = \frac{108 - 60}{120} = \frac{48}{120} = 0.4$$

代入公式（9-8）可得投资机会的总值（结合推迟期权价值的扩大的 NPV）为：

$$E_0 = \frac{pE^+ + (1-p)E^-}{1+r} = \frac{0.4 \times 59 + 0.6 \times 0}{1 + 0.1} = 21.45（万元）$$

可见，尽管立刻进行该项目投资的 NPV 为-10 万元，也不应拒绝这 21.45 万元的投资机会价值。因此许可权提供的推迟期权的价值为：

期权价值=扩大的 NPV-被动的 NPV= 21.45-（-10）=31.45（万元）

第四节 期权理论在资产评估中的应用

一、利用期权理论进行资产评估的条件

（一）标的资产不能随时交易

二叉树定价模型和布莱克-斯科尔斯模型的理论基础，是建立在可以运用标的资产和无风险借贷资产构造的复制资产组合基础之上的。不能随时交易的标的资产，不具备随时套利的可能，我们只能认为市场运作很完善，资产的市场价值合乎常理，在这个前提下，得出的价值应该具有很好的参考价值。

（二）资产价格的变动是一个连续过程

布莱克-斯科尔斯模型的一个假设前提是标的资产价格的变动是连续的，即没有价格突变。但对有些实际资产的期权而言，其价格变动在某段时期可能会出现跳跃，在这种情况下，应该结合资产在市场上的运行状态进行实证分析，综合考虑调整方案。

（三）方差已知且在期权有效期内不会发生变化

期权定价模型的这个假设前提对于上市交易的股票的短期期权是合理的，但当期权定价模型应用于长期的实际资产的期权时，这个假设前提就有可能与实际不符了，因为方差不可能一直保持不变，在这种情况下，应根据方差的变化，恰当地运用期权定价模型。

（四）期权的执行可以立即实现

期权定价模型成立的前提之一是期权的执行可以立即实现。在实际情况下执行期权是需要时间的，比如假设某公司在 20 年内拥有一座矿山的开采权，如开采这座矿山需要 4 年的时间，则该公司拥有的该矿山开采权的有效期应该是 16 年。

二、利用期权理论对股权资本进行价值评估

（一）理论依据

从传统方法（例如企业价值评估的加和法）的角度来看，公司总资产超过总债务多少，其股

权资本价值就为多少。有限责任公司的"有限责任"体现在当总债务的价值高于公司的资产价值时（将要或已经破产），股权投资者的最大损失是其对该公司的股本投资。当公司进行清算时，在总债务支付完毕后，公司剩余的全部价值都归股权投资者所有。清算时股权资本的价值可以写为：

$$清算时股权资本的价值=\begin{cases} V-D & （当V>D时） \\ 0 & （当V<D时） \end{cases}$$

式中，V 为清算时公司的价值；D 为发行在外的债务和其他要求权的面值。如图 9-4 所示。

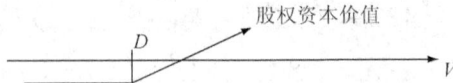

图 9-4 D 和 V 的关系

而通过前面的学习，我们知道，对于一个执行价格为 X、执行期权时标的资产价值为 A 的看涨期权，有：

$$执行期权的收益=\begin{cases} A-X（当A>X时，此时期权为实值期权，会被执行） \\ 0（当A \leqslant X时，此时期权为虚值期权或平值期权，不会被执行） \end{cases}$$

由此可见，一个公司的股权可被视为以公司为标的资产的看涨期权，其执行价格为公司的债务总额。执行该期权意味着对公司进行清算，支付债务的面值。

假设目前公司的价值为 S，执行价格为 X。下面我们从看涨期权的角度出发，并且结合表 9-2 形象地解释为什么公司的股权可以看作是一项看涨期权。

表 9-2   看涨期权

时间期权交易者	当前	到期日（公司清算之日）	
		若公司的价值是 A（A>X）	若公司的价值是 B（B<X）
期权的买方（原来意义上的公司股权投资者）	以价格 P 购进看涨期权：其实质是期权的买方（股权投资者）通过支付相当于自己在当前公司中的股本投资额的看涨期权价格在获得看涨期权的有关权利的同时，让渡了自己当前在公司中的股权	执行看涨期权，支付 X 从卖方手中买入公司，期权的买方获得公司的所有权	放弃执行看涨期权，最大损失为购买看涨期权的价格化其实质是公司清算之日的股权资本价值是 0，股权投资者的最大损失为其对公司的股本投资
期权的卖方（原来意义上的公司债权人）	以价格 P 售出看涨期权：其实质是期权的卖方（公司的债权人）通过出售看涨期权，获得了期权买方当前在公司中的股本投资，成为了当前公司的股权所有者	由于买方执行看涨期权，卖方必须承担卖出义务，期权的卖方以 X 向买方出售公司，让渡公司的所有权。其实质是公司股东清偿债务 X	买方放弃执行看涨期权，公司仍旧归卖方所有。其实质是公司的全部资产都必须用于清偿公司的债务

（二）具体应用

下面举例说明如何运用布莱克-斯科尔斯模型对股权资本价值进行评估。

【例9-2】假设某公司资产价值为 10 000 万元，有 10 年期面值为 8 000 万元的零息债券（10 年后到期，到期一次性支付债券面值 8 000 万元），公司价值的标准差为 40%。估算该公司的股权与债务价值。

标的资产的价值=S=公司资产的价值=10 000（万元）

执行价格=X=债务面值=8 000（万元）

期权期限$=t=$零息债券的剩余期限$=10$（年）

标的资产价值的方差$\sigma^2=$公司价值的方差$=0.16$

无风险利率$=r=$与期权期限相同的国库券利率$=10\%$

运用布莱克-斯科尔斯模型得到：

$$d_1=1.599\ 4 \qquad \mathrm{N}(d_1)=0.945\ 1$$
$$d_2=0.334\ 5 \qquad \mathrm{N}(d_2)=0.631\ 0$$

看涨期权的价值$=10\ 000\times0.945\ 1-8\ 000\times\mathrm{e}^{-0.10\times10}\times0.631\ 0=7\ 594$（万元）

因为股权资本等于看涨期权的价值，所以股权资本目前的价值为7 594万元。债务资本（债券）目前的价值为：

$$10\ 000-7\ 594=2\ 406（万元）$$

当一个公司的价值接近于债务面值甚至小于债务面值时，如果从传统方法（例如企业价值评估的加和法）的角度出发，我们认为其股权资本很小甚至为零。但如果我们从期权定价方法的角度出发，此类公司的股权资本并不是一文不值的。事实上，如果因为政策环境、经济环境或其他一些原因而使某公司具有很好的发展前景时，股权价值将远大于使用传统方法（例如企业价值评估的加和法）的估值结果。

假设某公司资产价值为5 000万元，公司仅有的一项长期债务为10年期的零息债券8 000万元（10年后到期，到期一次性支付债券面值8 000万元），公司价值的标准差为40%。该公司的股权与债务价值估算过程为：

标的资产的价值$=S=$公司价值$=5\ 000$（万元）

执行价格$=X=$债务面值$=8\ 000$（万元）

期权期限零息债券的剩余期限$=10$（年）

标的资产价值的方差$\sigma^2=$公司价值的方差$=0.16$

无风险利率$=r=$与期权期限相同的国库券利率$=10\%$

运用布莱克-斯科尔斯模型得到：

$$d_1=1.051\ 5 \qquad \mathrm{N}(d_1)=0.853\ 4$$
$$d_2=0.213\ 5 \qquad \mathrm{N}(d_2)=0.415\ 5$$

看涨期权的价值$=5\ 000\times0.853\ 4-8\ 000\times\mathrm{e}^{-0.10\times10}\times0.415\ 5=3\ 044$（万元）

股权资本目前的价值$=3\ 044$（万元）

债务资本（债券）目前的价值$=1\ 956$（万元）

如果我们从传统的企业价值评估角度来看，股权资本目前的价值就为0，因为此时公司资产价值5 000万元小于公司债权人的投资性债务价值8 000万元。对比两个评估结果，发现两者的差别很大，这是因为股权具有期权的特性，这在上面的这个例子中就得到充分的体现。当我们用企业价值评估的加和法评估公司股权资本价值时，只是在静态比较公司资产价值和公司债权人的投资性债务价值的基础上，简单地从公司资产价值扣除公司债权人的投资性债务价值（当公司资产价值大于公司债权人的投资性债务价值时），得出公司的股权资本价值，或者得出公司的股权资本价值为0（当公司资产价值小于或等于公司债权人的投资性债务价值时），而没有考虑到公司债务清偿中存在的时间因素以及其他可能影响股权资本价值的因素。当用期权定价方法评估公司股权资本价值时，我们把股权看作看涨期权，期权距离到期日的时间等于公司债务距离债务到期日的时间。在这个例子中，由于公司债务要到10年以后才清偿，所以期权距离到期日的时间长达10年，这使得看涨期权的价值大大增加，即公司股权资本价值大大增加。当然，其他只要是能影响期权价格的因素就能够影响到在运用期权定价方法下股权资本价值的大小。

三、利用期权理论对无形资产进行价值评估

产品专利权的持有者具有开发和生产某种产品的权利，但只在预期产品销售的现金流超过生产产品的投入成本时才会进行生产，否则将不会使用该专利进行生产。即：

$$拥有该产品专利的价值=\begin{cases} V-D & （当V > D时）\\ 0 & （当V \leqslant D时）\end{cases}$$

式中，V 为预期产品销售的现金流现值，D 为生产产品的投入成本。因而，可以将产品专利视为看涨期权，产品本身为标的资产。

在运用期权定价模型进行产品专利权价值评估时，标的资产价值就是现在生产该产品的预期现金流的现值。标的资产价值的方差可以参考类似产品现金流的方差来估计，或者通过分析产品市场出现不同状况的概率及不同情况下的现金流来估计现值的方差。执行价格为决定生产和销售专利产品而需要投入的成本。期权的期限为专利的收益期限（有效期限）。由于在专利的收益期限后将不会产生超额利润，因此期权执行延迟一年就意味着失去了一年的超额收益。如果该收益是均匀分布的，专利有效期为 n 年，则年延迟成本就相当于红利收益率。

【例9-3】 某专利技术的收益期限为20年，生产该专利产品的初始投资为15亿元，而预期未来现金流的现值为10亿元，生产该专利产品的现金流现值的方差为0.03，无风险利率为10%。试估算该专利的价值。

期权定价模型的各输入变量为：

标的资产的价值=现金流的现值=10（亿元）

执行价格=初始投资成本=15（亿元）

期权期限=专利的有效期=20（年）

标的资产价值的方差 σ^2=公司价值的方差=0.03

无风险利率=10%

红利收益率=1/20=5%

运用布莱克-斯科尔斯模型得到：

d_1= 1.584 8   N（d_1）=0.875 9

d_2=0.380 2   N（d_2）= 0.648 1

看涨期权的价值= $10 \times e^{-0.05 \times 20} \times 0.875\ 9 - 15 \times e^{-0.10 \times 20} \times 0.648\ 1 = 1.906\ 6$（亿元）

该计算结果说明，尽管当前生产该专利产品的净现值为-5亿元，但是将该专利视为期权时则是有价值的。

习题

一、单项选择题

1. 从资产评估资产划分的角度看，不可确指的资产是指（　　　　）。

    A. 没有物质实体的某种特权

    B. 具有获利能力的资产的综合体

    C. 不能脱离企业有形资产而单独存在的资产

    D. 能独立存在的有形或无形资产

2. （　　）是资产评估得以进行的一个最基本的前提假设。

    A. 公开市场假设　　　　　　　　　　B. 交易假设

    C. 清算假设　　　　　　　　　　　　D. 在用续用假设

3. 从性质上讲，资产的评估价值是注册资产评估师对被评估资产在评估基准日的（　　）估计值。

    A. 成交价格　　　B. 重建成本　　　　C. 交换价值　　　　　D. 劳动价值

4. 资产评估值的高低主要取决于（　　）。

    A. 资产的历史收益　　　　　　　　　B. 资产的社会必要劳动时间

    C. 资产的效用　　　　　　　　　　　D. 资产的购置成本

5. 资产评估结论为资产评估提供专业化估价意见，这体现了资产评估的（　　）作用。

    A. 咨询作用　　　B. 管理作用　　　　C. 监督作用　　　　　D. 鉴证作用

6. 特定主体以投资获利为目的而持有的资产，在公开市场上按其最佳用途实现的市场价值，这阐述的是资产评估的（　　）。

    A. 在用价值　　　B. 投资价值　　　　C. 残余价值　　　　　D. 投资性资产价值

7. （　　）是资产评估中使用频率较高的一种假设，其他的假设都是以其为基本参照的。

    A. 公开市场假设　　　　　　　　　　B. 持续经营假设

    C. 交易假设　　　　　　　　　　　　D. 清算假设

8. 以下表述中不符合资产评估科学性原则的是（　　）。

    A. 必须根据评估的特定目的选择适当的价值类型和方法

    B. 对于特定的资产业务价值类型的选择具有唯一性

    C. 对于特定的资产业务评估方法的选择具有唯一性

    D. 对于特定的资产业务评估方法的选择具有多样性

9. 在资产评估中确实存在着评估数据、评估方法等的合理替代问题，正确运用（　　）是公正进行资产评估的重要保证。

    A. 替代原则　　　B. 评估时点原则　　C. 贡献原则　　　　　D. 预期收益原则

10. 在同一市场上具有相同使用价值和质量的商品，应该有大致相同的交换价值，以此确立的评估原则是（　　）。

    A. 贡献原则　　　B. 资产评估时点原则　C. 预期收益原则　　　D. 替代原则

二、多项选择题

1. 下列说法正确的有（　　）。

    A. 资产评估的要素是一个有机组成的整体，它们之间相互依托，相辅相成，缺一不可

    B. 企业单项资产价值之和等于企业整体价值之和，这里的单项资产不包含商誉

    C. 资产评估的最基本的功能评价和评值，以及咨询和管理的功能

    D. 同一资产在公开市场假设、持续使用假设和清算假设下评估得到的价值类型分别是公开市场价值、持续使用价值和清算价值，清算价值一般较低

    E. 从资产评估对象的构成和获利能力的角度，资产评估分为完全资产评估和限制性资产评估

2. 资产评估的资产具有以下基本特征（　　）。

    A. 是由过去的交易或者事项形成的资源

    B. 必须是经济主体拥有或者控制的

    C. 能够给经济主体带来经济利益的资源，即可望给经济主体带来现金流入的资源

    D. 资产必须能以货币计量

    E. 融资租入的固定资产不能进行评估

3. 资产评估中市场价值以外的价值主要包括（　　　　）。

    A. 市场价值   B. 继续使用价值   C. 在用价值

    D. 投资价值   E. 残余价值

4. 以下属于资产评估的经济技术的原则有（　　　　）。

    A. 科学性原则   B. 客观公正性原则   C. 贡献原则

    D. 替代原则   E. 评估时点原则

5. 从资产评估服务的对象、评估的内容和评估者承担的责任等方面看，在世界范围内，资产评估主要分为（　　　　）。

    A. 完全资产评估   B. 评估   C. 限制性资产评估

    D. 评估复核   E. 评估咨询

6. 资产评估中的市场价值与市场价值以外的价值划分的标准有（　　　　）。

    A. 资产评估时的市场条件：公开市场条件还是非公开市场条件

    B. 资产评估时的资产的使用状态：正常使用（最佳使用）还是非正常使用

    C. 资产评估时所用的信息和参数来源：公开市场信息还是非公开市场信息

    D. 资产评估中的市场价值是指资产在评估基准日公开市场上最佳使用状态下最有可能实现的交换价值的估计值

    E. 资产业务的性质

7. 市场价值和公允价值表述正确的有（　　　　）。

    A. 市场价值是资产公允价值的坐标

    B. 市场价值在其评估所依据的市场范围内，对任何交易当事人都是相对合理和公允的。而市场价值以外的价值的相对合理公平性是受到某些条件严格限制的

    C. 资产评估中的公允价值是一个一般层次的概念，它包括了正常市场条件和非正常市场条件两种情况下的合理评估结果

    D. 资产评估中市场价值只是正常市场条件下资产处在最佳使用状态下的合理评估结果。相对于公允价值而言，市场价值更为具体，条件更为明确，在实践中评估人员更易把握。它是资产评估中最为典型的公允价值

    E. 公允价值指的就是市场价值

8. 下列关于资产评估的目的表述正确的有（　　　　）。

    A. 资产评估的目的分为一般目的和特定目的。一般目的包含特定目的，而特定目的则是一般目的的具体化

    B. 资产评估一般目的或者资产评估的基本目标由资产评估的性质及其基本功能决定

    C. 资产评估所要实现的一般目的只能是资产在评估时点的公开市场价值

    D. 资产评估特定目的决定资产评估的价值类型，是界定评估对象的基础

    E. 资产评估特定目的是由引起资产评估的特定经济行为所决定的，它对评估结果的性质、价值类型都有重要的影响

9. 资产评估中的市场价值之所以可以作为公允价值的坐标，是因为市场价值是资产在（　　　　）条件下的公允价值。

    A. 正常折旧   B. 正常更新   C. 正常市场

    D. 正常使用   E. 正常纳税

10. 资产评估的工作原则有（　　　　）。

    A. 独立性原则   B. 客观公正性原则   C. 科学性原则

    D. 预期收益原则   E. 供求原则

三、计算题

1. 假设某种不支付红利股票的市价为50元，无风险利率为12%，该股票的年波动率为10%，求该股票协议价格为50元，期限为1年的看涨期权和看跌期权的价格。（相关参数为 $S_t=50$，$X=50$，$r=0.12$，$\sigma=0.1$，$T=1$）

2. 假设市场上某股票现价 S 为164元，无风险连续复利利率 r 是0.052 1，市场方差 σ^2 为0.084 1（$\sigma=0.29$），行权价格）L 是165元，有效期 T 为0.095 9（即为365天）的期权初始合理价格（期权费）是多少？

3. 假设标的资产为不付红利股票，其当前市场价为50元，波动率为每年40%，无风险连续复利年利率为10%，该股票5个月期的美式看跌期权协议价格为50元，求该期权的价值。

4. 一个两个月期基于某股票指数的美式看涨期权，执行价格为500，目前指数为495，无风险利率为年率10%，指数红利率为每年4%，波动率为每年25%。构造一个四步（每步为半个月）的二叉树树图为期权定价。

四、思考题

期权定价模型使用的前提有哪些？用期权定价模型对资产进行定价，可能存在哪些风险？

第十章 资产评估报告

【学习目标】

资产评估报告是资产评估工作的最终成果。评估机构通过对评估过程的报告，证明资产评估的根据是充分的，评估的方法是科学的，评估的结果是公正可靠的，也在一定程度上反映了评估机构的工作质量和工作水平。

通过本章的学习主要掌握以下内容。

- 了解资产评估报告的作用和种类；
- 了解和掌握资产评估的基本要素和基本内容；
- 掌握资产评估报告书的编制；
- 从不同角度理解资产评估报告的应用。

【能力目标】

- 让学生初步了解资产评估报告的作用；
- 让学生掌握资产评估报告的要素及编制资产评估报告的方法。

【引导案例】

资产评估报告异议书

异议人：×××工厂

住址：×××某街道

被异议人：×××资产评估有限责任公司

法定代表人：××

住址：××市×区×段×号

就×××资产评估有限责任公司关于×××工厂已被××市中级人民法院查封的被执行人×××工厂的资产，做出的××司评字（20××）第××号《资产价值咨询项目评估报告书》，特提出异议如下：

一、资产评估报告不符合法定条件，××司评字（20××）第××号《资产价值咨询项目评估报告书》应当无效。

×××工厂的被查封资产，系在执行过程中被×××人民法院依法裁定查封的，一概与××市中级人民法院无任何关系，评估报告对执法查封的主体认定有误，程序严重违法。因此，该《资产评估报告书》不具有任何法律效力。

二、《资产价值咨询项目评估报告书》的注册资产评估师不符合法定资质条件，因此，××司评字（20××）第××号《资产价值咨询项目评估报告书》应当无效。

《全国人民代表大会常务委员会关于司法鉴定管理问题的决定》第4条之规定："具备下列条件之一的人员，可以申请登记从事司法鉴定业务：（1）具有与所申请从事的司法鉴定业务的高级专业技术职称；（2）具有与所申请从事的司法鉴定业务相关的专业执业资格或者高等院校相关专业本科以上学历，从事相关工作五年以上；（3）具有与所申请从事的司法鉴定业务相关工作十年以上经历，具有较强的专业技能。"第5条规定："法人或者其他组织申请从事司法鉴定业务的，应当具备下列条件；（4）每项司法鉴定业务有三名以上鉴定人的。"××司评字（20××）第××号《资产价值咨询项目评估报告书》参加评估项目的××的注册资产评估师证书，初次注册时间是20××年10月12日，其从事注册资产评估师业务不足4年就参与本次司法鉴定业务，其根本就不具备司法鉴定人资格。可见，被异议人所出具的××司评字（20××）第××号《资产价值咨询项目评估报告书》违反了《全国人民代表大会常务委员会关于司法鉴定管理问题的决定》第4条和第5条第4款的规定，该资产评估报告书不具有法律效力。

三、被异议人在未按照法定程序对所涉机器、设备进行认真核查的情况下，出具的《资产价值咨询项目评估报告书》，此次评估应属无效。1. 被异议人现场调查人员没有按法定规范，进行现场核查工作。2. 被异议人现场调查人员未对所涉机器、设备进行使用年限、使用工时的准确核查。

四、评估价格与实际价格严重背离。由于被异议人的评估不符合法定条件，此次评估的资产与其价值完全不符。对涉案的资产的评估，评估价格仅为310 000.00元人民币。其资产评估的价值之低，显然背离了资产评估应遵循客观性、科学性、专业性的工作原则。

综上所述，被异议人出具的××司评学（20××）第××号《资产价值咨询项目评估报告书》不符涉案资产价值评估的法定条件，其注册资产评估师不符合法定司法鉴定人资格条件；评估所采用的依据不全面、不正确，评估价值严重低于资产实际价值。××司评字（20××）第××号《资产价值咨询项目评估报告书》违反了基本的评估原则——独立性、客观性、公正性、科学性及专业性的工作原则和贡献原则、替代原则和预期原则的经济原则，对异议人极为不公平，故申请法院判决该资产评估报告无效，对××司评字（20××）第××号《资产价值咨询项目评估报告书》应依法不予认定。

此致

××市中级人民法院

异议人：×××工厂
20××年×月××日

思考： 为什么会出现这样的情况？在编制和出具资产评估报告时要注意哪些问题？

第一节
资产评估报告的作用

一、资产评估报告的基本概念

（一）资产评估报告

资产评估报告，是指注册资产评估师遵照相关法律、法规和资产评估准则，在实施了必要的评估程序对特定评估对象价值进行估算后，编制并由其所在评估机构向委托方提交的反映其专业意见的书面文件。它是按照一定格式和内容来反映评估目的、假设、程序、标准、依据、方法、结果及适用条件等基本情况的报告书。广义的资产评估报告还是一种工作制度。它规定评估机构在完成评估工作之后必须按照一定程序的要求，用书面形式向委托方及相关主管部门报告评估过程和结果。狭义的资产评估报告即资产评估结果报告书，既是资产评估机构与注册资产评估师完成对资产作价，就被评估资产在特定条件下价值所发表的专家意见，也是评估机构履行评估合同情况的总结，还是评估机构与注册资产评估师为资产评估项目承担相应法律责任的证明文件。

（二）资产评估报告的类型

资产评估报告作为资产评估过程的反映，其类型取决于资产评估的类型。从这一角度出发，资产评估报告可以分为以下几类。

1. 根据资产评估的对象划分

根据资产评估的对象，资产评估报告可以分为单项资产评估报告和整体资产评估报告。

单项资产评估报告就是以单项资产为对象所出具的评估报告，如无形资产评估报告、机器设备评估报告、房地产评估报告等；整体资产评估报告则是以整体资产为对象所出具的评估报告，如企业价值评估报告等。

2. 根据资产评估工作的内容划分

根据资产评估工作的内容，资产评估报告可以分为一般评估、评估复核和评估咨询，相应地资产评估报告也可以分为一般评估报告、评估复核报告和评估咨询报告。

一般评估业务就是我们对明确评估对象的评定、估算并出具评估报告的业务。该类业务主要是以交易中资产及股权作价提供参考价值为目的的业务，其完成的标志是出具资产评估报告，范围既包括产权变动情况下出于提供价值参考或发挥鉴证作用目的的单项实物资产评估、各类无形资产评估和企业价值评估等；又包括产权各种处置方式下单项资产或组合资产的评估如租赁、承包、破产、清算、拍卖、使用权转让等；还包括直接作为鉴证目的的补偿、损失确定、涉案财产价值评估等类型的评估。评估业务基准日一般为当前或近期，其时态为当前时态。评估复核业务主要为满足企业收购、资产交易和资产价值调整等领域的需求，既包括行业监管检查亦含有咨询的成分，前者服务于行业管理的需求，旨在净化评估环境、提高评估师执业水平；后者是接受委托方在做出收购、并购及其他投融资决策之前所进行评估业务，其意图是对评估对象（包括拟收购或自身状况）已评估事项或结果重新检验和核实，或者是对评估有效期内资产状况或其他特别事项的影响做出重新估算。其报告外在表现形式是出具评估咨询报告、评估补充报告或价值分析报告。本质上讲评估复核业务起着咨询的作用，其基准日的时态一般为过去时态，作评估补充报告时其时态为当前时态。评估咨询业务以评估手段提供咨询服务，它包括为政府、企业、金融机构、风险投资人提供投资项目评估以及企业改制、企业发展战略、商业计划书、兼并收购的尽职调查等咨询服务以及行业政策法规、技术标准的研究和研讨、财务顾问、咨询相关专业的培训等。例如，评估目的本身就明确为评估咨询或价值分析，如金融不良资产评估；当其他计量手段无法达到目的时，评估计量手段可能会被使用；评估的一些技术和方法可能会应用于企业管理、企业调查、各类数据化决策管理等。其评估报告的外在表现形式有咨询报告、评估咨询报告、价值分析报告、尽责调查报告、项目建议书、可行性研究报告等，其基准日的时态可以是当前，但更多的是未来。

3. 根据评估的生效日划分

根据评估生效日，资产评估可以分为追溯性评估、现值性评估和预期性评估。评估报告相应划分为追溯性评估报告、现值性评估报告和预期性评估报告。

评估报告涉及两个重要的时间概念：

（1）基准日。它是对资产进行清查、核实以及作为确定取价标准的日期；

（2）出具报告日期。是指评估师完成整个评估过程出具评估报告的日期。

在一般的评估中，评估师确定的是资产的现时价值，而根据评估生效日分类的资产评估还涉及资产的过去价值和未来价值。

美国评估准则中，针对资产的现时价值、过去价值和未来价值，规定了三种评估类型，分别为：

（1）现时性评估，该类型的评估基准日与报告日期是相同（或接近）的。大多数评估项目都要求评估资产的现时价值；

（2）追溯性评估，是指需要确定过去价值的评估，即评估基准日早于报告日。在资产纳税、司法诉讼等情况下，经常需要进行该类型评估；

（3）预测性评估，即资产未来价值评估。对正在开发的项目（如房地产开发）的资产权益进行评估时常需要确定资产的未来价值。

从表面上看，现时性评估、追溯性评估、预测性评估的差异在于时间上不同。但本质上来说，区别在于评估时其经济行为是否发生。

4. 根据提供内容和数据资料的繁简程度

根据提供内容和数据资料的繁简程度，评估报告可以划分为完整评估报告、简明评估报告和限制评估报告。

二、资产评估报告的作用

资产评估报告的作用表现在以下方面。

（一）它为被委托评估的资产提供价值意见

资产评估报告是资产评估机构根据委托评估资产的特点和要求，遵循评估原则，按照法定的程序、运用科学的方法对被评估资产价值进行评定和估算后，通过报告的形式提出的评估价值意见。该意见不代表任何当事人一方的利益，是一种专家评估的意见，具有公正性和科学性，因而成为被委托评估资产价值的参考依据。

（二）资产报告是反映和体现资产评估工作情况，明确委托方及有关方面责任的依据

资产评估报告用文字的形式，对受托进行资产评估的目的、范围、依据、价值类型、程序、方法等过程和评定的结果进行阐述、说明和总结，体现了评估机构的工作成果。同时，资产评估报告也反映和体现了受托资产评估机构与执业人员的权利与义务，并以此来明确委托方、受托方有关方面的法律责任。

资产评估报告也是评估机构履行评估协议和向委托方或有关方面收取评估费用的依据。

（三）对资产评估报告进行审核，是管理部门完善资产评估管理的重要手段

资产评估报告是反映评估机构和资产评估师职业道德、执业能力水平以及评估质量高低和机构内部管理机制完善程度的重要依据。有关管理部门通过审核资产评估报告，可以有效地对评估机构的业务开展情况进行监督和管理，对评估工作中出现的不足加以完善。

（四）资产评估报告是建立评估档案，归集评估档案资料的重要信息来源

评估机构和资产评估师在完成资产评估任务之后，必须按照档案管理的有关规定，将评估过程收集的资料、工作记录以及资产评估过程的有关工作底稿进行归档，以便进行评估档案的管理和使用。由于资产评估报告是对整个评估过程的工作总结，其内容包括了评估过程的各个具体环节和各有关资料的收集和记录。因此，评估报告的底稿不仅是评估档案归集的主要内容，也是撰写资产评估报告过程中采用的各种数据和依据。工作底稿和资产评估报告制度中形成的有关的文字记载等都是资产评估档案的重要信息来源。

三、资产评估报告制度的回顾与分析

可以说，我国资产评估业发展的历史，就是资产评估不断调整规范的历史，也是资产评估报告不断规范的历史。1991年国务院颁布的《国有资产评估管理办法》（91号令）规定，资产评估机构对委托单位（指国有资产占有单位）被评估资产的价值进行评定和估算，要向委托单位提供资产评估结果报告书。委托单位收到资产评估机构的资产评估结果报告书后，应当报其主管部门审查，主管部门同意后，按同级国有资产管理行政主管部门确认资产评估结果。经国有资产管理行政主管部门授权或委托，国有资产占有单位的主管部门也可以确认资产评估结果，这是我国最早的资产评估报告制度。1993年，原国有资产管理局制定和发布国资办发[1993]55号《关于资产评估报告书的规

范意见》；1995 年国资局又颁布了《关于资产评估立项、确认工作的若干规范意见》；1996 年 5 月 7 日，国资办发[1999]23 号文件转发了中国资产评估协会制定的《资产评估操作规范意见（试行）》，规定了资产评估报告书及送审专用材料的具体要求，以及资产评估工作底稿和项目档案管理，进一步完善了资产评估报告制度。1999 年，财政部财评字[1999]91 号文件颁布的关于印发《资产评估报告基本内容与格式的暂行规定》的通知，对原有的资产评估报告有关制度做了进一步修改完善，使资产评估报告制度不仅适用于国有资产评估，也同样适用于非国有资产评估。2000 年，财政部财企（2000）256 号文件提出了《关于调整涉及股份有限公司资产评估项目管理事权的通知》，其中对涉及股份有限公司资产评估受理审核事权在财政部和省级财政部门之间进行分工。2001 年，国务院办公厅发布《国务院办公厅转发财政部关于改革国有企业资产评估行政管理方式，加强资产评估监督管理工作意见的通知》（[2001]102 号），要求取消政府部门对国有资产评估项目的立项确认审批制度，实行核准制和备案制，加强监督，规范评估秩序。2007 年，财政部发布《资产评估准则——评估报告》，并于 2008 年 7 月 1 日开始实施，对于所有资产评估报告的要素、内容等统一进行了规范。2008 年，中国资产评估协会根据《资产评估准则——评估报告》制定了适用于非金融类国有企业的《企业国有资产评估报告指南》；2009 年，中国资产评估协会制定了《金融企业国有资产评估报告指南》；2011 年，为贯彻《资产评估结构审批和监督管理办法》（财政部令第 64 号）相关规定，中国资产评估协会遵循"适当授权、风险共担"的原则对上述三项准则进行了修订，主要是对准则中的签字盖章条款进行了修订。

通过历史回顾和分析可以看出，我国资产评估管理部门一直致力于资产评估报告的规范工作。但从过去规范工作的分析可以看出，主要存在以下几个问题。

一是规范资产评估报告缺乏理论分析。撰写评估报告，只说明了评估师应该怎么做，而对为什么应该这样做缺少理论阐述。

二是以统一格式代替规范内容。这种做法从资产评估行政管理部门角度看，有利于资产评估报告的验证确认工作，但忽略了资产评估内在的规律。格式化的资产评估报告并不意味着评估报告规范，这种复杂问题简单化的做法，尽管出发点是好的，但不利于评估报告的有效规范。

三是以企业整体评估为对象规范评估报告，忽略了单项资产评估报告的特殊性。以往有关资产评估报告规范都是以企业为对象的，但资产评估业务中，大量的单项资产评估存在，其报告就只能参照企业评估报告规范进行。虽然，1999 年 2 月 12 日，国家质量技术监督局和建设部联合发布《房地产估价规范》（1999 年 6 月 1 日起实施），2001 年 11 月 12 日国家质量监督检验检疫总局发布《城镇土地估价规程》（2014 修订）等针对单项资产评估的规范。但单项资产评估报告规范的范围仍落后于实践，且由于管理体制等原因使得各项报告的规范存在较大的差异。

当然，从规范资产评估报告历史分析也可以发现，不仅在对资产评估报告形式、格式的规定有所变化，对评估结果取得的依据和前提条件分析的要求也越来越重视。

第二节 资产评估报告的基本内容及其编制

一、资产评估报告的基本内容

资产评估报告应以清楚地表达评估结果和充分的依据说明为目标，根据影响资产评估价值的因素进行分析说明，也就是说，对于资产评估价值来说，不存在没有条件的结论，不存在没有依据的结论，也不存在没有特定目的的结论。一般来说，一份合格的资产评估报告应至少包括以下内容：

（1）说明拥有被评估资产的公司或权利人的名称；

（2）说明资产评估的对象和范围；

（3）说明评估目的和基准日；

（4）定义价值类型；

（5）列出评估方法及其重要参数的确定依据和过程；

（6）说明评估结论；

（7）重要声明。

在以上内容规范的基础上，评估师有着充分的表达空间，使每一份评估报告更加科学、合理、有用。

根据上述内容，分述如下。

（1）关于说明拥有被评估资产的公司或权利人的名称。因为资产必须是隶属于所有者或占有者，因此必须准确描述资产的归属。

（2）关于说明资产评估的对象和范围。根据资产评估中资产的特点，资产反映的是某种权利，而且在资产评估时，对资产也会有各种类似资产重组等行为。因此，资产评估对象的描述、范围的界定，都是评估结论科学的基础，如果资产对象界定不清，范围模糊，就无法为委托方提供合理、有效的结论。

（3）关于评估目的和基准日，不同的评估目的下，其评估值是不同的。评估过程进行的前提之一就是评估目的，准确地描述评估目的，本身就界定了资产评估结论的含义边界。评估基准日是指评估价值的时点，应根据经济行为的性质确定。

（4）关于价值类型。每一个评估价值都是其质和量的统一，所谓的质，就是价值类型。综观各国评估报告，其资产评估报告中均有价值类型的规定。因此，在资产评估报告中，必须说明该评估价值的价值类型以及该价值类型的定义。

（5）关于列出评估方法及其重要参数的确定依据和过程。评估方法是获得资产评估结果的思路。评估过程中，应根据评估的特定目的、市场条件、资产特性等选择合适的方法。在资产评估报告中，应说明评估过程所选择、使用的评估方法和选择评估方法的依据或原因，对某项资产评估采用一种以上的评估方法时，还应适当说明原因，并说明该资产评估值确定的方法。对于重要参数，应列示其获得的来源渠道。

（6）关于评估结论。评估结论是资产评估报告的最终要求，评估结论应清晰、明确地列示，必要时应有一定的说明。

（7）关于重要声明。资产评估结论依据前述各要素获得。同时，为了更好地使报告使用者有效使用资产评估报告和规避评估师风险，资产评估报告中还应就评估过程中相关事项做重要说明，诸如特殊事项的声明、资产评估报告使用范围、法律效力的声明等。

【小链接】

中国资产评估协会颁布的《资产评估准则——评估报告》第十五条指出，评估报告正文应当包括：

（1）委托方、产权持有者和委托方以外的其他评估报告使用者；

（2）评估目的；

（3）评估对象和评估范围；

（4）价值类型及其定义；

（5）评估基准日；

（6）评估依据；

（7）评估方法；

（8）评估程序实施过程和情况；

（9）评估假设；

（10）评估结论；

（11）特别事项说明；

（12）评估报告使用限制说明；

（13）评估报告日；

（14）注册资产评估师签字盖章，评估机构或者经授权的分支机构加盖公章，法定代表人或者其授权代表签字，合伙人签字。

二、资产评估报告的编制与审核

（一）资产评估报告的编制

编制资产评估报告是完成评估工作的最后环节。注册资产评估师和评估机构通过的资产评估报告不仅要真实准确地反映评估工作情况，而且其在今后一段时期里对评估的结果和有关的资料承担相应的法律责任。这就要求注册资产评估师和评估机构编制的报告要思路清晰，文字简练准确，有关的取证材料和数据真实可靠。为了达到这些要求，注册资产评估师应按下列步骤进行评估报告的编制。

（1）评估资料的分类整理。大量真实的评估工作记录，包括被评估资产的有关背景资料、技术鉴定情况资料及其他可供参考的数据记录等，都是编制评估报告的基础。一般来说，一个较复杂的评估项目是由一组评估人员合作完成的，为了正确反映评估的全过程，要求评估小组按工作的分工情况，将全部评估资料进行分类整理，包括评估作业分析表的审核、评估依据的说明、分类明细表的编制，并形成分类评估的文字资料。

（2）评估资料的分析讨论。在整理分类资料工作完成后，应召集参与评估工作过程的有关人员，对评估的情况和初步结论进行分析讨论，对于存在的问题，应进行必要的调整。对采用两种不同方法评估并得出两个结论的，需要在充分讨论的基础上，得出一个正确的结论。

（3）评估资料的汇总和评估报告的编排。评估报告的汇总人应根据分类评估资料讨论后的修正意见，进行全部资料的汇总编排和资产评估报告的编写工作，审查复核无误后打印正式报告，将正式报告及附件交付客户，如果客户另有要求的，注册资产评估师还应向客户进行特别说明。

（4）评估报告先由项目经理（或负责人）审核，再报评估机构负责人审核签发，必要时组织有关专家会审。

（二）资产评估报告责任制度

资产评估报告作为法律文书，出具资产评估报告应承担法律责任。资产评估报告中的责任人分别承担相应的责任。根据我国资产评估协会 1998 年发布的《资产评估报告签字制度（试行）》的要求，注册资产评估师、法定代表人应分别在资产评估报告书上签字，承担相应的责任。

按照《资产评估报告签字制度（试行）》的规定，凡在我国境内执业的资产评估机构，在接受客户委托、完成评估项目后所出具的资产评估报告，应有资产评估机构法定代表人（或合伙人）和至少两名注册资产评估师签字。未经资产评估机构法定代表人（或合伙人）和注册资产评估师签字的资产评估报告为无效报告。同时还规定，注册资产评估师只能在一个资产评估机构执行并独立行使签字权利。注册资产评估师只能在本人参与评估的综合性资产评估项目和单项资产评估项目的资产评估报告上签字。注册资产评估师在有正当理由并能提供必要依据的情况下，可以拒绝在资产评估报告上签字。

《资产评估准则——评估报告》中明确指出，资产评估报告正文应包括"注册资评估师签字盖章，评估机构或者经授权的分支机构加盖公章，法定代表人或者其授权代表签字，合伙人签字"。在评估报告附件中提供"评估机构及签字注册资产评估师资质、资格证明文件"。

资产评估中的风险和责任是客观存在的，明确责任人是为了确定责任范围。但责任人并不是被动地承担风险，而应该采取各种措施，规避风险。因此，在编制和出具资产评估报告过程中，各环节、各参与者都应认真负责，履行应有的程序，形成资产评估报告责任制度。

注册资产评估师在不断提高自身业务水平的基础上，在业务操作中应严格按照评估操作程序，客观、公正、科学地确定评估结果，并有充分的依据说明。

1. 项目负责人的责任

项目负责人着重从自身基本职责和操作实务的角度审核评估报告，具体要求如下。

（1）根据关于资产评估报告结构的规定，从总体结构上审核评估报告正文的编制是否达到以下要求：内容是否完整，应列入报告的各项内容是否都已分列叙述清楚，有无错漏；附件有无短缺；改正报告中文字上的差错等。

（2）通过审核评估报告，回顾本项目开展评估的全过程，审视整体评估工作是否客观、公正、科学，是否全部符合关于资产评估操作程序的规定，如发现有疏忽不妥之处，要及时弥补和更正。

（3）重点审核评估结果，对报告所列各类资产和负债以及总资产、净资产的评估依据、评估价值认真进行审核，保证评估结果的科学性、准确性、客观性、公正性和有效性。

2. 项目复核人的责任

项目复核人对评估报告的审核尤为重要。有的国家的评估准则中规定：项目复核人应承担与项目负责人相同的责任。项目复核人审核评估报告的具体要求如下。

（1）项目复核人要在项目负责人初步审核的基础上，对已初步修正的评估报告再次就以上审核内容进行审核。

（2）对评估报告的审核，要结合审核评估说明，保持两者的一致性，防止初审后再出现错漏之处。

（3）项目复核人审核的关键内容也是评估结果。要从保证评估结果的可靠性、准确性出发，着重审核报告所列各项数据，特别是评估结果，即报告最后向委托方报告的本项目的评估价值。在审核中，必要时应对报告所列各项数据着重重新审核、计算，以求万无一失。

（4）对评估报告的文字等进一步审核和改正。

3. 法定代表人的责任

法定代表人或者合伙人要对评估报告进行最后的把关，应在项目负责人、项目复核人审核的基础上，着重从政策上、原则上、业务规范执行和评估结果的科学性上把关。其主要要求如下。

（1）审核报告是否符合合法性原则：

① 委托方的委托依据、所提供的文件和材料是否充分、可靠；

② 本评估机构开展评估的全过程是否符合上级规定的资产评估操作规范要求；

③ 评估结果的获得是否符合国家和政府主管部门的法律、法规和规章精神；

④ 本评估报告是否体现了本评估机构在该项目评估中恪守职业道德、坚持职责、秉公执业的形象。

（2）强化涉及本项目评估的实质性内容的审核。包括进一步审核报告所表述的评估目的是否明晰；评估对象和范围是否准确；评估过程和步骤是否合乎要求；评估准则和评估依据是否正确；评估基准日的选定是否可行；特别是评估结果是否切合实际，有没有不妥当或考虑不周之处；对报告所列各类资产和负债以及总资产、净资产的评估价值是否科学、正确；委托方是否接受资产的增值或减值是否合理。

（3）对评估报告从总体结构等方面作最后的审核。

第三节 资产评估报告的利用

一、委托方对资产评估报告的利用

委托方在收到受托评估机构送交的正式资产评估报告及有关资料后，可以依据资产评估报告所揭示的评估目的和评估结论，合理使用资产评估结果。一般来说，委托方对资产评估报告的利用主要体现在以下方面。

（1）作为产权交易定价的基础材料。对企业联营、股份经营、中外合资等情况下的资产评估资料可作为确定资产交易谈判底价的参考依据。或作为各方确定投资比例、出资价格的证明材料。

（2）作为企业进行会计记录的依据，一般是指为满足会计核算需要进行的评估。评估的报告及各类明细评估表格中的有关数据，可作为会计进行账簿登记的依据。但按评估值对会计账目的调整则必须由财务部门批准。

（3）作为法庭辩论和裁决时确认财产价格的举证材料。一般是指发生经济纠纷时的资产评估，其评估结果可作为法庭做出裁决的证明材料。

（4）作为支付评估费用的依据。当委托方收到评估资料及资产评估报告后没有提出异议，也就是说评估的材料及结果符合委托书的条款要求时，委托方应以此为前提和依据向受托的评估机构付费。

此外，委托方和资产评估报告使用者是两个不同的概念。委托方是资产评估报告的使用者，但资产评估报告的使用者不仅包括委托方，还包括与其利益相关的其他自然人和法人。

二、资产评估管理机构对资产评估报告的运用

资产评估管理机构主要是指对资产评估行政管理的主管机关和对资产评估行业自律管理的行业协会。对资产评估报告的运用，是资产评估管理机构实现对评估机构的行政管理和行业自律管理的重要过程。资产评估管理机构通过对评估机构出具的资产评估报告书有关资料的运用，一方面，能大体了解评估机构从事评估工作的业务能力和组织管理水平。由于资产评估报告是反映资产评估工作过程的工作报告，通过对资产评估报告资料的检查与分析，评估管理机构可以判断该机构的业务能力和组织管理水平。另一方面，也可据此对资产评估结果质量进行评价。

资产评估报告还能为国有资产管理提供重要的数据资料，通过对资产评估报告的统计与分析，可以及时了解国有资产占有和使用状况以及增减值变动情况，进一步为加强国有资产管理服务。

三、有关部门对资产评估报告的利用

除资产评估管理机构可运用资产评估报告外，政府管理部门也需要利用资产评估报告，主要包括证券监督管理部门、保险监督管理部门、工商行政管理部门、税务、金融和法院等有关部门。

证券监督管理部门对资产评估报告的利用，主要表现在对申请上市公司提交的有关申报材料，如招股说明书进行审核，以及对上市公司的股东配售发行股票时申报材料，如配股说明书的内容进行审核等。根据有关规定，公开发行股票的公司信息披露至少要列示以下各项资产评估情况：

（1）按资产负债表大类划分的公司各类资产评估前账面价值及固定资产净值；

（2）公司各类资产评估净值；

（3）各类资产增减幅度；

（4）各类资产增减的主要原因。

此外，还应简单介绍资产评估时采用的主要评估方法。公开发行股票的公司对采用非现金方式的配股，其配股说明书的备查文件必须附上资产评估报告。当然，证券监督管理部门还可利用资产

评估报告和有关资料加强对取得证券业务评估资格的评估机构及有关人员的业务管理。保险监督管理部门、工商行政管理部门、税务、金融和法院等部门也都能通过对资产评估报告的利用来达到实现其管理职能。

第四节 资产评估报告举例

××教育培训机构价值评估报告
资产评估报告书

目录

资产评估报告书摘要

××教育培训机构：

根据国家有关资产评估的规定，本着独立、公正、科学、客观的原则，按照国际公认的资产评估方法，为实施商标价值评估之目的，对"××"注册教育的整体价值进行了评估工作。本公司评估人员按照必要的评估程序对委托评估的资产实施了实地查勘、市场调查与询证，对整体资产价值在 2015 年 12 月 31 日所表现的市场价值做出了公允反映。

目前我们的资产评估工作业已结束，现谨将资产评估结果报告如下：

根据对××的发展现状以及年营业额，使用年限等因素的考虑，使用收益法进行评估，最终得出××教育培训机构的企业价值结果为×××百万元。

本报告仅供委托方为本报告所列明的评估目的以及报送有关主管机关审查而编制。评估报告使用权归委托方所有，未经委托方同意，不得向他人提供或公开。除依据法律需公开的情形外，报告的全部或部分内容不得发表于任何公开的媒体上。

重要提示：

以上内容摘自资产评估报告书，欲了解本评估项目的全面情况，应认真阅读资产评估报告全文。本摘要与资产评估报告书正文具有同等法律效力。

评估机构及法人代表：×××

评估师：×××

2016 年 05 月 06 日

××教育培训机构资产评估报告书

受××教育培训机构的委托，对其企业价值进行了评估，根据国家有关资产评估的规定，本着客观、独立、公正、科学的原则，按照公认的资产评估方法，本公司的评估人员按照必要的评估程序对委托评估的资产实施了实地核实、市场调查与询证，对委估资产在 2015 年 12 月 31 日所表现的市场价值做出了公允反映。现将资产评估情况及评估结果报告如下：

一、委托方与资产持有方简介

名称：××教育培训机构

公司地址：××市××区××路××号

法定代表人：刘某

企业类型：教育机构

公司简介：

××教育培训机构创立于 2000 年，作为中国教育业的领袖品牌，××现已上市，覆盖全国 60 多个主要城市、拥有连锁培训机构 300 多家，形成了遥遥领先业内的最大的连锁教育网络体系。

成立至今，××教育机构更以敏锐的市场洞察力、完善的人力资源体系、有力的管理执行力和强大的资金优势迅速建立起了品牌、课程、技术和客源等多个核心竞争力。

二、评估目的

本次评估是根据××评估机构与委托方签订的资产评估业务委托约定书，对委托评估的××教育企业价值进行评估，确定其在评估基准日所表现的市场价值，为××教育的股权转让提供依据。

三、评估对象和范围

评估对象主要是××教育机构的企业价值，评估范围主要是考虑××在过去几年发展的年营业收入，营运成本等因素，评估其所创造的价值，为其商标转让提供依据。

四、评估基准日

本次资产评估的基准日期为 2015 年 12 月 31 日。这一基准日的确定是为了在评估参数选取中与企业和行业有关经济指标相衔接，便于测算。评估基准日的确定对评估结果的影响符合常规情况，无特别影响因素。本次评估的取价标准为评估基准日有效的价格标准。

五、评估原则

（一）遵循独立性原则。作为独立的社会公正性机构，评估工作始终坚持独立的第三方立场，不受外界干扰和委托者意图的影响；

（二）遵循客观性原则。评估人员从实际出发，通过现场核实，在掌握翔实可靠资料的基础上，以客观公正的态度，运用科学的方法，使得评估结果具备充分的事实依据；

（三）遵循科学性原则。

（四）遵循产权利益主体变动原则。即以委评资产的产权利益主体变动为假设前提，确定其在评估基准日 2015 年 12 月 31 日的现行公允价值；

（五）遵循资产持续经营的原则。根据被评估资产按目前的用途和使用的方式、规模、环境等情况继续使用，确定相应的评估方法、参数和依据；

（六）遵循替代性原则。评估作价时，如果同一资产或同种资产在评估基准日可能实现的或实际存在的价格或价格标准有多种，则选用以较低的价格为基准。

六、评估依据

在本次资产评估工作中，评估人员遵循的具体行为依据、法规依据、产权依据、取价依据和参考资料，具体列出如下。

（一）法规依据

（1）《中华人民共和国公司法》（2005 年 10 月 27 日第十届全国人民代表大会常务委员会第十八次会议修订）；

（2）《企业国有资产监督管理暂行条例》（国务院第 378 号令，2003）；

（3）《国有资产评估管理办法》（国务院第 91 号令，1991 年）；

（4）《企业国有资产评估管理暂行办法》（国务院国有资产监督管理委员会令第 12 号，2005 年 8 月 25 日）；

（5）《企业国有产权转让管理暂行办法》（国资委、财政部第 3 号令，2003 年 12 月 31 日）；

（6）《国有资产评估管理办法实施细则》（国资办发[1992]第 36 号）；

（7）《财政部关于改革国有资产评估行政管理方式、加强资产评估监督管理工作的意见》（国办发[2001]102 号，2001 年）；

（8）《资产评估操作规范意见（试行）》（中国资产评估协会 1996 年 5 月 7 日发布）；

（9）《注册资产评估师关注评估对象法律权属指导意见》（中国注册会计师协会 2003）；

（10）《资产评估准则——基本准则》[财企（2004）20 号]；

（11）《资产评估职业道德准则——基本准则》[（财企（2004）20 号）]；

（12）《资产评估准则——评估报告》（中国资产评估协会 2007 年 7 月 18 日发布）；

（13）《资产评估准则——评估程序》（中国资产评估协会 2007 年 7 月 18 日发布）；

（14）《资产评估准则——业务约定书》（中国资产评估协会 2007 年 7 月 18 日发布）；

（15）《资产评估准则——工作底稿》（中国资产评估协会 2007 年 7 月 18 日发布）；

（16）《企业会计准则》（2014）。

（二）行为依据

资产评估业务约定书。

（三）评估工作重大合同协议、产权证明文件

《××教育培训机构公司章程》

委托方提供的其他资料

（四）评估取价标准依据

（1）经审计后公司 2012—2015 年会计报表和财务数据；

（2）公司 2012—2015 年运营数据和指标；

（3）证券市场公布的相关数据和参数；

（4）其他相关资料。

七、评估方法

根据委托方本次评估目的、范围以及委托评估价值的现状，我们采取收益法进行评估。具体评估该企业资产的步骤如下：

（1）根据近几年数据对公司未来的收益进行预测；

（2）折现率的分析及计算；

（3）按求得的折现率进行折现，确定××教育培训机构的现金流评估现值。

无限年期收益法计算公式：

$$P = \sum_{i=1}^{n} \frac{R_i}{(1+r)^i} + \frac{A}{r(1+r)^n}$$

式中：

P——未来第 i 年资产的预期收益；i——年序号；

r——折现率；n——预期收益年限；A——年金。

成立条件：纯收益在 n 年（含第 n 年）以前有变化，纯收益在 n 年（不含第 n 年）以后保持不变，收益年期无限；r 大于零。

（4）根据企业价值评估公式评估其净资产价值。

八、评估过程

（一）收益分析

中国民营教育机构最早始于 19×× 年，自此以后，随着我国经济持续增长、对外开放程度的不断提高以及国内外教育培训市场的旺盛需求，为培训机构的发展带来了良好的契机，××教育培训机构也因此迅速成长起来。

但是近两年来，培训机构的过快扩张，利润的增长不足以弥补其人力等各方面费用的提高及竞争加剧带来的成本上升，培训机构的盈利空间在慢慢地被挤压。

综上所述，根据目前的行业状况，行业的需求仍然处于一个增长的时期，但是由于培训机构的扩张过于快速，培训机构的盈利空间会因为竞争有所下降。同时分析国内现有的培训机构，××教育培训机构的各项竞争力在这个行业处于一个较为优势的地位，考虑到整个行业的发展状况，根据××教育培训机构近四年的财务数据进行评估，如表 10-1 所示。

表 10-1 　　　　　　　　　　　　××教育培训机构近四年财务数据　　　　　　　　　　　　单位：百万元

	至 2015-12-31	至 2014-12-31	至 2013-12-31	至 2012-12-31
营业收入	590	520	300	200
营业成本	450	300	200	180
折旧	400	300	280	200
待摊费用	100	60	40	50
营运资本变动	85	86	160	100

我们考虑在永续收益假设前提下，从评估基准日后第五年保持第四年的利润不变，如表 10-2 所示。

表 10-2 　　　　　　　　　　　　对××教育培训机构未来现金的预测　　　　　　　　　　　　单位：百万元

年份	2016	2017	2018	2019	以后年度
营业收入	700	1 000	1 400	2 000	2 000
营业成本	600	830	1 200	1 600	1 600
折旧费用	500	660	850	1 000	1 000
待摊费用	120	150	200	250	250
营运资本变动	80	85	85	140	0

上述收入成本变动运用的比例是根据以往数据按其综合变动的平均比例为预测期固定的变动比例或是按其与收入之间的比例进行的估值。根据上述数据及公式，假设以后年度资本性支出均为基准日数额，即 5 000 000 000 元：

公司现金流=息税前利润×（1-税率）+折旧费用+摊销费用及其他不需付现成本-资本性支出-营运资本变动

公司现金流量表如表 10-3 所示。

表 10-3 公司现金流量表 单位：百万元

年份	2016	2017	2018	2019	以后年度
现金流	115	352.5	615	910	1 050

（二）折现率计算

折现率是以资金的百分数计算的资金每年的盈利能力，也指一年后到期的资金折算为现值时所损失的数值。

1．股本资本成本

股本资本成本=无风险报酬率+（社会平均收益率-无风险报酬率）×行业风险系数+企业特有风险报酬率

2016 年的国债利率大概为 3%，则无风险报酬率为 4%。

市场预期收益率取值 6%。

行业风险系数：1.5。

企业特有的风险报酬率：

在本次评估中从以下几个方面考虑企业未来的经营中存在的不确定性或劣势来确定企业特有风险收益率：

（1）由于竞争的加剧，行业扩张加快，培训机构逐渐成为供给远远大于需求的行业，如果公司不采取其他措施积极应对，企业的利润上升空间有限；

（2）××教育培训机构今年来由于分校规模增加，在管理等方面加大了难度，提供的服务质量也难以得到保障，给消费者带来一定的损失；

（3）××教育培训机构虽然规模与大多数竞争对手相比处于优势地位，但是所授课程与其他竞争对手没有区别。

基于以上原因，企业特定风险收益率取值 3.5%。

则 K_r=3%+（6%-3%）×1.5+3.5%=11%。

2．债权资本成本

根据企业基准日付息债务具体情况（每笔借款利率）计算出税前债务成本为 5%。

K_d=税前债务成本×（1-税率）

=5%×（1-25%）=3.75%

以 AAA 教育为比较对象，根据基准日企业资产负债表，可知净资产价值（目前总资产-负债），得 E=500 百万元；基准日经确定的付息债务 D=200 百万元。

则折现率 r=11%×（500/（500+200））+3.75%（200/（500+200））=8.93%

（三）现金流现值计算

根据现金流的计算公式可得：

P=115/(1+8.93%)+352.5/(1+8.93%)^2+615/(1+8.93%)^3+910/(1+8.93%)^4+

1 050/((1+8.93%)^5×8.93%)=9 191.34（百万元）

九、评估结论

企业净资产价值=公司现金流现值-基准日付息债务价值

=9 191.34-200

=8 991.34（百万元）

十、特别事项说明

（1）本项目评估是在独立、客观和公正的原则下进行的，评估机构和评估人员与委估资产相关各方没有任何特殊利害关系。

（2）对××教育培训机构四年的收入及成本等预测是根据市场的行业发展水平以及××教育培训机构现在的发展状况等情况综合考虑之后，做出的个人主观预测。

（3）由于企业的经营性资产价值及非经营性资产价值区分不是很明确，因此本次评估未考虑此因素。

（4）本报告中，我们对委托方和资产占有方提供的有关评估对象法律权属的资料和资料来源进行了必要的查验，但对评估对象的法律权属不发表意见，也不作确认和保证。本报告所依据的权属资料之真实性、准确性和完整性由委托方和资产占有方负责。

（5）上述评估结论系根据上述原则、依据、前提、方法、程序得出的，只有在上述原则、依据、前提存在的条件下成立；评估结论不应当被认为是对评估对象可实现价格的保证（不是最后成交价格，仅供股权买卖双方作为定价参考）。

十一、评估基准日期后重大事项

从评估基准日起一年内的有效期内，若资产数量发生较大变化，应根据原评估方法对资产额进行相应调整。若资产价格标准发生变化，并对资产评估结果发生明显影响时，应及时聘请评估机构重新确定评估价。

十二、评估报告法律效力

（一）本评估报告的结论是以在产权明确的情况下，以持续经营为前提条件。

（二）本报告书评估结论有效期限为自评估基准日 2016 年 1 月 30 日至 2017 年 1 月 30 日。当评估目的在评估基准日后的一年内实现时，以评估结果作为有关经济行为的作价依据（还需结合评估基准日后的重大事项）。超过一年，需重新进行评估。

（三）本评估报告经评估机构及注册评估师签字盖章后，具有法律效力。

（四）本报告书的评估结论仅供委托方为本次评估目的使用，报告书的使用权归委托方所有，未经委托方许可，评估机构不得随意向他人公开。

十三、评估报告提出日期

本评估报告提出评估日期为 2016 年 5 月 6 日。

××××资产评估有限公司

评估人员：

复核人员：

二〇一六年五月六日

习题

一、单项选择题

1. 所有在资产评估书中采用的汇率、税率、费率、利率和其他价格标准，均应采用（　　）时的标准。

    A. 提供报告日　　　B. 评估基准日　　　C. 会计期初或期末　　　D. 评估工作日

2. 某项资产账面原价为300万元，账面净值为200万元，评估结果为250万元，该评估增值率为（　　）。

    A. 20%　　　　　　B. 25%　　　　　　C. 10%　　　　　　D. 18%

3. 资产评估结果有效期通常为一年，这一年是从（　　）算起的。

    A. 提供报告日　　B. 评估基准日　　C. 验证确认日　　D. 经济行为发生日

4. 对于资产评估基准日后发生的重大事项，应当（　　）。

    A. 在正文中列出，并做相应的说明

    B. 在备查文件中附上相关内容

    C. 根据事项的有关影响对正文的数据进行修改

    D. 向有关当事人做口头汇报即可

5. 资产评估报告书摘要与资产评估报告书具有的法律效力（　　）。

    A. 前者大于后者　　B. 后者大于前者　　C. 同等效力　　D. 不可比较

6. 《资产评估报告书》尾部至少由（　　）名负责评估的资产评估师签名盖章。

    A. 一　　　　　　B. 二　　　　　　C. 三　　　　　　D. 四

7. 委托方在使用资产评估报告书及有关资料时，合理合法的是（　　）。

    A. 一份资产转让评估报告书也可以作为资产出售的作价基础

    B. 超出报告书的有效期后，只要由评估机构重新调整相关数据，就仍是有效的

    C. 有效期内资产评估数量发生较大变化时，需要按比例调整后才能使用

    D. 涉及国有资产产权变动的评估报告书及有关资料要经国有资产行政主管部门确认或授权确认后才可使用

8. 下列哪一项不属于资产评估管理机构对评估报告的运用（　　）。

    A. 大体了解评估机构从事评估工作的业务能力和组织管理水平

    B. 对资产评估结果质量进行评估

    C. 为国有资产管理提供重要的数据资料

    D. 征收管理费用的主要依据

9. 开达资产评估事务所于2010年8月6日至2010年8月25日，对三枪制衣厂的企业整体资产在2010年6月30日的市场价值进行了评估，评估报告于2010年8月30日提交给了委托人。该评估结果的有效时间截止到（　　）。

    A. 2011年8月5日　　　　　　　　B. 2011年8月24日

    C. 2011年8月29日　　　　　　　　D. 2011年6月29日

10. 《资产评估报告书》应当（　　）。

    A. 按照委托方的要求编写　　　　　B. 按照资产占有方的要求编写

    C. 按照资产接受方的要求编写　　　D. 按照评估行业的有关规定编写

二、多项选择题

1. 属于《资产评估评估报告书》正文内容的有（　　）。

    A. 评估基准日　　　　　　　　　　B. 评估结论

    C. 被评估单位提供的原始设备清单　D. 评估原则

    E. 评估目的

2. 《资产评估报告书》的主要内容有（　　）。

    A. 评估立项申请　　　　　　　　　B. 评估结果成立的前提条件

    C. 取得评估结果的主要过程　　　　D. 取得评估结果的方法和依据

    E. 评估委托合同或协议及其主要内容

3. 撰写《资产评估报告书》应当注意（　　　）。

    A. 评估结论应尽可能满足委托方的要求

    B. 评估口径前后保持一致

    C. 对评估参数与评估结果复核

    D. 评估参数的选取以委托方提供的资料为准

    E. 严格遵循《资产评估报告基本内容与格式的暂行规定》

4. 《资产评估报告书》的附件应当包括（　　　）。

    A. 资产负债的评估结果清单

    B. 重要资产的产权证明文件

    C. 评估人员及评估机构资格证书复印件

    D. 评估计划

    E. 关于《资产评估报告书附件》使用范围的说明

5. 能够证明资产所有权的产权证明文件包括（　　　）。

    A. 专利证书　　　　B. 购买合同　　　　C. 房产证书

    D. 商标注册证书　　E. 版权许可证书

三、思考题

1. 编制资产评估报告书的工作步骤有哪些？

2. 资产评估报告有什么作用？

四、课外拓展题

选择某家上市公司为对象，试运用所学知识对其某一类资产进行价值评估，并简要撰写资产评估报告。

【学习目标】

行业监管和引导是保障一个行业健康发展的前提条件。

通过本章的学习主要掌握以下内容。

- 了解资产评估行业实现统一管理的必要性和可行性；
- 了解我国资产评估准则体系的构成。

【能力目标】

- 让学生初步了解资产评估法中如何统筹资产评估行业自律管理和政府监管之间的关系。

【引导案例】

亿元诈骗案背后：资产评估"量身定做"

2008年，海南省海口市中级人民法院开庭判决了一起涉案金额达1.05亿元的合同诈骗案件。

6 900万元大挪移"升值"为8 500万元

1998年，居住在北京的海南人林川，通过朋友介绍认识了北京某部门企业局副局长宋生（化名）。宋生向林川透露香港新世界基建有限公司在国内的投资范围单一，只投资房地产，现准备投资能源煤矿行业。说者无心，听者有意。时年37岁的林川很快便盯上了煤炭项目，认为发大财的机会终于来了。当年7月，为了与香港新世界基建公司合作，林川让他的胞弟林东标利用虚假银行存折复印件，骗取海口市工商局批准成立海口新创基实业有限公司，并任该公司法定代表人、董事长。1998年11月22日，海口新创基公司以6 900万元的价格收购了大同市燕庄煤炭集运站的全部股权。

1998年12月初，林川以海口新创基实业有限公司董事长的身份和宋生一起，找到驻北京市京广中心的香港新世界基建公司总经理陈永德和新世界中国地产有限公司董事符史圣，并向对方虚报以8 500万元收购了燕庄煤炭集运站项目一事。很快，陈永德和符史圣决定与海口新创基实业有限公司合作收购，共同经营大同煤炭项目。过了几天，双方以海口新创基实业有限公司此前以8 500万元收购的燕庄煤炭集运站项目为基础联合成立企业，项目投资总额为1.4亿元，其中包括资产投资8 500万元，机械设备投资500万元和营运资金5 000万元。

就这样，海口新创基实业有限公司以6 900万元收购的煤炭集运站虚报后作价8 500万元投入双方合作企业。林川牛刀小试，便从中获利1 600万元。

9 000万元"摇身一变"成19 500万元

接着，林川开始谋划着更大的骗局。1999年4月10日，林川通过宋生及某部驻大同矿区人员李臣（化名）等人，又在大同地区找矿主们联系收购煤矿事宜。很快便通过李臣的关系，联系上了潘家窑、辛堡子、印子沟、油饼沟4家煤矿。经过谈判，4家煤矿以总价2 680万元成交。林川立即委托宋生与4家煤矿矿主正式签订煤矿转让合同。收购价格分别为：潘家窑煤矿940万元，印子沟煤矿410万元，辛堡子煤矿750万元，油饼沟煤矿580万元。加上先前收购的大同燕庄煤炭集运站6 900万元，林川的总收购价为9 580万元。几天后，林川告诉陈永德和符史圣收购价总共是19 500万元，虚报了近1.05亿元。出于对林川的信任，香港新世界基建公司按19 500万元收购价给林川的海口新创基实业有限公司转了款。就这样，林川玩出了"空手套白狼"的把戏，便将1.05亿元巨资收入了自己的公司。

资产评估机构"帮忙"造假

香港新世界基建公司与海口新创基实业有限公司签订补充合同后，香港新世界基建公司则按照中外合作公司对实物出资的规定，要求海口新创基实业有限公司对其出资的"三矿一站"资产进行评估，并由国家正式资产评估事务所出具评估报告。

林川很快找来宋生，讲了此次"三矿一站"资产评估的重要性，希望他想方设法，一定尽快拿出"三矿一站"资产评估价格为19 500万元的评估报告。接受"任务"后，宋生按林川的安排叫来李臣和海口新创基实业有限公司财务人员李江，让他们必须以19 500万元的价格评估"三矿一站"的资产。时值2000年3月，李臣、李江两人来到大同市找到大同精正资产评估事务所负责人吴忠、副所长郝思文二人，将宋生的评估要求告诉他们，让他们将"三矿一站"的资产评估为19 500万元。经协商后，吴忠和郝思文同意按此要求评估"三矿一站"资产。没过了几天，精正资产评估事务所拿出评估报告初稿，但评估值达不到海口新创基实业有限公司要求的19 500万元。于是，李江、李臣将情况告诉了宋生。宋生让他们转告大同精正资产评估事务所，必须按19 500万元价值评估。无奈之下，大同精正资产评估事务所完全按照宋生的要求做出评估：煤炭集运站整体资产评估为8 500万元，3家煤矿的整体资产评估合计为1.1亿元，最终实现了林川的要求。

就这样，林川拿着这样一份与先前向陈永德、符史圣汇报及收购"三矿一站"价格分文不差的资产评估报告书，交到了陈、符二人手中，之后，香港新世界基建公司和海口新创基实业有限公司按此份评估报告对出资资产进行了确认，并以评估报告为依据将"三矿一站"资产19 500万元安排入账。

此案中，诈骗者之所以得手，除了合同另一方没有实行严格审查之外，主要原因还是资产评估机构的违规评估，竟然按照诈骗者的"预订"要求，为其"量身定做"出具虚假报告，怎样减少此类案件的发生呢？

（摘自：江舟，郭艳华，宁丽．亿元诈骗案背后：资产评估"量身定做"，法制网）

第一节
我国资产评估行业管理回顾与分析

资产评估作为一种服务于市场经济的专业服务活动，可以追溯到百年以前。而作为一种有组织、有理论指导的专业服务活动则起始于20世纪40年代。20世纪70年代以后，世界各国的资产评估活动趋于规范化和国际化。我国的资产评估是在改革开放和建设社会主义市场经济的过程中兴起的，并在服务市场经济的过程中迅速发展，成为我国市场经济发展中不可或缺的行业。资产评估行业发展过程中表现出了如下特点：一是资产评估业务量不断增长；二是资产评估服务范围从单一的国有资产评估向非国有资产评估领域渗透，形成多元化资产评估体系；三是资产评估业务种类增加。传统的股份制改造、中外合资的评估业务量仍呈增长趋势，但占总评估业务量比重下降，这不仅是因为企业兼并、破产抵押等评估业务增加，而且，一些新的业务类型，如政府征税、保险、企业投资、企业并购、以财务报告为目的的评估等评估业务正在开拓，使得资产评估业务在各个领域发挥着越来越重要的作用。

为了促进资产评估业的协调有序发展。必须加强资产评估管理，资产评估发展的历史，也是资产评估管理发展的历史。在资产评估业发展过程中，资产评估管理的手段、方法多种多样，在不同历史阶段各有差异，但总体来说，可以归纳为以下内容。

（1）1991年11月，国务院以91号令的形式发布了《国有资产评估管理办法》，它是我国第一部对全国的资产评估行业进行政府管理的最高法规。《国有资产评估管理办法》的发布，标志着我国评估业走上了政府法制化管理的轨道。它具体明确规定了全国资产评估管理的政府职能部门是国有资产管理部门，同时还规定了将审批评估机构纳入国有资产管理部门的管理，规定了被评估资产的管理范围、评估遵循的程序、评估的方法及法律责任等。由于国有资产占全社会资产的绝对优势，国务院第91号令的颁布为发展统一的评估行业奠定了基础，保证了全国资产评估业务的健康有序发展。

（2）1993年12月，中国资产评估协会成立，标志着我国资产评估管理由政府管理向行业自律化管理过渡。资产评估行业的特点，决定了资产评估业应实行行业自律管理。根植于传统经济下的中国资产评估业，虽然发展伊始得到政府的扶持、干预，但行业自律管理作为其方向，应逐步实现。中国资产评估协会是一个既受政府的管理和监督，又协助政府贯彻执行有关资产评估的法规政策的组织。它作为独立的社会组织，具有跨地区、跨部门、跨行业、跨所有制的特点，使资产评估管理工作覆盖整个行业。

之所以说中国资产评估协会的成立。标志着我国资产评估管理由政府管理向行业自律化管理过渡，是因为，从其发展轨迹来看，首先是独立的资产评估协会与资产评估行政管理部门并存（1993年）；然后是资产评估协会与评估行政管理部合二为一，即"两块牌子，一套人马"（1994年）；1998年国务院机构改革以后，中国资产评估协会成为一个真正独立的行业自律组织，无疑是历史性的进步。从中国资产评估协会职能角度分析，尽管从构架上具有了行业自律管理的特征，但在我国经济管理体制改革尚未完成的条件下，其行业自律管理的本质特征并没有真正具备。资产评估行业协会实现行业自律化管理，更需要实质内容的变化。

（3）1995年开始，我国实行注册资产评估师制度。标志着我国资产评估管理由过去的重视机构管理、项目管理向注重资产评估人员管理转变。这一制度的建立，一是有利于促进资产评估人员的执业准入控制。规范资产评估行业人员管理，为资产评估机构和人员摆脱政府行政部门干预，独立、客观、公正地执业打下良好基础。二是有利于提高资产评估人员素质和执业水平，从而推进我国评估行业的发展。注册资产评估师制度的建立，引进了资产评估人员的竞争机制。资产评估人员经过统一考试、公平竞争，合格者才能进入评估行业，具有执业的法律资格。这种竞争方式，将逐步改进评估队伍的知识结构、年龄结构，淘汰不合格人员，无疑它必将促进评估队伍的进一步发展壮大，促使评估人员提高资产评估质量，更好地满足社会主义市场经济发展的需要。三是强化了注册资产评估师的责任，增强其风险意识，特别是从1998年6月1日开始实行注册资产评估师签字制度，使评估师责权利有机结合起来，进一步规范了评估师的行为，四是有利于与国际惯例接轨，通过与其他国家对评估师资格的对等管理等，加深与国际评估市场的联系。

（4）1996年5月，《资产评估操作规范意见（试行）》颁布实施，使我国资产评估业走上科学化、规范化操作的新阶段。长期以来，由于缺乏统一的评估操作规程和操作标准，各个评估机构自行拟定评估操作方法和规程，对于同一类资产评估，各个评估机构的评估程序、评估规则各不相同，不利于评估质量提高，也不利于行业水平的提高。同时，经过若干年的积累，资产评估理论研究取得进展，评估理论日渐成熟，评估操作积累了丰富的经验。因此，制定《资产评估操作规范意见（试行）》并颁布实施，有利于提高评估业务水平，有利于规范评估业务。

（5）2001年12月31日，国务院批准财政部《关于改革国有资产评估行政管理方式，加强资产评估监督管理工作意见的通知》，取消政府部门对国有资产评估项目的立项确认审批制度，实行核准制和备案制。

这次改革是资产评估业系统改革的一项重要内容，它与1998年进行的中介机构脱钩改制，1999年国务院开展的清理整顿经济鉴证类中介机构工作的完成，为实现资产评估行业统一管理提供了重要保证。这次改革，也是对国有资产管理部门行使资产评估管理职能调整的过程。从行使政府行政管理者职能角度来说，通过这次改革改变了政府管理方式，由政府直接管理资产评估方式转变为间接管理方式，政府通过研究制定法律、法规，实施对资产评估行业的间接调控。从国有资产所有者角度来说，对国有资产评估项目的立项确认，正是这种职能的具体体现，取消国有资产评估的立项确认制度，并不是弱化国有资产所有者职能，相反，必须强化对国有资产的管理，因此，对于涉及国有资产产权变动等行为的重大项目仍要实行核准制。对其他国有资产评估项目实行备案制，其职责也分别由财政部门和企业集团承担，这也是基于当时国有资产管理体制现状的一种现实选择。这次改革，对于注册资产评估师和资产评估机构提供了充分的业务空间，同时也强化了注册资产评估师和资产评估机构的风险和责任，注册资产评估师必须恪守独立、客观、公正的原则，全面提高产评估业务水平。

（6）2004年2月25日。《资产评估准则——基本准则》和《资产评估准则——职业道德准则》发布，标志着中国资产评估准则体系的初步形成，各项准则的制定加紧进行。2006年6月8日，全国人大财经委员会全面启动资产评估立法工作，资产评估管理工作进入新阶段。

（7）2007年，财政部召开资产评估准则发布会，发布了八项资产评估准则，随后又陆续颁布了一系列资产评估准则。截至2013年10月底，共颁布了26项资产评估准则。资产评估准则的颁布，标志着中国资产评估准则体系的基本形成。

（8）2009年12月29日，财政部颁布《关于推动评估机构做大做强做优的指导意见》，促进评估机构的壮大和发展。2012年10月23日，财政部印发《中国资产评估行业发展规划》，资产评估行业进入新的发展阶段。

（9）2011年，为规范著作权评估和金融企业国有资产评估业务，建立和完善评估机构执业质量控制体系，中国资产评估协会最新发布《评估机构业务质量控制指南》《著作权资产评估指导意见》《金融企业国有资产评估报告指南》三项准则，对著作权、金融企业国有资产评估等进一步规范，其中《著作权资产评估指导意见》和《金融企业国有资产评估报告指南》于2011年7月1日起实施。

（10）2011年，财政部以第64号令发布了《资产评估机构审批和监督管理办法》，自2011年10月1日起施行。64号令的颁布实施，对于进一步规范资产评估机构的审批，加强对资产评估机构的监督，促进资产评估行业的健康发展，具有十分重大的意义。

（11）2012年，财政部发布了《中国资产评估行业发展规划》，对我国资产评估行业未来5年的发展进行了全面规划，这是我国资产评估行业的一件大事，标志着资产评估行业迎来了全新的前所未有的发展机遇。

（12）2014年，为了规范资产评估机构以投标方式承接资产评估业务的行为，根据有关法律、法规及资产评估相关制度准则的规定，中国注册会计师协会制定了《资产评估机构以投标方式承接评估业务指导意见》。

（13）2015年，为进一步加强资产评估行业监督管理，促进资产评估行业健康发展，根据《资产评估机构审批和监督管理办法》（财政部令第64号），决定开展2015年资产评估行业执业质量检查工作。

（14）2015年，为落实国务院深化行政审批制度改革和工商登记制度改革的有关要求，进一步规范资产评估机构资格审批，加强对资产评估机构的监督，促进资产评估行业健康发展，财政部组织对《资产评估机构审批和监督管理办法》（财政部令第64号）进行了修订。

（15）2016年7月2日，十二届全国人大常委会第二十一次会议审议通过了《中华人民共和国资产评估法》（以下简称《资产评估法》），自2016年12月1日起施行。《资产评估法》充分反映和体现了资产评估行业发展和管理方式改革等多方面的经验和成果，对资产评估机构和资产评估人员开展资产评估业务、资产评估行业行政监管和行业自律管理、资产评估相关各方的权利义务责任等一系列重大问题做出了明确规定，全面确立了资产评估行业的法律地位，《资产评估法》的出台不仅弥补了资产评估行业的法律空白，也为整个行业的规范与发展起到重要的指导作用。

第二节 | 资产评估业管理模式及其选择

一、资产评估业管理模式

资产评估业发展过程中，如何加强管理是评估理论界和实务界一直研究和亟待解决的问题。资产评估业发展过程，也是不断强化资产评估业管理的过程。比较和研究我国和西方主要资产评估业发达国家的管理制度，资产评估业的管理模式主要有三种，即：（1）政府管理模式；（2）行业自律管理模式；（3）政府监管下的行业自律管理模式。

资产评估业发展初期，政府管理和引导显得非常重要。我国长期实行计划经济，资产评估行业的建立与发展，虽然产生于市场经济，却是由政府推动建立起来的，在资产评估发展初期，资产评估管理是纯粹的政府管理，国家国有资产管理局是资产评估的行政主管部门。政府管理模式适合于由计划经济向市场经济转换过程中的国家。在法律不完善，行业准则未建立的情况下，这种管理模式有其客观必要性。但政府管理模式在资产评估日益发展后，其局限性和弊端就显露出来了。它容易造成政府部门直接干预评估业务，使评估行业有失公正、公允；政府部门出于本位利益设立本部门的评估体系，导致多头管理、评估市场条块分割等。

行业自律管理模式是指资产评估行业置于社会自发形成的行业协会管理之下，资产评估业的发展依赖于评估业内形成的准则和规范进行。行业自律管理适合于资产评估业依靠市场需求自发形成的国家和资产评估业日益发展成熟的阶段。市场经济发达国家如美国、英国等在行业自律管理方面积累了丰富的经验。我国资产评估业也将行业自律管理作为发展方向，行业自律管理有利于行业业务水平提高，但行业自律管理有时会因与政府缺乏沟通、缺乏政府制约对社会经济产生不利影响。

政府监管下的行业自律模式是资产评估管理较为理想的模式。

长期以来，美国的评估业与律师业、会计师业等被视为自由职业者，政府除了在税收等方面对评估业进行与其他行业共性的管理外，对评估业不进行任何干预，主要是通过评估协会等非政府性质的评估行业专业组织进行自律性管理。20 世纪 80 年代美国遭受泡沫经济的严重冲击，在事后的研究与分析中，不当的评估行为被作为导致泡沫经济原因之一受到广泛指责。经济学家指出，由于政府放任资产评估业的管理和监督，直接损害了银行等金融机构的利益和资产质量，在一定意义上促进了泡沫经济的形成，这种观点被经济和管理部门广为接受。为规范评估执业行为，保护国家和公共利益，在综合各方面因素的基础上，1989 年美国国会通过了《金融机构改革、复原和强制执行法令》（FIRREA）。这是美国关于评估管理方面的重要立法，也是政府干预、管理评估业的开始和最直接体现。这一立法，结束了美国对评估业的只有放任管理，它认为美国不动产评估，尤其是涉及联邦权益和社会公共利益的评估行为政府必须进行依法监管。

我国香港特别行政区一般不存在对评估师行业的领导问题，评估结果也无需由政府部门确认。但对一些重大的评估项目涉及众多投资者利益时，评估人员资格须得到政府的认可，如对上市公司进行资产评估时，政府就做出了规定，过去规定评估人员必须是一个专业学会的成员，才能做上市公司评估业务。现在则改为必须是香港测量师学会的成员，才能做上市公司评估业务。

根据资产评估管理模式分析表明，政府监管下的行业自律模式已成为较为理想的模式，政府监管是必要的，但行业自律是适合资产评估业管理的。因此，探讨政府监管的程度和内容、政府监管的手段是需要研究的问题。

二、我国资产评估行业管理模式选择

（一）资产评估管理须明确的基本问题

针对我国资产评估管理的状况，要加强资产评估管理，首先须明确和澄清以下基本问题。

一是资产评估管理与国有资产评估管理。我国的资产评估是作为加强国有资产管理的一项重要手段兴起的。国有资产总量巨大以及它在社会总资产中占有相当比例，表明国有资产评估在资产评估中有相当大的比重。但从管理学角度，资产评估作为一个行业，单独强调国有资产评估管理难免以偏概全，是欠妥当的。

二是资产评估管理与资产管理。资产评估管理不同于资产管理，不能将评估管理职能按资产类别划归各类资产所属的主管部门。各类专业资产部门具有对部门资产性能、特点熟悉和了解的优势，可以在这些资产评估过程中发挥其专业特长，但不能以此作为分拆资产评估的理由。资产评估管理是对资产评估业务行为的管理，而不是对某一属性资产的管理。

三是评估管理与评估项目管理。资产评估管理是对评估行业的管理，并非只是评估项目管理。这并不是说，某一项目不经有关部门验证确认就不属于评估管理范围了，资产评估管理应由过去主要项目的直接管理过渡到以人员管理和机构管理为主，通过制定资产评估标准、准则，指导评估过程的间接管理。

（二）资产评估统一管理的必要性

统一管理是针对目前的多头管理而言。以前，由于资产评估管理体制不统一，各个部门有的按资产的类别划分管理权限，有的按所有制归属划分管理权限，有的按业务范围划分管理权限。同时，各专业管理部门从各自部门管理体系，分别制定本专业资产的评估标准和方法，对发展和提高本专业资产评估业务水平发挥了重要作用。而且，资产评估行业管理被行政管理替代，形成了各自的管理体系。多头管理带来了评估行业的混乱，评估标准和方法不统一，评估质量和水平参差不齐；机构资格不统一，形成资产评估市场的条块分割和行业内的不正当竞争等。对不同部门的要求，企业不得不重复评估，既影响企业运营效率，又增加了企业负担，同时也给评估机构和评估师正常执业带来一定的困难。

1997年中国资产评估标准国际研讨会在北京召开，美国评估师协会1996—1997年度主席萨森先生谈到资产评估管理问题时认为，尽管资产评估的目的和资产的种类千差万别，评估方法和技巧也有着很大的不同，但资产评估在其最根本的方法、原则上是一致的，评估师及评估机构所应遵循的职业道德和基本准则也应当是一致的。综合和统一是资产评估行业发展的必然趋势。这种综合和统一的动力源于：（1）评估行业发展到今天，作为一个日趋成熟的行业应对外形成统一的声音。正是因为这些行业组织是非政府的，受私人经济影响大，因此往往偏重于各自领域，对外形成不了统一的声音，这极大地影响了评估行的声誉和社会形象，不利于公众及立法、司法机构对资产评估工作及评估师形成信任感。评估行业发展需要法律的保护，但具有立法权的议会认为评估行业达不成统一共识，是不成熟的行业，在立法约束、保护及法院司法实践中都导致了对评估业发展的不利局面。这一点已为美国评估行业内机构、人士所共识，并成为资产评估行业日趋走向统一管理的重要外在动力。（2）多重的资格管理极大地妨碍了评估行业发展。美国大量的评估协会均是非政府组织，需要有自己家的会费和来自考试培训等的收入，每个协会都有自己的一套会员资料管理制度，如符合什么样条件可申请会员资格，参加若干课程考试，每年交纳会费及接受再教育等。从单个协会角度来看，这种制度是很重要的，也是必需的，但从整个行业角度来看，这些制度有相当多是雷同的，造成了人力、物力上的极大浪费。由于协会领域的交叉性，有的人具有多重会员资格。这样，评估师每年得交纳多项会费，花费不少时间参加多个协会的再培训，如果一个年轻人想进入评估行业，就得参加多个协会的考试和培训。这种考试、培训与再培训在安排上很可能是矛盾和交叉的，使评估师疲于应付。这种人力、物力的重复浪费已引起业内人士的强烈不满，成为行业日趋走向统一管理的内在动力。（3）计算机科技的高速发展为评估行业的统一管理提供了技术可行性：计算机的普及和相关信息服务的提高，极大地影响了评估工作方法、程序以及协会管理体制，过去封闭、专门性的行业组织的重要性日益削弱。行业的统一管理不仅十分必要，而且成为可能。

第三节　资产评估准则与行业统一管理

实现资产评估行业统一管理，促进资产评估业有序发展，应从两方面进行：一是资产评估准则的制定；二是资产评估机构的改革。

一、制定中国资产评估准则的必要性

（一）制定统一的资产评估准则，是资产评估行业统一管理的基础

如前所述，尽管各部门、协会（学会）制定了许多适合本专业特点的评估方法和准则，但由于评估方法、评估准则不统一，引致执业不规范。因此，实现评估行业统一管理的基础是制定统一的评估方法和评估准则。

西方发达国家的评估团体经过多年的鼎足而立，正在走向联合与统一。而联合和统一的标志之一就是形成统一的资产评估准则标准。例如，英国有关评估的协会有三家，分别是英国皇家特许测量师协会（RICS）、估价师与拍卖师联合会（ISVA）和税收评估协会（IRRV）。三家协会在寻求合并和统一之路，并于 1995 年共同制定和发布了"红皮书"《皇家特许测量师协会评估与估价手册》。具有 100 多年历史的美国资产评估业在发展过程中，自发成立了许多综合和专业性的民间自律性组织，这些组织均有自己的规范。1987 年，成立了评估促进委员会，并制定了统一的行业标准 USPAP，到 1995 年已有 16 个评估协会成为会员，统一遵守行业标准。在澳大利亚，尽管有许多评估行业团体，但澳大利亚资产学会（API）是唯一真正的专业化评估团体。为了统一执业标准，学会每年出版专业实务手册为从业人员提供了统一的执业规范。该手册每年更新一次，其目的在于要唤起民众的意识、推动专业化的实践以及追求高标准。由于"专业实务手册"的许多要素都已按同一方式撰写，因此，无论用户评估何种业务，都可以很快地熟悉其内容。无论是实务准则还是指导性说明，这种固定的应用方式在每一要素组合中都具有重要性。虽然，西方国家各类资产评估协会、组织形成的动因、环境、条件等与我国有很大差异，但其为实现行业统一管理实施的思路对我们很有借鉴意义。

（二）制定资产评估准则，有利于实现政府行政管理向行业自律管理转变

没有相对完善的资产评估准则体系，就难以规范业务活动和评估师的道德行为。形成不了行业自律体系，强化评估管理只能依靠行政管理的加强。因此，制定资产评估准则并形成评估准则体系，可以逐渐淡化政府行政符理，实现行业自律管理。

（三）制定资产评估准则，有利于资产评估行业执业水平的提高

衡量一个国家评估业务水平的标志之一是其准则体系形成情况。评估准则是资产评估业务发展过程中产生的客观要求，资产评估越发展，对评估准则的需求越迫切；评估准则体系越完善，资产评估业务越规范。相比较而言，发达国家的资产评估准则制定较早，也比较完善。新兴国家评估准则形成较晚，亟须完善。但无论怎样，发达国家也好，新兴市场间国家也好，为了促进资产评估业发展，都要把制定资产评估准则作为行业发展中的重要任务来完成。

二、中国资产评估准则的定位

中国资产评估业发展伊始就得到了政府的支持和参与，这也是中国资产评估业得以迅猛发展的重要原因。但是，从制定资产评估准则来说，首先应研究资产评估准则的定位问题。资产评估准则定位，应服从于其目标。

中国资产评估准则制定的目标应体现在以下几个方面：（1）有利于资产评估的行业管理；（2）有利于资产评估业务规范化；（3）有利于资产评估工作效率的提高；（4）有利于资产评估结果的科学性、准确性；（5）有利于有序的资产评估市场的形成；（6）有利于与国际惯例接轨。

根据实现资产评估准则的目标进行研究表明，资产评估准则的制定是资产评估行业管理的重要方面，是实行行业自律性管理的文件，并非政府实行行政管理的文本。从范围上说，资产评估准则是对资产评估业务行为的规范，而不只是对某一种属性资产（如国有资产）的评估行为的规范。同样地，既然是对评估业务行为的规范，无论资产的性质和类别如何，只要涉及资产评估行为，均应纳入资产评估准则统一规范的范围。从作用时间上来说，资产评估业发展中面临着许多问题，但市场经济的发展，必然带动和促进资产评估业的发展。规范化的评估准则是评估业发展的必要保证。因此，资产评估准则既要研究规范目前评估工作中的问题，更重要的是要保证资产评估准则在相当长的时期内发挥作用。可见，资产评估准则的制定应具有超前性和预测性，保持其连续性和一致性。

制定资产评估准则时应充分认识资产评估的特点。把握资产评估规律，资产评估过程在于解决每类资产在交易、转让、投资等行为中的价值问题。由于其发生的经济行为、市场环境、资产类型及其使用状况不同，每一类资产的评估、每一次资产的评估均具有特殊性，因此，资产评估不同于会计计价。会计计价具有普遍性、统一性的特点，可以有许多具体的、统一的规定。评估的特殊性就在于对每一类资产特征及不同市场环境的把握，所有这些并不能通过强制性地规定某一数额或比率得到解决。如果不重视资产评估的这一特点，在资产评估准则中试图通过强制性推行某些指标参数，以达到统一资产评估行为的目的，其结果只能是意愿和结果背道而驰。可见，资产评估准则用以规范评估行为，但不能也不可以将评估行为禁锢起来，评估人员在评估方面应有充分的创造空间。因此，对于资产评估准则来说，从评估人员的角度，应结合评估业务特点来理解准则的原则性规定。而从准则制定者角度来看，并不是要把资产评估准则作为资产评估师直接套用的范本。资产评估准则是资产评估业务行为的规范性文件，是业内人士必须遵循的。同时，任何准则都代替不了法律，其内容不得与现行法律相抵触，资产评估准则的制定应依法进行。

制定资产评估准则需要实践经验的积累和评估理论的指导。

资产评估准则的制定需要以实践经验的积累为前提条件，而实践又需要理论的指导，因此，评估理论研究是资产评估准则制定的必备条件。在我国，资产评估理论准备不足是制约中国资产评估准则制定的重要因素。因此，制定中国资产评估准则，必须强化资产评估理论研究。或者说，制定资产评估准则的过程，也就是进一步加强资产评估理论研究的过程。资产评估的基本概念、基本理论模糊不清，就无法形成合理的资产评估准则的框架体系，就经不起时间的检验，也就难以处理好资产评估与其他行业、学科的关系，如果资产评估准则单是对现行处理惯例加以选择或认可，缺乏系统研究，不能确定其基本概念、基本方法，所制定的评估准则就无法对变化了的经济环境做出正确的反映，并无力抵制某些外界压力。尽管资产评估准则制定以后，还会不断修改和完善，这种修改和完善是必要的，但只应是对某些项目、内容上的修改和补充，对资产评估准则框架不能随意变动，理论基础不得动摇。当然，突出基本概念、基本理论，并不是在资产评估准则中罗列概念和理论，而是通过对基本概念和理论的理解和诠释，进一步把握资产评估的规律和特点，形成指导资产评估实践的理论基础。

中国的资产评估业与同为中介服务性质的注册会计师业相比，差距表现在：一是资产评估业起步较晚；二是资产评估缺乏系统的理论基础和深入的理论研究，而后者是制约评估业发展的最大障碍。评估业的竞争是人才的竞争，而对评估理论缺乏充分研究，不能系统掌握资产评估理论的评估师是危险的。

三、我国资产评估准则的内容

（一）我国资产评估准则的框架体系

准则是一公共职业为获取社会公众的信任和提高职业的工作质量而制定约定俗成的、得到全行业公认的、通过行业的内在约束力来贯彻实施的行为规范。资产评估准则从其行为规范要求出发，总体上来说，包括业务准则和职业道德准则等方面的内容。

中国资产评估准则体系中将职业道德准则与业务准则置于同等重要地位。资产评估业务准则分为以下4个层次。

第一层次为资产评估基本准则。资产评估基本准则是资产评估师执行各种资产类型、各种评估目的资产评估业务的基本规范。其规范内容应不区分所评估资产的类别和评估目的，而是各类资产评估业务中所应当共同遵守的基本规则，资产评估基本准则对于各具体准则和评估指南具有指导作用，但并不与各具体准则和评估指南一一对应。

第二层次为资产评估具体准则。资产评估具体准则分为程序性准则和实体性准则两个部分。程序性准则是关于注册资产评估师通过履行一定的专业程序完成评估业务、保证评估质量的规范，包括评估业务约定书、评估计划、评估工作底稿、评估报告等。实体性准则是针对不同资产类别的特点，分别对不同类别资产评估业务中的评估师执业行为进行规范。实体性准则主要包括企业价值评估准则、无形资产评估准则、不动产评估准则、机器设备评估准则、珠宝首饰艺术品评估准则等。

第三层次为资产评估指南。资产评估指南包括对特定评估目的、特定资产类别（细化）的评估业务以及对评估中某些重要事项的规范。评估师在执行不同目的的评估业务中所关注的事项不同，资产评估指南主要对资产评估行业中涉及主要评估目的和业务进行规范，如公司注册、公司股份经营、关联交易、抵押贷款、不良资产处置、法律诉讼等。资产评估指南也将涉及一些具体的资产类别评估业务，如专利、商标等。此外，资产评估指南还将包括一些对资产评估工作中重要特定事项的规范，如评估师在关注评估对象法律权属方面的责任等。

第四层次为资产评估指导意见。资产评估指导意见是针对资产评估业务中的某些具体问题的指导性文件。该层次较为灵活，针对评估业务中新出现的问题及时提出指导意见，某些尚不成熟的评估指南或具体评估准则也可以先作为指导意见发布，待成熟后再上升为具体准则或指南。

我国资产评估准则体系的发布，对于推动资产评估行业健康发展、更好服务于改革与发展大局具有重要意义。

（二）我国已颁布的资产评估准则

1. 2001—2016年，陆续颁布了一系列准则（见表11-1）

表11-1　　　　　　　　　　　　2001—2016年颁布的准则

类型	颁布部门	准则名称	颁布时间	施行时间
基本准则	财政部	《资产评估准则——基本准则》	2004.2.25	2004.5.1
		《资产评估职业道德准则——基本准则》		

续表

类型	颁布部门	准则名称	颁布时间	施行时间
具体准则	财政部	《资产评估准则——无形资产》	2001.7.23	2001.9. 1
		《资产评估准则——不动产》	2007.11.28	2008.7. 1
		《资产评估准则——机器设备》		
		《资产评估准则——评估报告》		
		《资产评估准则——评估程序》		
		《资产评估准则——业务约定书》		
		《资产评估准则——工作底稿》		
		《资产评估准则——无形资产》（对 2001 年修正）	2008.11.28	2009.7.1
		《资产评估准则——珠宝首饰》（对 2003 年修正）	2009.12.18	2010.7.1
		《资产评估准则——企业价值》（对 2004 年修订）	2011.12.30	2012.7.1
		《资产评估准则——评估报告》（对 2007 年修订）		
		《资产评估准则——业务约定书》（对 2007 年修订）		
		《资产评估准则——利用专家工作》	2012.12.28	2013.7.1
		《资产评估准则——森林资源资产》		
		《资产评估职业道德准则——独立性》		
指导意见	中国资产评估协会	《珠宝首饰评指导意见》	2003.1.28	2003.3.1
		《注册资产评估师关注评估对象法律权属指导意见》	2003. 1.28	2003. 3.1
		《企业价值评估指导意见（试行）》	2004.12.30	2005. 4.1
		《金融不良资产评估指导意见（试行）》	2005.3.21	2005.7. 1
		《资产评估价值类型指导意见》	2007.11.28	2009.7.1
		《专利资产评估指导意见》	2008.11.28	2009.7.1
		《投资性房地产评估指导意见（试行）》	2009.12.18	2010.7.1
		《著作权资产评估指导意见》	2010.12.18	2011.7.1
		《实物期权评估指导意见（试行）》	2011.12.30	2012.7.1
		《商标资产评估指导意见》		
		《资产评估准则——企业价值》		
		《资产评估职业道德准则——独立性》	2013.3.19	2013.7.1
		《资产评估准则——利用专家工作》		
		《资产评估准则——森林资源资产》		
		《文化企业无形资产评估指导意见》	2016.3.30	2016.7.1
评估指南	中国资产评估协会	《以财务报告为目的的评估指南（试行）》	2007.11.9	2007.12.31
		《企业国有资产评估报告指南》	2008.11.28	2009.7.1
		《金融企业国有资产评估报告指南》	2010.12.18	2011.7.1
		《评估机构业务质量控制指南》	2010.12.18	2012.1.1
		《企业国有资产评估报告指南》（对 2008 年修正）	2011.12.30	2012.7.1
		《金融企业国有资产评估报告指南》（对 2010 年修正）		
		《知识产权资产评估指南》	2015.12.31	2016.7.1

2. 2007 年中国资产评估协会加快了资产评估准则的制定

财政部于 2007 年 11 月在北京举行资产评估准则体系发布会，发布的准则如下。

（1）2007 年 11 月 9 日颁布，2007 年 12 月 31 日 3 起施行的《以财务报告为目的的评估指南（试行）》。

（2）2007 年 11 月 28 日颁布，2008 年 7 月 1 日起施行的资产评估准则有：《资产评估准则——

评估报告》《资产评估准则——评估程序》《资产评估准则——业务约定书》《资产评估准则——工作底稿》《资产评估准则——机器设备》《资产评估准则——不动产》《资产评估价值类型指导意见》。

3. 2008 年颁布的准则

2008 年 11 月 28 日颁布，2009 年 7 月 1 日起施行的资产评估准则有：《资产评估准则——无形资产》（对 2001 年准则修改后发布）《专利资产评估指导意见》《企业国有资产评估报告指南》。

4. 2009 年颁布的准则

2009 年 12 月 18 日颁布，2010 年 7 月 1 日起施行的资产评估准则有：《投资性房地产评估指导意见（试行）》《资产评估准则——珠宝首饰》（对 2003 年《珠宝首饰评估与指导意见》修改后发布）。

5. 2010 年颁布的准则

2010 年 12 月 18 日颁布，2011 年 7 月 1 日起施行的资产评估准则有：《金融企业国有资产评估报告指南》和《著作权资产评估指导意见》；同时颁布的《评估机构业务质量控制指南》自 2012 年 1 月 1 起正式施行。

6. 2011 年颁布的准则

2011 年 12 月 30 日颁布，2012 年 7 月 1 日起施行的资产评估准则有：《实物期权评估指导意见（试行）》《商标资产评估指导意见》《资产评估准则——企业价值》（对 2004 年准则修订后重新发布，并从指导意见上升到具体准则的层次）；《企业国有资产评估报告指南》（对 2008 的准则有关条款修订后重新发布）；《金融企业国有资产评估报告指南》（对 2010 年准则的有关条款修订后重新发布）《资产评估准则——评估报告》（对 2007 年准则的有关条款修订后发布）；《资产评估准则——业务约定书》（对 2007 的准则有关条款修订后发布）。

7. 2012 年颁布的准则

2012 年 12 月 28 日颁布，2013 年 7 月 1 日施行的资产评估准则有《资产评估准则——利用专家工作》《资产评估准则——森林资源资产》《资产评估职业道德准则——独立性》。

8. 2015 年颁布的准则

2015 年 12 月 31 日颁布《知识产权资产评估指南》，自 2016 年 7 月 1 日起施行。

9. 2016 年颁布的准则

2016 年 3 月 30 日颁布《文化企业无形资产评估指导意见》，自 2016 年 7 月 1 日起施行，以进一步规范与指导资产评估行业执行文化企业无形资产评估业务，维护社会公众利益和资产评估各方当事人的合法权益。

资产评估业发展过程，也是资产评估管理不断加强和完善的过程，回顾资产评估业的发展，会发现其存在的问题，通过资产评估管理模式的比较，选择科学的资产评估行业管理模式，并探讨通过资产评估准则等的制定和颁布，使资产评估行业管理得以有效地实施。

习题

思考题

1. 影响资产评估行业管理模式的因素有哪些？
2. 资产评估行业实现统一管理的必要性和可行性。
3. 资产评估准则制定的必要性和可行性。
4. 中国资产评估准则体系的构成是怎样的？有何重要意义？

附录A 中华人民共和国资产评估法

（2016年7月2日第十二届全国人民代表大会常务委员会第二十一次会议通过）

目录

全文

第一章　总则

第一条　为了规范资产评估行为，保护资产评估当事人合法权益和公共利益，促进资产评估行业健康发展，维护社会主义市场经济秩序，制定本法。

第二条　本法所称资产评估（以下称评估），是指评估机构及其评估专业人员根据委托对不动产、动产、无形资产、企业价值、资产损失或者其他经济权益进行评定、估算，并出具评估报告的专业服务行为。

第三条　自然人、法人或者其他组织需要确定评估对象价值的，可以自愿委托评估机构评估。

涉及国有资产或者公共利益等事项，法律、行政法规规定需要评估的（以下称法定评估），应当依法委托评估机构评估。

第四条　评估机构及其评估专业人员开展业务应当遵守法律、行政法规和评估准则，遵循独立、客观、公正的原则。

评估机构及其评估专业人员依法开展业务，受法律保护。

第五条　评估专业人员从事评估业务，应当加入评估机构，并且只能在一个评估机构从事业务。

第六条　评估行业可以按照专业领域依法设立行业协会，实行自律管理，并接受有关评估行政管理部门的监督和社会监督。

第七条　国务院有关评估行政管理部门按照各自职责分工，对评估行业进行监督管理。

设区的市级以上地方人民政府有关评估行政管理部门按照各自职责分工，对本行政区域内的评估行业进行监督管理。

第二章　评估专业人员

第八条　评估专业人员包括评估师和其他具有评估专业知识及实践经验的评估从业人员。

评估师是指通过评估师资格考试的评估专业人员。国家根据经济社会发展需要确定评估师专业类别。

第九条　有关全国性评估行业协会按照国家规定组织实施评估师资格全国统一考试。

具有高等院校专科以上学历的公民，可以参加评估师资格全国统一考试。

第十条　有关全国性评估行业协会应当在其网站上公布评估师名单，并实时更新。

第十一条　因故意犯罪或者在从事评估、财务、会计、审计活动中因过失犯罪而受刑事处罚，自刑罚执行完毕之日起不满五年的人员，不得从事评估业务。

第十二条　评估专业人员享有下列权利：

（一）要求委托人提供相关的权属证明、财务会计信息和其他资料，以及为执行公允的评估程序所需的必要协助；

（二）依法向有关国家机关或者其他组织查阅从事业务所需的文件、证明和资料；

（三）拒绝委托人或者其他组织、个人对评估行为和评估结果的非法干预；

（四）依法签署评估报告；

（五）法律、行政法规规定的其他权利。

第十三条　评估专业人员应当履行下列义务：

（一）诚实守信，依法独立、客观、公正从事业务；

（二）遵守评估准则，履行调查职责，独立分析估算，勤勉谨慎从事业务；

（三）完成规定的继续教育，保持和提高专业能力；

（四）对评估活动中使用的有关文件、证明和资料的真实性、准确性、完整性进行核查和验证；

（五）对评估活动中知悉的国家秘密、商业秘密和个人隐私予以保密；

（六）与委托人或者其他相关当事人及评估对象有利害关系的，应当回避；

（七）接受行业协会的自律管理，履行行业协会章程规定的义务；

（八）法律、行政法规规定的其他义务。

第十四条　评估专业人员不得有下列行为：

（一）私自接受委托从事业务、收取费用；

（二）同时在两个以上评估机构从事业务；

（三）采用欺骗、利诱、胁迫，或者贬损、诋毁其他评估专业人员等不正当手段招揽业务；

（四）允许他人以本人名义从事业务，或者冒用他人名义从事业务；

（五）签署本人未承办业务的评估报告；

（六）索要、收受或者变相索要、收受合同约定以外的酬金、财物，或者谋取其他不正当利益；

（七）签署虚假评估报告或者有重大遗漏的评估报告；

（八）违反法律、行政法规的其他行为。

第三章　评估机构

第十五条　评估机构应当依法采用合伙或者公司形式，聘用评估专业人员开展评估业务。

合伙形式的评估机构，应当有两名以上评估师，其合伙人三分之二以上应当是具有三年以上从业经历且最近三年内未受停止从业处罚的评估师。

公司形式的评估机构，应当有八名以上评估师和两名以上股东，其中三分之二以上股东应当是具有三年以上从业经历且最近三年内未受停止从业处罚的评估师。

评估机构的合伙人或者股东为两名的，两名合伙人或者股东都应当是具有三年以上从业经历且最近三年内未受停止从业处罚的评估师。

第十六条　设立评估机构，应当向工商行政管理部门申请办理登记。评估机构应当自领取营业执照之日起三十日内向有关评估行政管理部门备案。评估行政管理部门应当及时将评估机构备案情况向社会公告。

第十七条　评估机构应当依法独立、客观、公正开展业务，建立健全质量控制制度，保证评估报告的客观、真实、合理。

评估机构应当建立健全内部管理制度，对本机构的评估专业人员遵守法律、行政法规和评估准则的情况进行监督，并对其从业行为负责。

评估机构应当依法接受监督检查，如实提供评估档案以及相关情况。

第十八条　委托人拒绝提供或者不如实提供执行评估业务所需的权属证明、财务会计信息和其他资料的，评估机构有权依法拒绝其履行合同的要求。

第十九条　委托人要求出具虚假评估报告或者有其他非法干预评估结果情形的，评估机构有权解除合同。

第二十条　评估机构不得有下列行为：

（一）利用开展业务之便，谋取不正当利益；

（二）允许其他机构以本机构名义开展业务，或者冒用其他机构名义开展业务；

（三）以恶性压价、支付回扣、虚假宣传，或者贬损、诋毁其他评估机构等不正当手段招揽业务；

（四）受理与自身有利害关系的业务；

（五）分别接受利益冲突双方的委托，对同一评估对象进行评估；

（六）出具虚假评估报告或者有重大遗漏的评估报告；

（七）聘用或者指定不符合本法规定的人员从事评估业务；

（八）违反法律、行政法规的其他行为。

第二十一条　评估机构根据业务需要建立职业风险基金，或者自愿办理职业责任保险，完善风险防范机制。

第四章　评估程序

第二十二条　委托人有权自主选择符合本法规定的评估机构，任何组织或者个人不得非法限制或者干预。

评估事项涉及两个以上当事人的，由全体当事人协商委托评估机构。

委托开展法定评估业务，应当依法选择评估机构。

第二十三条　委托人应当与评估机构订立委托合同，约定双方的权利和义务。

委托人应当按照合同约定向评估机构支付费用，不得索要、收受或者变相索要、收受回扣。

委托人应当对其提供的权属证明、财务会计信息和其他资料的真实性、完整性和合法性负责。

第二十四条　对受理的评估业务，评估机构应当指定至少两名评估专业人员承办。

委托人有权要求与相关当事人及评估对象有利害关系的评估专业人员回避。

第二十五条　评估专业人员应当根据评估业务具体情况，对评估对象进行现场调查，收集权属证明、财务会计信息和其他资料并进行核查验证、分析整理，作为评估的依据。

第二十六条　评估专业人员应当恰当选择评估方法，除依据评估执业准则只能选择一种评估方法的外，应当选择两种以上评估方法，经综合分析，形成评估结论，编制评估报告。

评估机构应当对评估报告进行内部审核。

第二十七条　评估报告应当由至少两名承办该项业务的评估专业人员签名并加盖评估机构印章。

评估机构及其评估专业人员对其出具的评估报告依法承担责任。

委托人不得串通、唆使评估机构或者评估专业人员出具虚假评估报告。

第二十八条　评估机构开展法定评估业务，应当指定至少两名相应专业类别的评估师承办，评估报告应当由至少两名承办该项业务的评估师签名并加盖评估机构印章。

第二十九条　评估档案的保存期限不少于十五年，属于法定评估业务的，保存期限不少于三十年。

第三十条　委托人对评估报告有异议的，可以要求评估机构解释。

第三十一条　委托人认为评估机构或者评估专业人员违法开展业务的，可以向有关评估行政管理部门或者行业协会投诉、举报，有关评估行政管理部门或者行业协会应当及时调查处理，并答复委托人。

第三十二条　委托人或者评估报告使用人应当按照法律规定和评估报告载明的使用范围使用评估报告。

委托人或者评估报告使用人违反前款规定使用评估报告的，评估机构和评估专业人员不承担责任。

第五章　行业协会

第三十三条　评估行业协会是评估机构和评估专业人员的自律性组织，依照法律、行政法规和章程实行自律管理。

评估行业按照专业领域设立全国性评估行业协会，根据需要设立地方性评估行业协会。

第三十四条　评估行业协会的章程由会员代表大会制定，报登记管理机关核准，并报有关评估行政管理部门备案。

第三十五条　评估机构、评估专业人员加入有关评估行业协会，平等享有章程规定的权利，履行章程规定的义务。有关评估行业协会公布加入本协会的评估机构、评估专业人员名单。

第三十六条　评估行业协会履行下列职责：

（一）制定会员自律管理办法，对会员实行自律管理；

（二）依据评估基本准则制定评估执业准则和职业道德准则；

（三）组织开展会员继续教育；

（四）建立会员信用档案，将会员遵守法律、行政法规和评估准则的情况记入信用档案，并向社会公开；

（五）检查会员建立风险防范机制的情况；

（六）受理对会员的投诉、举报，受理会员的申诉，调解会员执业纠纷；

（七）规范会员从业行为，定期对会员出具的评估报告进行检查，按照章程规定对会员给予奖惩，并将奖惩情况及时报告有关评估行政管理部门；

（八）保障会员依法开展业务，维护会员合法权益；

（九）法律、行政法规和章程规定的其他职责。

第三十七条　有关评估行业协会应当建立沟通协作和信息共享机制，根据需要制定共同的行为规范，促进评估行业健康有序发展。

第三十八条　评估行业协会收取会员会费的标准，由会员代表大会通过，并向社会公开。不得以会员交纳会费数额作为其在行业协会中担任职务的条件。

会费的收取、使用接受会员代表大会和有关部门的监督，任何组织或者个人不得侵占、私分和挪用。

第六章　监督管理

第三十九条　国务院有关评估行政管理部门组织制定评估基本准则和评估行业监督管理办法。

第四十条　设区的市级以上人民政府有关评估行政管理部门依据各自职责，负责监督管理评估行业，对评估机构和评估专业人员的违法行为依法实施行政处罚，将处罚情况及时通报有关评估行业协会，并依法向社会公开。

第四十一条　评估行政管理部门对有关评估行业协会实施监督检查，对检查发现的问题和针对协会的投诉、举报，应当及时调查处理。

第四十二条　评估行政管理部门不得违反本法规定，对评估机构依法开展业务进行限制。

第四十三条　评估行政管理部门不得与评估行业协会、评估机构存在人员或者资金关联，不得利用职权为评估机构招揽业务。

第七章　法律责任

第四十四条　评估专业人员违反本法规定，有下列情形之一的，由有关评估行政管理部门予以警告，可以责令停止从业六个月以上一年以下；有违法所得的，没收违法所得；情节严重的，责令停止从业一年以上五年以下；构成犯罪的，依法追究刑事责任：

（一）私自接受委托从事业务、收取费用的；

（二）同时在两个以上评估机构从事业务的；

（三）采用欺骗、利诱、胁迫，或者贬损、诋毁其他评估专业人员等不正当手段招揽业务的；

（四）允许他人以本人名义从事业务，或者冒用他人名义从事业务的；

（五）签署本人未承办业务的评估报告或者有重大遗漏的评估报告的；

（六）索要、收受或者变相索要、收受合同约定以外的酬金、财物，或者谋取其他不正当利益的。

第四十五条　评估专业人员违反本法规定，签署虚假评估报告的，由有关评估行政管理部门责令停止从业两年以上五年以下；有违法所得的，没收违法所得；情节严重的，责令停止从业五年以上十年以下；构成犯罪的，依法追究刑事责任，终身不得从事评估业务。

第四十六条　违反本法规定，未经工商登记以评估机构名义从事评估业务的，由工商行政管理部门责令停止违法活动；有违法所得的，没收违法所得，并处违法所得一倍以上五倍以下罚款。

第四十七条　评估机构违反本法规定，有下列情形之一的，由有关评估行政管理部门予以警告，可以责令停业一个月以上六个月以下；有违法所得的，没收违法所得，并处违法所得一倍以上五倍以下罚款；情节严重的，由工商行政管理部门吊销营业执照；构成犯罪的，依法追究刑事责任：

（一）利用开展业务之便，谋取不正当利益的；

（二）允许其他机构以本机构名义开展业务，或者冒用其他机构名义开展业务的；

（三）以恶性压价、支付回扣、虚假宣传，或者贬损、诋毁其他评估机构等不正当手段招揽业务的；

（四）受理与自身有利害关系的业务的；

（五）分别接受利益冲突双方的委托，对同一评估对象进行评估的；

（六）出具有重大遗漏的评估报告的；

（七）未按本法规定的期限保存评估档案的；

（八）聘用或者指定不符合本法规定的人员从事评估业务的；

（九）对本机构的评估专业人员疏于管理，造成不良后果的。

评估机构未按本法规定备案或者不符合本法第十五条规定的条件的，由有关评估行政管理部门责令改正；拒不改正的，责令停业，可以并处一万元以上五万元以下罚款。

第四十八条　评估机构违反本法规定，出具虚假评估报告的，由有关评估行政管理部门责令停业六个月以上一年以下；有违法所得的，没收违法所得，并处违法所得一倍以上五倍以下罚款；情节严重的，由工商行政管理部门吊销营业执照；构成犯罪的，依法追究刑事责任。

第四十九条　评估机构、评估专业人员在一年内累计三次因违反本法规定受到责令停业、责令停止从业以外处罚的，有关评估行政管理部门可以责令其停业或者停止从业一年以上五年以下。

第五十条　评估专业人员违反本法规定，给委托人或者其他相关当事人造成损失的，由其所在的评估机构依法承担赔偿责任。评估机构履行赔偿责任后，可以向有故意或者重大过失行为的评估专业人员追偿。

第五十一条　违反本法规定，应当委托评估机构进行法定评估而未委托的，由有关部门责令改正；拒不改正的，处十万元以上五十万元以下罚款；情节严重的，对直接负责的主管人员和其他直接责任人员依法给予处分；造成损失的，依法承担赔偿责任；构成犯罪的，依法追究刑事责任。

第五十二条　违反本法规定，委托人在法定评估中有下列情形之一的，由有关评估行政管理部门会同有关部门责令改正；拒不改正的，处十万元以上五十万元以下罚款；有违法所得的，没收违法所得；情节严重的，对直接负责的主管人员和其他直接责任人员依法给予处分；造成损失的，依法承担赔偿责任；构成犯罪的，依法追究刑事责任：

（一）未依法选择评估机构的；

（二）索要、收受或者变相索要、收受回扣的；

（三）串通、唆使评估机构或者评估师出具虚假评估报告的；

（四）不如实向评估机构提供权属证明、财务会计信息和其他资料的；

（五）未按照法律规定和评估报告载明的使用范围使用评估报告的。

前款规定以外的委托人违反本法规定，给他人造成损失的，依法承担赔偿责任。

第五十三条　评估行业协会违反本法规定的，由有关评估行政管理部门给予警告，责令改正；拒不改正的，可以通报登记管理机关，由其依法给予处罚。

第五十四条　有关行政管理部门、评估行业协会工作人员违反本法规定，滥用职权、玩忽职守或者徇私舞弊的，依法给予处分；构成犯罪的，依法追究刑事责任。

第八章　附则

第五十五条　本法自 2016 年 12 月 1 日起施行。

年金现值系数表（PVIFA表）

n	1%	2%	3%	4%	5%	6%	8%	10%	12%	14%	15%	16%	18%	20%	22%	24%	25%	30%	35%	40%	45%	50%
1	0.99	0.98	0.97	0.961	0.952	0.943	0.925	0.909	0.892	0.877	0.869	0.862	0.847	0.833	0.819	0.806	0.799	0.769	0.74	0.714	0.689	0.666
2	1.97	1.941	1.913	1.886	1.859	1.833	1.783	1.735	1.69	1.646	1.625	1.605	1.565	1.527	1.491	1.456	1.44	1.36	1.289	1.224	1.165	1.111
3	2.94	2.883	2.828	2.775	2.723	2.673	2.577	2.486	2.401	2.321	2.283	2.245	2.174	2.106	2.042	1.981	1.952	1.816	1.695	1.588	1.493	1.407
4	3.901	3.807	3.717	3.629	3.545	3.465	3.312	3.169	3.037	2.913	2.854	2.798	2.69	2.588	2.493	2.404	2.361	2.166	1.996	1.849	1.719	1.604
5	4.853	4.713	4.579	4.451	4.329	4.212	3.992	3.79	3.604	3.433	3.352	3.274	3.127	2.99	2.863	2.745	2.689	2.435	2.219	2.035	1.875	1.736
6	5.795	5.601	5.417	5.242	5.075	4.917	4.622	4.355	4.111	3.888	3.784	3.684	3.497	3.325	3.166	3.02	2.951	2.642	2.385	2.167	1.983	1.824
7	6.728	6.471	6.23	6.002	5.786	5.582	5.206	4.868	4.563	4.288	4.16	4.038	3.811	3.604	3.415	3.242	3.161	2.802	2.507	2.262	2.057	1.882
8	7.651	7.325	7.019	6.732	6.463	6.209	5.746	5.334	4.967	4.638	4.487	4.343	4.077	3.837	3.619	3.421	3.328	2.924	2.598	2.33	2.108	1.921
9	8.566	8.162	7.786	7.435	7.107	6.801	6.246	5.759	5.328	4.946	4.771	4.606	4.303	4.03	3.786	3.565	3.463	3.019	2.665	2.378	2.143	1.947
10	9.471	8.982	8.53	8.11	7.721	7.36	6.71	6.144	5.65	5.216	5.018	4.833	4.494	4.192	3.923	3.681	3.57	3.091	2.715	2.413	2.168	1.965
11	10.367	9.786	9.252	8.76	8.306	7.886	7.138	6.495	5.937	5.452	5.233	5.028	4.656	4.327	4.035	3.775	3.656	3.147	2.751	2.438	2.184	1.976
12	11.255	10.575	9.954	9.385	8.863	8.383	7.536	6.813	6.194	5.66	5.42	5.197	4.793	4.439	4.127	3.851	3.725	3.19	2.779	2.455	2.196	1.984
13	12.133	11.348	10.634	9.985	9.393	8.852	7.903	7.103	6.423	5.842	5.583	5.342	4.909	4.532	4.202	3.912	3.78	3.223	2.799	2.468	2.204	1.989
14	13.003	12.106	11.296	10.563	9.898	9.294	8.244	7.366	6.628	6.002	5.724	5.467	5.008	4.61	4.264	3.961	3.824	3.248	2.814	2.477	2.209	1.993
15	13.865	12.849	11.937	11.118	10.379	9.712	8.559	7.606	6.81	6.142	5.847	5.575	5.091	4.675	4.315	4.001	3.859	3.268	2.825	2.483	2.213	1.995
16	14.717	13.577	12.561	11.652	10.837	10.105	8.851	7.823	6.973	6.265	5.954	5.668	5.162	4.729	4.356	4.033	3.887	3.283	2.833	2.488	2.216	1.996
17	15.562	14.291	13.166	12.165	11.274	10.477	9.121	8.021	7.119	6.372	6.047	5.748	5.222	4.774	4.39	4.059	3.909	3.294	2.839	2.491	2.218	1.997
18	16.398	14.992	13.753	12.659	11.689	10.827	9.371	8.201	7.249	6.467	6.127	5.817	5.273	4.812	4.418	4.079	3.927	3.303	2.844	2.494	2.219	1.998
19	17.226	15.678	14.323	13.133	12.085	11.158	9.603	8.364	7.365	6.55	6.198	5.877	5.316	4.843	4.441	4.096	3.942	3.31	2.847	2.495	2.22	1.998
20	18.045	16.351	14.877	13.59	12.462	11.469	9.818	8.513	7.469	6.623	6.259	5.928	5.352	4.869	4.46	4.11	3.953	3.315	2.85	2.497	2.22	1.999
21	18.856	17.011	15.415	14.029	12.821	11.764	10.016	8.648	7.562	6.686	6.312	5.973	5.383	4.891	4.475	4.121	3.963	3.319	2.851	2.497	2.221	1.999
22	19.66	17.658	15.936	14.451	13.163	12.041	10.2	8.771	7.644	6.742	6.358	6.011	5.409	4.909	4.488	4.129	3.97	3.322	2.853	2.498	2.221	1.999
23	20.455	18.292	16.443	14.856	13.488	12.303	10.371	8.883	7.718	6.792	6.398	6.044	5.432	4.924	4.498	4.137	3.976	3.325	2.854	2.498	2.221	1.999
24	21.243	18.913	16.935	15.246	13.798	12.55	10.528	8.984	7.784	6.835	6.433	6.072	5.45	4.937	4.507	4.142	3.981	3.327	2.855	2.499	2.221	1.999
25	22.023	19.523	17.413	15.622	14.093	12.783	10.674	9.077	7.843	6.872	6.464	6.097	5.466	4.947	4.513	4.147	3.984	3.328	2.855	2.499	2.222	1.999
26	22.795	20.121	17.876	15.982	14.375	13.003	10.809	9.16	7.895	6.906	6.49	6.118	5.48	4.956	4.519	4.151	3.987	3.329	2.855	2.499	2.222	1.999
27	23.559	20.706	18.327	16.329	14.643	13.21	10.935	9.237	7.942	6.935	6.513	6.136	5.491	4.963	4.524	4.154	3.99	3.33	2.856	2.499	2.222	1.999
28	24.316	21.281	18.764	16.663	14.898	13.406	11.051	9.306	7.984	6.96	6.533	6.152	5.501	4.969	4.528	4.156	3.992	3.331	2.856	2.499	2.222	1.999
29	25.065	21.844	19.188	16.983	15.141	13.59	11.158	9.369	8.021	6.983	6.55	6.165	5.509	4.974	4.531	4.158	3.993	3.331	2.856	2.499	2.222	1.999
30	25.807	22.396	19.6	17.292	15.372	13.764	11.257	9.426	8.055	7.002	6.565	6.177	5.516	4.978	4.533	4.16	3.995	3.332	2.856	2.499	2.222	1.999
40	32.834	27.355	23.114	19.792	17.159	15.046	11.924	9.779	8.243	7.105	6.641	6.233	5.548	4.996	4.543	4.165	3.999	3.333	2.857	2.499	2.222	1.999
50	39.196	31.423	25.729	21.482	18.255	15.761	12.233	9.914	8.304	7.132	6.66	6.246	5.554	4.999	4.545	4.166	3.999	3.333	2.857	2.499	2.222	1.999

复利现值系数表（PVIF 表）

n	1%	2%	3%	4%	5%	6%	8%	10%	12%	14%	15%	16%	18%	20%	25%	30%	35%	40%	50%
1	0.99	0.98	0.97	0.961	0.952	0.943	0.925	0.909	0.892	0.877	0.869	0.862	0.847	0.833	0.8	0.769	0.74	0.714	0.666
2	0.98	0.961	0.942	0.924	0.907	0.889	0.857	0.826	0.797	0.769	0.756	0.743	0.718	0.694	0.64	0.591	0.548	0.51	0.444
3	0.97	0.942	0.915	0.888	0.863	0.839	0.793	0.751	0.711	0.674	0.657	0.64	0.608	0.578	0.512	0.455	0.406	0.364	0.296
4	0.96	0.923	0.888	0.854	0.822	0.792	0.735	0.683	0.635	0.592	0.571	0.552	0.515	0.482	0.409	0.35	0.301	0.26	0.197
5	0.951	0.905	0.862	0.821	0.783	0.747	0.68	0.62	0.567	0.519	0.497	0.476	0.437	0.401	0.327	0.269	0.223	0.185	0.131
6	0.942	0.887	0.837	0.79	0.746	0.704	0.63	0.564	0.506	0.455	0.432	0.41	0.37	0.334	0.262	0.207	0.165	0.132	0.087
7	0.932	0.87	0.813	0.759	0.71	0.665	0.583	0.513	0.452	0.399	0.375	0.353	0.313	0.279	0.209	0.159	0.122	0.094	0.058
8	0.923	0.853	0.789	0.73	0.676	0.627	0.54	0.466	0.403	0.35	0.326	0.305	0.266	0.232	0.167	0.122	0.09	0.067	0.039
9	0.914	0.836	0.766	0.702	0.644	0.591	0.5	0.424	0.36	0.307	0.284	0.262	0.225	0.193	0.134	0.094	0.067	0.048	0.026
10	0.905	0.82	0.744	0.675	0.613	0.558	0.463	0.385	0.321	0.269	0.247	0.226	0.191	0.161	0.107	0.072	0.049	0.034	0.017
11	0.896	0.804	0.722	0.649	0.584	0.526	0.428	0.35	0.287	0.236	0.214	0.195	0.161	0.134	0.085	0.055	0.036	0.024	0.011
12	0.887	0.788	0.701	0.624	0.556	0.496	0.397	0.318	0.256	0.207	0.186	0.168	0.137	0.112	0.068	0.042	0.027	0.017	0.007
13	0.878	0.773	0.68	0.6	0.53	0.468	0.367	0.289	0.229	0.182	0.162	0.145	0.116	0.093	0.054	0.033	0.02	0.012	0.005
14	0.869	0.757	0.661	0.577	0.505	0.442	0.34	0.263	0.204	0.159	0.141	0.125	0.098	0.077	0.043	0.025	0.014	0.008	0.003
15	0.861	0.743	0.641	0.555	0.481	0.417	0.315	0.239	0.182	0.14	0.122	0.107	0.083	0.064	0.035	0.019	0.011	0.006	0.002
16	0.852	0.728	0.623	0.533	0.458	0.393	0.291	0.217	0.163	0.122	0.106	0.093	0.07	0.054	0.028	0.015	0.008	0.004	0.001
17	0.844	0.714	0.605	0.513	0.436	0.371	0.27	0.197	0.145	0.107	0.092	0.08	0.059	0.045	0.022	0.011	0.006	0.003	0.001
18	0.836	0.7	0.587	0.493	0.415	0.35	0.25	0.179	0.13	0.094	0.08	0.069	0.05	0.037	0.018	0.008	0.004	0.002	0
19	0.827	0.686	0.57	0.474	0.395	0.33	0.231	0.163	0.116	0.082	0.07	0.059	0.043	0.031	0.014	0.006	0.003	0.001	0
20	0.819	0.672	0.553	0.456	0.376	0.311	0.214	0.148	0.103	0.072	0.061	0.051	0.036	0.026	0.011	0.005	0.002	0.001	0
21	0.811	0.659	0.537	0.438	0.358	0.294	0.198	0.135	0.092	0.063	0.053	0.044	0.03	0.021	0.009	0.004	0.001	0.001	0
22	0.803	0.646	0.521	0.421	0.341	0.277	0.183	0.122	0.082	0.055	0.046	0.038	0.026	0.018	0.007	0.003	0.001	0	0
23	0.795	0.634	0.506	0.405	0.325	0.261	0.17	0.111	0.073	0.049	0.04	0.032	0.022	0.015	0.005	0.002	0.001	0	0
24	0.787	0.621	0.491	0.39	0.31	0.246	0.157	0.101	0.065	0.043	0.034	0.028	0.018	0.012	0.004	0.001	0	0	0
25	0.779	0.609	0.477	0.375	0.295	0.232	0.146	0.092	0.058	0.037	0.03	0.024	0.015	0.01	0.003	0.001	0	0	0

续表

n	1%	2%	3%	4%	5%	6%	8%	10%	12%	14%	15%	16%	18%	20%	25%	30%	35%	40%	50%
26	0.772	0.597	0.463	0.36	0.281	0.219	0.135	0.083	0.052	0.033	0.026	0.021	0.013	0.008	0.003	0.001	0	0	0
27	0.764	0.585	0.45	0.346	0.267	0.207	0.125	0.076	0.046	0.029	0.022	0.018	0.011	0.007	0.002	0	0	0	0
28	0.756	0.574	0.437	0.333	0.255	0.195	0.115	0.069	0.041	0.025	0.019	0.015	0.009	0.006	0.001	0	0	0	0
29	0.749	0.563	0.424	0.32	0.242	0.184	0.107	0.063	0.037	0.022	0.017	0.013	0.008	0.005	0.001	0	0	0	0
30	0.741	0.552	0.411	0.308	0.231	0.174	0.099	0.057	0.033	0.019	0.015	0.011	0.006	0.004	0.001	0	0	0	0
31	0.734	0.541	0.399	0.296	0.22	0.164	0.092	0.052	0.029	0.017	0.013	0.01	0.005	0.003	0	0	0	0	0
32	0.727	0.53	0.388	0.285	0.209	0.154	0.085	0.047	0.026	0.015	0.011	0.008	0.005	0.002	0	0	0	0	0
33	0.72	0.52	0.377	0.274	0.199	0.146	0.078	0.043	0.023	0.013	0.009	0.007	0.004	0.002	0	0	0	0	0
34	0.712	0.51	0.366	0.263	0.19	0.137	0.073	0.039	0.021	0.011	0.008	0.006	0.003	0.002	0	0	0	0	0
35	0.705	0.5	0.355	0.253	0.181	0.13	0.067	0.035	0.018	0.01	0.007	0.005	0.003	0.001	0	0	0	0	0
36	0.698	0.49	0.345	0.243	0.172	0.122	0.062	0.032	0.016	0.008	0.006	0.004	0.002	0.001	0	0	0	0	0
37	0.692	0.48	0.334	0.234	0.164	0.115	0.057	0.029	0.015	0.007	0.005	0.004	0.002	0.001	0	0	0	0	0
38	0.685	0.471	0.325	0.225	0.156	0.109	0.053	0.026	0.013	0.006	0.004	0.003	0.001	0	0	0	0	0	0
39	0.678	0.461	0.315	0.216	0.149	0.103	0.049	0.024	0.012	0.006	0.004	0.003	0.001	0	0	0	0	0	0
40	0.671	0.452	0.306	0.208	0.142	0.097	0.046	0.022	0.01	0.005	0.003	0.002	0.001	0	0	0	0	0	0
41	0.665	0.444	0.297	0.2	0.135	0.091	0.042	0.02	0.009	0.004	0.003	0.002	0.001	0	0	0	0	0	0
42	0.658	0.435	0.288	0.192	0.128	0.086	0.039	0.018	0.008	0.004	0.002	0.001	0	0	0	0	0	0	0
43	0.651	0.426	0.28	0.185	0.122	0.081	0.036	0.016	0.007	0.003	0.002	0.001	0	0	0	0	0	0	0
44	0.645	0.418	0.272	0.178	0.116	0.077	0.033	0.015	0.006	0.003	0.002	0.001	0	0	0	0	0	0	0
45	0.639	0.41	0.264	0.171	0.111	0.072	0.031	0.013	0.006	0.002	0.001	0.001	0	0	0	0	0	0	0
46	0.632	0.402	0.256	0.164	0.105	0.068	0.029	0.012	0.005	0.002	0.001	0.001	0	0	0	0	0	0	0
47	0.626	0.394	0.249	0.158	0.1	0.064	0.026	0.011	0.004	0.002	0.001	0.001	0	0	0	0	0	0	0
48	0.62	0.386	0.241	0.152	0.096	0.06	0.024	0.01	0.004	0.001	0.001	0.001	0	0	0	0	0	0	0
49	0.614	0.378	0.234	0.146	0.091	0.057	0.023	0.009	0.003	0.001	0.001	0	0	0	0	0	0	0	0
50	0.608	0.371	0.228	0.14	0.087	0.054	0.021	0.008	0.003	0.001	0	0	0	0	0	0	0	0	0

年金终值系数表（FVIFA表）

n	1%	2%	3%	4%	5%	6%	7%	8%	9%	10%	11%	12%	13%	14%	15%	16%	17%	18%	19%	20%	25%	30%
1	1.000	1.000	1.000	1.000	1.000	1.000	1.000	1.000	1.000	1.000	1.000	1.000	1.000	1.000	1.000	1.000	1.000	1.000	1.000	1.000	1.000	1.000
2	2.010	2.020	2.030	2.040	2.050	2.060	2.070	2.080	2.090	2.100	2.110	2.120	2.130	2.140	2.150	2.160	2.170	2.180	2.190	2.200	2.250	2.300
3	3.030	3.060	3.091	3.122	3.153	3.184	3.215	3.246	3.278	3.310	3.342	3.374	3.407	3.440	3.473	3.506	3.539	3.572	3.606	3.640	3.813	3.990
4	4.060	4.122	4.184	4.246	4.310	4.375	4.440	4.506	4.573	4.641	4.710	4.779	4.850	4.921	4.993	5.066	5.141	5.215	5.291	5.368	5.766	6.187
5	5.101	5.204	5.309	5.416	5.526	5.637	5.751	5.867	5.985	6.105	6.228	6.353	6.480	6.610	6.742	6.877	7.014	7.154	7.297	7.442	8.207	9.043
6	6.152	6.308	6.468	6.633	6.802	6.975	7.153	7.336	7.523	7.716	7.913	8.115	8.323	8.536	8.754	8.977	9.207	9.442	9.683	9.930	11.259	12.756
7	7.214	7.434	7.662	7.898	8.142	8.394	8.654	8.923	9.200	9.487	9.783	10.089	10.405	10.730	11.067	11.414	11.772	12.142	12.523	12.916	15.073	17.583
8	8.286	8.583	8.892	9.214	9.549	9.897	10.260	10.637	11.028	11.436	11.859	12.300	12.757	13.233	13.727	14.240	14.773	15.327	15.902	16.499	19.842	23.858
9	9.369	9.755	10.159	10.583	11.027	11.491	11.978	12.488	13.021	13.579	14.164	14.776	15.416	16.085	16.786	17.519	18.285	19.086	19.923	20.799	25.802	32.015
10	10.462	10.950	11.464	12.006	12.578	13.181	13.816	14.487	15.193	15.937	16.722	17.549	18.420	19.337	20.304	21.321	22.393	23.521	24.701	25.959	33.253	42.619
11	11.567	12.169	12.808	13.486	14.207	14.972	15.784	16.645	17.560	18.531	19.561	20.655	21.814	23.045	24.349	25.733	27.200	28.755	30.404	32.150	42.566	56.405
12	12.683	13.412	14.192	15.026	15.917	16.870	17.888	18.977	20.141	21.384	22.713	24.133	25.650	27.271	29.002	30.850	32.824	34.931	37.180	39.581	54.208	74.327
13	13.809	14.680	15.618	16.627	17.713	18.882	20.141	21.495	22.953	24.523	26.212	28.029	29.985	32.089	34.352	36.786	39.404	42.219	45.244	48.497	68.760	97.625
14	14.947	15.974	17.086	18.292	19.599	21.015	22.550	24.215	26.019	27.975	30.095	32.393	34.883	37.581	40.505	43.672	47.103	50.818	54.841	59.196	86.949	127.910
15	16.097	17.293	18.599	20.024	21.579	23.276	25.129	27.152	29.361	31.772	34.405	37.280	40.417	43.842	47.580	51.660	56.110	60.965	66.261	72.035	109.690	167.290
16	17.258	18.639	20.157	21.825	23.657	25.673	27.888	30.324	33.003	35.950	39.190	42.753	46.672	50.980	55.717	60.925	66.649	72.939	79.850	87.442	138.110	218.470
17	18.430	20.012	21.762	23.698	25.840	28.213	30.840	33.750	36.974	40.545	44.501	48.884	53.739	59.118	65.075	71.673	78.979	87.068	96.022	105.930	173.640	285.010
18	19.615	21.412	23.414	25.645	28.132	30.906	33.999	37.450	41.301	45.599	50.396	55.750	61.725	68.394	75.836	84.141	93.406	103.740	115.270	128.120	218.050	371.520
19	20.811	22.841	25.117	27.671	30.539	33.760	37.379	41.446	46.018	51.159	56.939	63.440	70.749	78.969	88.212	98.603	110.290	123.410	138.170	154.740	273.560	483.970
20	22.019	24.297	26.870	29.778	33.066	36.786	40.995	45.762	51.160	57.275	64.203	72.052	80.947	91.025	102.440	115.380	130.030	146.630	165.420	186.690	342.950	630.170
25	28.243	32.030	36.459	41.646	47.727	54.865	63.249	73.106	84.701	98.347	114.410	133.330	155.620	181.870	212.790	249.210	292.110	342.600	402.040	471.980	1 054.800	2 348.800
30	34.785	40.588	47.575	56.085	66.439	79.058	94.461	113.280	136.310	164.490	199.020	241.330	293.200	356.790	434.750	530.310	647.440	790.950	966.700	1 181.900	3 227.200	8 730
40	48.886	60.402	75.401	95.026	120.800	154.760	199.640	259.060	337.890	442.590	581.830	767.090	1 013.700	1 342.000	1 779.100	2 360.800	3 134.500	4 163.210	5 519.800	7 343.900	30 089.000	120 393
50	64.463	84.579	112.800	152.670	209.350	290.340	406.530	573.770	815.080	1 163.900	1 668.800	2 400	3 459.500	4 991.500	7 217.700	10 436	15 090	21 813	31 515	45 497	280 256	1 659 761

资产评估学——理论、方法与实务

复利终值系数表（FVIF 表）

n	1%	2%	3%	4%	5%	6%	7%	8%	9%	10%	11%	12%	13%	14%	15%	16%	17%	18%	19%	20%	25%	30%
1	1.010	1.020	1.030	1.040	1.050	1.060	1.070	1.080	1.090	1.100	1.110	1.120	1.130	1.140	1.150	1.160	1.170	1.180	1.190	1.200	1.250	1.300
2	1.020	1.040	1.061	1.082	1.103	1.124	1.145	1.166	1.188	1.210	1.232	1.254	1.277	1.300	1.323	1.346	1.369	1.392	1.416	1.440	1.563	1.690
3	1.030	1.061	1.093	1.125	1.158	1.191	1.225	1.260	1.295	1.331	1.368	1.405	1.443	1.482	1.521	1.561	1.602	1.643	1.685	1.728	1.953	2.197
4	1.041	1.082	1.126	1.170	1.216	1.262	1.311	1.360	1.412	1.464	1.518	1.574	1.630	1.689	1.749	1.811	1.874	1.939	2.005	2.074	2.441	2.856
5	1.051	1.104	1.159	1.217	1.276	1.338	1.403	1.469	1.539	1.611	1.685	1.762	1.842	1.925	2.011	2.100	2.192	2.288	2.386	2.488	3.052	3.713
6	1.062	1.126	1.194	1.265	1.340	1.419	1.501	1.587	1.677	1.772	1.870	1.974	2.082	2.195	2.313	2.436	2.565	2.700	2.840	2.986	3.815	4.827
7	1.072	1.149	1.230	1.316	1.407	1.504	1.606	1.714	1.828	1.949	2.076	2.211	2.353	2.502	2.660	2.826	3.001	3.185	3.379	3.583	4.768	6.275
8	1.083	1.172	1.267	1.369	1.477	1.594	1.718	1.851	1.993	2.144	2.305	2.476	2.658	2.853	3.059	3.278	3.511	3.759	4.021	4.300	5.960	8.157
9	1.094	1.195	1.305	1.423	1.551	1.689	1.838	1.999	2.172	2.358	2.558	2.773	3.004	3.252	3.518	3.803	4.108	4.435	4.785	5.160	7.451	10.604
10	1.105	1.219	1.344	1.480	1.629	1.791	1.967	2.159	2.367	2.594	2.839	3.106	3.395	3.707	4.046	4.411	4.807	5.234	5.695	6.192	9.313	13.786
11	1.116	1.243	1.384	1.539	1.710	1.898	2.105	2.332	2.580	2.853	3.152	3.479	3.836	4.226	4.652	5.117	5.624	6.176	6.777	7.430	11.642	17.922
12	1.127	1.268	1.426	1.601	1.796	2.012	2.252	2.518	2.813	3.138	3.498	3.896	4.335	4.818	5.350	5.936	6.580	7.288	8.064	8.916	14.552	23.298
13	1.138	1.294	1.469	1.665	1.886	2.133	2.410	2.720	3.066	3.452	3.883	4.363	4.898	5.492	6.153	6.886	7.699	8.599	9.596	10.699	18.190	30.288
14	1.149	1.319	1.513	1.732	1.980	2.261	2.579	2.937	3.342	3.797	4.310	4.887	5.535	6.261	7.076	7.988	9.007	10.147	11.420	12.839	22.737	39.374
15	1.161	1.346	1.558	1.801	2.079	2.397	2.759	3.172	3.642	4.177	4.785	5.474	6.254	7.138	8.137	9.266	10.539	11.974	13.590	15.407	28.422	51.186
16	1.173	1.373	1.605	1.873	2.183	2.540	2.952	3.426	3.970	4.595	5.311	6.130	7.067	8.137	9.358	10.748	12.330	14.129	16.172	18.488	35.527	66.542
17	1.184	1.400	1.653	1.948	2.292	2.693	3.159	3.700	4.328	5.054	5.895	6.866	7.986	9.276	10.761	12.468	14.426	16.672	19.244	22.186	44.409	86.504
18	1.196	1.428	1.702	2.026	2.407	2.854	3.380	3.996	4.717	5.560	6.544	7.690	9.024	10.575	12.375	14.463	16.879	19.673	22.901	26.623	55.511	112.455
19	1.208	1.457	1.754	2.107	2.527	3.026	3.617	4.316	5.142	6.116	7.263	8.613	10.197	12.056	14.232	16.777	19.748	23.214	27.252	31.948	69.389	146.192
20	1.220	1.486	1.806	2.191	2.653	3.207	3.870	4.661	5.604	6.727	8.062	9.646	11.523	13.743	16.367	19.461	23.106	27.393	32.429	38.338	86.736	190.050
21	1.232	1.516	1.860	2.279	2.786	3.400	4.141	5.034	6.109	7.400	8.949	10.804	13.021	15.668	18.822	22.574	27.034	32.324	38.591	46.005	108.420	247.065
22	1.245	1.546	1.916	2.370	2.925	3.604	4.430	5.437	6.659	8.140	9.934	12.100	14.714	17.861	21.645	26.186	31.629	38.142	45.923	55.206	135.525	321.184
23	1.257	1.577	1.974	2.465	3.072	3.820	4.741	5.871	7.258	8.954	11.026	13.552	16.627	20.362	24.891	30.376	37.006	45.008	54.649	66.247	169.407	417.539
24	1.270	1.608	2.033	2.563	3.225	4.049	5.072	6.341	7.911	9.850	12.239	15.179	18.788	23.212	28.625	35.236	43.297	53.109	65.032	79.497	211.758	542.801
25	1.282	1.641	2.094	2.666	3.386	4.292	5.427	6.848	8.623	10.835	13.585	17.000	21.231	26.462	32.919	40.874	50.658	62.669	77.388	95.396	264.698	705.641
26	1.295	1.673	2.157	2.772	3.556	4.549	5.807	7.396	9.399	11.918	15.080	19.040	23.991	30.167	37.857	47.414	59.270	73.949	92.092	114.475	330.872	917.333
27	1.308	1.707	2.221	2.883	3.733	4.822	6.214	7.988	10.245	13.110	16.739	21.325	27.109	34.390	43.535	55.000	69.345	87.260	109.589	137.371	413.590	1 192.533
28	1.321	1.741	2.288	2.999	3.920	5.112	6.649	8.627	11.167	14.421	18.580	23.884	30.633	39.204	50.066	63.800	81.134	102.967	130.411	164.845	516.988	1 550.293
29	1.335	1.776	2.357	3.119	4.116	5.418	7.114	9.317	12.172	15.863	20.624	26.750	34.616	44.693	57.575	74.009	94.927	121.501	155.189	197.814	646.235	2 015.381
30	1.348	1.811	2.427	3.243	4.322	5.743	7.612	10.063	13.268	17.449	22.892	29.960	39.116	50.950	66.212	85.850	111.065	143.371	184.675	237.376	807.794	2 619.996
40	1.489	2.208	3.262	4.801	7.04	10.286	14.974	21.725	31.409	45.259	65.001	93.051	132.78	188.88	267.86	378.72	533.87	750.38	1 051.7	1 469.8	7 523.2	36 119
50	1.654	2.692	4.384	7.107	11.467	18.42	29.457	46.902	74.358	117.39	184.57	289	450.74	700.23	1 083.7	1 670.7	2 566.2	3 927.4	5 988.9	9 100.4	70 065	497 929

参 考 文 献

[1] 中华人民共和国资产评估法[M]. 北京：人民出版社，2016.

[2] 陈文军. 资产评估学：理论、实务与案例[M]. 北京：北京大学出版社，2015.

[3] 刘玉平. 资产评估学[M]. 北京：中国人民大学出版社，2015.

[4] 乔志敏，宋斌. 资产评估学教程（第五版）[M]. 北京：中国人民大学出版社，2015.

[5] 姜楠，王景升. 资产评估（第四版）[M]. 大连：东北财经大学出版社，2016.

[6] 杨志明. 资产评估实务与案例分析[M]. 北京：中国财政经济出版社，2015.

读者意见反馈

亲爱的读者：

感谢您一直以来对人民邮电出版社的支持，您的信赖是我们进步的不竭动力。在使用本书的过程中，如果您有好的意见和建议，或者遇到了什么问题，我们真诚地希望您能抽出一点宝贵的时间，反馈给我们。打造高品质的教材是我们的不懈追求，您的意见是我们最宝贵的财富。

地址：北京市丰台区成寿寺路 11 号邮电出版大厦 305 室

邮编：100164 电子邮件：liuxiangrong@ptpress.com.cn

电话：010-81055254

图书名称：资产评估学——理论、方法与实务

ISBN：978-7-115-45699-1

个人资料

姓名：_____年龄：____所在院校/专业：_____

文化程度：_____通信地址：_____

联系电话：_____电子信箱：_____

您使用本书是作为： □指定教材 □选用教材 □辅导教材 □自学教材

您对本书封面设计的满意度：

　□很满意 □满意 □一般 □不满意　改进建议_____

您对本书印刷质量的满意度：

　□很满意 □满意 □一般 □不满意　改进建议_____

您对本书的总体满意度：

　从语言角度 □很满意 □满意 □一般 □不满意　改进建议_____

　从知识角度 □很满意 □满意 □一般 □不满意　改进建议_____

本书最令您满意的是：

　□逻辑清晰　□内容充实　　□讲解详尽　　□实例丰富

您希望本书在哪些方面进行改进？（可附页）

_____

_____

_____

教学资源支持

敬爱的老师：

为了配合课程的教学需要，助力教学活动的开展，人民邮电出版社致力于立体化教学资源的开发建设，老师可以登录人邮教育社区（www.ryjiaoyu.com.cn）查询并免费下载与本书配套的教学资源，也可以与编辑联系（武恩玉，010-81055254，liuxiangrong@ptpress.com.cn）了解资源情况。